21世纪高等院校管理学主干课程

丛书主编：王方华

生产运营管理

（第2版）

PRODUCTION AND OPERATIONS MANAGEMENT

U0359988

主编：陈心德　吴　忠

清华大学出版社

北　京

内 容 简 介

本书的框架体系和主要内容：包括生产运营管理导论、生产运营战略、生产过程与生产类型、产品的开发设计和工艺管理、生产能力和生产计划、运营系统的选址和布局、生产过程的流程分析、大量流水生产的组织和控制、成批生产方式的组织和控制、项目管理和优化、现场管理和作业排序、库存管理、设备管理、质量管理、供应链管理、物料需求计划、制造资源计划、企业资源计划、准时生产方式（JIT）与精益生产及敏捷制造的新型生产方式、其他先进制造模式简介等。

本书以理工科院校管理专业的学生为主要读者对象，也可供高等院校其他专业的学生选用，同时也可作为企业管理人员的自学参考书。

图书在版编目（CIP）数据

生产运营管理/陈心德，吴忠主编. —第 2 版. —北京：清华大学出版社，2011.8
（2025.1重印）
（21 世纪高等院校管理学主干课程）
ISBN 978-7-302-25872-8

Ⅰ．①生…　Ⅱ．①陈…　②吴…　Ⅲ．①企业管理：生产管理—高等院校—教材
Ⅳ．①F273

中国版本图书馆 CIP 数据核字(2011)第 110158 号

责任编辑：刘志彬
责任校对：宋玉莲
责任印制：沈　露

出版发行：清华大学出版社
　　　　　网　　　址：https://www.tup.com.cn，https://www.wqxuetang.com
　　　　　地　　　址：北京清华大学学研大厦 A 座　　　　　邮　　　编：100084
　　　　　社 总 机：010-83470000　　　　　　　　　　　邮　　　购：010-62786544
　　　　　投稿与读者服务：010-62776969，c-service@tup.tsinghua.edu.cn
　　　　　质 量 反 馈：010-62772015，zhiliang@tup.tsinghua.edu.cn
印 装 者：三河市龙大印装有限公司
经　　销：全国新华书店
开　　本：185mm×260mm　　印　张：27.25　　插　页：1　　字　　数：628 千字
版　　次：2011 年 8 月第 2 版　　　　　　　　　　　　印　　次：2025 年 1 月第 14 次印刷
定　　价：59.00 元

产品编号：042477-02

21世纪高等院校管理学主干课程

丛书主编：王方华

生产运营管理

（第2版）

PRODUCTION AND OPERATIONS MANAGEMENT

主编：陈心德 吴 忠

清华大学出版社

北 京

内 容 简 介

本书的框架体系和主要内容：包括生产运营管理导论、生产运营战略、生产过程与生产类型、产品的开发设计和工艺管理、生产能力和生产计划、运营系统的选址和布局、生产过程的流程分析、大量流水生产的组织和控制、成批生产方式的组织和控制、项目管理和优化、现场管理和作业排序、库存管理、设备管理、质量管理、供应链管理、物料需求计划、制造资源计划、企业资源计划、准时生产方式(JIT)与精益生产及敏捷制造的新型生产方式、其他先进制造模式简介等。

本书以理工科院校管理专业的学生为主要读者对象，也可供高等院校其他专业的学生选用，同时也可作为企业管理人员的自学参考书。

图书在版编目（CIP）数据

生产运营管理/陈心德，吴忠主编. —第 2 版. —北京：清华大学出版社，2011.8
(2025.1重印)
(21 世纪高等院校管理学主干课程)
ISBN 978-7-302-25872-8

Ⅰ. ①生… Ⅱ. ①陈… ②吴… Ⅲ. ①企业管理：生产管理—高等院校—教材
Ⅳ. ①F273

中国版本图书馆 CIP 数据核字(2011)第 110158 号

责任编辑：刘志彬
责任校对：宋玉莲
责任印制：沈 露

出版发行：清华大学出版社
    网 址：https://www.tup.com.cn，https://www.wqxuetang.com
    地 址：北京清华大学学研大厦 A 座   邮 编：100084
    社 总 机：010-83470000   邮 购：010-62786544
    投稿与读者服务：010-62776969，c-service@tup.tsinghua.edu.cn
    质 量 反 馈：010-62772015，zhiliang@tup.tsinghua.edu.cn
印 装 者：三河市龙大印装有限公司
经 销：全国新华书店
开 本：185mm×260mm   印 张：27.25   插 页：1   字 数：628 千字
版 次：2011 年 8 月第 2 版   印 次：2025 年 1 月第 14 次印刷
定 价：59.00 元

产品编号：042477-02

编 委 会

总 序

冬去春来,一转眼间,我国实行改革开放从西方发达国家引入现代企业管理理论已经有 25 年了。25 年来,从引进、消化、吸收到创新、发展,我们走了一条"洋为中用,融合提炼"的道路,许多先进的管理理论,在逐步引进、消化的过程中与中国企业本土的管理经验相结合,创造出许多具有中国特色的管理学的理论和方法。这些理论和方法,不仅为中国的管理学界所接受,为众多的中国企业所应用,还随着中国企业走出国门,走向世界,而为世界各国所瞩目、所应用。中国企业管理的工作者与研究者从理论和实践两个方面都对世界管理学的发展作出了重要的贡献。总结他们的经验,提炼具有中国特色的创新的管理理论,在面临经济全球化的今天显得很有必要。尤其是,把这些理论和方法吸收到大学的经济管理教材中去更为迫切和重要。这是我们组织编写本套丛书的主要动因,也是最直接的推动力。

在组织这套丛书的时候,我们是循着这样的思路设计编写指导思想的:

首先,我们确定了丛书的读者对象为高等院校尤其是理工科院校经济与管理专业的本科生以及非管理专业但选修管理学作为第二学位的本科生,还有与他们有相近经历的理工科出身的企业管理者。

"定位"对于一切工作很重要,它是取得成功的重要因素。作为大学教师,应懂得因材施教这个道理,知道不同的对象要用不同的方法来开展教学活动。但是以往编写的教材,往往把读者笼统地看成一个无差异的群体,结果教学常常是事倍功半,难以取得预期的效果。这套丛书把读者定位作为一个很重要的写作前提,力求在因材施教上做一番努力。

理工科院校学生一般都有较扎实的理工基础,长于逻辑思维,并有较强的信息技术的知识和能力。所以在本书写作过程中我们力求突出主题,讲清概念,并尽量应用现代数理工具解决管理的实际问题。如应用计算机语言解决许多管理中的算法问题,既直观又简便,避免了许多传统、烦琐的计算,使学生学以致用,进而喜欢使用,用得其所。

其次,丛书突出了经济全球化下企业管理的基本特征。众所周知,我国加入世界贸易组织后,中国经济已经融入了世界经济,实际上我国的各类企业都自觉不自觉地参与了全球的商业竞争。作为新形势下的企业管理人员必须具备国际竞争的能力。同样,用于新一代企业管理人才教学与培训的教材,也必须突出全球化的管理要求。我们深知,现在培养的学生在学成毕业后,大多都要成为企业业务骨干,他们要担负起中国企业走向世界、参与世界竞争的重任。他们在激烈的市场竞争中,将充分应用大学学到的知识,敢于竞争,善于竞争,并在竞争中脱颖而出,成为新一代企业家。这套丛书力求用最新的管理理论,用全球化的经营理念,用国际化战略设计解决企业在发展中急需解决的各类问题,因此适应全球化竞争是丛书写作的重点,是力求全面反映的重要方面。

最后,丛书要体现信息化时代的各种需求。在信息化时代,知识爆炸、信息泛滥,各种新事物层出不穷,作为反映企业管理实践的管理科学也日益受到来自各方面的挑战。许多原理不断得到新的修正,许多概念变得更加简洁明了。为了适应这种变化,我们采取了三条措施,形成丛书的三个特色。一是,我们在每章的开头部分都列出了关键词和相关的网址,这主要是便于学生利用关键词到这些网站上去查阅最新的资料,这样做不仅便于学生查阅自己感兴趣的资料,同时也扩大了教材的内容,这些网站成为书的一个组成部分,使教材的内容随着信息化平台的不断扩大而获得了无限的增量。二是,我们在部分章节中,突出了计算机软件语言的功能,帮助学生运用新的信息技术去解决管理中的数量化的问题。三是,在书中列出了不少专论、标杆文章、案例分析等与教材的主要内容相配套的辅助读物,这样做扩大了学习的信息量,为教师提高教学质量提供了帮助和增加了手段,教师在教学中随时可以运用信息技术从各方面获取新的资料,及时加以调整,这样便可以在教材的主要内容和基本原理不发生大的改动的同时,通过专论和标杆文章的更新而使教学内容更加丰富,以跟上时代发展的步伐。

本丛书由上海交通大学安泰管理学院院长、博士生导师王方华教授任主编,由上海工程技术大学校长汪泓教授与上海理工大学商学院院长顾宝炎教授为副主编,参与丛书编写的有上海交通大学、上海理工大学、上海工程技术大学和上海应用技术学院二十多位长期从事理工科院校管理专业教学的教师,丛书的写作是在这四所学校老师共同努力下完成的,形成了理工科管理教学的特色,突出经济全球化需要的特点,反映信息技术革命的特征。我们希望这套丛书的出版能填补管理专业教材中的一些空白,能受到相关学校老师与同学的重视,为中国企业管理学科的发展发挥一点作用,作出应有的贡献。

本书的写作与出版得到了上述四所学校领导与教师的鼎力相助,得到了清华大学出版社的高度重视和帮助,在此一并表示感谢。

王方华

2005 年 5 月于上海交通大学安泰楼

第2版序言

本书自 2005 年 9 月第 1 版问世后,得到国内众多高校和读者的认可和欢迎,至今已连续印刷 11 次,并于 2007 年获上海高校优秀教材奖,作者使用本书讲授的生产管理课程也荣获 2007 年度上海高校本科市级精品课程。作为一本应用型人才培养的教材,本书得到了读者的支持和认可,我们感到由衷的欣慰,同时感到社会责任之重大。

在当今全球一体化和科技高速发展的背景下,渊源于生产实践的管理学科正以多元化融合的态势发生着日新月异的变化。在这变化的历史过程中,生产管理学科曾"沉寂"过一段时期,但人们在反思虚拟经济弊端之时,生产运营管理的重要性又被提升到战略层次的高度。或许生产运营管理的这一重新"回归",将会重塑其学科的战略内核和创新架构,这正是我们所热切期盼和共同努力的!

本书第 2 版在总体内容上仍坚持第 1 版所强调的特色:关注"现代",不能忘记"传统";反映"前沿",不能脱离"实用";重视"高端",不能忽视"基础"。本书第 2 版在保存第 1 版体例格式的基础上,对第 1 版中某些文字表述作了仔细的审核和修改,对某些结构作了局部调整,在内容上充实了近年来生产运营管理发展的新思想、新理论和新方法,最后新增了全书计算题的答案汇总。我们深知,本书仍存在不少问题,还有许多有待提高和完善之处,热忱希望广大读者和同仁能继续给予指正和提出进一步修改的建议。

本书第 2 版仍由陈心德、吴忠担任主编,参加第 2 版修改编写的人员有:陈心德(第 1、第 3、第 5 章)、吴忠(第 8、第 15、第 16 章)、董川远(第 4、第 12、第 13章)、鄢雪皎(第 9、第 10、第 11 章)、石明虹(第 2、第 14 章)、康博宇(第 6、第 7章)、金玉兰(第 17、第 18 章)。另外,康博宇、金玉兰对全书作了认真的校对。最后,全书由陈心德、吴忠负责统稿。

在本书第 2 版的修改过程中,又参阅了大量的中外文参考书和文献资料,在此向国内外有关作者表示衷心的感谢!本书的修改继续得到了上海工程技术大学校长汪泓教授和清华大学出版社编辑刘志彬先生的热情敦促和指导,特此表示真诚的感谢!

陈心德　吴　忠

2011 年 3 月

　　企业的竞争优势,固然是企业综合实力和整体素质的集中体现,但是这些优势一旦失去高效的生产运营系统和先进的生产运营管理作支持,也只能是一种瞬时或者非常脆弱的"优势",其结果必然使企业很快跌入竞争的劣势。因此,生产运营管理是现代企业发展的一个重要基石。

　　近代生产实践的飞速发展,为生产管理奠定了深厚的研究基础。三百年前,亚当·斯密的劳动分工理论为生产管理学的产生写下了重要的序言,工业革命后的泰罗制为经典的生产管理学留下了浓重的笔墨,福特高效率的流水线又为生产管理学的内容增添了精彩的一章……藉此,生产管理从其实践的层面提升到了理论的层面,形成为一门生产管理的课程。

　　20世纪后期,随着经济全球化和市场需求的深刻变化,以及最新科学技术的快速发展,各种现代的科学理论、管理方法和计算机等技术又为生产管理开拓了日益扩大的研究空间,准时生产方式、制造资源计划、最优生产技术、敏捷制造、供应链管理、计算机集成制造等先进的生产系统和生产管理模式,极大地充实和丰富了生产管理的内涵,从而使生产管理跃上了生产运营管理或运营管理的一个新台阶。

　　尽管生产运营管理带有鲜明的"现代"特征,但是它与传统的生产管理学仍有着不可分割的联系,其理论系统的构成是一个不断继承、不断完善,不断吸收、不断扬弃,以及不断创新和不断发展的完整过程。因此,在本书编写的过程中十分注意以下几个方面的关系:既注意生产运营管理知识结构体系的完整性,又突出生产运营管理内容的重点性;既介绍传统生产管理学中目前仍在运用的主要基本概念,又集中引入几种现代生产运营管理的最新方法;既注意生产运营管理的共性研究,又注意结合中国国情的特点和实际可操作性的探索。同时,由于本教材是理工科院校管理学院主干课程的系列教材,因此,我们在编写时既注意生产运营管理的定性阐述,更注意生产运营管理方法的定量计算。最后,我们认为现代的先进制造企业在生产运营管理的研究范畴中最具代表性、典型性和示范性,并且,由于我国的制造业目前正面临着新的发展机遇,正处于中国能不能建成"世界工厂"的关键时期,因此,我们在编写这本教材时就特别注意制造企业的实际背景和论述的篇幅。当然,在教材中我们也充分地兼顾了运营管理在服务业和其他类型企业中的应用。

本书虽然以理工科院校管理专业的学生为主,但也可供高等院校其他专业的学生选用,也可作为企业管理人员的自学参考用书。

本书由陈心德和吴忠担任主编。第 3～第 6 章由陈心德编写,第 15～第 18 章由吴忠编写,第 8～第 11 章由鄢雪皎编写,第 12、第 13 章由董川远编写,第 1、第 2、第 7、第 13 章由石明虹编写。全书由陈心德、吴忠统稿。本书在编写过程中参阅了大量中外文参考书和文献资料,在此对国内外有关作者表示衷心的感谢。

在本书的编写过程中,始终得到上海工程技术大学校长汪泓教授、管理学院院务委员会主任陆新葵教授的热情敦促和指导,也得到了管理学院许多师生的关心和支持,特在此一并表示深深的谢意!

由于受编者水平和时间所限,书中难免有错误和遗漏之处,敬请读者提出宝贵意见。

陈心德　吴　忠

2005 年 5 月

目　录

生产运营管理导论

第1章

生产运营管理(production/operation management)

准时化生产(just in time,JIT)

丰田生产方式(toyota production system,TPS)

成本管理(cost management)

全面质量管理(total quality management, TQM)

进度管理(delivery management)

企业过程重组(business process reengineering,BPR)

供应链管理(supply chain management, SCM)

http://www.mhhe.com/pom

http://www.wbs.warwick.ac.uk/omindex

http://202.120.24.209/yygl

随着科技进步、经济和信息技术的发展,企业正面临着因重大经营环境改变而带来的挑战,企业需要在时间、质量、成本和服务等运营管理方面不断增强自身竞争力。为此,学习现代经济环境下的生产运营管理,对保持和提高企业的竞争优势具有特殊的重要意义。本章主要介绍生产运营管理的基本概要、发展历程,剖析现代生产运营管理的特征,分析现代生产运营管理面临的发展趋势和挑战。

1.1 生产运营管理概述

1.1.1 生产运营管理的概念

生产是人类社会获得一切财富的源泉。不从事生产活动,人类就无法生存,社会也无法发展。所以,自从企业这个组织形态出现以来,生产职能一直就是企业安身立命之本。随着时代的发展,人类社会生产活动的内容、方式不断发生变化。生产活动的领域也不断扩大。因此,现在的生产管理(production management)被很多人改为运营管理(operation management)或生产运营管理(production/operation management)。在英文里"production"含有生产有形物质产品的意思,而"operation"的含义较广泛,可以指既包含制造有形产品的制造活动,又包含提供无形产品的劳务活动。生产运营管理可定义为关于企业生产系统的设计、运行与改进的管理过程。

1.1.2　生产运营管理的研究内容

1. 从市场竞争的角度看

当前,激烈的市场竞争对企业提出了越来越高的要求,这种环境要求包括四个方面:时间(T)、质量(Q)、成本(C)和服务(S)。T 是指满足顾客对产品和服务在时间方面的要求,即交货期要短而准;Q 是指满足顾客对产品和服务在质量方面的要求;C 是指满足顾客对产品和服务在价格和使用成本方面的要求,即产品不仅在形成过程中的成本要低,而且在用户使用过程中的成本也要低;S 是指除提供产品之外为满足顾客需求而提供的相关服务,如产品的售前服务及售后服务等。

因此,生产运营管理的根本任务,就是在用户需要的时间内提供所需数量的合格产品和满意服务。为实现生产运营管理的根本任务,由此引申出生产运营管理的三个基本问题。

(1) 如何保证和提高产品质量。质量包括产品的使用功能(functional quality)、操作性能(quality of operability)、社会性能(quality of sociality,指产品的安全性能、环境性能及空间性能)和保全性能(maintainability,包括可靠性、修复性及日常保养性能)等内涵。生产运营管理要实现上述的产品质量特征,就要进行质量管理(quality management),包括产品的设计质量、制造质量和服务质量的综合管理。

(2) 如何保证适时、适量地将产品投放市场。在这里,产品的时间价值转变为生产运营管理中的产品数量与交货期控制问题。在现代化大生产中,生产所涉及的人员、物料、设备、资金等资源成千上万,如何将全部资源要素在它们需要的时候组织起来,筹措到位,是一项十分复杂的系统工程。这也是生产运营管理所要解决的一个最主要问题——进度管理(delivery management)。

(3) 如何才能使产品的价格既为顾客所接受,又为企业带来一定的利润。这涉及人、物料、设备、能源、土地等资源的合理配置和利用,涉及生产率的提高,还涉及企业资金的运用和管理。归根结底是努力降低产品的生产成本。这是生产运营管理所要解决的成本管理(cost management)问题。

这三个问题简称为 QDC 管理。保证 QDC 三个方面的要求,是生产运营管理的最主要任务。在企业的实际管理工作中,这三个方面的要求是互相联系、互相制约的。提高质量可能引起成本增加;为了保证交货期而过分赶工,可能引起成本的增加和质量的降低。所以,为了取得良好的经济效益,生产运营管理应很好地完成计划、组织、控制职能,做到综合平衡。

QDC 管理是生产运营管理的基本问题,但并非生产运营管理的全部内容。生产运营管理的另一大基本内容是资源要素管理,包括设备管理、物料管理及人力资源管理。事实上,生产运营管理中的 QDC 价值条件管理与资源要素管理这两大类管理是相互关联、相互作用的。质量保证离不开物料质量、设备性能以及人的劳动技能水平和工作态度,成本降低取决于人、物料、设备的合理利用;反过来,对设备与物料本身也有 QDC 的要求。因此,生产运营管理中的 QDC 管理与资源要素管理是一个有机整体,应当以系统的、集成的观点来看待和处理这些不同的分支管理之间的相互关系和相互作用。

2. 从企业生产运营活动过程的角度看

生产运营管理的研究内容可从企业生产运营活动过程的角度分析。就有形产品的生产来说,生产活动的中心是制造部分,即狭义的生产。所以,传统的生产管理学的中心内容,主要是关于生产的日程管理、在制品管理等。但是,为了进行生产,生产之前的一系列技术准备活动是必不可少的。例如,工艺设计、工装夹具设计、工作设计等,这些活动可称之为生产技术活动。生产技术活动基于产品的设计图纸,所以在生产技术活动之前是产品的设计活动。"设计—生产技术准备—制造"这样的一系列活动,才构成一个相对较完整的生产活动的核心部分。

进一步而言,在当今技术进步日新月异、市场需求日趋多变的环境下,产品更新换代的速度正变得越来越快。这种趋势一方面使企业必须经常地投入更大精力和更多的资源进行新产品的研究与开发;另一方面由于技术进步和新产品对生产系统功能的要求,企业不断面临生产系统的选择、设计与调整。这两方面的课题从企业经营决策层的角度来看,其决策范围向产品的研究与开发,生产系统的选择、设计这样的"向下"方向延伸;而从生产管理职能的角度来看,为了更有效地控制生产系统的运行,生产出能够最大限度地实现生产管理目标的产品,生产管理从其特有的地位与立场出发,必然要参与产品开发和生产系统的选择、设计,以便使生产系统运行的前提——产品的工艺可行性、生产系统的经济性能够得到保障。因此,生产管理的关注范围从历来的生产系统的内部运行管理"向宽"延伸。这种意义上的"向宽"延伸是向狭义生产过程的前一阶段延伸。"向宽"延伸还有另一层含义,即向制造过程的后一阶段延伸,更加关注产品的售后服务与市场。所有这些活动,构成了生产运营管理的研究内容。按照生命周期理论,可以将其归纳为生产运营系统的设计、运行、维护与改进三个部分。

1) 生产运营系统的设计

生产运营系统的设计,包括产品或服务的选择和设计、设施的定点选择、设施布置、服务交付系统设计和工作设计。生产运营系统的设计一般在设施建造阶段进行。但是,在生产运营系统的生命周期内,不可避免地要对生产运营系统进行更新,包括扩建新设施,增加新设备,或者由于产品和服务的变化,需要对生产运营设施进行调整和重新布置。在这种情况下,会遇到生产运营系统设计问题。生产运营系统的设计对生产运营系统的运行有先天性的影响。如果产品和服务选择不当,将导致方向性错误,造成人力、物力和财力无法弥补的浪费。厂址和服务设施选址不当,将直接决定产品和服务的成本,影响生产经营活动的效果,这一点对服务业影响尤其严重。

2) 生产运营系统的运行

生产运营系统的运行,主要解决生产运营系统如何适应市场的变化,按用户的需求,输出合格产品和提供满意服务的问题。生产运营系统的运行,主要涉及生产计划、组织与控制三个方面的内容。

（1）生产计划。生产计划解决生产什么、生产多少和何时产出的问题。

这包括预测对本企业产品和服务的需求,确定产品和服务的品种与产量,设置产品交货期和服务提供方式,编制生产运营计划,做好人员班次安排,统计生产进展情况等。

（2）组织。制定了详细的生产计划以后,生产运营管理的组织功能要求对参与企业生产的原材料、机器、设备、劳动力、信息等各要素,生产过程中的各个工艺阶段、各个方面进行合理的组织和协调,进行生产工作,保证按计划完成生产任务。

（3）控制。在企业的生产管理实践中,为了保证计划能够顺利完成,最经济地按质、按量、按期地完成生产任务,必须对分析工作得出的有关生产过程的信息及时反馈,与生产运营计划相对比,纠正偏差,这就是生产运营控制工作。

这主要包括接受订货控制、投料控制、生产进度控制、库存控制和成本控制等。对订货生产型企业,接受订货控制是很重要的。是否接受订货,订多少货,是一项重要决策,它决定了企业生产经营活动的效果。投料控制主要是决定投什么、投多少、何时投,它关系到产品的出产期和在制品数量。生产进度控制的目的是保证零件按期完工、产品按期装配和出产。库存控制包括对原材料库存、在制品库存和成品库存的控制。如何以最低的库存保证供应,是库存控制的主要目标。

总之,计划、组织和控制是生产运营系统运行管理中不可缺少的三个组成部分。计划工作着眼于未来,是对生产工作各个方面、各个阶段的总体安排;组织工作围绕生产过程,保证生产计划的完成;控制工作立足现在,参照过去,根据分析得出生产信息,对未来的生产过程进行纠偏和监督,使各生产环节相互之间紧密结合,保证按品种、按质量、按交货期完成生产任务。

3）生产运营系统的维护与改进

任何系统都有生命周期,如果不加以维护和改进,系统就会终止。生产运营系统的维护与改进包括对设施的维修与可靠性管理、质量的保证、整个生产系统的不断改进和各种先进的生产方式和管理模式的采用。

所以,从企业生产运营活动过程的角度看,本书的书名是《生产运营管理》,这就意味着本书明确服务对象主要是广大制造业的读者。希望通过本书的介绍,读者可以基本掌握制造业的生产运营管理的主要内容。当然,这并不表示本书的内容只考虑生产制造,而不考虑服务。许多制造业的生产运营管理问题具有一定的普遍性,对其他行业也具有一定的参考意义。

1.1.3　生产运营管理的研究方法

1. 理论和实践相结合的研究方法

生产运营管理是一门应用科学,它与生产实践关系非常密切。计划、组织和控制生产活动的理论和方法,都是在总结生产实践的基础上形成的,而实践经验一旦被总结成为理论和指导原则,又反过来指导实践工作,提高生产的管理水平。这种从实践上升到理论,再由理论回到实践的循环是生产运营管理这门学科发展的途径,也是研究生产运营管理所应采取的方法。

2. 定性分析和定量分析相结合的研究方法

定性分析和定量分析相结合,是现代生产运营管理的特征之一。组织企业的生产活动,传统的办法是依靠个人的经验,进行定性的分析。定性分析对于处理企业生产中出现的不可控的、难以度量的、无法建立数学模型进行科学计划的问题,具有很大的优势。如宏观经济的景气状况、国家的产业政策等,往往只能依靠人们的经验、学识来分析和判断。但是,定性分析也存在缺乏科学依据、主观性强、容易导致个人独断专权等缺点,需要与定量分析相结合。生产管理中,最初的定量分析是利用初等数学知识进行简单的计划,与定性分析关系不紧密。随着线性代数、概率论、数理统计、运筹学等的产生和发展,定量分析在生产管理中应用的深度和广度不断扩张,而且定量分析也越来越细,特别是计算机技术的发展,为定量分析在生产运营管理中的应用开辟了广阔的前景。因此,定性分析和定量分析的结合有利于取长补短,能有效组织生产,提高生产运营管理水平,促进生产运营管理的科学发展。

3. 系统分析的研究方法

系统分析,是指以系统的观点来考察和研究问题。所谓系统是由两个或两个以上相互区别又相互联系、相互作用的要素组成的,具有特定功能的有机整体。一般来说,系统具有整体性、相关性、目的性、层次性、环境适应性等特点。企业是一个系统,它包含若干个子系统,生产系统是其重要的子系统之一。对生产系统的管理要求实现系统的最优化,系统分析方法能使管理者全面地理解问题并提供解决问题的思路,实现对生产活动计划、组织、分析和控制的最优化选择。

生产运营管理是一门内容十分宽泛的学科,以上所列三种研究方法只是生产运营管理中最常用、最典型的研究方法,而不是全部。

1.1.4　生产运营管理的作用

生产运营管理、财务管理和市场营销被誉为现代企业经营的三大基石,而生产运营管理则是企业中负责制造产品或提供服务职能的管理。从企业经营的过程来看,企业经营过程是人们利用各种投入,如资本、劳动和信息,通过一个或多个转换过程(如储存、运输、切割)创造出产品或服务。并且为确保获得满意的产出、需在转换过程的各个阶段进行检测(反馈),并与制定好的标准作比较,以决定是否需要采取纠正措施(控制)。图 1-1 说明了这一过程。从图 1-1 中可以看出,生产运营管理实质上就是对产品或服务的投入—产出这一转换过程的控制,以实现价值的增值。

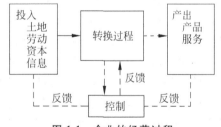

图 1-1　企业的经营过程

从这个意义上理解,生产运营管理的作用可以归纳为以下几点:

(1) 生产运营管理就是要把这种处于理想状态的经营目标,通过组织产品制造过程转化为现实。

生产运营管理属于企业管理系统中的基本部分。因为生产活动是制造业企业的基本活动。制造业企业经营的主要特征是商品生产,而不是商品销售,它销售的是自己生产的产品。因此,生产什么样的产品、生产多少产品、什么时候生产产品满足用户和市场的需求,就成为制造业企业经营的重要指标。

(2) 生产运营管理可以使企业更好地适应市场力量对比的变化。在卖方市场条件下,企业是生产型管理。因为产品在市场上处于供不应求的状态,因而,只要产品生产出来,就能够卖出去。生产运营管理关心的是提高生产效率、增加产量。但是,在市场经济条件下,市场变成了买方市场,竞争加剧,对商品的要求出现多元化趋势,不但要求品种多、质量高,而且要价格便宜、服务周到、交货准时,这种对产品需求的变化,无疑对生产运营管理提出了新的挑战。

(3) 生产运营管理的强化可以更好地适应企业领导角色的转化要求。在现代市场经济条件下,企业的上层经理人员应集中精力,做好与企业的长期发展密切相关的经营决策。这需要一套健全有力的生产运营管理系统作保证,否则,如果企业的高层经理人员纠缠于日常生产管理活动,则难以做好企业的宏观决策。从这个意义上讲,生产运营管理属于基础性管理,它为做好经营决策提供条件。

(4) 生产运营过程是实现价值增值的必要环节。从人类社会经济发展的角度来看,物质产品的生产制造是除了天然合成(如粮食生产)之外,人类能动地创造财富的最主要活动。工业生产制造直接决定着人们的衣食住行方式,也直接影响着农业、矿业等社会其他产业技术装备的能力。进一步说,在今天,随着生产规模的不断扩大、产品和生产技术的日益复杂、市场交换活动的日益活跃,一系列连接生产活动的中间媒介活动变得越来越重要。因此,与工业生产密切相关的金融业、保险业、对外贸易业、房地产业、仓储运输业、技术服务业、信息业等服务行业在现代社会生活中所占的比重越来越大。这些经济活动在人类创造财富的整个过程中起着越来越重要的作用,成为人类创造财富的必要环节。而作为构成社会基本单位的企业,其生产运营活动是人类最主要的生产活动,也是企业创造价值、服务社会和获取利润的主要环节。

(5) 生产运营管理是企业竞争力的源泉。现代企业面临着许多问题,如体制、资金、设备、技术、生产、销售、人员管理,以及企业和政府、银行、股东的关系等问题,任何一个方面出了问题,都有可能影响整个企业的正常生产和经营。但消费者和用户只关心企业所提供的产品或服务的效用,因此,企业之间的竞争实际上是企业产品之间的竞争,企业竞争的关键最终体现在企业提供的产品或服务的质量、价格和适时性上。哪个企业的产品质量好、价格低,又能及时推出,这个企业在竞争中就能取胜。一个企业产品的竞争力,在很大程度上取决于企业生产运营管理的绩效。从这个意义上来说,生产运营管理是企业竞争力的真正源泉。在市场需求日益多样化、顾客要求越来越高的情况下,如何适时、适量地提供高质量、低价格的产品,是现代企业经营管理领域中最富有挑战性的内容之一。

(6) 生产运营管理是生产力发展的标志。生产是人类社会从事的最基本的活动,是一切社会财富的源泉。不从事生产活动,人类社会就无法生存,社会就不能发展。生产运营系统是社会化生产要素的集合体,也是社会生产力发展的标志。生产运营管理在科学有效的管理方法、手段和管理艺术的指导下,充分利用现代先进技术,尤其是信息技术,对社会各种资源进行合理配置,使生产运营系统优质、高效、灵活、准确地运转,为人们提供了具有一定效用的产品或服务,满足了人们的物质与精神需求,改变了人们的生活方式,推动了社会的发展。

1.2 生产运营管理的发展历程

生产运营管理的历史可以追溯到古埃及金字塔和中国万里长城的建设。然而,近代生产运营管理的历史始于英国蒸汽机的发明,其发展的原动力是产业革命。大量生产开始后需要对工厂进行系统的管理,需要进行财务、人事等相关的生产经营活动。1835 年蒸汽机车的诞生和 1839 年汽油发动机汽车的诞生,以及 1889 年路巴索落和帕拿尔在法国成立第一家汽车制造厂,标志着生产运营管理的发展进入一个新的阶段。汽车的生产首先带动了钢铁制造业的发展,所以继汽车业之后,钢铁业也较早地进入生产运营管理的新时代。理论来自实践,最初的生产运营管理理论多半也来自汽车产业和钢铁制造业。比如,近代生产管理的鼻祖泰勒的“科学管理法”,其基本框架的形成,就是基于其本人在美国米德比尔钢铁制造厂的管理实践和研究中积累的经验和知识。“福特的大量生产方式”是美国福特汽车公司的生产管理方式,而 JIT(just in time)则是由日本丰田汽车公司的生产管理负责人大野耐一开创的丰田生产方式(Toyota production system,TPS)的核心内容。下面让我们通过泰勒的科学管理法、福特的大量生产方式、大众汽车公司的多品种生产方式,丰田汽车公司的 JIT 生产方式以及现代的精益生产方式等,来了解生产运营管理的发展历史。本书借助介绍这些里程碑事件的概念、方法和作用的方式来论述生产运营管理的历史演进,见表 1-1。

表 1-1　生产运营管理发展大事年表

时　　间	概念和方法	发源国别
1911	科学管理原理,标准时间研究和工作研究	美国
1911	行为研究;工业心理学基本概念	美国
1913	移动流水装配线	美国
1914	作业计划图(甘特图)	美国
1917	库存控制中的经济批量模型	美国
1931	抽样检验和统计图技术在质量控制中的运用	美国
1927、1933	霍桑试验	美国
1934	工作抽样	英国
1940	处理复杂系统问题的多种训练小组方法	英国
1947	线性规划的单纯形解法	美国
20 世纪 50 年代、60 年代	运筹学快速发展,如模拟技术、排队论、决策论、数学规划;计算机硬、软件技术;计划评审技术(PERT)和敏捷制造(AM)	美国和西欧
20 世纪 70 年代	处理车间计划、库存、工厂布置、预测和工程项目等日常事务的软件包大量研制成功	美国和西欧
20 世纪 80 年代	JIT、TQC 和工厂自动化(CIM、EMB、CAD、CAM 及机器人)成为制造战略的主要竞争武器	美国、日本和西欧
20 世纪 90 年代	TQM 普及化;BPR 简化了生产过程;大规模定制;供应链管理	日本、美国和西欧
21 世纪	面向网络环境下的 ERP、SCM 等综合集成化、一体化、协同化、智能化、服务化、绿色化	已成全球发展趋势

1.2.1　科学管理

虽然运营管理自从有了人类的生产活动就已经存在,但是泰勒的科学管理学说无疑是该学科发展史上的里程碑。泰勒管理哲学的基本观点如下：

（1）科学管理的中心问题是提高劳动生产率。泰勒在《科学管理原理》一书中充分强调提高劳动生产率的重要性和可能性。他通过科学观察、记录和分析，进行工时和动作研究，在实现工时的合理、有效利用的基础上，制定合理的日工作量，这就是所谓的工作定额原理。

（2）为了提高劳动生产率必须挑选和培训"第一流的工人"。所谓第一流的工人，是指那些在体力及智力上能够适应做将要承担的工作，并愿意尽其最大努力工作的工人。泰勒认为只要工作合适，每个人都能成为第一流的工人。而培训工人成为"第一流的工人"是企业管理当局的责任。

（3）要使工人掌握标准化的操作方法，使用标准化的工具、机器和材料，并使作业环境标准化。泰勒认为通过标准化，可以消除各种不合理的因素，将各种最好的因素有效地结合起来，形成一种最好的方法，以便充分提高劳动生产率。这便是所谓的标准化原理。

（4）实行有差别的计件工资制。为了鼓励工人达到或超额完成定额，在制定和执行有科学依据的定额(或标准)基础上，对达到定额者以正常工资率付酬，超过定额以高工资率付酬，未达到定额者以低工资率付酬，借此来调动工人的积极性，从而促使工人提高劳动生产率。

（5）工人和雇主双方都必须来一次"精神革命"。泰勒试图在工人和雇主间谋求一种和谐的人际关系，使双方都把注意力从盈利的分配转移到增加盈利数量上来。只要他们用友好合作和互相帮助代替对抗和斗争，就能够得到比过去更多的盈利，从而使工人的工资大幅度增加，使企业主的利润也大量增长。这样，双方就没必要再为盈利的分配争吵。

（6）把计划职能同执行职能分开，以科学工作法取代原来的经验工作法。泰勒主张应有意识地把原来由工人全部承担的工作，按其性质分成两部分，即分成计划职能和执行职能。由企业管理当局设立专门的计划部门承担计划职能，现场工人只依据计划从事执行职能。值此，工人必须依据计划部门制定的操作方法和指令，使用规定的标准化工具进行工作，不得凭借经验或自行改变。

（7）实行"职能工长制"。泰勒主张，为使工长能够有效地履行职责，必须将管理工作进行细分，使每一工长只承担一种职能。这样就形成了一个工人同时接受多个工长的领导，容易引起混乱。因此，"职能工长制"未能得到推广，但这种思想为后来职能部门的确立和管理的专业化提供参考。

（8）提出"例外原则"。泰勒认为，"例外原则"指组织的上层管理人员应把一般的日常管理问题授权给下级管理人员去处理，而自己只保留对例外事项的决策和监督权。

泰勒的管理哲学从根本上动摇了旧的管理机构与方法，所以，泰勒被称为"科学管理之父"。

1.2.2 福特流水生产线

1913年，福特发明的流水生产线拉开现代大工业生产的序幕。在福特的汽车厂采用流水生产线以前(1913年8月以前)，每一辆汽车底盘由一名工人装配，大约需要12.5小时。8个月以后，在最后改进的装配线上，每个工人只需做很小一部分工作，每辆底盘的平均作业时间只需93分钟。这项管理技术上的重大突破，是在科学管理和劳动分工原理的指导下取得的，这些原理至今仍然十分有效。

1.2.3　霍桑试验

自泰勒时代开始,数学的和统计的方法在运营管理发展中占支配地位,只有一个例外,那就是霍桑试验。该试验始于 1924 年,完成于 1930 年。梅奥等人在西方电气设备公司的霍桑工厂研究工厂环境对工作效率的影响,研究结果出乎意外,他们发现人的因素要比以前理论工作者想象得重要得多。例如,尊重工人比只靠增加工资要重要得多。他们认为,工人的态度和行为取决于个人和社会作用的发挥,组织和社会对工人的尊重与关心是提高劳动生产率的重要条件。霍桑试验大大推动了行为科学理论的发展,使管理的重点由物转向人。

1.2.4　管理科学

第二次世界大战期间,在研究战争物资的合理调配中,以定量的优化方法为主要内容的运筹学得到迅速发展。战后,20 世纪 50—60 年代,这些成果被广泛地应用于工厂等领域,运营管理发展到一个新的阶段。由于有些方法在某些方面取得了极大的成功,人们对优化方法给予了很大的期望。这期间人们也发现,运营管理的对象是社会经济运动,是一种很复杂的运动形式,其行为主体是人,数学模型很难准确地描述生产系统。再加上数学模型本身的局限性,模型的使用也受到限制。

1.2.5　计算机技术与 MRP

20 世纪 70 年代的主要进展是计算机技术在运营管理中得到广泛应用。在制造业中,重大突破是 MRP(物料需求计划)被用于生产计划与控制,这项技术可以把一个结构复杂的产品的全部零部件统一管理起来,它也能使计划人员迅速地调整生产作业计划和库存采购计划,以适应最终产品需求的变化。在 MRP 的基础上,进一步发展成 MRP Ⅱ。MRP Ⅱ 技术已不仅仅局限于运营管理,它的管理范围扩展到销售部门和财务管理,它的意义在于人们已经可以利用计算机技术把运营、营销、财务三大职能管理的信息集中管理。

1.2.6　JIT、TQC、工厂自动化

进入 20 世纪 80 年代,管理哲学和技术上的成就当属 JIT(准时化生产)。这一成果是由日本丰田汽车公司从 20 世纪 50 年代开始,经过 20 余年的努力后取得的。JIT 包含丰富的管理思想和方法,并且将它们有机地组成一个体系,它用最少的库存生产最多的产品,并且把 TQC 也融合在里面,实现了零缺陷生产。它经受住了 1973 年的石油危机的考验,被认为是一种具有新的管理哲学的生产方式,并在 80 年代得到发达国家的承认和普遍的重视。

在这时期,工厂自动化以各种方式促进运营管理的发展,出现了多种生产方式,如CIMS(计算机集成制造系统)、FMS(柔性制造系统)等。

1.2.7　服务质量和生产率

服务业是一个非常广泛的行业,从航空公司到动物园都有服务业参与其中。然而,研究在不同服务企业成功的管理方法,可以发现,其管理方法的核心部分就是关于质量和生产率

的,即如何提供高价值的标准化服务,这一管理思想是相通的,所以麦当劳的生产系统方式也可以成功地用在钢铁公司的高效微型轧机上,这是管理原理上的新发现。

1.2.8 TQM

20 世纪 80 年代,在管理实践和理论上的另一项重要贡献是 TQM(全面质量管理)和质量保证体系。TQM 从 80 年代起在许多公司得到实施,更广泛地使用于企业是在 90 年代。ISO9000 是国际标准化组织提出的关于企业质量管理和质量保证体系标准,是每个企业在国际市场上共同遵守的关于质量方面的准则。

1.2.9 BPR

面对 20 世纪 90 年代的全球性经济衰退,企业需要精简,以提高竞争力,这推动企业去寻找新的管理理论和方法,它应该是新的变革而不是方法的改良,M.哈默提出了这一概念。BPR 从管理的全过程出发,去掉多余的环节,简化过程,并采用计算机管理,以期达到预想的产出。

1.2.10 大规模定制

大规模定制是指以大规模生产的成本和速度,为单个客户或单件(或小批量)多品种的市场定制加工任意多数量的产品。是为了适应消费需求个性化,提升企业竞争力而发展成的一种全新的生产经营模式。

1.2.11 供应链管理

供应链是围绕核心企业,从采购原材料开始,经制造过程制成中间产品以及最终产品,最后由销售网络把产品送到消费者手中,将供应商、制造商、分销商、零售商直到最终用户连成一个整体的功能网络结构模式。供应链管理则是通过对信息流、物流、资金流的控制,实现对供应链的系统管理。

1.2.12 重大装备、复杂产品的仿真与嵌入式集成

重大装备、复杂产品的仿真与嵌入式集成通常是面向航空航天、船舶、汽车等复杂产品的快速响应、运行稳定、安全可靠的应用需求,提供高可靠实时控制系统,开展集成应用,包括高可靠、高精度的嵌入式远程状态监测与故障诊断、多学科集成的数字化分析与仿真技术研究与集成应用、软硬一体化设计、DCS/MES/ERP 等系统集成、和谐人机交互等技术。

1.2.13 面向节能减排的智能控制综合集成

面向节能减排的智能控制综合集成通常是面向钢铁、石化等高污染、高能耗流程制造企业,应用传感网、绿色制造、嵌入式的智能控制集成技术,利用低功耗高性能芯片、高精度模数转换技术,进行数据采集、检测、控制设备的智能化升级,并将智能化设备与综合自动化系统集成应用,实现生产过程的精确控制和管控一体化,提高资源能源的综合利用效率,减少废弃物和副产物的产生,以达到企业低消耗、低排放、高效率的目标。

1.3 现代生产运营管理的特征

生产运营管理的特征是随着时代的发展不断变化的。传统生产运营管理的着眼点主要在生产系统内部,即着眼于在一个开发、设计好的生产系统内,对开发、设计好的产品的生产过程进行计划、组织、指挥、协调与控制等。但是,近二三十年来,随着世界经济及技术的发展,制造业企业所处的环境发生了显著的变化,由此使生产运营管理的特征也发生了深刻的变化。这些新变化和新发展归纳起来,主要表现在以下几个方面。

1. 生产经营一体化

现代生产运营管理的范围与传统生产管理相比,变得更宽了。如上所述,当代企业所面临的诸多新课题,如果从企业经营决策的角度来看,为了使生产运营系统有效运行的前提(生产工艺的可行性、生产系统构造的合理性)得到保障,生产运营管理的决策范围必然要求深入到产品的研制开发与生产系统的选择、设计与改造的领域中。所以,生产运营管理不再是仅仅对现有生产系统进行计划、组织、协调与控制的运行管理,而且要参与到新产品研制开发和生产系统的选择、设计和改造中。

由于生产运营管理的成果(产品的质量、成本、交货期等)直接影响产品的市场竞争力,在市场竞争日趋激烈的今天,人们将越来越多地从其产品的市场竞争力去考察生产运营管理的成果和贡献,并力图通过市场信息的反馈来不断改进生产运营管理工作。为了使生产系统的运行更有效,适时、适量地生产出能够最大限度地满足市场需求的产品,避免盲目生产,减少库存积压,在管理上要求把供、产、销更紧密地衔接起来。生产的安排,需要更多、更及时地获得市场和顾客需求变化的信息。因此可以说,生产运营管理的范围,从以往的生产系统的内部运行管理向"外"延伸了。

计算机技术和网络技术的发展,CAD、CAPP、CAM、MRPⅡ/ERP、OA、SCM、CRM 及 CIMS 等在企业中的推广应用,为企业内部、供应链内部的信息继承以及供、产、销、财务、人事等功能的集成提供了有力的支持,使生产管理与企业经营管理之间的紧密融合和相互渗透成为可能。

综上所述,企业的经营活动与生产活动、经营管理与生产管理的界限将越来越模糊,企业的生产与经营,包括营销、财务等活动在内,相互之间的内在联系将更加紧密,并互相渗透,并朝着一体化的方向发展,形成一个完整的生产与经营的有机整体。这样的生产经营系统能够更有效地配置和调度资源,灵活地适应环境的变化,这是现代生产运营管理重要的发展趋势之一。

2. 多品种生产、快速响应与灵活应变

多品种、中小批量生产将成为社会生产的主流方式,从而带来生产管理上的一系列变化。20 世纪初,以福特制为代表的大量生产方式揭开了现代化社会大生产的序幕,该生产方式创立的生产标准化原理(standardization)、作业单纯化原理(simplification)及分工专业化原理(specialization)等奠定了现代化社会大生产的基础。但是发展到今天,一方面,在市场需求多样化面前,这种生产方式显露出缺乏柔性、不能灵活适应市场需求变化的弱点;另一方面,飞速发展的电子技术、自动化技术及计算机技术等,从生产工艺技术以及生产管理

方法两方面,为大量生产方式向多品种、中小批量生产方式的转换提供了强有力的支持。因此,多品种、中小批量生产方式已成为现代生产方式的主流。生产方式的这种转变,使得生产管理面临着如何解决多品种、中小批量生产与降低成本之间的矛盾,从而要求生产运营管理从管理组织结构、管理制度到管理方法要采取新的措施。日本丰田汽车公司在这方面作了有益的尝试,丰田生产方式给大家提供了成功的经验。

由于市场复杂多变,快速响应和灵活应变的能力已成为当代企业生存和发展的关键。密切与市场、与顾客的联系,改革臃肿的管理机构,管理机构扁平化,以提高对市场变化的反应速度和决策速度;提高生产系统的柔性和可重构性,在发展壮大自己核心能力的同时,广泛开展社会协作和组织动态联盟,以提高企业的应变能力。这是现代生产运营管理面临的必然选择。

3. 人本管理与不断创新

随着知识经济时代的到来,信息和知识已成为最重要的财富和资源。在知识经济社会,创新是经济增长的主要动力。一个企业的竞争力的强弱,取决于该企业创新能力的高低。对于生产系统也是一样,一个生产系统能否有效地运行,能否根据需求的变化、环境的变化而呈现灵活的应变能力,关键在于不断地创新。而创新能力主要依赖于人的智力。所以,要想使企业的生产系统保持充沛的活力,企业要想取得和保持竞争优势,必须重视智力资源的充分开发和有效利用。现代企业强调人才的作用,重视对员工的教育和培训。

1.4　生产运营管理面临的挑战

当今企业所处的市场环境可以用两句话来概括:技术进步突飞猛进,市场需要多样而且变化迅速。进入20世纪70年代以后,以石油危机为转折点,一方面,由于能源价格飞涨,原来的市场格局发生了深刻变化;另一方面,随着社会经济的发展,卖方市场逐渐转变为买方市场,消费者的行动变得更具有选择性。因此,市场需求开始朝着多样化方向发展。与此同时,近20多年来,自动化技术、微电子技术、计算机技术等新技术的发展日新月异,产品的生命周期日益缩短,生产工艺和技术装备的更新速度大大加快,新的时代环境使当代企业面临严峻挑战和一系列新的课题。

(1)由于是买方市场,顾客对产品质量、性能的要求变得更高、更苛刻。不仅要求产品价廉物美,还要求产品能满足顾客的个性化需求。另外,由于技术进步快,市场需求变化大,产品的生命周期越来越短,这就要求企业产品不断地更新换代。这种趋势使得企业必须投入更大的力量和更多的注意力不断地进行新产品的研究与开发。

(2)市场需求的多样性使得以往那种单一品种大批量生产、靠扩大产量降低成本的生产方式逐渐无法适应今天的要求,因此要求企业转向多品种、中小批量生产。而生产方式的这种转变,要求企业的生产管理体制和管理方法必须面向多品种、中小批量生产进行相应的变革。

(3)技术的飞跃发展为管理工具和手段的不断改进、为生产系统增强其功能和提高运作效率提供了可能。在激烈的市场竞争中,随着产品的不断更新换代以及管理工具、手段的不断发展,企业的生产系统正面临着不断的重新选择、重新设计与改造。

（4）以供应链管理（supply chain management，SCM）为代表的新理念（供应链内企业之间加强协调与合作），以及电子商务 BtoB、BtoC 的出现，加速了网络经济时代的到来，使生产管理的领域不能再局限于一个企业的范围之内，而需向企业外部的供应系统和分销系统伸展。

新观察

2011 年 1 月，美国一家市场研究机构通过调查，选出了 2010 年度美国最令人厌恶的 15 家企业，其中，诺基亚、麦当劳、丰田汽车、花旗银行等行业"老大"全部榜上有名。在过去的一年中这些曾经风光无限的企业麻烦缠身，遭到消费者、纳税人、雇员甚至其股民的厌恶。在激烈的商业竞争中，一家企业应该如何处理与社会各个层面的关系，赢得尊重，这是众多正在成长中的中国企业需要思考的问题。

企业的成功运营和管理推动，有可能来源于学术力量，学者归纳提炼后，提出结论性的理论；也有可能来自管理咨询公司。但毫无疑问，公司的最佳管理和运营实践在其中起到的作用最大。

如 IBM，从大型计算机、个人计算机（PC），直到现在被广泛使用的笔记本电脑，公司自身的发展早已与整个信息技术产业的历史紧密地联系在一起。早在 10 多年前，IBM 就率先提出"computing"的概念。在它最初的解读中，"computing"是指一种计算能力，就像电或者是水一样可以存储、租用的。如果一些公司在晚上有闲置的计算能力，就可以出借给其他需要的公司。而这种想法几经演变之后，就成为时下最为流行的"云计算"。如今的 IBM，已不是一家传统意义上的硬件或者软件公司，而是一家服务型的企业，它积极与学术界合作创造了"服务科学"的概念，其服务领域的规模占据公司营收的半壁江山。IBM 成为行业内的长期领导者，更对人类在计算机的应用和发展上起到了标志性的推动作用。

现实的经验告诉我们，多数公司只会成为追随者，只有少数能担当开创者的角色，而通用电气（GE）无疑是最佳案例之一。公司曾创新地提出"超事业部"的管理模式，尽管后期最终被替换，但这一组织形式曾被写入组织管理的教科书。"六西格玛"的体系和方法更是在 GE 发扬光大。事实上，"六西格玛"是由摩托罗拉最先提出的，作为品质管理概念，"六西格玛"的目的是设计一个目标，在生产过程中降低产品及流程的缺陷次数，防止产品变异，提升品质。而 GE 总结了全面质量管理的成功经验，提炼了其中流程管理技巧的精华和最行之有效的方法，使之成为一种提高企业业绩与竞争力的管理模式，使它成为业界广泛采用的内部控制系统。

（资料来源：2011 年 2 月 27 日《文汇报》"企业凭什么让我们'尊敬'"）

本章 小结

本章主要讲述了生产运营管理概念和作用、历史演进和特征等有关内容。首先论述了生产运营管理的含义，而后比较详细地讨论了生产运营管理的研究内容、生产运营管理的研究方法、生产运营管理的作用。接着，借助于生产运营管理发展的里程碑事件介绍了生产运营管理的整个发展过程，以及供应链管理、准时化生产、丰田生产方式、全面质量管理、企业管理过程重组、供应链管理等思想。最后，本章还讲述了现代生产运营管理的主要特征、生产运营管理面临的挑战。

复习与思考

1. 何谓生产运营管理? 生产运营管理具有哪些基本职能?

2. 回顾生产运营管理发展的历史,有哪些认识和体会?

3. 生产运营管理的研究内容包括哪些?

4. 如何理解现代生产运营管理面临的新课题及其特征?

生产运营战略

第 2 章

战略体系（strategic system）
产品战略（product strategy）
运营战略（operation strategy）
核心能力（core capability）

服务传递（service delivery）
制造柔性（manufacturing flexibility）
竞争能力（competition capability）
定制服务（customer-built service）

互联网资料

http：//cranfield. au. uk
http：//www. beidabiz. com
http：//www. dell. com

> 在当今激烈的市场竞争环境下，现代企业越来越多地把生产运营管理从职能管理的层次提升到战略性的运营管理层次，并着手建立生产运营战略管理系统。
>
> 本章主要介绍运营战略的功能定位、逻辑框架等基本内容，并针对制造业和服务业不同的行业特征，阐述制造业运营战略和服务业运营战略的特点和相关内容。

2.1 运营战略概述

2.1.1 运营战略的概念

"战略"一词原是军事术语，最早源于希腊语"strategos"，其含义是"将军"指挥军队的艺术和科学。我国古代的《左传》和《史记》对"战略"一词也有描述。从管理的角度看，美国经济学家切斯特·巴纳德（Chester I. Barnard）把战略观念引入企业管理中，他在 1938 年出版的《经理的职能》一书中首次运用战略概念。目前，该概念在企业管理中已经被十分广泛地应用，如经营战略、营销战略、产品战略、价格战略、投资战略、组织结构战略、持续发展战略、联合战略等。

对于战略问题,可谓"仁者见仁,智者见智"。《辞海》中,战略的定义是:"军事名词,指对战争全局的筹划和指挥。它依据敌对双方的军事、经济、地理等因素,兼顾战争全局的各方面,规定军事力量的准备和运输。"美国经济学家阿尔费雷德·钱德勒(Alfred D. Chandler)在1962年出版的《战略结构:工业企业的考证》一书中将战略定义为:战略是决定企业基本目标与目的、选择企业达到这些目标所遵循的途径,并为实现目标与途径而对企业重要资源进行分配。日本学者伊敬丹之则将战略定义为:决定公司活动的框架,并对协调活动提供指导,以使公司能应付并影响不断变化的环境。美国达梯斯学院管理学教授魁因(J.B. Quinn)认为战略是一种模式或计划,它是将一个组织的主要目的、政策与活动,按照一定的顺序结合成一个紧密的整体。综上所述,战略是对全局发展的筹划和谋略,它实际上反映的是对重大问题的决策结果,以及组织将采取的重要行动方案。企业战略则是对企业重大问题的决策结果以及企业将采取的重要行动方案,是一种定位,是一种观念,是企业在竞争的环境中获得优势的韬略。

而运营战略就是:企业为了实现组织愿景,对销售、设计、加工、交货等各个环节设计一套调配和运用各种内外部资源的政策和计划,以便实现企业的长期竞争战略。它的着眼点是企业所选定的目标市场;它的工作内容是在既定目标导向下制定企业建立生产系统时所遵循的指导思想,以及在这种指导思想下的决策规划、决策程序和内容;它的目的是使生产系统成为企业立足于市场,并获得长期竞争优势的坚实基础。运营战略一般包括如下内容:

(1)产品选择。目标市场确定以后,需要考虑选择什么产品、怎样的产品才能占领市场。

(2)生产能力需求计划。是在战略计划期内,对生产能力数量上的需求、时间上的需求,以及种类的计划。

(3)工厂设施。包括确定工厂规模、选厂址、确定专业化水平。

(4)技术水平。技术装备对竞争力的作用是第一位的,选择技术合适的设备、确定自动化程度是一项十分重要的工作。

(5)协作化水平。确定自制与外购的比例,以及协作厂的数量。

(6)劳动力计划。确定所需劳动力的技能水平、工资政策、稳定劳动力的措施。

(7)质量管理。不良品的预防,以及质量监督与控制。

(8)生产计划与物料控制。包括资源利用政策,计划集中程度,计划方法。

(9)生产组织。确定生产系统结构、职务设计、职位职责。

2.1.2　生产运营战略与企业总体战略的关系

为了切实有效地实现企业的战略目标,企业的战略必须有不同层次、不同方面的战略构成。一般地,企业战略与企业组织层次相适应,它既有企业一级的总体战略,也有企业下属经营单位一级的总体战略;既有各级的总体战略,也有与各级组织的各种职能相适应的职能战略。由于企业各级的总体战略类型有所不同,因此各级的职能战略也有许多种,形成类似于矩阵式结构的战略矩阵。但是,企业上下层的总体战略之间、每个层次的各种职能战略之间,以及各层总体战略与职能战略之间,存在着上下继承、相互配合和相互制约的关系,从而形成为一个不可分割的整体体系,如图2-1所示。

企业级战略是企业最高管理层决策者制定的、关系全局的、长期的战略行为,起统率全

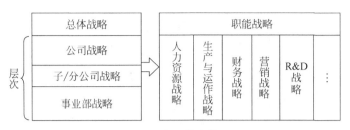

图 2-1 企业战略体系

局的作用,其任务是决定企业组织的使命。企业必须注视动态变化的外部环境,并据此调整自己的长期计划(规划)。因此,企业级战略将从根本上影响一个企业的生存和未来的发展道路。事业部级战略是某一个独立核算的单位或具有相对独立的经济利益的经营单位对自己的生存和发展作出的谋划,是把公司经营战略中规定的方向和意图具体化,比公司级战略更清楚和更细致地表达了战略目标、任务和措施,成为更加明确地针对各项经营事业的目标和战略。生产运营战略是企业战略体系中的职能战略,是整体战略在生产运营职能范围内的具体化和落实,受到总体战略的制约,为支持和完成总体战略服务。不同企业或同一个企业的不同单位的生产运营战略可能存在很大差异。如一家大型家电企业,其彩电分厂和手机分厂可能采取技术创新战略,以引导市场和消费潮流;而冰箱分厂和空调分厂可能为实施价格战略而首先采取降低成本策略。这是由于经营单位需要根据不断变化的外部环境,思考如何更有效地控制资源的分配和利用,占领市场,达到盈利的目的。

从以上分析可以看出,企业的生产运营战略属于职能级战略,是企业战略的重要组成部分,是企业为了实现总体战略而对生产运营系统的建立、运行以及如何通过生产运营系统来实现组织整体目标而规定的行动纲领。生产运营战略在企业生产经营中起着承上启下的作用。所谓承上,表现在它是企业总体战略、经营层战略在生产运营领域的具体化;所谓启下,表现在它是指导生产运营系统的运行方向,它把生产运营活动与企业总体战略、经营层战略紧密连接起来,以保证总体战略的顺利实施和实现。

2.1.3 生产运营战略体系与逻辑结构

生产运营战略是生产运营系统的战略,为了切实有效地实现系统的战略目标,该战略必须由若干个不同方面的战略组合构成,它不仅有一些明确而具体的子战略或策略(如产品战略、流程战略、工艺战略、选址战略、布局战略、人力资源战略、采购与准备生产战略、库存策略、生产进度策略、维护与可靠性保证策略等),而且需要充分考虑四个战略要素:成本、质量、时间、柔性。子战略是生产运营战略体系的基本构成,四个战略要素是贯穿于子战略的基本要素,它们之间的相互配合,构成一个不可分割的战略体系。每个企业都可以根据自己所面对的客观的内部环境要素和不可回避的外部环境要素选择适宜的战略和战略组合。以上各个子战略是每一个企业在不同历史时期所面对的或必须解决的现实问题,这些战略的具体内容将在以后有关章节详细介绍。生产运营战略是一个由若干个子战略和战略要素构成的体系,战略要素和子战略、子战略和子战略,以及子战略和设计、子战略和运行、子战略和控制之间的逻辑关系可以如图 2-2 所示。

一般来说,企业的产品战略和生产组织形式战略处于主导地位,称为生产运营战略的主

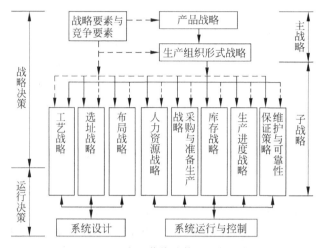

图 2-2　生产运营战略体系逻辑结构

战略,其他子战略或策略处于服从地位。但是,任何主战略的实施都需要有相应的子战略(策略)或子战略群的密切配合,形成战略组合,才能达到目的。当然,与主战略配套的子战略或策略也有主次之分,以形成区别于其他时期而仅适合当前的战略体系,突出当前的战略中心。

2.1.4　生产运营战略对于提高企业竞争力的作用

在市场需求旺盛时,人们不注意生产运营战略问题,只关心大量制造产品供应市场。企业面临的问题主要是如何筹措大量资金扩大生产,想方设法扩大市场。公司的战略往往与市场、财务管理有关,还没有意识到生产对企业整体的作用。运营管理的任务仅仅是低价采购,使用简单劳动力操作自动化程度高的机器,全部的目的是使成本尽可能低。

20世纪70年代末期,美国学者斯凯纳(W. Sinner)意识到美国制造业的这个弱点,提出要考虑生产运营战略,与企业已有的市场战略和财务战略相配套。在以后的研究中,学者们不断强调将生产运营战略作为竞争手段的重要性,指出企业如果不加以重视,会失去长期的竞争能力。这个观点到了80年代,当美国的加工业被日本全面赶上并超过时,被证明是正确的。

案例 -

20世纪60年代晚期和70年代早期,日本一家小型的汽车制造商正面临着一个萧条的并伴随着通货膨胀的经济形势,因为没有一家公司能够仅依靠生产单一的产品在萎缩萧条的经济形势下生存,所以增加产品品种是非常有必要的。Taiichiohno和他的合作者开发了丰田生产系统(TPS)。建立TPS所依据的关键想法是在你正需要的时候生产你恰恰需要的产品。同样,其潜在的问题也很简单:不允许出现差错。供应商和设备必须足够可靠,生产必须足够灵活,质量必须足够高,每个方面都必须保证足够的一致性。这个系统成功的关键之处在于其完美地协调了和供应商之间的关系,其必须在和制造商一样保持灵活性的同时，满足准确的时间安排和精确的绩效规格。事实上，TPS 是对亨利·福特组装线或流程概念的重新发现，并加以重大改进：TPS 不是致力于低成本和零灵活性，而是利用灵活流程生产更多种类的产品。同时，TPS 还实现了多品种、高质量、低成本和短配送反应时间。它也因此对世界范围的竞争者所努力赶上的运营效力边界线进行了完全重新的定义。在使 TPS 成为离散生产的世界级流程后，丰田仍旧是利用生产过程作为从行业中的低级到高级上升的一种竞争武器的一个最好的例子。

（资料来源：方正，《企业生产与运作国际化管理案例》，中国财政经济出版社，2002 年，第 129～132 页）

生产运营领域的战略目标必须始于顾客和竞争者。制定生产运营战略必须明确回答：现在和未来，我们的生产运营将以什么方式为顾客增加价值，同时使我们相对于竞争对手具有持久的竞争优势？为了回答上述问题，可以从成本、质量、交货速度、制造柔性四个方面来考虑生产运营战略对于提高企业竞争力的作用。

通常认为，企业对这四个方面都要同时投入相当的资源和努力。因此，需要判断哪个因素对提高竞争力是最重要的，就集中企业的主要资源重点突破。此外，在四个目标之间存在冲突，如要提高供货速度，则难以提高制造柔性，而低成本战略也往往与高柔性、快速交货相矛盾。这样就产生了多目标平衡问题。

近年来，速度又成为竞争策略第一要素的趋势。特别在高新技术产业，谁能最先推出新产品，谁就能制定高价格，赢得第一桶金。当跟随者进入市场时，它会惊愕地发现价格已大幅下跌。数码相机、计算机、手机、彩电无不呈现出这种现象。海尔集团首席执行官张瑞敏说："我们与跨国公司比，论技术不如人家，论资金不如人家，我们唯一能比的就是速度。"海尔能够在 17 小时内把一项设想变为现实，以速度赢得市场。

值得注意的是，与传统的运营管理哲学相比，在新的生产条件下，生产运营战略对企业竞争力的提高提出了以下几个重要观点：

（1）强调了对企业竞争力的保障，通过对四个目标优先级的决策，实现生产系统的竞争优势，或成本优势，或质量优势，或交货优势，或性能优势，也可能是综合优势。而传统方法一般以成本和效率为中心，强调系统的高产出和规模经济。

（2）强调系统要素在系统结构框架下的协调性，而传统方法由于过分强调效率和新技术的运用，往往使系统要素组合失调，不能得到系统的最高效率。

（3）现代的生产运营系统比以前有了新的变化。现代生产运营系统是生产产品的制造企业的一种组织体，它具有销售、设计、加工、交货等综合能力，并有对其提供服务的研究开发功能，还可以把供应厂商、用户都作为生产系统的组成部分。

（4）必须实现战略、设计和运营的一体化。不了解作业系统的设计目的和能力不可能选择好适当的运营管理的方法。作业系统的设计必须依据组织的战略。一方面，作业系统的设计必须依据组织的战略；另一方面，战略的制定必须考虑作业系统的能力以及领先于竞争对手的具体的作业方法。战略必须指导设计和运营；反之，战略又必须依据在运营方面的优势。

（5）战略、设计和运营不仅应当在总体上有效衔接，而且在细节上也应当处理优化得很好。只注意战略，或是只注意作业细节，或是忽略作业系统的设计及其对战略的影响，是导致公司失败的三种常犯的错误。有效地管理作业的细节将会带来公司的成功，只要这些细节是坚实的战略的一部分。如果作业系统的设计决定着公司能否达到它的战略目标，那它就具有战略意义。

2.1.5　生产运营战略的制定

1. 生产运营战略分析

生产运营战略的制定是建立在科学的战略分析基础上的。战略分析主要包括以下几个方面。

企业的总体战略

识别、分析企业总体战略对生产运营的具体要求,弄清生产运营部门为实现总体战略必须达到的目标与战略取向。

(1)环境因素分析。环境因素是指企业外部环境对生产运营系统可能带来的机会或威胁的事件或趋势,一般包括政治、经济、技术、社会因素及市场需求与竞争对手的状况。在企业总体战略制定过程中已对环境因素作过分析,但那些分析是着眼于影响企业总体发展的重大因素。在制定生产运营战略时必须从生产运营的角度作更具体、更细致的分析。以技术因素为例,技术变迁会直接影响生产运营系统中的产品(如高清晰度的电视、数码相机等)、服务(如缩短交货期)、生产过程(如柔性制造)等各个方面,必须具体分析用户技术发展方向和潜在需求,产品创新趋势及其对本企业产品的影响,供应商技术动向及其所提供的原材料、半成品等物资质量和供应方式的变化,制造工艺技术发展态势、方向及对企业现有设备、工艺的冲击,以及高新技术发展对现有生产运营系统带来的机遇与挑战等。

(2)生产运营系统能力。生产运营系统能力包括生产运营系统现有人力资源及其潜力、装备和能力平衡、产品和服务、物资供应与产品经销链接、工艺和技术、研究开发与设计能力、能源与动力供应、物流与运输、消耗与成本、资金来源与运营、组织与管理水平等。企业应与行业标杆或同类企业进行比较,认清自身优势与弱点所在。

(3)其他部门的职能战略。这主要指生产运营战略与其他职能战略间的衔接。虽然各职能战略都是根据企业总体战略制定的,但各自考虑的重点不同,可能引发冲突。例如,生产部门为提高效率、降低成本希望加大生产批量,这可能就与营销部门多品种、小批量供货产生矛盾。再如,财务部门要求压缩库存、加速资金周转,生产运营部门则希望保留一定库存作为生产组织的缓冲。各职能战略应以整体优化为原则,相互协调。

2. 生产运营战略的制定

在战略分析的基础上进行战略选择与战略决策,具体过程如下:

(1)在战略分析的基础上,确定生产运营战略的目标与取向,如扩大现有产品生产规模还是增加高附加值产品的比重,重点开发新产品还是稳定与改进现有产品等。

(2)根据战略目标进一步制定为实现该目标而采取的相应的产品战略、组织战略、能力目标及其他战略要点。

(3)根据市场、关键产品与生产运营特征划分与确定各战略业务单位的分工及其相应的目标与任务,必要时可对现有分工进行调整。

(4)测算战略期生产运营系统可能达到的主要绩效指标,如产品与服务的数量与质量、生产运营成本与获利能力等,并与目标值和标杆企业进行比较,找出差距,提出改进措施。

(5)形成战略方案,对各方案进行可行性论证与分析,并就各方案对企业长期竞争优势的影响作出评估。

（6）通过方案比较，选出最优或次优方案，进行战略决策

一个有效的生产运营战略应能根据市场需求，针对竞争对手的行为，充分发挥自身的能力，并与其他职能战略相配合，不断提高企业的竞争能力。具体战略选择可以多种多样，但必须有利于持续提高企业的竞争优势。

2.2　制造业运营战略框架

2.2.1　制造业运营战略框架概述

制造业运营战略作为制造业企业战略的一部分，并非独立存在，要把它置于制造业企业大系统中进行考察。在垂直方向上，从产品设计、物料采购、加工制造，直到销往市场；在水平方向，扩展到企业其他部门，作全面的系统分析。制造业运营战略框架如图 2-3 所示。

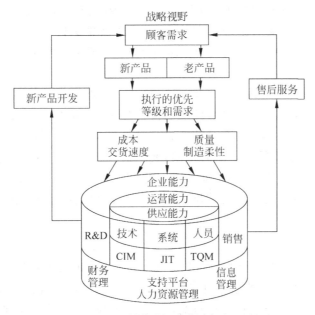

图 2-3　制造业运营战略框架

从图 2-3 中可以看出制造业运营战略是怎样把企业资源与市场需求联系起来的。在图的最上面的是企业经营战略，它规定了企业的目标市场和产品系列，限定了企业的经营方向。向下的程序分别是：首先，需要确定用户对新产品和现有产品有哪些需求，包括产品的性能、质量、价格、数量和交货期等，并确定它们的优先级别；然后，明确运营管理的重点，管理重点要与产品需求的优先级别相一致；最后，运营管理部门动用全部的生产能力（包括供应商），努力实现这些需求，以赢得订货。所谓全部的生产能力是指技术的、系统的和人力的能力。图中标出的 CIM（计算机集成制造）、JIT（准时化生产方式）、TQM（全面质量管理）仅表示它们在技术、系统、人力三方面各自所需要用到的概念和工具。图中底部的内圈表示生产能力"桶"，其中也包括供应商，当然他们必须是在技术、系统、人力三方面都通过资格认可的协作者。

图 2-3 把产品的需求特性与企业的能力"桶"联系起来，这是因为产品需求特性不仅仅

与运营管理有关,它与其他部门也有一定的关系。可以想象,如果离开了研究与发展工作,失去营销部门的市场信息,缺少了财务、人力、信息等资源的支持,仅仅凭借运营管理是无法实现目标的。

2.2.2　制造业运营战略的三大职能

制造业运营战略的三大职能就是指生产运营过程的决策、规划和控制三大职能。尽管各个制造业企业在生产工艺、客户需求和产品价值转换过程上具有不同的特性,但总的来说,其运营战略还是有责任执行以下任务:①保证有效地生产高质量的产品和服务;②按适当的数量和适当的时间提供产品和服务,以满足市或顾客的需求;③指导和激励员工;④与企业内其他部门取得良好的沟通。

1. 决策

生产运营活动的决策通过以下几个阶段进行:①探查环境,收集情报;②创造、制定和分析可能采取的方案——设计活动;③在多个备选方案中选择一个进行行动的抉择活动;④对过去的决策进行评价——审查活动。这四个阶段并不是线性的、一次顺序完成的,经常需要回到以前的阶段。

作决策必须要有科学的理论和方法(预测方法、定性定量分析法等),还要以长期稳定的经济增长为目标,以经济效益为尺度的价值标准,再加上社会的、心理的、美学的等非经济的或不可计量的因素,从而对综合目标选取行动方案。但是,由于决策者在认识能力和时间、成本、情报来源等方面的限制,要求最理想的结果往往非常困难,常常只能满足于"令人满意的"或"足够好的"决策。因此,在现实的决策中,并不考虑一切可能的情况,而只考虑与问题有关的特定情况,使多重目标都能达到令人满意的、足够好的水平,依次作为行动方案。

2. 规划

规划是指预先决定做什么、何时做、怎样做和谁去做。规划是未来生产运营活动的依据和基础。它包括目标的制定、为实现目标所采取的措施方案的拟订,以及实施目标和措施的有关活动的计划安排。企业的目标可分为:①近期目标,如每年要实现的利润,降低成本等;②远期目标,如市场竞争地位、产品发展方向等,它关系到企业的长远发展。

3. 控制

控制与规划有着密切的联系,规划是控制的重要依据,控制是执行计划的手段,它们组成企业的管理循环。控制职能是对规划执行情况所进行的检查、监督、分析和调查等工作。

2.2.3　制造业运营战略的决策层次

制造业运营战略的决策层次可以分为以下几层:

(1) 生产运营战略决策:决定产出什么,如何组成不同的产品产出品种,为此需要投入什么,如何优化配置所需要投入的资源要素,如何设计生产组织方式,如何确立竞争优势,等等。

(2) 生产运营系统设计决策:为了实现战略决策,首先需要有一个得力的实施手段或工具,即生产运营系统,来进行系统设计,它包括生产能力的规划、系统设施规划、设施布置、工艺设计和工作设计等。

（3）生产运营系统运行决策：日常运行的决策问题。包括不同层次的计划、作业调度、质量控制、后勤管理等。除此之外，也包括 QDC 价值条件管理、人、设备物料等资源要素管理。

2.3 服务业的运营战略

服务企业的运营战略与制造企业的运营战略一样也是企业经营战略不可分割的一部分。对大多数的服务企业，服务过程也是由一系列的生产作业（多数为手工作业）构成的转换过程，因此，作战略决策时也必须考虑运营方面的问题。

2.3.1 服务业运营管理的特殊性

与传统的制造业生产作业管理相比，服务业运营管理有自己的一些特殊性。就目前研究而言，主要表现为以下几个方面。

1. 服务业的产品是无形的

服务业与制造业的生产过程都是一个"输入—转换—输出"的过程，但是两种输出的性质是不同的。制造业企业所提供的产品是有形的、可触摸的、耐久的，如机器设备、冰箱、空调等。而服务业所提供的产品是无形的、不可触摸的，寿命较短，例如，技术培训、一个主意、一种方案或某种信息。

2. 产品不可储备

制造业所提供的产品是一种可以库存的产品，它们可以被储藏、运输，用于满足未来的或其他地区的需求。在有形产品的生产中，企业可以利用库存和改变生产量来调节与适应需求的波动。而服务是不能预先"生产"出来的，也无法用库存来调节顾客的随机性需求。为了达到满意的服务水平，服务人员、服务设施及各种物质性准备都要在需求到达之前完成，而当实际需求高于这种能力储备时，服务质量就会立刻下降（如排队等待时间加长、拥挤甚至取消服务等）。因此，服务业运作过程受时间的约束更大，对运作能力的管理比制造业更难。

3. 与顾客的接触频繁

制造业企业的顾客基本上不接触或极少接触产品的生产系统，主要接触流通业者和零售业者。但对于服务业企业来说，它的生产与消费是同时进行的，顾客既是投入的一部分，又在运作过程中接受服务的主体。例如，在医院、教育机构、百货商店、娱乐中心等，顾客在提供服务的大多数过程中都是介入的，这就对运作过程的设计提出了不同的要求。也有一些服务业企业，在其组织内的某些层次与顾客接触较多，而在其他层次与顾客接触较少，有明显的"前台"与"后台"之分。例如，邮局、银行、保险公司、航空公司等。在这种情况下，还需要分别考虑对前台和后台采取不同的运作管理方式。

4. 响应顾客需求的难度大

制造业企业所提供的产品可以有数天、数周甚至数月的交货周期，而对于许多服务业企业来说，必须在顾客到达的几分钟内作出响应。机床设备购买者可能同意 16 周后交货，但在一个超级市场,如果顾客在收款处等5分钟,可能就会变得不耐烦。由于顾客是随机到达的,因此服务业企业要想保持需求和能力的一致,难度是很大的。而且,顾客到达的随机性在不同的日期、每日不同的时间段内可能都会不同,这就使得短时间内的需求也有很大的不确定性。从这个意义上讲,制造业企业和服务业企业在编制其运作能力计划、执行人员和设施安排时,必须采用不同的方法。

5．设施靠近顾客目的地

市场容量和流通、运输设施的可利用性也极大地影响运作场所的集中性和规模。制造业企业的生产设施可远离顾客,其产品可销往某一地区、全国甚至国际市场,这意味着它们有比服务业组织更集中、规模更大的设施,更高的自动化程度和更多的资本投资,对流通、运输设施的依赖性也更强。而对于非制造业企业来说,服务不可能被运输到远地,其服务质量的提高有赖于对最终市场的接近与分散程度,设施必须靠近其顾客群,从而一个设施只能服务于有限的区域范围。这就导致了服务业的运作系统在选址、布局等方面有不同的要求。

6．产品质量不易度量

由于制造业企业所提供的产品是有形的,其产出的质量易于度量。而对于非制造业企业来说,大多数产出是不可触摸的,顾客的个人偏好也影响对质量的评价,因此,对质量的客观度量有较大的难度。例如,在百货商店,一个顾客可能以购物时营业员的和蔼态度为主要评价标准,而另一个顾客可能以处理付款的准确性和速度为评价标准。

7．生产率难以测定

制造业企业的设备和人员都要求有很强的技术性,并严格按照事先制定的工艺标准和工艺规程工作,生产率容易测定。而服务业可以说每一个人都是服务方面的专家,每个人都有过提供服务的经历,也知道一定的提供服务的方法,而且这些方法在大多数情况下,因服务对象的不同会有较大的区别。所以,服务业企业的生产率难以测定。制造业与服务业的上述区别如表2-1所示。

表2-1　制造业与服务业的区别

制　造　业	服　务　业
产品是有形的、可触摸的、耐久的	产品是无形的、不可触摸的
产出可储存	产出不可储存
顾客与生产系统极少接触	顾客与服务系统接触频繁
响应顾客需求周期较长	响应顾客需求周期很短
可服务于本地区、全国乃至国际市场	主要服务于有限区域内
设施规模较大	设施规模较小
质量易于度量	质量不易度量
生产率容易测定	生产率不易测定

这里需要指出的是,制造业和服务业还有一些其他差别,表2-1中只给出了两种极端情况。事实上,很多企业的特点介于这两个极端之间,也有很多差别仅仅是程度上的差别。例如,越来越多的制造业企业都在同时提供与其产品有关的服务。它们所创造的附加价值中,物料转换部分的比例正逐渐减小。同样,许多服务业企业经常成套地提供产品和服务。例

如,餐厅在提供服务的同时也出售食物,电影院在提供服务的同时也出售糖果和饮料等小食品。尽管如此,制造业中的生产管理基本原理和方法同样适合于服务业,如资源的有效利用原理、质量保证体系、成本控制、工作抽样、过程重组等。这就为从事服务业运作管理的研究与实践奠定了良好的基础。

2.3.2　服务业企业竞争能力等级

我们在讨论制造业的运营战略时所提出的许多概念,对服务业也同样适用。事实上,在这两种不同行业中,可以发现许多在运营管理方面的相似之处。例如,当一家工厂的规模不断扩大时,内部组织结构会发生变化,可以从工艺专业化改组成产品专业化。再进一步可以将某种产量特别大的产品从原来的工厂中分离出来,另建一个工厂。甚至可以组织成产品事业部,使每个事业部只负责自己所面对的消费群体,20 世纪 20 年代的美国通用汽车公司就是如此。这些举措具有战略意义,对提高企业竞争力影响巨大。同样的道理,当一家百货公司的规模不断扩大时,在组织结构上也会有类似的变化。服装部可以细分成女装部、男装部、童装部等。其本质都是采取相应的运营管理措施以支持营销的市场细分化战略。甚至于一家医院也是如此,可以由内科改组成心血管科、消化道科、呼吸道科、泌尿科等,其结果当然是提高了医疗水平、增强了竞争能力。至于制造业中通过采用先进的设计手段,(如CAD,即计算机辅助设计)、先进的加工手段(如 NC,即数控技术)等,来取得对竞争对手优势的措施,在现今的信息时代,在服务业中也得到广泛采纳。如最早采用计算机售票网络的航空公司具有明显的竞争优势,拥有计算机服务网络的银行同样如此。在服务业,企业的竞争能力可以分成四个等级,在四个不同等级上,相应的运营管理方面的状况列在表 2-2 中。表中第一列为四个等级,第一行仅列出几个表征竞争能力的主要因素。运营经理在制定运营战略时必须考虑这些因素。

表 2-2　服务业企业竞争能力等级

等级	基 本 特 征	服务质量	新技术	员工素质	现场管理
便利服务	顾客光顾的原因不是服务水平,而是看中便利和服务快	附加费用;质量波动大	当难以生存时被迫采用新技术	流动性大	直接管理工人
熟练服务	顾客能接受公司的服务;服务水准中等,缺乏新潮	能满足一些顾客要求;一贯坚持几项关键的服务标准	当需要降低成本时采用新技术	有效利用人力资源;训练有素;满足要求	控制服务过程
优势服务	顾客认定公司的声誉;十分强调满足顾客的要求	超出顾客的满意程度;坚持全面的质量标准	当需要改善服务时采用新技术	按照岗位要求挑选员工	注意倾听客户意见;训练和帮助员工
世界级服务	公司名称就是优质服务的象征;服务不仅是要满足顾客的要求,还给顾客以竞争对手无法达到的意外满足感;公司善于学习、勤于创新,使服务内容与方式始终保持对竞争对手的明显优势	提高顾客的期望;寻求挑战;不断改进	认为新技术是公司保持领先地位的源泉	具有创新精神	高层管理者把员工的意见看成新思想;由老师傅帮助训练新员工

关于表 2-2 有以下几点需要说明：

(1) 任何一个现实中的公司要达到某个竞争能力等级，这是多因素综合作用的结果。在某个特定的阶段，决定竞争能力的每一个主要因素的状态都是确定的，这些确定的因素的集合，决定企业的竞争能力等级。对于不同的因素集合可以有不同的等级。

(2) 公司的整体竞争力可能正好与几个突出因素有关。这就意味着，一个并不是每个主要因素都很强的公司可能会有很强的竞争力(处于第三等级，甚至第四等级)。

(3) 竞争能力等级只能逐级提高。在拥有竞争优势等级之前，必须先达到和竞争对手对峙阶段。在达到世界级以前，它又必须先达到竞争优势等级。当然，一个公司可以从某一等级迅速地发展到更高等级。

(4) 从某个等级倒退到低一层等级是十分容易的，而提高一个级别却并不容易。

2.3.3　战略性服务运营要素

服务业在快速发展的同时也带来了激烈的竞争。企业要吸引顾客依赖于许多变量，如价格、便利、声誉和安全等。有竞争力的服务运营主要依靠八个要素。这八个要素分为两类：结构要素与管理要素。

1. 结构要素

(1) 传递系统，它由前台、后台、顾客参与或自动服务构成。例如，快餐店让顾客自己取餐具、选食物、拿饮料，然后顺序结账付款，使之得到随意、简便、省时、低价的服务。

(2) 设施设计，包括服务设施的规模、布局、美学等。例如，宾馆的客房布置要舒适，附设商务会谈设施、电信服务以及休闲娱乐设施以满足商务旅客与度假旅客的需求。

(3) 地点，即服务地址与场所特征。例如，家电维修点要设在有足够的顾客与服务需求的地方，甚至考虑到提供上门服务。

(4) 能力规划，这关系到顾客等候服务的排队、接待量与需求的平衡、服务人员的配置等。例如，医院为了最大限度地利用其服务能力，通过"预约登记平衡供求量"减少病人等候排队的时间。除医疗服务外还可提供一些辅助性服务，如护理病人和餐饮服务。

2. 管理要素

(1) 服务接触，包括服务文化、员工培训与授权等。例如，零售企业要员工热情地接待顾客，为顾客介绍商品性能、提供咨询，使用文明语言，在授权范围内为顾客退换商品等，并培育"浓郁的家庭氛围"的服务文化。

(2) 质量，包括标准、测评、监督、期望和感知、服务担保等。熟练而优质的服务让顾客的感知符合或超过期望值，享受超值服务。

(3) 能力与需求管理，这取决于员工队伍管理以及调节需求与控制供给的能力。例如，电影院分时段收取不同的票价，航空公司机票候补等。

(4) 信息要素，如计算机软件公司登记用户资料，成立用户协会或联谊会，免费提供咨询及更新版本。

以上几个要素比较系统地说明了企业将向顾客提供什么样的服务，以及如何实现企业的战略使命。它们是服务运营战略决策的要点。

2.3.4　服务运营方式

服务运营方式首先取决于所属服务行业的性质。例如,客运、健身、美容、医疗必须直接与顾客接触提供面对面的服务。而维修、保卫、会计则不需顾客亲临现场即可提供服务。但在不少场合下,即使同一服务行业提供同一服务项目,服务运营的方式也有选择的余地。这就需要创造性的思维来确定更受顾客欢迎或兼顾各类顾客偏好的服务方式,从而赢得竞争优势。

服务运营方式的决策主要考虑以下因素。

1. 服务传递方式

即在服务过程中顾客是否亲临现场。如果必须在场,是接受服务全过程还是只参与服务的开始与终结,企业等候顾客去服务场所还是提供上门服务。例如,看电影、医疗、股票交易等项目。一般等候顾客去服务场所,而出租车、整修草坪等项目则上门服务。有时为方便用户,一些等候服务的项目也可提供上门服务,如医疗出诊与建立家庭护理病床、出租电影碟片、股票远程交易、自动提款机提款等。

2. 定制服务程度

有些行业向顾客提供通用性服务,如电影院、快餐店。另一些行业则根据不同顾客的不同需求提供定制服务,如外科医疗、美容。为了满足顾客的个性化需求,通用服务也可向定制服务发展。例如,在电影院内设置多个放映厅,同时放映几部不同的电影供观众选择。快餐店提供不同品种的套餐由顾客自选,使之具有一定程度的定制特性,如汉堡王广告语那样"用你自己的方式享用"。

3. 供给与需求的调节方式

有些服务业的需求波动较大,如电力、客运、餐馆等。由于服务的不可储存,需求波动会引起供需失衡。因此,在制定运营战略时要考虑需求波动有无规律性(如快餐店一天内各时段的用餐需求是有规律的),是什么原因导致需求的波动。如果出于顾客的习惯或偏好,则是否可以改变(如非正餐时间给予折扣),能否调节供给以适应需求的波动(如就餐高峰时段雇用临时工)。在此基础上可以确定最佳的供给能力与服务运营规模。

4. 连锁服务运营

服务企业可根据服务对象分布的情况设立多个服务场所,进行连锁服务运营。这样既可方便顾客,又可保证服务质量的稳定,享受规模效益。例如,连锁快餐店分散场地,就地向顾客提供快餐服务,而快餐用的食物则集中在一地统一制作。

2.3.5　不同类型服务业的运营战略

服务业的类型不同,运营战略的重点也不同。

对于通用型服务业,如邮电、交通、银行等,由于运营过程具有共性且比较规范,顾客只介入前台服务过程。其运营战略的重点是考虑规模效益。

对于定制型服务业,如医院、律师、建筑设计等应根据顾客的特殊需要提供服务,没有统一的标准,很难区分前、后台,其运营重点主要考虑服务的灵活性、质量与时间效应。

对于技术密集型服务业,如航空业、通信业,需要大量的资金投入。其运营战略重点是考虑设施能力与需求的匹配、资金投入的进度与风险。

对于劳动密集型服务,如零售业、餐饮业,则重点考虑服务场所的选址与布局、员工的培训与工作方式。

本章小结

本章主要讲述了与生产运营战略相关的内容。首先介绍了运营战略的含义,而后讨论了运营战略与企业总体战略的关系,分别阐述了生产运营战略体系与逻辑结构、运营战略对于提高企业竞争力的作用、生产运营战略的制定等内容。接着,本章介绍了制造业运营战略的框架,讲解了制造业运营战略的决策层次、制造业运营战略的职能。最后探讨了服务业运营战略的框架,包括服务业运营管理的特殊性、服务业企业竞争能力等级、战略性服务运营要素、服务运营方式和不同类型服务业的运营战略等内容。

复习与思考

1. 生产运营战略的体系架构包括哪些?
2. 生产运营战略的制定过程包含哪些步骤?
3. 生产运营战略对于提高企业竞争力的作用有哪些?
4. 制造业运营战略的主要职能是什么?
5. 服务业运营管理的特点是什么?
6. 服务业战略性服务运作包含哪些要素?
7. 服务业服务运营方式的考虑因素有哪些?

案例分析
宝钢股份一体化经营管理系统产生的竞争优势

一、宝钢股份一体化经营管理系统集群项目总体情况

宝钢股份从2006年开始启动一体化经营管理系统集群项目(一期):新建销售及物流管控、财务、工程项目管理、原料采购物流管控、人力资源管理、协同办公等系统;改造升级原有采购供应链、科技管理、电子商务等系统,使之成为一体化经营管理系统的分系统。截至2007年底、2008年1月初,一体化经营管理系统集群项目(一期)建设任务全面完成,宝钢股份一体化管控模式下信息化支撑架构基本形成。随后启动的一体化经营管理系统集群项目(二期),截至2008年底、2009年1月初,全面完成主要建设任务,宝钢股份纵向一体化管理与横向协同管理相结合的一体化经营管理系统基本建成。

二、宝钢股份一体化经营管理系统集群项目的作用和效果

截至2007年底、2008年1月初,一体化经营管理系统集群项目(一期)建设任务全面完成(现已全部通过功能考核,完成结题验收),标志着宝钢股份一体化管控模式下信息化支撑架构基本形成,为公司一体化运营的进一步发展和深化提供了系统平台。

	人力资源管理系统	科技管理系统	电子商务系统	销售及物流管控系统	协同办公系统	工程项目管理系统	财务系统	采购供应链系统	综合销售计划系统	原料采购物流管控系统	盈利能力分析系统
不锈钢事业部	已覆盖	已覆盖	已覆盖	已覆盖	已覆盖	已覆盖	已覆盖	已覆盖	已覆盖	已覆盖	已覆盖
罗泾区域	已覆盖	已覆盖	已覆盖	已覆盖	已覆盖	已覆盖		已覆盖	已覆盖	已覆盖	已覆盖
直属厂商	已覆盖	已覆盖	已覆盖	已覆盖	已覆盖	已覆盖	账务接口	已覆盖	已覆盖	已覆盖	已覆盖
梅钢公司	已覆盖	已覆盖	已覆盖	已覆盖	已覆盖	已覆盖	已覆盖	待定	已覆盖	已覆盖	已覆盖
钢管事业部	已覆盖	已覆盖	已覆盖	已覆盖	已覆盖	已覆盖	已覆盖	已覆盖	待定	已覆盖	已覆盖
特钢事业部	已覆盖	已覆盖	已覆盖	已覆盖	已覆盖	已覆盖	已覆盖	已覆盖	待定	已覆盖	待定
烟宝钢管公司	已覆盖	已覆盖	已覆盖	已覆盖	点覆盖	已覆盖	已覆盖	已覆盖	待定	—	待定
宝日汽车板	已覆盖	待定	已覆盖	已覆盖	已覆盖	已覆盖	—	已覆盖	已覆盖		待定
精密钢管厂	待定	已覆盖	已覆盖	已覆盖	点覆盖	已覆盖	已覆盖	已覆盖	待定		待定
宁波宝新公司	已覆盖	已覆盖	已覆盖	已覆盖	已覆盖	已覆盖	已覆盖	待定	2010.10	待定	待定
鲁宝钢管公司	已覆盖	已覆盖	已覆盖	已覆盖	已覆盖	已覆盖	待定	待定	待定		待定
黄石涂镀板	已覆盖	已覆盖	已覆盖	已覆盖	已覆盖	已覆盖	待定	待定	待定		待定
宝通钢铁公司	已覆盖	已覆盖	2010.12	2010.12	已覆盖	已覆盖	2010.12	已覆盖	待定	2010.12	待定
宝钢国际公司	已覆盖	已覆盖	已覆盖	集成	已覆盖	待定	总账覆盖	待定	已覆盖	—	—

宝钢股份站在"二次创业"的新起点上,围绕"规模扩张"的未来发展主线,推进纵向一体化管理与横向协同管理相结合的新型管理体系,实现从"精品战略"到"精品＋规模"战略的转变和从"新建为主"到"兼并重组与新建相结合"扩张方式的转变,信息化建设也随之大踏步。截至 2008 年底、2009 年 1 月初,一体化经营管理系统集群项目(二期)主要建设任务全面完成。

至此,宝钢股份基本建成纵向一体化管理与横向协同管理相结合的一体化经营管理系统,提升了宝钢股份的软实力。具体表现在:

(1) 按多组织、多账套设计架构,按业务流程设计功能,从单一地域、单一基地管理向跨地域、多基地、超大规模一体化管理发展,有效地支持了管理创新。

(2) 根据产权关系、与钢铁主业相关度等设计一体化管控模式;根据一体化管控模式,制定系统整合策略;根据系统整合策略,一体化系统已覆盖多数分/子公司,与属地系统有效集成,在支撑集中管控业务的同时,实现分层协作,并具备快速覆盖目标单元集中管控业务的能力。

第一,人力资源管理系统:实现全宝钢人力资源在 e-HR 上的规范管理,兼有 HR-BI 功能,为其他系统提供员工和组织机构基础信息。

第二,财务管理系统:通过完全覆盖、总账/报表模块覆盖、账务项接口、报表项接口等模式实现与不同类型分/子公司的系统集成。

第三,销售及物流管控系统:适应跨地域分品种集中销售模式,形成物流集批优化、分层执行、全程跟踪能力。

第四,采购供应链系统:沪内钢铁分公司采购业务集中在PSCS上运作,覆盖沪外钢铁子公司自行采购业务。

第五,原料采购物流管控系统:整合原燃料采购、物流、财务管理功能,支撑其一体化、专业化、精细化管理。

第六,科技管理系统:实现宝钢股份及钢铁分/子公司科技与知识资产管理在BeS上规范运作,具备快速覆盖新建进单元的能力。

第七,工程项目管理系统:实现工程建设管理模板化,实现钢铁分/子公司建设项目在BPMS上的规范管理。

第八,协同办公系统:构建标准OA系统,支持全宝钢协同办公;构建领导办公平台及"4D"(虚拟会议、议案预审、议案清单、重点工作)工作模块,把战略化成任务,把任务化成项目,跟踪重点工作项目执行情况,降本增效,辅助决策,强化执行力。

第九,综合销售计划系统:收集市场需求,平衡产能计划,优化资源配置,发布销售预案,支持订单应答,辅助产销决策。

第十,产品盈利能力分析系统:进行多维度明细产品盈利能力分析,支持生产组织优化和经营管理决策。

第十一,电子商务系统:直面外部合作伙伴,与内部系统高效集成,覆盖销售、采购、物流、建设、招投标、研发、协力、差旅等领域。

(3)为一体化运营和规模扩张提供系统平台,协同效应明显,目标做到所有权力在系统中体现、所有交易在系统中进行、所有资源在系统中受控。

(4)大大推进了硬件资源平台和应用系统的集约化、标准化,显著规范、简化了系统运行环境,取得了良好的经济效益。

以产品盈利能力分析系统投运第二年支持销售定价的两个应用实例所带来的效益为例,所带来的年直接经济效益就超过1亿元。

围绕电子商务平台建设,宝钢股份通过完善公开竞价、核价竞价、综合竞价等网上交易形式,电子采购和销售取得较大突破,2009年通过东方钢铁实施的网上采购、网上竞价、网上钢材现货销售总金额达193亿元。通过电子单据的推进,实现了宝钢与客户之间的合同、质保书、提单的电子化,2009年实现电子单据1 203.34万份,降低成约6 500万元。厂内提单实现后,使宝钢股份的出厂周期平均减少了0.8天。

资料来源:上海市制造业信息化建设"十一五"报告,上海市科委相关资料。

思考题:

1. 大型企业集团一体化管理的需求特征是什么?

2. 信息技术发展对宝钢集团运营战略的转型所起到的作用是如何体现的?

3. 在全球化背景下,宝钢集团的国际化和多元化运营战略对一体化管理提出了什么挑战?

生产过程与生产类型 第**3**章

> 　　企业的生产过程是各种产品生产过程的总和。工业产品的生产过程,是指从准备生产一种产品开始直到把它生产出来为止的全部过程。对企业的生产过程进行分析的主要原因是,对生产过程的状态不满意或市场形势的变化需要审视,也可能是由于合理化生产过程的计划要求。
> 　　各个工业企业在产品结构、生产方法、设备条件、生产规模、专业化程度、工人技术水平及其他各个方面,都具有各自不同的生产特点。这些特点反映在生产工艺、设备、生产组织形式、计划工作等各个方面,对企业的技术经济指标有很大的影响。因此,各个企业应根据自己的特点,从实际出发建立相应的生产管理体制。因此,对企业进行生产类型划分并研究其不同的特点就显得尤为重要。

3.1 生产过程的概念和划分

3.1.1 生产过程的概念

　　生产过程是指从准备生产一种产品开始直到把它生产出来为止的全部过

程。它是工业企业生产活动的最基本过程。现代生产的复杂性质使生产中产生了不同过程的阶段,而生产过程则是制造产品中所必需的不同阶段的总和。无论是制造行业还是服务行业,其生产系统都存在着利用运营资源把投入转换成产出的生产过程。而生产运营资源由生产运营管理中的5P组成:人力(people)、工厂(plant)、部件(part)、工艺(process)及计划控制体系(planning and control system)。

对生产过程的含义可以从不同的方面来理解。

生产过程是一个动态过程。生产过程所处的外部环境和内部环境都处于不断运动过程之中,如图3-1所示。

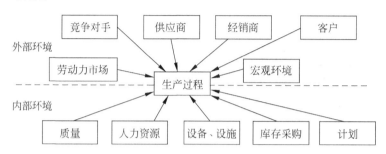

图 3-1   生产过程所处的内部与外部环境

企业的生产过程根据市场需求来进行,而生产过程投入的原材料由外部的供应商按合同供给,产出的产品由承运商运给客户或经销商。尽管上述活动都制定了合理的计划,但其中任何一项都可能由于这样或那样的原因而变化。市场需求常常是变化无常的,以合同形式签订下来的订单也经常会变化,而生产过程内部每时每刻生产的状态都在变化,如生产的品种、数量、完成的程度等。这样的一种动态过程,就要求运营管理必须用动态而不是静态的方法进行管理。

3.1.2   生产过程的划分

现代产品制造需要经过设计、工艺制定、工艺装备制造、材料准备等一连串的过程。按生产过程的作用来分,企业生产过程一般可分成下列五个过程。

1. 基本生产过程

所谓基本生产过程,是指企业生产基本产品的过程。企业所生产的产品,按其专业特点及使用对象,可分为基本产品、辅助产品和附属产品。基本产品是指代表企业专业方向并满足市场需求的产品,如机床厂生产的机床、航空公司提供的航班服务、医院为病人治疗等。辅助产品是指企业生产的某些产品是为保证基本生产的需要,而不是用来满足社会的需求,如机床厂生产的为保证机床制造所需要的工装、蒸汽、压缩空气。这些工装、蒸汽、压缩空气是机床厂自己使用的,而不是为社会提供的。附属产品是指企业有时生产一些不代表企业专业方向而满足市场需要的产品,如飞机制造厂生产的铝制品、锅炉厂生产的液化气罐。

2. 辅助生产过程

辅助生产过程是指为保证基本生产过程的正常进行所必需的各种辅助性生产活动,包括设备维修、劳力供应、工艺装备(工夹模具)制造等。

3. 生产技术准备过程

产品在正式投产以前,在生产技术方面所做的工作都属于生产技术准备过程,具体包括市场调研、产品开发、产品设计、工艺设计、工时定额制定、工装设计、新产品试制和鉴定等内容。

4. 生产服务过程

生产服务是为保证企业生产活动正常进行所做的服务性工作,如物料的保管和供应、物料运输、理化试验、计量工作等。

5. 附属生产过程

附属生产过程是指生产不代表企业专业方向而满足市场需要的附属产品的过程。

3.1.3　基本生产过程的细分

基本生产过程是工业生产的核心部分。它受行业生产性质的影响,具有行业的特点。例如,机械制造行业的生产性质是属于先加工零件后装配型生产,这就使机械制造的基本生产过程根据这一特点,组成了不同的工艺阶段。这些不同的工艺阶段是先用原材料制造铸件、锻件、冲压件和其他毛坯,或直接用钢材下料的毛坯工艺阶段;再经由金属切削机床进行切削加工的加工工艺阶段;然后有热处理、化学加工及其他处理加工的热处理工艺阶段;最后由零件组成部件以及总装成产品的装配工艺阶段。基本生产过程如图 3-2 所示。

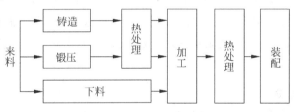

图 3-2　基本生产过程构成

每一种工艺阶段的最基本组成部分是工序。在一个工作地上连续进行的加工全过程便成为一道工序。工序是制定生产计划的基本单元。指定该道工序所需的加工时间,便是该道工序的劳动定额。工作地是指工人利用生产手段对生产对象进行加工的场所。

一个零件不可能在一次加工中就能获得必要的几何形状、尺寸、精度、光洁度、物理性能等,往往要经过多次不同工序的加工以及通过多种不同的设备和不同工种工人的操作。相同的工艺便合成一种同工艺阶段,不同工艺阶段的总和便成为基本生产过程。

一个工作地有时固定地只加工一道工序,有时却要不断地掉换加工对象或工序。这种工序的稳定程度标志着一个工作地的专业化程度,而这种专业化程度便成为生产过程组织中决定生产类型的主要因素。

一个工序有时需要调换刀具、切削用量或加工面,便分解为若干工步。工步因属于同一个工作地和同一个人的操作,因此不算作基本计算的单位。

基本生产过程的不同工艺阶段有毛坯工艺阶段、加工工艺阶段、热处理工艺阶段和装配工艺阶段。每一个工艺阶段都有其自身的特点,这些特点都影响着生产的组织与计划。

1. 毛坯工艺阶段

毛坯是由材料铸造、锻造、冲压成形的坯件。毛坯工艺过程阶段是近代机械制造基本生产过程的必要准备阶段。准备好复杂形状的毛坯可以减少下一阶段加工时的切削余量,或达到一定的物理性质要求。

毛坯工艺过程最为典型的是铸造过程,这一过程可以铸造出大量的各种形状复杂的毛坯铸件。在铸造中不论毛坯形状和重量如何,总是重复同一类的工艺过程,同时工艺过程的顺序也相同。铸造设备的通用化程度一般是相当高的,设备的结构与铸件的规格尺寸二者关系不大,因此使生产组织得以简化,企业可根据铸造成立铸造车间和铸造工段。但是,铸造是按铸件所用金属实现专业化,因此根据材料又可划分为铸铁、铸钢、有色金属或按铸件的尺寸、形状、重量划分。

另一种金属毛坯准备是锻造过程。这一般在锻造或锻压车间进行。锻造工艺过程的特点是工序不多,不同锻坯的工序相同,设备具有通用性。由于这种工艺过程的工序数量不大和性质相同,锻造生产的组织和计划的制定比较容易。

2. 加工工艺过程阶段

在机械制造工业基本生产过程中,最重要的是加工工艺阶段。加工工艺过程要完成零件的成形工作。各个零件、部件和整个产品的质量与加工工艺过程有很大的关系。加工过程一般在加工车间进行,占有工作量最大。

加工工艺过程的重要特点是划分细,零件同产要经过很多道工序,各种零件工序的顺序并不一样。采用的金属切削设备为零件的尺寸、形状所决定,因此金加工车间往往置备各种各样的金属切削设备、工具和工艺装备。这一切都使零件机械加工工艺过程的计划和组织复杂化。

3. 热处理工艺阶段

金属加工时广泛采用的热处理过程是淬火、退火、渗碳及电镀等。热处理就是在高温中加热处理,改变钢的性质(硬度、抗拉强度、弹性等),表面处理主要是电镀、法蓝等防锈处理。热处理过程或在加工工艺过程阶段进行,或可在毛坯和金加工车间的热处理工段进行,或附设在生产线上。热处理过程的特点是工序不多,加工形式和工序都相同,设备不受零件的影响,因此在生产组织工作和计划上比较简单。

4. 装配工艺阶段

装配过程是产品的完成阶段,借助紧固体、材料焊接等把零件组装成部件的过程,以及最后的修整、试车,均属装配工艺过程。装配工艺过程在分装车间或总装车间或装配工段进行。装配工艺过程尽管在完成各道工序上的方法简单,但却是各式各样的,难以实现机械化和自动化,使装配的工作量很大,因而生产的计划与组织也较为复杂。

加工对象的原材料一经进入基本生产过程即成为在制品,要通过不同的工艺阶段加工成为半成品或零件,直至总装结束后方才改在制品为成品。在生产过程中,通过生产服务过程的作用,把加工对象不断地搬动,便构成了生产转换中的物料流,方向是从材料采购直至成品发运。

3.2 生产过程的合理组织

3.2.1 生产过程合理性的原则

生产管理的对象是生产过程,组织好生产过程能使企业有效地利用生产资源,根据市场需求快速反应,以合理的消耗水平为社会提供优质产品,并取得最佳经济效益。

如何衡量一个企业的生产过程组织得是否合理,根据生产系统的目标会有不同的判断标准。一般来说,主要有以下五个原则。

1. 连续性

所谓生产过程的连续性,是指加工对象一旦投入生产过程,就能连续地经过各道工序和各加工阶段,或者是在被加工或者是在被检验,或者是在被运输,很少出现不必要的等待加工或处理的现象。提高和实现生产过程中的连续性对企业来说意义是显而易见的。当生产过程实现了连续性时,就可减少和消除生产过程中不必要的停顿和间断,从而加快物流速度,缩短物流时间。加快物流速度就使得生产过程中的在制品库存减少、流动资金周转速度加快、资金利用率提高。要做到生产过程的连续性,需要方方面面的工作给予配合。例如,首先,要求对生产过程的各个生产单位合理布置,使这些生产单位在平面布置和空间布置上符合工艺流向,并且相互之间保持尽可能短的距离,以使生产过程的运输路线缩短,而且减少或消除迂回运输和往返交叉运输,要采用合理的生产组织形式,避免由于组织结构设置不合理而使物流不畅通。其次,要求合理安排生产计划,使上下工序紧密衔接,减少各种停留时间,并要对生产现场控制得力,发现问题及时调整,要有科学的设备管理和质量管理体系,使生产过程不会由于设备故障和质量问题而中断。另外,还要做好生产技术准备和生产服务工作,减少停工待料、待工具、待图纸的时间损失。

2. 平行性

生产过程的平行性是指生产过程的各个阶段,各个工序实行平行作业。以机械制造为例,这种生产过程的平行性可以体现在以下几个方面。

1）各种零部件生产的平行性

由于产品是由许多零件和部件组成的,每一种零件的生产或者每一种部件的装配,都可以单独进行。因此,可以在不同的工作地上平行地进行各种零件、部件的生产。

2）一批当中的产品或零部件在各工序平行生产

各产品是成批生产时,这批当中的各个产品可以在各工序上平行地进行生产,如图 3-3所示。图中产品加工的批量 4,这些产品在各工序很多时间段是同时加工的,如③的 1 工序、②的 2 工序和①的 3 工序是同时进行的。

3）不同产品的平行生产

从一个工作地、一道工序来看,它只能一个一个零部件、一种一种产品地进行生产。但从整个企业来看,就可以平行地同时生产不同类型的产品。当企业生产品种较多时,平行地进行各种产品的生产可以满足市场或用户对多种产品的需求,反之,如采用各种产品轮番生产的方式,当市场对它们同时有需求时,就会要么产生缺货现象,要么产生库存积累的现象。提高生产过程的平行性,可以大大缩短产品的生产周期,同时也是保证连续生产的必要条

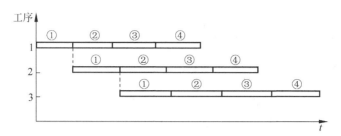

图 3-3 一批产品在各工序平行加工

件。例如,一台机器由五个零件组成,如果顺序加工,周期为全部零件的加工时间与机器装配时间之和,而如果平行加工,则周期为劳动量最大的那个零件的加工时间和机器装配时间之和,如图 3-4(a)、(b)所示。

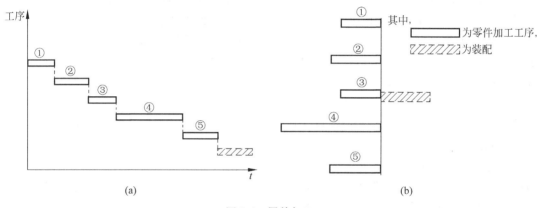

图 3-4 零件加工

3. 比例性

生产过程的比例性主要是指生产过程的各工艺阶段之间、各工序之间,在生产能力的配置上要与产品制造的要求成比例,要求各个生产环节之间的生产能力保持合理的比例关系,以保证生产过程协调进行。这样,既可保证设备、生产面积和劳动力资金的充分利用,又是保证连续性的必要条件。要做到生产过程的比例性,在生产系统建立的时候,就应根据市场的需求,确定企业的产品方向,从而根据产品的制造要求确定生产系统内各阶段、各工序之间能力的比例性。因此,在生产系统建立初期,生产过程的比例性还是容易实现的。但是,在生产系统运行一段时间之后,市场所需要的产品可能有了变化,或者随着科学技术的发展,制造产品的工艺方法改变了,或者劳动组织得到改善,这些都会使得生产过程中原来成比例的能力配置现在不成比例。因此,要经常对生产过程的能力比例性进行调整,调整的方法除了在数量上对某些环节的能力进行调整之外,还可以针对瓶颈采取若干措施,以实现生产过程的比例性。

4. 节奏性(均衡性)

生产过程的节奏性是指产品的生产从材料的投入到最后完工能够按计划有节奏地进行,保持在相等的间隔时间,如每月、每旬、每日所生产的产品数量大致相等或稳定上升,使工作地和工作人员能够经常达到均匀负荷,保证均衡地完成生产任务。有节奏地进行生产,能够充分地利用人力和设备,可以防止经常性的突击赶工,有利于保证和提高产品质量,缩短生产周期,降低产品成本,有利于安全生产。生产过程的节奏性表现在产品的投入、生产和出产等三个方面。其中,产品出产的节奏性是主要的一环。企业各个生产环节的活动都应保证产品出产的节奏性。生产过程的节奏性不仅贯彻在基本生产的各个环节上,而且还体现在辅助生产过程、生产技术准备过程等环节。生产过程的各部分都要按照基本生产过程的节奏性来组织自己的工作,这样整个生产过程的节奏性才能有保证。

5. 适应性

生产过程的适应性又称柔性,是指企业的生产过程对市场的变动应具有较强的应变能力。随着生活水平的提高和科学技术的发展,企业所面临的市场与经济环境已与 19 世纪初的大不一样,由生产决定消费的时代已经一去不复返。市场需求的多样化和市场需求的快速变化使企业的生产系统必须面对和适应这样一个多变的环境。若不具备这种适应能力,就很可能由于不能适应市场变化而被淘汰。为了提高生产系统的适应性,许多学者、生产管理人员为此做了大量工作,围绕着提高生产系统的适应性研究了许多新理论、新方法。如成组技术、柔性生产系统、准时生产制、精益生产、物料需求计划、制造资源计划、企业资源计划及敏捷制造等,本书将会在以后的章节分别予以介绍。

生产过程的适应性,是在新的市场环境下检验企业竞争力的一个重要指标。提高生产过程的适应性,可以增强生产系统参与市场竞争的能力,可以使得企业及时抓住转瞬即逝的市场机遇,以使企业在残酷的竞争中立于不败之地。

以上生产过程合理性的原则都是相互联系的,若是只抓其中一条规则,其他的规则就会显得很不均衡。因此,只有各个方面都抓住了,才是真正组织好生产过程。

3.2.2　生产均衡性的评价

保持生产过程的均衡性,对于保证产品质量、保障工人身体健康和安全生产、减少各种损失、降低加工成本都有着极其重要的意义。生产均衡率是评价企业管理水平高低的一个重要的综合指标,因此作业计划工作应当最大限度地实现生产过程的均衡性。

1. 生产均衡性指标

衡量企业生产是否均衡以及均衡的程度,需要有一定的指标,即生产均衡性指标。常用的生产均衡性指标有均衡率和进度分段均衡率。

1) 均衡率

均衡率是以实际完成情况与计划要求之比来说明实现均衡生产的程度。这项指标计算简便,能密切联系计划的完成来反映实际生产的均衡。这种方法的特点是实际超计划时以计划产量为限,对促进企业按计划实现均衡生产有积极的作用。均衡率指标按计算的时间有日均衡和小时均衡之分,适用大量、大批生产的企业。它的计算分为单一产品和多种产品两种方法。

(1) 单一产品的均衡率。

$$均衡率 = \frac{\sum 每日完成该日计划产量的 \%(超过 100\% 时按 100\% 计算)}{生产日数}$$

举例如下:某一产品的生产均衡量计算见表 3-1。

表 3-1　某一产品的生产均衡量计算

	1	2	3	4	5	6	7	8	9	10
计划产量/件	140	140	140	160	160	160	180	180	180	180
实际产量/件	134	140	148	165	164	165	170	174	180	185
计划完成/%	95	100	105	103	103	103	96	97	100	102

$$均衡率 = \frac{95+100+100+100+100+100+96+97+100+100}{10} = 98.8\%$$

（2）多种产品的均衡率。

$$均衡率 = \frac{\sum 各种产品每日完成计划产量的\%（超过100\%时按照100\%计算）}{\sum 各种产品的生产日数}$$

举例如下：多种产品的生产均衡量计算见表 3-2。

表 3-2　产品进度分段均衡

产品	日期 项目	1	2	3	4	5	…31
甲	计划产量/件	60	60	60	70	70	
	实际产量/件	57	60	64	70	72	
	完成/%	95	100	107	100	103	
乙	计划产量/件	60	60	62	60	60	
	实际产量/件	60	57	64	70	72	
	完成/%	100	95	103	117	120	
丙	计划产量/件	20		20		20	
	实际产量/件	24		20		16	
	完成/%	120		100		80	

$$均衡率 = \frac{(95+100+100+100+100)+(100+95+100+100+100)+(100+100+80)}{5+5+3}$$
$$= 97.7\%$$

2）进度分段均衡率

进度分段均衡率是将计划任务分段，规定应完成的进度要求，然后查实际达到的情况，用来评定企业在计划期内生产的均衡程度。例如，规定一个月中上旬应完成月进度的 30%，中旬应完成月进度的 30%，下旬应完成月进度的 40%，而实际完成情况是上、中、下三旬各为 20%、20%、60%，没有达到规定的进度要求，全月任务的一半是集中在本月最后十天突击完成的，说明企业生产的均衡性差。在大量、大批类型的企业中计划进度分段均衡率上、中、下旬各定为 30%、30% 和 40%（即 3-3-4），在单件小批类型企业中计划均衡率上、中、下旬各定为 20%、30% 和 50%（即 2-3-5）。这种指标在企业管理水平较低时适用，这种分段对比必须在完成整个计划任务的前提下才有意义。

2. 均衡能力指数

均衡能力指数是对工程能否稳定地创造出合乎标准质量的产品给予判断和评价。

从生产过程来看,企业各生产环节在等量时间内应生产出等量的产品,这就是生产过程的均衡性。但实际上,由于种种原因(如设备故障、待料、质量原因等),每天生产的产量不可能是完全一样的,它是由工程系统各要素(人、机、料、法、环)的变动而造成的,是不可避免的,这就是产量的必然性。但是,它们的离散分布是有规律的,对于计量值而言,这个规律就是正态分布,其密度函数为

$$P(x) = \frac{1}{\sqrt{2\pi}\sigma} e^{\frac{(x-\mu)^2}{2\sigma^2}}, \quad -\infty < x < +\infty$$

式中,$\sigma = \sqrt{\dfrac{\sum\limits_{i=1}^{n}(X_i - \overline{X})^2}{n}} = \sqrt{\dfrac{\sum\limits_{i=1}^{n}X_i^2 - n\overline{X}^2}{n}}$;$x_i$ 为实际日产量;$\overline{X}$ 为日产量平均数;n 为天数。

由上式可知,当月产量 x_i 在 $\mu \pm \sigma$、$\mu \pm 2\sigma$、$\mu \pm 3\sigma$ 时的概率(表 3-3),它代表 $\mu \pm K\sigma$ 之内曲线下包围的面积与曲线总面积之比,其分布曲线如上式所示。从管理的要求来看,某生产线的日产量的离差应是愈小愈好,如果这条生产线是处在稳定的生产状态下,则标准偏差 σ 应无限地接近一个常数。标准偏差 σ 可按下式计算。

表 3-3　$K\sigma$ 及 $K\sigma$ 外的概率

K	P	1−P	$K\sigma$ 外的概率
1	0.628 7	0.371 3	37.13%
2	0.954 5	0.045 5	4.55%
3	0.997 3	0.002 7	0.27%

由上式可知,标准差能真实反映日产量间的离散程度。

对于大量或大批生产的企业,均衡能力指数可按下式计算。

$$C_{P_i} = (\overline{X} - S_e)/3\sigma_n$$

式中,S_e 为日计划产量;σ_n 为 n 个日产量的标准差。

对于单件或者小批生产的企业,可用生产周期的波动,或者单件产品所需要的期数或者工时数,来衡量产品的均衡情况。均衡能力指标可按下式计算。

$$C_{P_i} = (S_u - \overline{X})/3\sigma_n$$

式中,$\overline{X}$ 为单件产品实际所用的工期数或者工时数的平均值;S_u 为单位产品计划工期日或者工时。

根据均衡能力指数计算可参照下列数值判断和分析产品的生产均衡值:

当 $C_{P_i} < 0$ 时,表示没有完成月生产计划;

当 $0 < C_{P_i} < 0.67$ 时,表示完成了月生产计划,但是不够均衡;

当 $0.67 < C_{P_i} < 1$ 时,表示完成了月生产计划,并且较为均衡;

当 $1 < C_{P_i} < 1.33$ 时,表示较为均衡地完成了月生产计划,并且有超额;

当 $1.33 < C_{P_i} < 1.67$ 时,表示较为均衡地完成了月生产计划,并且超额较多;

当 $1.67 < C_{P_i}$ 时,表示较为均衡地完成了月生产计划,并且超额很多,可考虑适当提高计划指标。

3.3　生产过程组织专业化分工的基本原则

生产过程组织就是要使整个过程的各个阶段都能相互衔接、协调配合,保证人力、物力、空间能得到最充分、最合理的利用,取得生产运营的最优效果。

生产过程组织与企业的结构组织不同。企业的结构组织具有纵向的组织系统,能使任务从上至下,由厂长通过车间、工段、小组直至个人,指挥方便,路线明确。而生产过程组织是要把不同的职能部分和车间分别负责的不同生产阶段组织起来,具有科室与科室、车间与车间之间的横向关系。而这种横向组织的好坏对生产管理的效率起着十分重要的作用。图3-5为横向关系中不同部门的分工图。

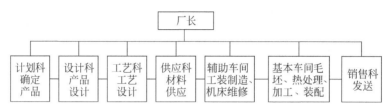

图 3-5　横向关系中不同部门的分工

由此可见,生产过程的组织按什么原则进行专业化分工将会影响生产过程的连续性和柔性,从而影响产品的生产周期、加工过程的在制品库存以及适应市场变化的能力等指标。因此,生产过程的组织必须选择合适的专业化原则。

1. 工艺专业化

所谓工艺专业化原则是指按相同工艺特征建立生产单位的原则。在按工艺专业化原则建立的生产单位中,集中了相同类型的设备和相同工种的工人,对不同种类的工件进行相同工艺方式的加工。

以机械制造类企业为例,按工艺专业化原则建立的生产单位,其具体形式如下:

工厂:铸造厂、锻造厂、电镀厂等。

车间:机械加工车间、锻压车间、焊接车间等。

工段:以机械加工车间为例,分别有车工工段、铣刨工段、磨工工段等。

在服务业,同样存在以什么专业化原则来建立生产单位的问题。例如,学校的教学单位,是按学科专业特性划分,如中小学的语文、数学、外语教研室,大学的各种系和教研室等。

2. 对象专业化

按相同加工对象建立生产单位的原则称为对象专业化(product focus)原则。在以对象专业化原则建立的生产单位中集中了为加工某种产品工件所需的全套设备、工艺装备和有关工种的工人。对相似的产品工件进行该产品工件的全部或大部分工艺加工。按对象专业化原则建立的生产单位,其具体形式如下:

工厂:汽车制造厂、齿轮制造厂、飞机制造厂等。

车间:发动机车间、底盘车间、齿轮车间等。

工段:齿轮工段、曲轴工段、箱体工段等。

在服务业,也有以对象专业化原则来建立生产单位的。如医院系统的专科医院、胸科医院、五官科医院、肿瘤医院等。到这类医院来的病人要治疗都是同种疾病,加工对象相同或相似。

3.两种专业化原则的比较

按以上两种专业化原则分别建立的生产单位各有优缺点及其适用的领域。当以工艺专业化原则建立生产单位时,由于一个生产单位只能完成同类工艺加工,意味着加工对象在加工过程中要经过很多部门。这就不可避免地使得生产过程的连续性程度降低,从而使得生产周期延长、生产过程在制品增多、流动资金占用量上升,流动资金的周转率下降。除此之外,这种方式建立的生产单位有利于工人技术水平的提高和设备的充分利用。但由于以工艺专业化的原则建立的生产单位可以对各种不同对象进行相同工艺的加工,因此当市场需求变化、生产产品变化时,这种生产单位的结构并不会因此受到影响,所以有较强的适应性。当市场需求多变时,采用工艺专业化原则是合适的。

与工艺专业化原则相反,用对象专业化原则建立的生产单位,由于可以完成加工对象的全部或大部分加工,因此连续性强、生产周期短,从而使得在制品库存减少、流动资金占用量下降,还加快了流动资金的周转。但是,由于对象专业化是以加工对象相同或相似为原则来建立生产单位,因此,当市场需求变化时,就有可能使得这些生产单位加工的对象发生变化,从而使得这些单位没有存在的必要。也就是说,这样的生产单位,其柔性是较差的。另外,这样的组织形式不利于工人技术水平的提高和设备的充分利用。在市场需求量大且较稳定时,用这样的原则来组织生产单位是合适的。

3.4　生产类型的概念和划分

3.4.1　生产类型的概念

生产类型是指以生产专业化程度为标志划分的生产类别。

划分生产类型的意义是要从品种繁多的工业企业中找出其生产组织上的共同特点。

不同行业有其自身不同的特点,从生产过程组织的角度来看,有时同行业之间存在着生产过程组织的差别,反而大于不同行业之间的差别,而不同行业之间的生产过程组织却存在着共同的特点。

这些特点表现在设备与工艺、生产规模、专业化程度、产品的结构等的组织上。生产运营管理的一项重要任务,便是要从种类繁多的不同行业中,分析研究其生产过程组织的特点,探索它们的规律性,把所有行业按照其生产的特点与共同点归纳为几种生产的类型,以便根据不同的生产类型采取相应的生产组织形式,这样便有利于合理组织生产和提高生产管理的效率。

3.4.2　基本生产类型

按照不同的分类标志,生产类型可以有许多不同的分类方法。

1.按产品的通用性分类

按产品的通用性不同,可以把生产类型分为生产通用产品的生产类型和生产专用产品的生产类型两大类型。

1) 生产通用产品的生产类型

由于生产的是通用产品,产品的适用面广,所以这类生产类型是根据预测进行生产的。由于预测与实际需求之间不可避免地存在一些差异,因此就需要设立库存作为缓冲。当生产量大于实际需求时,多余的部分作为库存暂时储存起来,而当生产量小于实际需求时,则用库存来弥补需求的不足部分。因此,生产通用产品的生产类型又称作备货生产的生产类型。对这类生产类型来说,如何确定恰当的库存水平、建立合理的库存控制模型,是这一类生产类型管理的重点。

2) 生产专用产品的生产类型

生产专用产品的生产类型,是根据用户的订单来进行生产。因此,这类生产类型又称作订货生产的生产类型。

在企业接到用户订单后,就根据用户的需求进行产品设计、工艺设计、工时定额制定、采购、生产直至发货。其中,要经历产品开发到生产的全过程,因此,产品的生产周期很长。但是,现在的用户往往要求快速交货,若企业不能满足,很可能流失用户。所以,对于生产专用产品的生产类型,如何缩短产品生产周期,尤其是缩短生产技术准备的时间,是这一类生产类型研究的一个大课题。生产专用产品的生产类型由于根据订单要求的品种和时间进行生产,因此生产的品种多,生产过程的稳定性和重复性差,生产系统的负荷变动大,生产过程的比例性很难实现,生产过程经常出现瓶颈,而瓶颈的部位又是经常变化的。

2. 按工艺特性分类

按照产品加工工艺特性不同可以把生产类型分为加工-装配型的生产类型和流程式的连续加工的生产类型。

1) 加工-装配型的生产类型

所谓加工-装配型的生产类型是指产品在结构上是可拆分的,产品是由零部件或元件组成的。因此,产品在加工时零部件先分别加工,然后再总装成产品。由于产品加工工艺的这一特性,产生了零部件加工时的平行性特征以及组织生产过程的连续性问题(时间衔接)。又由于一个产品对其组成的零部件有不同的数量要求,这就对生产过程提出了数量配套的要求。因此,加工-装配型的生产类型,其生产过程的组织比较复杂,既要求数量配套,又要求时间衔接。而当企业生产的品种增多而且经常变化时,这一难度就更加提高。

2) 流程式的连续加工的生产类型

所谓流程式的连续加工的生产类型是指这种企业的工艺流程具有这样的特点。原材料从一投入就顺序地经过各个工作地,直至产品产出。其工艺过程是不可停顿的,产品在物理结构上也是不可分的,如冶炼、造纸、化工等行业均属于这种类型。由于流程式的工艺流程是不可停顿的,因此不存在像加工-装配型生产类型的平行加工、数量配套、时间衔接等问题。这类生产类型管理的主要问题是原材料的连续不断的投入以及设备管理等问题。只有原材料连续不断地投入,设备不出故障,并保持良好的运行状态,整个流水线才能正常运转。

3. 按照生产的稳定性与重复性分类

生产类型的另外一种分类标志是生产的稳定性与重复性。根据生产的稳定性与重复性不同,生产类型与生产管理的方法之间的对应关系研究得比较多。本书将采用这种分类体系。

根据企业生产产品的品种多少、重复和稳定程度、产量大小和专业化水平不同,可将生产类型分为三种基本生产类型,即大量生产、成批生产和单件小批生产。

1) 大量生产

大量生产的特点是:产品固定,品种少,产量多,生产条件稳定,生产的重复性高,如流水生产、生产线等。在通常情况下,每个工作地都固定加工一道或少数几道工序;工作地专业化水平很高,所有产品加工都有相同的工序,对工人的操作技术水平要求较低。生产过程可采用高效率的专用设备、自动化与半自动化设备以及专用工艺装备。计划的编制比较精细,执行情况也易于检查。属于此类型的生产工厂有汽车制造厂、滚珠轴承厂等。

2) 成批生产

成批生产的特点是:产品相对稳定,品种较多,工作地是成批地,定期或不定期地轮番进行生产,因而工作地的专业化程度较大量生产要低。当轮番生产时,工作地设备和工夹具要进行适当的调整。

在成批生产条件下,由于生产品种较多,对工人技术水平要求也较高。当然,不可能全部或大量采用自动化、半自动化、专用设备与专用工艺装备,而要根据产量的大小、工序的难易程度而定。

成批生产还可细分为大批生产、中批生产和小批生产。

3) 单件小批生产

单件小批生产企业的特点是:产品品种多,而每一种产品仅是少量的,品种不稳定,工作地的专业化程度很低。

在单件小批生产条件下,设备和工夹具多采用通用的,只有在某些特殊的工艺、技术要求下,才采用专用设备、工夹具。设备的布置通常是按同类型的设备成组排列的,因此产品在生产过程中的移动路线复杂,常有迂回或倒流路线。

在单件小批生产条件下,一个工作地上要执行各种不同的工序作业,再加上辅助性的作业较多,对工人的技术水平要求比较高,以适应多品种生产的要求。属于此类型的生产工厂有电站设备厂、造船厂、矿山设备厂。此外,大者如航天的项目,小者如工厂的扩建,新产品的开发、一次性的项目管理也可列入此种类型。

3.4.3   生产类型划分的方法

1. 按工作地专业化程度划分

以工作地专业化程度来划分生产类型时,要分两个步骤:第一步是划分工作地的生产类型;第二步是划分工段、车间与企业的生产类型。

1) 工作地生产类型的划分

按工作地专业化程度划分工作地生产类型用两个标志:

(1) 工序数目——工序是工艺过程最基本的组成单位,根据工作地所担负的工序数目来确定工作地的生产类型。具体的划分参数标准值如表 3-4 所示。

表 3-4　工序数目的划分参数标准值

工作地的生产类型	固定于工作地上的工序数目	工作地的生产类型	固定于工作地上的工序数目
大量生产	1～2	小批生产	20～40
大批生产	2～10	单件生产	40 以上
中批生产	10～20		

（2）工序大量系数——根据工序大量系数值来确定工作地的生产类型，设 K 为按工序计算的大量系数值；T 为工序单件时间；r 为产品生产节拍，则

$$K = T/r$$

注：

$$r = F/N$$

式中，F 为计划期有效工作时间；N 为计划期产量。

则该式即可参考表 3-5 给出的数值确定工作地生产类型。

表 3-5　工序大量系数值

工作地的生产类型	工序大量系数值	工作地的生产类型	工序大量系数值
大量生产	0.5 以上	小批生产	0.025～0.05
大批生产	0.1～0.5	单件生产	0.025 以下
中批生产	0.05～0.1		

大量系数表示，在保证达到节拍的条件下，为完成每一个工序所需的工作地（或设备）数。它的倒数就是工作地上加工的工序数目。因此，上述两个标志是一致的。

2）工段、车间与企业生产类型的划分

在一个工段、一个车间、一个企业中，工作地的生产类型不可能完全相同。方法是根据比重最大的工作地生产类型决定工段的生产类型，比重最大的工段生产类型决定车间的生产类型，比重最大的车间生产类型决定企业的生产类型。

因此，之所以把某个工厂称为大量生产的工厂或单件生产的工厂，只是因为这种生产类型在这个工厂中占很大的比重，而绝不是唯一的生产形式。例如，在单件小批生产的工厂中，既有成批生产类型，也有大量生产类型，如标准件和通用件的生产；而大量生产的工厂中，它的工艺装备也多半是以单件小批类型生产的。

2. 按绝对产量划分

在实际工作中往往利用绝对数量来划分生产类型。以下是通用的标准。

1）按产品的绝对产量划分

［例 3.1］　同型号的车床（按年产量）见表 3-6。

表 3-6　按产品绝对产量划分

单件生产	小批生产	中批生产	大批生产
10 台以下	10～100 台	100～500 台	500 台以上

2）按零件的绝对产量划分

先按零件的重量分成重型、中型、轻型三种，如表 3-7 所示。

表 3-7 按零件重量划分

种类	重 量	单件生产/件	小批生产/件	中批生产/件	大批生产/件	大量生产/件
重型	2 000 千克以上	5 件以下	5～100	100～300	300～1 000	1 000 以上
中型	100～2 000 千克	10 件以下	10～200	200～500	500～5 000	5 000～50 000
轻型	100 千克以下	100 件以下	100～500	500～5 000	5 000～50 000	50 000 以上

无论是用专业化的程度来划分，还是用绝对产量来划分，二者都反映了生产的连续性、重复性和间歇性的程度。所谓生产的连续性是指工作地的专业化程度高；绝对的连续性是指一年 365 天，每天同一设备生产同一品种的同一工序，这就需要大批量的生产任务作为基础。相反，绝对的间歇性生产，是指多品种的单件小批生产，绝不重复。

由图 3-6 可见生产的专业化程度、品种、产量和生产的连续性或重复性等对划分生产类型的相互关系。

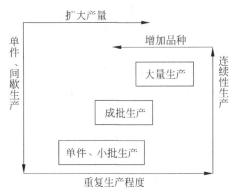

图 3-6 生产类型关系

3. 按预定货或预测划分

可以根据任务的落实，也就是按照订货的数量或预测的数量来划分生产类型。前者是根据合同实际订货的数量生产；后者与实际订货无关，它是事先预测市场的需要数量，即先安排计划进行生产，产品留有库存。预订货生产因在成品生产后即可交货，故无库存。这种划分生产类型的方法与企业的着重面向市场有关，故资本主义国家的工业企业大都依此来划分。但是，尽管这样，这种划分仍旧与前所述的三种基本生产类型有联系，其联系可见图 3-7。

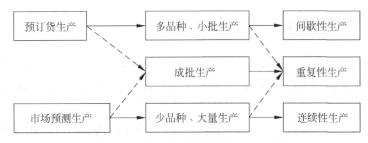

图 3-7 按预订货或预测划分生产类型

因为市场预测生产的性质是在产品的需求量非保持稳定的条件下，仍保持生产长期连续性的一种方法。通常这些产品属于消费品类居多。而订货生产的产品往往具有按照客户特殊要求规格的性质，所以往往不具有连续性的要求，一般并不或很少重复生产。但是，最后还是要反映在三种基本的生产类型上，这就会影响生产过程组织的方式。

3.4.4　改变生产类型的途径

不同的生产类型对企业的生产经营管理工作和各项经济技术指标有着显著的影响。不同生产类型具有不同的经济效益。大量大批生产的产品成本较单件生产和成批生产的产品成本要低。因此,大量大批生产是较优越的一种生产类型,成批生产次之,单件小批生产最差。所以,摆在生产组织者面前的一项重要任务是如何通过一切可能的措施和方法,在单件小批生产中,按成批生产的方式或原理组织生产,在成批生产中按大量大批生产的方式或原理组织生产,从而改善企业的技术指标。实践证明,可以通过下列途径来扩大生产批量、提高工作地专业化程度,从而改变企业的生产类型。

(1) 在全面规划、统筹安排的原则下,积极发展工业生产的专业化协作,包括产品专业化、零部件专业化、工艺专业化和辅助生产专业化,以及相应的各种形式的生产协作,为减少重复生产、增加同类产品产量、简化企业的生产结构和提高专业化水平创造条件。

(2) 在产品设计方面,进行产品结构分析,改进产品设计,加强产品的系列化、标准化和通用化工作,广泛采用标准件和通用件。

(3) 在生产组织方面,采用成组技术,组织同类型零件的集中加工和成组工艺。

(4) 在计划工作方面,加强计划工作,合理搭配产品品种,减少在同一时期内出产的产品品种数。

(5) 在劳动组织方面,增加必要的设备和工人,以相对减少每个工作地平均担负的工序数目。

通过上述各种措施,就能在一定程度上使企业的生产类型升级,增加大量大批生产的因素,提高企业生产经营的经济效果。但需要指出的是,改变生产类型,并非在生产上无限制地加大批量。企业的生产类型取决于产品数量以及生产的稳定性和重复性。而采取什么样的品种轮换方式,确定每种产品的批量多大,这是一个组织生产的具体方式和方法问题。

3.5　生产类型和生产组织的关系

决定了生产的类型就可决定如何组织生产过程,因为不同过程的组织方法就是以不同的生产类型来确定的,只要生产类型相同,就可采用同一的组织方式,如表 3-8 所示。

在大量生产条件下,可以广泛地采用高效率的自动化设备和半自动化设备、专用设备和专用工艺装备,可以广泛地组织流水线和自动线,可以大大缩短生产流程和生产周期,从而提高生产效率,降低产品的成本。

在成批生产条件下,产品品种尚少,生产尚较稳定,只能部分采用自动化设备或专用设备,不能广泛组织生产线,轮番生产时需要调整准备时间,因此其生产效率不及大量生产,经济效益也是如此。

在单件小批生产条件下,只能采用通用设备和标准工艺设备;生产的机械化、自动化水平低,手工操作比重大,加工的劳动量最大;设备按工艺机群排列,无专设的生产线,因此生产流程迂回过长;产品的品种多、批量小,调换品种频繁,调整准备时间和中断时间较多。因此生产效率低,经济效益也最差。

表 3-8　生产类型和生产组织关系

比较项目和技术经济指标 ＼ 生产类型	大量、大批生产	中 批 生 产	单件、小批生产
产品特点	品种单一	品种较多	品种很多,型号规格很杂
工作地担负的工序数目	很少,一般为 1～10 道工序	较多,一般为 11～20 道工序	很多,一般为 21～40 道工序
生产设备	多用高效专用设备	部分专用设备及通用设备	大多采用通用设备
生产设备的布置	按对象原则排列,组成不变流水线或自动线	既按对象原则又按工艺原则排列,组成可变流水线或生产线	按工艺原则排列,一般不能组织流水生产线
技术工作的精确程序	产品"三化"程度高,零件互换性强,工艺规程可按工序细分制定	产品"三化"程序较低,零件在一定范围内互换,工艺规程较粗	产品"三化"程度低,零件互换性差,工艺规程简略
工艺装备	采用高效专用的工艺装备	专用和通用的工艺装备并存	主要采用通用工艺装备
工艺装备参数	大	较大	小
工人的技术水平	高级的调整工 低级的操作工	较高	高
劳动生产率	高	较高	低
产品生产周期	短	较长	最长
计划管理工作	比较简单	比较复杂	复杂多变
设备利用率	高	较高	低
产品成本	低	中	高
管理重点	日常管理	计划协调	准备阶段与计划衔接
设备投资	大	较大	小
产品库存	多	较多	少
适应性	差	较强	强
风险性	一般大	较小	一般小
经济效果	最好	较好	最差

大量生产的经济效益固然最高,但这并不意味着在任何条件下都适宜采用。大量生产的投资高,因为需要配备大量的专用设备、专用设施和专用的工艺设备等。专用生产线的适应性差,产品的品种一有变动,原有的生产线由于一切的设施都属于专用的性质,不再能适

用。因此只有在生产稳定的条件下,大量生产的优点方能充分发挥出来。

因此,生产运营管理上的一个重要目标便是在加大产品的数量上采取措施,以便能采用效益较高的生产类型来组织生产。但随着科学技术的进步和市场需求的发展,总的趋势却又是多品种、小批量、变化多、生命期短,所以克服这两者的矛盾已成为生产过程组织工作的一项重要任务。研究生产类型的一个积极意义,便是如何通过一切可能的措施和方法对单件小批生产的产品提高到按成批生产的方式来生产,对成批生产的产品提高到按大量生产的方式来生产。

本章 小结

本章主要讲述了生产过程和生产类型等有关内容。首先,介绍了生产过程的含义,比较详细地讨论了生产过程的划分,具体阐述了生产过程合理性的原则和生产均衡性的评价,并讲述了生产过程组织专业化分工的基本原则。最后,介绍了生产类型的概念、基本生产类型和生产类型划分的方法,并阐述了生产类型和生产组织的关系。

复习与思考

1. 何谓企业的生产过程? 其一般可分为哪几个过程? 基本生产过程是什么?

2. 何谓生产类型? 如何划分生产类型?

3. 合理组织企业的生产过程有哪些基本原则?

4. 加工-装配型和流程式连续加工对生产运营管理有何不同的要求?

5. 分别指出生产通用型产品的生产类型与生产专用型产品的生产类型各自的生产管理的重点是什么?

6. 工艺专业化和对象专业化各有什么优缺点? 它们各自适合哪种情况?

7. 如何计算生产均衡率和生产进度分段均衡率?

计算题

1. 某生产流水线年计划有效工作时间 124 848 分钟,年计划生产合格品 14 000 件,估计废品率为 2%,生产过程中的某工序单件加工时间为 6 分钟,试判断该工序的生产类型。

2. 某企业 4 月份计划生产某产品 12 066 件,全月计划有效工时为 220 000 分钟,其中 A 工序单件作业时间为 28 分钟,求 A 工序的大量系数值。

3. 某产品计划日产量 240 件,月初 10 天的实际产量为 245 件、244 件、235 件、236 件、242 件、252 件、227 件、238 件、250 件、232 件,试评估其生产均衡能力。

4. 某厂 A、B、C 三种产品的计划日产量分别为 150 件、120 件、200 件。各种产品月初 10 天的实际日产量分别见下表（单位：件）：

项目	1 日	2 日	3 日	4 日	5 日	6 日	7 日	8 日	9 日	10 日
A	142	148	152	167	128	136	159	151	170	155
B	126	125	120	119	123	118	105	122	123	117
C	196	202	210	197	195	189	200	201	198	208

要求：计算各种产品的生产均衡率。

上海通用：树国内汽车业柔性化生产楷模

在上海通用汽车的发展历程中，柔性生产扮演着非常重要的角色。中国几乎所有的汽车工厂都是采用一个车型、一个平台、一条流水线、一个厂房的制造方式，而上海通用最多可以一条线上共线生产四种不同平台的车型。这就是上海通用的柔性化生产，它在国内汽车企业行业占有领先地位。

共享同一质量体系

上海通用汽车严格遵循由通用、福特、克莱斯勒三大汽车公司共同制定的一整套汽车行业的质量管理标准——QS9000 质量体系。

拉动式物料供应系统

上海通用实行的是拉动式的物料供应系统，公司根据收到的客户订单安排生产，同时生成相应的物料计划发给供应商。这就保证了生产时既有充足的供货，又不会产生库存，影响资金运转。

上海通用汽车为了满足不同车型的要求，需要让一个总成级物料超过 5 000 个的体系顺利运转。其中，内部物料供应 80% 以上采用看板拉动方式：由线旁工人提前发出物料需求指令，该指令由置于零件箱内的带有条形码的看板传递。工人还可以使用按钮、灯板等设备，作为电子拉动信号直接向控制室传递需要补充的物料的信息。

精确的 IT 柔性制造控制系统

上海通用的 IT 柔性制造控制系统由柔性制造系统、自动车体识别系统、质量报交系统等组成。其中，柔性制造系统是组织生产制造的神经中枢，根据来自营销部的客户需求，自动安排车辆的生产计划。存入计算机的除了客户的需求外还有该车的生产编号。自动车体识别系统会将制造信息读入电子标签内，制造信息随车身经过每一生产工段直至总装车间。这就保证了把客户个性化需求和身份证号准确无误地传递到各个工位。

实现人员管理柔性化

柔性化生产线的运作过程中，人也要实现柔性化。上海通用生产程序的制定者会根据变化的情况,柔性调节工艺的程序,以发挥生产线的最高效率。新员工要经过至少两周的入门培训,以增强其质量意识和技能。线上工人要在不同岗位继续培训,直至达到上线生产标准。另外,公司还要求每个工人掌握三个工作岗位的内容,这既激发了员工的积极性,又为公司的柔性化管理作出贡献。

思考题:

1. 上海通用汽车公司的柔性生产有哪些特点?

2. 其生产过程属于哪一种生产类型?

产品的开发设计和工艺管理

第4章

新产品(new products)

产品开发(development of products)

工艺设计(craft design)

工艺管理(craft management)

互联网资料

http://www.eworks.net

http://www.cim.co.uk

> 新产品是在某一方面具有先进性或独创性的产品,新产品的开发有技术推动和市场导向两种不同模式。随着市场变化的日益频繁、产品寿命周期的日益缩短,企业必须制定正确的新产品开发策略和开发方式,以保证新产品的开发成功。企业要重视新产品设计的标准化、系列化和通用化,要积极采用先进的产品设计和管理技术,这有利于缩短新产品的商品化周期,迅速占领市场,提高企业在行业竞争中的地位。

新产品的开发和设计能使企业保持长期的竞争优势,不断地创造出能够带来高额利润的产品。随着市场变化的日益频繁、产品寿命周期的日益缩短,企业的产品战略应从"制造产品"向"创造产品"发展,产品的开发设计将决定企业经营的基本特征,成为企业一切经营计划的出发点。产品开发设计的重要地位也决定了工艺开发和管理的重要性。因为新产品的竞争力除了产品本身的机能、性能特征外,还需要有优异的质量和合理的价格来作为保证,而后者与生产技术有着密切的关系。因此,对于企业来说,产品的开发设计和工艺的开发管理二者相辅相成,缺一不可的。

4.1　新产品的开发

4.1.1　新产品的概念和发展方向

1. 新产品的概念

何谓新产品? 从不同的角度出发,可以对新产品的概念作出不同的描述。一般来说,新产品应在产品性能、材料和技术性能等方面(或仅一方面)具有先进性和独创性,或优于老产品。所谓先进性,是指由新技术、新材料产生的先进性,或由已有技术、经验技术和改进技术综合产生的先进性。所谓独创性,一般是指产品由于采用新技术、新材料或引进技术所产生的全新产品或在某一市场范围内属于全新产品。从企业经营的角度来说,新产品必须是能满足市场需求、能够给企业带来利润。后者也正是企业进行新产品开发的动机。新产品可分为以下几种:

(1) 全新产品。即具有新原理、新技术、新结构、新工艺、新材料等特征,与现有任何产品毫无共同之处的产品。全新产品是科学技术上的新发明在生产上的新应用。

(2) 改进新产品。对现有产品改进性能,提高质量,或求得规格型号的扩展、款式花色的变化而产生出的新品种。

(3) 换代新产品。主要是指适合新用途、满足新需要、在原有的产品的基础上,部分地采用新技术、新材料、新元件而制造出来的产品。如从电熨斗到自动调温的电熨斗,又到无线电熨斗等。

(4) 本企业新产品。是指对本企业是新的、但对市场并不新的产品。但通常企业不会完全仿照市场上的已有产品,而是在造型、外观、零部件等方面作部分改动或改进后再推向市场。

以上四种新产品中,换代新产品和改进新产品在市场上最多,也是企业进行新产品开发的重点。在研制全新产品时,必须预先考察新产品能否满足以下条件:①具有设计的可能性;②具有制造的可能性;③具有经济性;④具有市场性,等等。

2. 新产品的发展方向

新产品发展的方向可以有以下几个方面:

(1) 多能化。扩大同一产品的功能和使用范围。例如,MP3 和 U 盘组合存储设备,多功能计算器等。在扩大产品功能时,还应注意提高产品的效率和精度。

(2) 复合化。把功能上相互有关联的不同单体产品发展为复合产品。例如,洗衣机和干燥机的一体化,集打字、计算、储存、印刷于一体的便携式文字处理机等。

(3) 微型化。缩小产品的体积,减轻其重量,使之便于操作、携带、运输及安装。这样还可以节省材料、降低成本。

(4) 简化。改革产品的结构,减少产品的零部件,使产品的操作性能更好,更容易操作,同时也能使成本降低。使用新技术、新材料是使结构简化的一个方法,如用晶体管代替电子管,用集成电路代替晶体管,等等。使产品的零部件标准化、系列化、通用化也是简化的一个重要途径。

4.1.2　新产品开发的动力模式

新产品开发有两种动力模式：技术推动型和市场导向型。

所谓技术推动型，是指按照被称为原创理论（seed theory）的方式进行新产品开发，也就是说从最初的科学探索出发开发新产品。例如，盘尼西林就是首先在进行结核菌的培养过程中发现，进而开发成产品的。技术推动型的产品也称为产品导向型（production oriented）产品，是以技术→生产→市场的模式出现，即"将研究结果推向市场"的。

市场导向型（sales oriented）是按照所谓需求理论（need theory）方式，从市场需求出发进行新产品开发。即首先通过市场调查来了解需要具有什么样的技术内容的新产品，然后对其作为商品来说在生产技术、价格、性能等方面的特性进行研究，进而再通过该新产品商品化后的销售预测来决定开发。市场导向型的产品以市场→研究与开发→生产→市场的模式出现，即"把市场需求带入研究"。20 世纪 20 年代出现的福特汽车公司的 T 型车可以说是典型的市场导向型产品，而当今发展迅速的等离子、液晶、3D 彩电等家用电器产品，也可以说是典型的市场导向型产品。

现代经济和产业的发展趋势使新产品开发的主流已经和正在从技术推动型转变为市场导向型。新产品开发不能再任其在研究过程中自然发展，而必须有目标、有计划地进行。特别是作为企业经营战略中利润计划支柱的主要新产品，更需如此。对于企业来说，密切关注市场动向、不断预测市场需要、制定切合企业发展战略的新产品开发策略已成为企业经营决策中的重要内容之一。

4.1.3　新产品开发策略

采取正确的新产品开发策略是使新产品开发获得成功的前提条件之一。在制定新产品开发策略时，应借鉴科技发展史以及产品发展史上的宝贵经验，分析、预测技术发展和市场需求的变化，还应做到"知己知彼"，即不仅应知道本企业的技术力量、生产能力、销售能力、资金能力以及本企业的经营目标和战略，还应知道竞争对手的相应情况。

制定新产品开发策略时可以从以下几个不同的侧重点出发。

1. 从消费者需求出发

满足消费者需求是新产品的基本功能。消费者需求可分为两种：一种是眼前现实的需求，即对市场上已有产品的需求；另一种是潜在的需求，即消费者对市场上还没有出现的产品的需求。制定新产品开发策略，既要重视市场的现实需求，又要洞察市场的潜在需求。只看到现实需求，争夺开发热门产品，会使有些短线产品很快变成长线产品，形成生产能力过剩，造成人力、物力和财力的极大浪费，甚至会影响企业的整个生存和竞争能力。所以，企业开发新产品，应该注重挖掘市场的潜在需求，以生产促消费，主动地为自己创造新的市场。

2. 从挖掘产品功能出发

所谓挖掘产品功能，就是赋予老产品以新的功能、新的用途。例如，调光台灯的出现就是一个很好的例子。台灯本来的功能是照明，但调光台灯不仅能照明，还可以起到保护视力和节电的作用，因此在市场上一出现就大受欢迎。后来又出现了一种既可调光又可测光的台灯，使光线能调到视力保护最佳的范围，这可以说是对调光台灯功能的进一步挖掘。

3. 从提高新产品竞争力出发

新产品在市场上的竞争力除了取决于产品的质量、功能及市场的客观需求外,也可采取一些其他策略来提高新产品的竞争力。例如,抢先策略,即在其他企业还未开发成功,或未投入市场之前,抢先把新产品投入市场。采用这种策略,要求企业有相当的开发能力及生产能力,并达到相应的新产品开发管理水平和生产管理水平。紧跟策略,即企业发现市场上出现有竞争能力的产品时,就不失时机地进行仿制,并迅速投入市场。一些中小企业常采用这种策略,这种策略要求企业有较强的应变能力和高效率的开发组织。最低成本策略,即采取降低产品成本的方法来扩大产品的销售市场,"以廉取胜"。采取这种策略要求企业具有较高的生产技术开发能力和较高的劳动生产率。

4.1.4 新产品开发方式和开发步骤

1. 新产品开发方式

从前述的新产品分类来看,新产品开发方式可以分为以下几种:

(1) 完全采用新技术、新材料。

(2) 新技术与现有技术的综合。

(3) 改进技术或改进技术与现有技术的综合。

(4) 现有技术或现有技术的综合(包括引进技术)。

在以上几种方式中,第一种方式由于开发周期长、费用多,除需要有较强的研究与开发实力外,还需要有足够的资金来支持。因此,这种方式不可能被企业大量采用。更多采用的是其他几种方式,即根据市场需求的变化,对现有技术进行改进,或综合,或向不同技术领域转移。其中,技术综合化尤其关键。如机械、电子技术的综合,计算机和通信技术的综合等。各种不同技术结合所产生的效果远远大于每种技术所产生的效果之和,能够大大扩大产品品种的数目,加速技术革新的步伐。同时,技术综合在形成新的产业、开拓新的市场、推动产业结构变化上也有不可忽视的作用。

2. 新产品开发步骤

无论是全新产品的开发,还是改良产品、换代产品的开发,都需要经过一定的阶段和程序。一般来说,新产品的开发步骤可以分为以下几个阶段:

(1) 构思、计划阶段。在这一阶段首先提出新产品的构思方案,它应该包括对新产品的原理、构造、材料、工艺过程以及新产品的性能指标、功能、用途等多方面的设想。然后对构思方案进行分析、评价、筛选,最后确定方案,制定开发计划。

(2) 先行开发阶段。在这一阶段,对有关关键技术进行研究和试制,进一步确认和修改技术构思。

(3) 设计开发阶段。在这一阶段对前一阶段确定的技术构思进行评价,然后开始进行产品的设计、试制或试验,并掌握性能和成本数据。如果是机械产品在该阶段应该进行产品试制。

(4) 生产准备阶段。在这一阶段对第三阶段的结果进行评价,如果决定投产,则开始进行生产准备,进行工艺设计、工夹具设计和技术文件准备,等等。必要时还应该进行批量试生产以及市场试销。

（5）生产阶段。进入这一阶段实际上就意味着开发的结束。

还有一种观点是指导新产品投放市场、对初期市场进行跟踪调查、将调查结果反馈到有关部门，并包括在新产品的开发程序内。从新产品开发管理的角度来说，这也是很有意义的。

4.2　新产品的设计

4.2.1　新产品设计的重要性

新产品设计的重要性体现在三个方面：①新产品的可靠性主要取决于设计阶段。在新产品开发的设计阶段，设计人员应该实现预先决定的有关该新产品的性能、机能、结构等目标值，这些目标值的实现将产生所期望的可靠度。②新产品的制造成本的主要责任在于设计阶段。新产品即使在性能、机能等方面充分实现了预定构思，如果在使用材料、制造方法上考虑不周，产品的制造成本就会很高。已有研究结果表明，产品成本责任的 80% 取决于设计开发部门和生产技术部门。③设计阶段对控制新产品质量也有重要的意义。如果设计阶段稍有不慎，其错误会在其后的工序中累积，使新产品先天不足，其后在工艺上、生产上的一切努力都将无济于事。

4.2.2　新产品设计的程序和内容

新产品设计的程序一般分为三个阶段，即编制设计任务书、技术设计和工作图设计，称为"三段设计"。它是从总布置、零部件结构，到工作图纸完成，逐步加以具体化，前一阶段是后一阶段的基础。三段设计是新产品设计时应遵守的程序。新产品设计包括以下内容。

1. 设计任务书

设计任务书又称技术任务书，是指导新产品设计的基础文件。编制设计任务书的主要任务是对新产品进行选型，确定最佳设计方案，合理选择新产品的类型、结构和决定设计原则，确定新产品用途、技术要求及基本结构，以此作为后阶段设计的依据。其主要内容包括：

（1）新产品的用途与使用范围；

（2）设计、试制新产品的理由及根据；

（3）新产品的技术性能、基本结构、特点和技术参数；

（4）国内外同类型产品的结构、质量、成本价格等技术经济指标的比较与分析资料；

（5）可行性分析，包括人员及设备能力、关键技术及解决办法。

如果是系列产品，还应编制系列型谱表。

通用产品的设计任务书一般由设计部门编制。非标准产品的设计任务书应由用户提供，然后由制造单位根据设计任务书的要求，编制技术建议书来回复落实设计任务书中所提出的各项要求。

编制设计任务书前必须做好科技情报工作，广泛收集国内外有关的先进技术情报资料，并进行市场调查、用户访问。

2. 技术设计

技术设计的任务是根据批准的设计任务书，进一步确定新产品的具体结构和技术经济指标,并以总图、系统图、明细表、说明书等形式表现出来。

进行部件设计时应有工艺人员参加,审查确定有关结构工艺性问题,以免返工。主要的配套外购件、关键材料应及早提出技术要求,以便有充足的准备时间。

3. 工作图设计

工作图设计是产品设计的最后阶段,其任务是设计和绘制施工所需要的全套文件和使用的技术文件。

工作图的设计要经过标准化、系列化、通用化的审查,以贯彻"三化"的原则,以达到设计工作的经济性,还要经技术标准审查,以确定其是否符合有关的规定。

自行设计的新产品一般都需要按上述三个阶段进行,对特别复杂的产品或重要产品,还要进行初步设计;对特别简单的新产品和具有充分可靠资料的一般新产品,其技术设计和工作图设计可合并进行;对于重大的改进设计,设计程序和自行设计相同;重复投产的产品,要检查图纸是否齐备,采用外来较成熟的产品图纸或采取实物测绘手段,可不经过技术设计阶段,但应经过必要的核算,在未弄清楚原设计意图之前,不要随便修改设计。

4.2.3　新产品设计的标准化、系列化、通用化

产品系列化和零部件标准化、通用化是国家一项重要的技术经济政策,对减轻设计工作量、缩短设计周期、方便使用和维修等起着重要的作用。所以,在产品设计的各个阶段中,必须认真贯彻"三化",严格执行国家标准和部门标准。

1. 标准化

标准化的范围很广,在我国根据标准适应领域和有效范围,可以把标准分成三组:国家标准(代号"GB")、专业标准(代号"ZB")和企业标准(代号以"Q"为分子,分母表示企业或地区)。国际上一般通用的如国际标准化组织(ISO)、国际电工委员会(IEO)标准也包括在国家标准内。

标准化对设计工作来说,主要是指产品标准和零部件标准。产品标准是指为某一类产品或某一种产品的型式、尺寸、主要性能参数、质量指标、检验方法以至包装、储存、运输、使用、维修等方面而制定的标准。

零部件标准是对通用程度高,或需要量大的零部件规定的标准。零部件标准化又可分为两种:一种是使用面非常广泛、通用程度很高的,如紧固件、轴承等,由国家或部门组织制定标准,这就是标准件;另一种是对在一个企业内通用程度高、需要量大的零部件,规定出标准,这就是企业标准件或称"厂标件"。

企业零部件标准一般参照国家标准,结合企业的具体情况,归并简化而成。办法是整理企业现有的零部件分类,在本企业不同型号的产品之间扩大相同零部件的使用,使企业在产品品种相同的情况下,减少使用零部件的种类。零部件实现了标准化,规格尺寸统一了,性能有了共同的标准,就能扩大同类产品和零件的批量,提高工艺的同类性,实行专业化和采用先进的自动技术、流水线和自动生产线。这一切的技术基础和必要条件就是标准化。

产品的设计标准化程度可用标准化系数来衡量。

2. 系列化

系列化是标准化的高级形式,是对相同的设计依据、相同的结构性和相同使用条件的产

品,将其基本尺寸和参数按一定规律编排,建立产品系列型谱。系列化产品的基础件通用性好,它能根据市场的动向和消费者的特殊要求,采用发展变型产品的经济、合理办法,机动、灵活地发展新品种,既能及时满足市场的需要,又可保持企业生产组织的稳定,还能最大限度地节约设计力量,因此产品系列化是搞好产品设计的一项重要原则。企业必须按照产品系列化的要求进行设计,对没有系列型谱的要逐步形成系列型谱,对已有系列型谱的应严格按照系列型谱进行设计,保证新产品按系列发展。

系列化工作的内容一般可分为以下三个方面。

1) 制定产品基本参数系列

产品的基本参数是基本性能或基本技术特性的标志,是选择或确定产品功能范围、规格、尺寸的基本依据。产品基本参数系列化是产品系列化的首先环节,也是编制系列型谱、进行系列设计的基础。

制定基本参数系列的步骤如下:

(1) 选择主参数。主参数是各项参数中起主要作用的参数。主参数的数目一般只选一个,最多也只能选两个。选择的原则是:应能反映产品的基本特性(如电动机的功率);应是产品中稳定的参数(如车床床身上工件回转直径);应从实用出发,优先选性能参数,其次选结构参数。

(2) 确定主参数和基本参数的上下限。即确定系列的最大值、最小值。这个数值范围的确定,一般要经过对近期和长远的需要情况、生产情况、质量水平、国内外同类产品的生产情况的分析,并尽量符合优先数系列。

(3) 确定参数系列。主要是确定在上下限之间的参数如何分类、分级,整个系列安排多少档,以及档与档之间选用怎样的公比等。常见的数值系列分级有一般数值系列和优先数系列。

一般数值系列主要有以下几种数列。

Ⅰ. 等差数列

等差数列是算术级数,数列中任意相邻两项之差是一常数,即

$$N_n - N_{n-1} = d$$

式中,N_n 为数列中第 n 项的值;d 为级数公差。

等差数列是最简单的一种数值分级方法,适用于轴承、紧固件等。其优点是构成简单、便于分级,但主要缺点是相邻两项的相对差不均匀。

$$相对差 = \frac{N_n - N_{n-1}}{N_{n-1}} \cdot 100\%$$

这就造成数值小的参数之间相对差大,而数值大的参数之间相对差反而小的结果。因此对许多产品来说,不符合客观实际对产品参数分布规律的要求。

Ⅱ. 阶梯式等差数列

为了克服上述缺点,有时可使等差数列中的各数值段有不同的公差,例如:

螺纹直径系列: 1~1.4~2.6~ 3 ~6~12~24~48~80~300

各数值段公差: 0.2　0.3　0.4　0.5　1　2　3　4　5

阶梯式等差数列可使数值大的参数之间的差值增大,从而使整个系列保持适当的密度。但是,阶梯式等差数列项差的变化是不连续的,分级之间出现跳跃式的剧增或剧减,不易把

整个数列的变化规律控制在最佳状况。

Ⅲ．几何级数(等比级数)

几何级数的特点是任意相邻两项之比为一常数,即

$$N_n = N_{1.r^{n-1}}$$

$$r = \sqrt[n-1]{\frac{N_n}{N_1}}$$

式中,r 为公比;N_1 为首项;N_n 为第 n 项。

除一般数值系列之外,另一类是优先数列。由于各种产品的特点不同,不可能都按一个公比形成系列,客观上需要一种数列能按照十进的规律向两端延伸,这便是十进几何级数优先数列。以 $\sqrt[n]{10}$ 为公比形成的等比数列如下:

R5 数系:以 $\sqrt[5]{10} \approx 1.60$ 为公比形成的数系;

R10 数系:以 $\sqrt[10]{10} \approx 1.25$ 为公比形成的数系;

R20 数系:以 $\sqrt[20]{10} \approx 1.12$ 为公比形成的数系;

R40 数系:以 $\sqrt[40]{10} \approx 1.06$ 为公比形成的数系。

以上称为基本系列。

R80 数系:以 $\sqrt[80]{10} \approx 1.03$ 为公比形成的数系,称为补充系列,其仅在参数分级很细、基本系列不能适应实际情况时,才可考虑采用。

根据规定,确定产品的参数系列时,必须最大限度地采用优先数列,这就是"优先"的意义。

2) 编制产品系列型谱

因为社会对产品的需要是多方面的,对参数分档分级有时还不能满足需要,还要求同一规格的产品有不同的型式,以满足不同的特殊要求。解决这个问题便是系列型谱的任务。系列型谱是对基本参数系列限定的产品进行型式规划,把基型产品与变型产品的关系以及品种发展的总趋势用图表反映出来,形成一个简明的品种系统表。

编制型谱是一件很复杂、很细致又很慎重的工作,要以大量的调查资料和科学的分析预测为基础,一经确定,不宜轻易改变。

3) 产品的系列设计

(1) 首先在系列内选择基型,基型应该是系列内最有代表性,规格适中,用量较大,生产较普遍,结构较先进,经过长期生产和使用考验,结构和性能都比较可靠,又有发展前途的型号。

(2) 在充分考虑系列内产品之间以及变型产品之间通用化的基础上,对基型产品进行技术设计或施工设计。

(3) 向横向扩展,设计全系列的各种规格,这时要充分利用结构典型化和零部件通用化等方法,扩大通用化程序或者对系列内产品的主要零部件确定几种结构型式(叫做基础件),具体设计时,在这些基础件中选择合适的。

(4) 向纵向扩展,设计变型系列或变型产品,变型与基础要最大限度地通用,尽量做到只增加少数专用件,即可发展一个变型或变型系列。

3．通用化

1）通用化的含义

所谓通用化是指同一类型不同规格或不同类型的产品和装备中,用途相同、结构相近似的零部件,经过统一以后,可以彼此互换的标准化形式。

显然,通用化要以互换性为前提,互换性有两层含义,即尺寸互换性和功能互换性。功能互换性问题在设计中非常重要。例如,柴油机既可用于拖拉机,又可用于汽车、装运机、推土机和挖掘机等。通用性越强,产品的销路就越广,生产的机动性越大,对市场的适应性就越强。

2）通用化的目的

通用化就是尽量使同类产品不同规格,或者不同类产品的部分零部件的尺寸、功能相同,可以互换代替,不仅使通用零部件的设计以及工艺设计、工装设计与制造的工作量都得到节约,还能简化管理、缩短设计试制周期。

3）通用化的一般方法

在对产品系列设计时,要全面分析产品的基本系列及派生系列中零部件的个性与共性,从中找出具有共性的零部件,把这些零部件作为通用件。如果对整个系列产品中的零部件都经过认真的研究和选择,能够通用的都使之通用,这就叫全系列通用化。

在单独设计某一种产品时,应尽量采用已有的通用件。新设计的零部件应充分考虑到使其能为以后的新产品所采用,并逐步发展成为通用件。

产品设计的通用化程度在某种意义上可用通用化系数来衡量:

$$通用化系数 = \frac{通用件件数}{零件的总件数}$$

4.2.4　新产品设计方法及其选用

1．常用的设计方法及其选用

1）常用的设计方法

进行新产品设计时,常用的设计方法有以下几种。

Ⅰ．模块化设计

这种方法是以企业的标准件、通用件和过去生产过的零部件为基础,用组合方式或称为堆积木方式来设计新产品。或者是在试验研究的基础上,设计出一系列可互换的模块,然后根据需要选用不同的模块与其他部件组合成不同的新产品。在机电产品设计中,这种方法应用很普遍。

采用这种方法的前提是必须使零部件标准化、通用化,并加强对这些零部件的管理工作。应事先规定每个标准件和通用件的特征及其使用范围,在进行新产品设计时,设计人员可运用优选法,选择适当的标准化以及通用化零部件。设计时通常可以拟定几个产品组合方案,通过技术经济效果分析或采用价值工程分析方法,选择最优组合方案。因此,这种设计方法最容易实现产品设计自动化,容易实现利用计算机进行辅助设计。

Ⅱ．内插式设计

内插式设计主要用于新产品规格处于两种既有产品规格之间的产品设计。采用内插式设计时,对新产品不必进行大量的科研和技术开发工作,只需选用相邻产品的原理、结构以致计算公式等进行产品设计,根据需要进行小量的研究试验。

这实际上是一种生产经验与试验研究相结合的半经验性的设计方法。采用这种设计方法的关键是选择适当的相邻产品。只要相邻产品选择适当,就可充分利用相邻产品的结果以及长处,取得事半功倍的效果,在短期内设计出成功的产品。

Ⅲ. 外推式设计

外推式设计是利用现有产品的设计、生产经验,将实践和技术知识外推,设计比它规格大的类似产品。

从表面上看,外推式设计与上述的内插设计相似,但实际上这二者之间有本质的不同。内插式设计可以说是在已知领域内设计新产品,而外推式设计是在未知领域内设计新产品。在现有设计基础上作外推时,需运用基础理论和技术知识,对过去的实践经验进行分析。对有关质量、可靠性等重要环节,应进行试验,把经验总结与试验研究成果结合起来进行新产品设计。设计外推量越大,技术开发性的工作量也就越大。

2) 设计方法的选用

根据产品结构的特点和产品设计性质,应采用不同的设计方法,以加速新产品设计速度,提高设计质量。

2. 先进的设计方法

近年来,计算机技术的飞速发展、市场需求的日益多样化以及产品寿命周期的普遍缩短,给产品设计和产品制造带来了很大的变化。以前需依靠人力进行的许多作业通过计算机的应用都实现了自动化。

随着新产品开发周期的缩短,对生产制造系统的弹性提出了越来越高的要求。计算机辅助设计(computer aided design,CAD)、计算机辅助制造(computer aided manufacturing,CAM)以及计算机辅助工程(computer aided engineering,CAE),正是在这样的背景下所出现的通过计算机应用而进行高效率、高精度产品设计以及产品制造的方法。CAD 和 CAM 的概念比较明确,而 CAE 有两种不同的概念:从广义上来说,是指对开发、设计、制造等全部生产过程的辅助;从狭义上来说,是指在计算机上应用有限元等方法进行强度解析、流体力学解析、振动解析、热解析等力学或机械工程学的数值计算或模拟计算。CAD/CAM/CAE 的过程随产品的种类不同可能略有差异,对于一般的机械产品,可表示为如图 4-1 所示的形式。

CAD/CAM/CAE 从首次用于产品设计及制造至今已有 20 多年的历史,近 10 年来才取得相当大的进展和不断被普及。随着计算机机能、性能的不断提高以及价格的降低,CAD/CAM/CAE 的软件开发已取得很大的进展。从自动制图开始,现在已发展到解析、模拟、三维曲面设计、轮廓设计、曲面 NC 数据生成、焊接机器人的最佳配置等高度复杂工作。CAD/CAM/CAE 目前已广泛应用于建筑、机械、成型、电机、电子、汽车、船舶、飞机、车辆、机床、造纸等各种行业。

其中,CAD 的主要机能是设计计算和制图。其附带机能,还可以用来制作管理零件一览表、进行成本估算等。

设计计算主要是指用计算机来进行机械设计等基于工程和科学规律的计算,以及在设计产品的内部结构时,为使某些性能参数或目标达到最优而应用优化技术所进行的计算。这些计算通常很复杂,要求的精确度也很高,在以往用人工进行的设计中,往往需要花大量

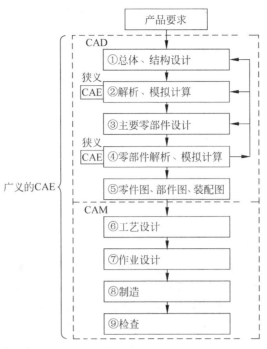

图 4-1　CAD/CAM/CAE 的全过程

的时间,计算完后还需要进行反复的检查、验算。而利用计算机,只需用很少的人力和时间便可完成这些计算,并且计算精确度较高,不易出错。

计算机制图是通过计算机的人机对话图形处理系统来实现。在这种系统中带有图形处理程序,操作人员只需把所需图形的形状(如圆、矩形等)和尺寸(如圆的半径、矩形的长和宽)以及图形位置等参数输入计算机,计算机就可自动在指定的位置上绘出该图形。通用件、标准件的图纸以及一些常用图形的形状、尺寸以及规格等可预先存储在计算机内,以便随时调用。人机对话图形处理系统使设计人员能够在计算机屏幕上随意放大或缩小图形,可以使图形朝上、下、左、右任一方向移动以及转动,可以任意消除,也可以对预先存储在计算机内的不同标准图形随意进行组合,还可以将绘好的三视图在计算机上自动转换成立体图,等等。因此,其极大地提高了制图速度,把设计人员从日常繁重的制图劳动中解放出来。制图方式的这种改变对新产品开发周期的缩短起了很大的作用。由 CAD 产生的图形形状数据还可直接用来生产 NC 数据以及用来编制控制机器人的程序。

4.3　生产工艺管理

4.3.1　生产工艺管理的内容及意义

1. 生产工艺管理的内容

产品的设计解决了生产什么样的产品(做什么?)的问题,至于采用什么样的设备和工艺装备,按照怎样的加工顺序和方法来生产这种产品(怎样做?),还有待于生产工艺管理工作来解决。生产工艺管理涉及的因素众多,包括的范围也很广,其包括的具体工作内容与生产

类型、产品的产量及质量以及企业的具体生产条件等因素有关。一般来说,生产工艺管理的内容主要有:

(1) 产品设计的工艺性分析与审查。

(2) 工艺方案的制定。

(3) 工艺规程的编制。

(4) 质量控制计划的制定。

(5) 工艺装备的设计与制造。

(6) 产品的材料消耗定额和工时定额的审订。

(7) 旧工艺的改进和新工艺的推广。

(8) 工艺管理制度的制度和工艺管理方法的完善。

(9) 新产品试制的管理。

2. 生产工艺管理的意义

企业的生产工艺管理是企业生产管理中的重要内容,与产品的设计有着紧密的联系,同时又对产品的生产起着指导作用,因此可以形象地把生产工艺管理比作设计和制造之间的一座桥梁。同时,生产工艺管理工作在企业生产管理中所占的工作量和时间也是很大的,因此,搞好企业生产工艺管理工作对提高生产效率及产品质量、缩短生产周期、降低生产成本和顺利组织生产有着十分重要的意义。良好的生产工艺管理工作能给企业带来以下诸多的效益:

(1) 缩短产品生产周期,提高产品竞争力。工艺准备工作往往要占生产技术准备工作所需时间的 $1/4 \sim 1/2$,甚至达到 $2/3$,完善的生产工艺管理不仅能缩短工艺准备工作本身所用时间,而且还能通过采用先进合理的工艺方法和手段缩短工艺流程,从而缩短整个产品的生产周期,提高产品的市场竞争力。

(2) 提高产品质量。完善的工艺方案和合理的操作规程将使产品的制造质量得到良好保证,而且许多情况下产品质量的提高正是通过产品制造工艺的不断改善获得的。

(3) 降低物耗和能耗,节约生产费用,从而降低产品成本。大量的资料表明,通过采用先进的加工方法、选用代用材料、精确核定定额等工艺管理手段和方法能大幅度地降低产品的材料消耗和能源消耗、人工费用及其他生产费用,从而使生产成本下降。

(4) 提高劳动生产率。制定完善、合理的工艺规程及详细合理的工艺管理制度可以使生产得以顺利进行,而且通过采用新的工艺、新的制造方法可以使劳动生产率成倍提高。

(5) 提高工艺设计工作质量,减轻劳动强度。工艺准备工作是企业技术准备工作中最复杂、最烦琐又最难以管理的工作,完善的生产工艺管理可通过加强工艺文件的管理、制定相应的工作规范等来提高工作的质量,并减轻工艺设计人员的劳动强度。

4.3.2　实施生产工艺管理的原则和程序

1. 实施生产工艺管理的原则

做好生产工艺管理工作,应注意遵循下列原则:

(1) 重视工艺情报资料工作,尽可能收集和整理国内外有关的技术发展和先进工艺方法的情报资料,并加以充分利用。

(2) 重视现有工艺方法和手段改进的研究,尽可能采用先进工艺和新工艺。

（3）重视工艺典型化和标准化工作，减少工艺准备工作量，缩短工艺准备时间。

（4）加强对工艺文件的管理，完整和统一的工艺文件对改进工艺准备工作的质量，提高工艺准备工作的标准化都大有益处，对指导生产、顺利组织生产的意义十分重要。

（5）采用先进合理的工艺设计方法和管理手段，如采用计算机辅助工艺过程设计，有利于提高工艺管理工作的水平。

（6）建立合理的工艺管理制度和技术责任制，以确保工艺管理工作的顺利进行。

2．实施生产工艺管理的程序

1）产品图纸的工艺分析和审查

在产品设计中除了要达到前节所述的要求外，也要考虑工艺上的经济性和可能性，因此产品的图纸要经过工艺分析和审查。其内容有：

（1）除审查零部件的标准化和通用化程度外，还应审查产品结构的继承性系数。其指标是

$$继承性系数 = \frac{旧零件数量}{全部零件数量}$$

（2）审查产品结构是否与生产系统相适应（即是否有较好的结构工艺性），以及审查零件的装备程度，也就是产品结构的部件装配。其指标是

$$部件装配系数 = \frac{部组件数}{全部零件数量}$$

（3）审查产品结构在企业现有设计与技术条件下制造的可能性。

（4）审查选用材料的经济性、合理性。

（5）审查零件的结构、几何形状、尺寸、精度、公差等级的合理性。

2）工艺方案的制定

工艺方案是工艺准备工作的总纲，其内容包括产品试制中的技术关键和解决方法，以及装配中的特殊要求。工艺方案制定的依据是产品的设计性能、产品的方向性，以及生产类型和批量大小，等等。工艺方案的内容有以下几种：

（1）确定产品试制中的技术关键及其解决办法，确定关键件和关键工序及加工方法。

（2）确定产品的工艺路线和零部件的加工车间。

（3）确定工艺装备的配备原则和系数。

（4）进行工艺的经济效果分析比较。

对于自行设计、基型、通用产品的工艺方案的编制应尽可能详细，对于仿制、变型、专用产品工艺方案的编制可适当简单；对于长期生产的工艺方案应尽可能详细，短期生产的工艺方案可适当简单，对于大量连续生产的工艺方案应尽可能详细，成批轮流生产的工艺方案可适当简单。

3）工艺规范的编制

工艺规范的编制是工艺准备中的一个主要内容，是指导生产的重要工具，也是安排计划、进行调度、确定劳动组织、进行技术检查和材料供应等各项工作的主要技术依据。

工艺规范编定以后，应将有关内容分别填入各种不同的卡片，以便执行，并将其作为生产前的技术准备工作的依据。各种卡片总称为工艺规范文件。

企业所用工艺规范的具体格式虽不统一，但内容大同小异。一般来说，工艺规范的形式

按其内容详细程度,可分为以下几种:

(1)工艺过程卡。这是一种最简单和最基本的工艺规范形式,它对零件制造全过程作出粗略的描述。卡片按零件编写,标明零件加工路线、各工序采用的设备和主要工装以及工时定额。

(2)工艺卡。它一般按零件的每一工艺阶段分别编写,包括工艺过程卡的全部内容,只是更详细地说明了零件的加工步骤。卡片上对毛坯性质、加工顺序、各工序所需设备、工艺装备的要求、切削用量、检验工具及方法、工时定额都作出具体规定,有时还需附有零件草图。

(3)工序卡。这是一种最详细的工艺规范,它是以指导工人操作为目的进行编制的,一般按零件工序编号。卡片上包括本工序的工序草图、装夹方式、切削用量、检验工具、工艺装备以及工时定额的详细说明。

实际生产中应用什么样的工艺规程要视产品的生产类型和所加工零部件的具体情况而定。一般而言,单件小批生产的一般零件只编制工艺过程卡,内容比较简单,个别关键零件可编制工艺卡;成批生产的一般零件多采用工艺卡片,对关键零件则需编制工序卡片;大批大量生产中的绝大多数零件,则要求有完整详细的工艺规程文件,往往需要为每一道工序编制工序卡片。

4) 工艺装备的设计和制造

Ⅰ. 工艺装备的概念

工艺装备是指为实现工艺规程所需的各种刃具、夹具、量具、模具、辅具、工位器具等的总称。使用工艺装备的目的,有的是为了制造产品所必不可少的,有的是为了保证加工的质量,有的是为了提高劳动生产率,有的则是为了改善劳动条件。

工艺装备按其使用范围,有专用的和通用的两类。专用的由企业自己设计和制造,通用的则由专业厂制造。

工艺装备的准备,对通用工装只需开列明细表,交采购部门外购即可。所以,工装的大量准备工作主要是在专用工装的设计和制造上。因为专用工装的准备工作类似企业产品的生产技术准备工作,也需要一整套设计、制图、工艺规范、二类工装准备、材料、毛坯的准备加工与检验等一系列的过程。

Ⅱ. 工装数量的决定

一般而言,专用工装的数量与企业的生产类型、产品结构以及产品在使用过程中要求的可靠性等因素有关,在大批大量生产中要求多用专用工装,而单件小批生产则不宜多采用;产品结构越复杂,技术要求越高,出于加工质量的考虑,也应多采用;产品和工装的系列化、标准化和通用化程度较高的工厂,专用工装的数量就可以适当减少。此外,不同的生产阶段对工装数量的要求也不同,即使是在大批大量生产中,样品试制阶段也只对较复杂的零件设计和制造关键工装;而到了正式生产阶段则应设计和制造工艺要求的全部工装,包括保证质量、提高效率、安全生产以及减轻劳动强度等需用的工装。

具体的专用工装的数量可在工艺方案制定时,根据各行业生产和产品的特点、企业的实际情况,参考经验数据,采用专用工装系数来计算确定,即

$$专用工装套数=专用工装系数×专用零件种数$$

专用工装系数随着生产类型的不同和产品的不同差别是极大的,具体可参考表 4-1 和

表 4-2。

表 4-1 不同产品专用工装系数的比较

产　品	专用工装系数	生产类型	产　品	专用工装系数	生产类型
航空喷气发动机	22.05	成批生产	载重汽车	10.00	大批、大量生产
航空活塞式发动机	19.00	成批生产	普通车床	2.20	大批、大量生产
轻型汽车	5.05	大批、大量生产			

表 4-2 不同生产类型专用工装系数(机床制造业)

专用工装名称	专用工装系数					
	单件生产	小批生产	中批生产	大批、大量生产		
	年产 1～10 台	年产 11～150 台	年产 151～400 台	年产 401～1 200 台	年产 1 201～3 600 台	年产 3 600 台以上
夹具	0.08	0.20～0.30	0.4～0.8	4.0～1.4	1.3～2.0	1.6～2.2
刀具	0.04～0.08	0.15～0.25	0.25	0.3～0.5	0.5～0.7	≥0.9
量具	0.08～0.20	0.20～0.35	0.40	0.4～0.8	1.0～1.2	≥1.5
辅助工具	0.02	0.05～0.10	0.15	0.2～0.4	0.5～0.6	≥0.8
模具	—	—	0.10	0.20	0.3～0.4	≥0.5
总工装系数	0.20～0.38	0.60～1.0	1.3～1.7	2.1～3.3	3.6～4.9	≥5.3

4.3.3 计算机辅助生产工艺管理

1. 典型工艺和成组工艺

传统工艺管理一般以单个具体零件的单独工艺为主,有多少零件就设计多少工艺规范和相应数量的工艺装备,每一工艺文件及有关工艺装备都为该零件工序所专用,设计工作量大,容易造成人力、物力和财力的浪费。因此,人们研究了许多方法和手段来加以改进。典型工艺和成组工艺是其中卓有成效的方法。

1) 典型工艺

典型工艺是指把某些形状和工艺路线相似的零件归为一类,并为它们编制通用的工艺规范。

典型工艺一般又分为标准件典型工艺和专用件典型工艺。标准件典型工艺是指为那些已标准化和系列化的零件编制的典型工艺,通常是把某一系列的零件按尺寸大小分成工序相同的若干区段,然后把每一区段的零件归为一组,并为它们编制一个没有具体尺寸的典型工艺规范。当具体的零件需要加工时,只需把其相对应的典型工艺规范标注上具体的尺寸和公差要求,稍作调整即可投入生产中使用。专用件典型工艺是指为某些规格化程度较高、工艺比较成熟的企业专用零件编制的典型工艺,其可用典型工序法编制,也就是把若干形状和工艺路线相似的零件归为一组,挑选一个能代表该组大部分零件工作特征的零件(或设计一个包括该组零件特征的假想零件),以它为基础编制一个典型工艺规范。当需要为具体零件编制工艺规范时,只需参照该零件的具体情况,对其所对应的组别的典型工艺规范加以适当修改和补充即可。

在那些产品及其零部件系列化、标准化程度较高、生产批量较大的企业,典型工艺是一种提高工艺准备工作质量、减少工艺、准备工作量、缩短工艺准备周期的有效方法,而且典型工艺还可促进整个工艺准备管理工作适当的标准化和有序化。

2) 成组工艺

成组技术就是利用事物客观存在的相似性对事物进行系统化、科学化的聚类处理。成组工艺是采用成组技术的基本原理,利用零件的相似性对产品工艺进行设计和管理的方法。

成组工艺与典型工艺不同,它是以产品零件的工艺相似性为基础,把全部或部分工序相似的零件归类成族(组),为每一相似零件族(组)编制一份成组工艺规范。当需要为具体零件编制具体的工艺规范时,只需参照该零件对应的成组工艺规范作适当的调整和补充即可。

成组工艺的编制可采用综合零件法和流程分析法。综合零件法是指以综合零件为基础编制成组工艺规范,所谓的综合零件是指能代表某一相似零件族(组)所有零件的结构和工艺特征的零件,它可以是该零件族(组)内的实际零件,也可以是靠人工综合而成的某一假想零件,以综合零件为基础编制的成组工艺规范基本反映了该族(组)所有零件的主要加工工艺过程。流程分析法是指对构成某一零件族(组)的所有零件的工艺流程进行分析,找出适合于族(组)内所有零件的工艺流程,并据此编制成组工艺。流程分析法是生产实际中常用的方法。

编制成组工艺的一个关键问题是依据相似性原理对零件进行聚类成族(组)。分组可以采用多种方法,编制零件编码是一种主要而实用的方法,企业可自创零件编码系统,也可选用目前已开发成功的合适的编码系统。现在许多国家(包括我国)已研制开发成功了多种零件编码系统,如 pitz、KK-3 等,在编制成组工艺时应注意选用那些反映工艺信息较全面的零件编码系统。

成组工艺对于多品种、小批量生产企业来说,不仅有利于解脱工艺人员烦琐、重复的工作,使他们能致力于改进和提高工艺水平,而且能加大成组批量,使工艺准备时间和零件加工辅助时间大大缩短,从而减少产品的生产周期。成组工艺是提高企业工艺准备管理工作水平的一个卓有成效的手段。当然,不仅在工艺规范的编制上,而且在工艺管理的其他方面,诸如工艺过程的劳动组织、工艺装备的设计、制造和使用、工艺文件资料和管理等诸方面成组技术都是大有用武之地的。

2. 计算机辅助工艺过程设计(CAPP)

计算机辅助工艺过程设计(computer aided process planning,CAPP)是在工艺过程设计中应用计算机,以帮助提高其标准化和自动化的一种技术,目的是将产品的设计信息和企业的生产数据归并到一个计算机系统中,使该系统产生可用的工艺规范。

应用 CAPP 技术,可以使工艺人员从烦琐,重复的事务性工作中解脱出来,迅速编制出完整而详尽的工艺文件,缩短生产准备周期,提高产品制造质量,进而缩短整个产品开发周期。

CAPP 的研究开发相对于计算机辅助设计(CAD)、计算机辅助制造(CAM)和计算机辅助生产管理(CAPM)这些领域内的计算机应用来说,起步较晚。直至 1969 年,世界上第一个 CAPP 系统 AUTOPROS 才在挪威问世,并于 1973 年商品化。我国同济大学在 1982 年开发出我国第一个 CAPP 系统,即 TOJICAP 系统。

1) CAPP 系统的功能

一个 CAPP 系统应具有以下功能：

(1) 检索标准工艺文件。

(2) 选择加工方法。

(3) 安排加工路线。

(4) 选择机床、刀具、量具、夹具等。

(5) 选择装夹方式和装夹表面。

(6) 优化选择切削用量。

(7) 计算加工时间和加工费用。

(8) 确定工序尺寸、公差及选择毛坯。

(9) 绘制工序图,编写工序卡。

2) CAPP 系统的基本组成

(1) 零件信息输入模块。零件信息是 CAPP 系统进行工艺规范设计的依据,如何描述和输入零件信息是 CAPP 系统的关键技术之一。

(2) 工艺决策模块。工艺决策模块是整个系统的指挥中心,以预先规定的顺序或逻辑,调用有关工艺数据或规则,进行必要的比较、推理和决策,生成零件的工艺规范。

(3) 工艺数据/知识库。工艺数据/知识库是 CAPP 系统的支撑工具,数据库中包括了工艺设计所要求的所有工艺数据和规则。

(4) 人机交互界面。人机交互界面是用户的工作平台,包括系统菜单、工艺数据的界面、工艺数据/知识的输入和管理界面,以及工艺文件的显示、编辑和管理界面等。

(5) 工艺文件管理模块。工艺文件的管理是 CAPP 系统的重要内容。

3) CAPP 系统的分类

CAPP 系统是根据企业类别、产品类型、生产组织状况、工艺基础及资源条件等各种因素而开发应用的,从结构上看,现有的 CAPP 系统大致可分为四大类。

Ⅰ. 检索式(retrial method system)或派生式(variant system)CAPP 系统

它是应用成组技术的原理,对现有零件进行编码、分类、按照工艺相似性组成不同的零件族(组),然后为每一族(组)编制一份族(组)内所有零件通用的标准工艺规范,将标准工艺规范存入计算机中。在编制新零件的加工工艺时,首先将新零件编码,依据编码找到其所属的零件族(组)并检索出该零件(组)对应的标准工工艺规范,然后由工艺设计人员根据该零件的设计要求对标准工艺规范进行修改和调整,即得该零件的工艺规范。

检索式或派生式的 CAPP 系统继承和应用了企业较成熟的传统工艺,开发较为容易,应用范围比较广泛,但开发工作量大,且系统一般没有决策功能,基本上还依赖于系统操作人员的工艺知识和经验。早期的 CAPP 系统大部分属于这种结构形式。

Ⅱ. 创成式(generative system)CAPP 系统

该系统是一个能综合零件加工信息,自动为一个新零件创造工艺规范的系统。计算机在这里完全替代了一个熟练的工艺设计人员的工作,从而使工艺过程设计工作对于非熟练工艺设计人员来说也很容易,而且可保证质量。然而,由于系统的自动化要求高,因此系统的实现较为困难,严格地说,目前还没有一个完全创成式 CAPP 系统真正达到在生产中实用的程度。

Ⅲ. 混合式或半创成式(semi-generative system)CAPP 系统

该系统综合检索式与创成式 CAPP 系统的特点,采用检索与自动决策相结合的方法生成工艺规范,计算机根据零件的形状及加工要素等一系列原始设计信息进行逻辑判断,依据由已有零件分类归组之后总结出来的典型的优化的工艺路线及典型的优化的工艺手段编辑成一个新零件的工艺规范。

这种形式的 CAPP 系统的开发工作量不如检索式大,难度没有创成式系统高,还有一定的决策能力,有很强的实际应用性。目前,国内外大部分的 CAPP 系统均属于这种半创成式的 CAPP 系统。

Ⅳ. 智能型 CAPP 系统

智能型 CAPP 系统是一种基于人工智能技术的 CAPP 系统,也称为 CAPP 专家系统,与创成式 CAPP 系统一样,智能型 CAPP 系统也是以自动方式生成工艺规范。创成式 CAPP 系统是以逻辑算法加决策表为特征,而智能型 CAPP 系统则是以知识库加推理机为特征。知识库是以一定形式表示的专家知识和经验的集合,推理机是协调和控制专家系统工作的机构。目前,把专家系统的概念和方法应用于 CAPP 已成为制造工程中颇受关注的课题之一。

4) CAPP 的效益

研究和开发 CAPP 将给企业工艺准备管理工作带来诸多效益:

(1) 可以降低对工艺设计人员技巧和经验的要求,可使大量熟练的工艺设计人员解脱出来,去从事改进和优化现行工艺设计性能的研究。

(2) 可以减少工艺过程设计的时间。计算机高速处理信息的能力使工艺过程设计所需的时间大为减少(据统计,利用 CAPP 系统编制工艺规程甚至可比用手工编制少花 95% 以上的时间),相应地缩短了生产技术准备周期。这对于工艺准备工作占整个生产技术准备工作很大部分工作量的多品种小批量制造企业来说意义十分重大。

(3) 可以减少工艺过程设计的费用和零件制造的费用,从而可降低产品的成本,提高产品的竞争力。

(4) 可以设计出比手工设计更准确、质量更高、标准化更好的工艺规范,可大大提高工艺设计工作本身的质量,并因此而使产品的制造质量得到更充分的保障。

(5) 可以使 CAD、CAPP、CAM 有效地结合起来,从而使计算机集成制造(CIM)得以实现。有研究表明,CIM 是未来制造业中占主导地位的生产方式,作为其中间环节的 CAPP 如能得到高水平的实现并与 CAD、CAM 有机集成,必然使 CIM 的发展更为顺利。

5) CAPP 的发展趋势

CAPP 是连接 CAD/CAM 的桥梁,随着 CAD、CAPP、CAM 技术的日益成熟,又由于 CIMS 及 IMS 的提出和发展,促使 CAPP 朝智能化、集成化、并行化、工具化和实用化方向发展,系统化、分布式、网络化已成为 CAPP 技术发展的新趋势。当前,研究开发 CAPP 系统的热点问题有:

(1) 产品信息模型的生成与获取。

(2) CAPP 体系结构研究及 CAPP 工具系统的开发。

(3) 并行工程模式下的 CAPP 系统。

(4) 基于分布型人工智能技术的分布型专机系统。

（5）人工神经网络技术与专家系统在 CAPP 中的综合应用。

（6）面向企业的实用化 CAPP 系统。

（7）CAPP 与自动化生产调度系统的集成。

4.3.4　新产品试制

一种产品的设计和工艺准备完成后，并不等于生产条件已经成熟，可以立即进行正式生产，尚需经过试制和鉴定。因为新产品的设计和工艺准备，只是预想的产品结构式样和加工方法，必须经过实践的检验，才能判断产品的设计和工艺准备是否可行。新产品试制和鉴定的目的，是检验产品设计工作和工艺工作的质量，发现存在的问题及时反馈加以解决，避免造成人力、物力和财力的浪费。实践证明，新产品不经过试制和鉴定而贸然投产，将给国家和企业带来很大损失。新产品试制的程序一般包括如下四个阶段。

1. 产品设计（包括老产品改进设计）

设计是试制产品的第一步工作，要根据用户要求来设计，提供工作图纸，满足工艺制造条件的要求，制定质量上的标准。

2. 样品试制和鉴定

样品试制的目的在于通过一件或少数几件样品试制，来验证产品结构、性能及主要工艺等，检验产品设计的可靠性和合理性，并找出设计工作中的错误和缺点，以便对图纸进行修改，积累有关工艺准备方面的资料，找出关键工序，采取措施，为以后的工艺修改工作做好准备。

为缩短试制周期，样品试制可采取单件方式生产，工艺准备力求简便，只编写简单的工艺文件，设计和制造必要的工装，要尽量采用标准工具和现有的工艺装备。

样品装配完毕，应进行全面检查、试验与调整。对发现的问题应及时进行更正，直至样品的性能、精度等均符合设计要求，即可进行样品鉴定。

样品鉴定，要根据设计任务书、技术设计和工作图设计等图纸和技术文件，检查产品的结构、工艺性能和质量，并作出是否可以进行小批试制的结论。

3. 小批试制的鉴定

小批试制的目的，主要在于验证工艺和掌握生产，考验用正规的工艺规程和工艺装备制造时，产品的性能和质量的变动程度。

小批试制前，应根据正式生产的要求编制所需的全部工艺规程，设计和制造全套工艺装备，对于关键工艺，要提前进行工艺试验，积累经验和技术数据，掌握正式生产的工艺方法。在试制过程中，还应从成批大量生产的观点出发，验证和改进工艺规程的合理性，发现工艺装备在设计和制造上的缺点，对工艺规范和工艺装备进行修改补充，进一步修改图纸，并将成批大量生产工艺规程确定下来。

由于小批试制大多要解决的是生产中的具体问题，所以应在正式的成批或大量生产条件下进行，而不能在试制车间进行。

4. 生产前的准备工作

对成批大量生产新产品，在小批试制之后成批大量生产之前，还须有生产前的调整阶段。除了根据小批试制的结果，对产品结构和工艺作必要的修改和补充外，还需对产品正式生产中需用的专用设备、专用工装进行调整,改进生产组织形式,以适应成批大量生产的要求。

从老产品生产过渡到新产品生产,要做到速度快、费用小、质量高。生产前调整工作量的大小,取决于企业原有的生产组织与新产品的工艺和结构适应程度。按工艺布局的,一般不需要进行调整;按产品布局的,就需要进行调整;面对流水线就需要按新产品的工艺路线重新组织。

新产品的试制程序往往取决于生产的类型。成批或大量生产的新产品,生产技术准备工作都要包括上述四个阶段,而且在正式投产之前,还必须对生产组织作调整准备。有时为了慎重起见,第一台试制以后,有必要再试制几台样品,进行充分试验鉴定,以验证设计所采用结构、材料的合理性,然后投入小批试制。

在单件小批生产条件下,特别是单个生产的新产品,样品就是产品,应该按样品试制程序进行。

4.4 最新(先进)产品设计和管理技术

4.4.1 概述

随着科学技术的发展,新的产品设计和产品管理技术方法不断涌现,大大提高了产品的开发设计和工艺管理水平。

1. 总体技术

(1) 系统总体模式:包括柔性制造、集成制造、并行工程、敏捷制造、智能制造、绿色制造、全能制造等模式。

(2) 系统集成方法论:包括信息集成、过程集成、企业间集成及知识集成等方法论。

(3) 系统集成技术:包括设计、生产、管理及后勤等子系统间的集成技术,企业三要素(人/组织、经营管理和技术)及三流(信息流、物流和价值流)的集成技术等。

(4) 标准化技术:包括产品信息标准、过程信息标准、数据交换与格式标准,图形标准及零件库标准等技术。

(5) 企业建模和仿真技术:包括企业功能、信息、工作流、资源及组织模型等建立、确认及其仿真技术。

(6) CIMS系统开发与实施技术:包括企业诊断、需求分析、系统设计、组织实施、质量保证及效益评价等技术。

2. 支撑平台技术

该技术包括网络、数据库、集成平台/框架、计算机辅助软件工程、产品数据管理(PDM)、计算机支持协同工作(CSCW)及人/机接口等技术。

3. 设计自动化技术

该技术包括 CAD、CAPP、CAM、CAE、基于仿真的设计(SBD)、面向下游工作的设计(DFX)及虚拟样机(VP)等。

4. 加工生产自动化技术

该技术包括 DNC、CNC、FMC、FMS、虚拟加工及快速成形制造(RPM)技术等。

5. 经营管理与决策系统技术

该技术包括 MIS、OA、制造资源规划(MRP Ⅱ)、准时生产(JIT)、CAQ、业务流程重组(BPR)、企业资源规划(ERP)、动态企业建模(DEM)、供应链及电子商务等技术。

6. 流程制造业 CIMS 中生产过程控制技术

该技术包括过程检测、先进控制、故障诊断和面向生产目标的建模技术等。

4.4.2　部分先进产品设计和管理技术介绍

1. CAD、CAM、CAPP、CAE 的比较

目前,我国大多数国有企业正在进行由粗放型管理到精细管理、由以经验管理为主到以科学管理为主的两个根本性转变。大多数国有企业面临的主要问题有:如何解决多品种小批量问题;如何缩短产品的生产周期、降低成本、提高产品质量,以满足市场需求的问题;如何提高企业的综合管理水平和计划实现率的问题;如何建立标准工时管理体系、新的管理程序,实现管理规范化、标准化、专业化的问题等。工业工程研究就是为解决这些问题而进行的,主要包括流程再造、企业的管理模式、各种管理标准及程序的制定,以及企业的管理信息模式等课题。其目的是运用工业工程的思想来提高企业的整体经济效益。

在国外,许多先进的企业用工业工程的思想来管理企业,并以 CAD、PDM(product data management)、ERP(enterprise resources planning)集成系统作为实施工业工程的支持系统。

1) CAD

因为传统手工绘图设计模式,很难用二维图纸去描绘三维空间机构运动和进行产品装配干涉检查等工作,因此其工作流程是按顺序进行的。很多时候是等模具做出来后,对产品进行试装配时才发现干涉或设计不合理等现象。在设计早期不能全面考虑下游过程的要求,从而使产品设计存在很多缺陷,造成设计修改工作量大、开发周期长、成本高。因此。传统的产品开发方式已不再适应企业对产品的时间、质量、成本的要求。

CAD 系统主要用于产品的几何设计和几何分析,主要功能有线架、曲面、实体造型、运动机构、特征造型、数控、有限元分析、库管理等。

至于二维 CAD 系统,它可以帮助设计人员把图纸画得规范、漂亮,在提高绘图效率的同时,也便于图纸以后的修改及管理,在"甩掉图板"的初级阶段功不可没。但二维 CAD 系统与传统的手工绘图一样,对减少产品设计错误、设计更改和返工现象并无重大影响,对企业最需要的设计质量并没有多大的提高。

当今的三维 CAD 系统,用它可方便地设计出所见即所得的三维实体产品模型。有了三维实体模型,可以进行装配和干涉检查;可以对重要零部件进行有限元分析与优化设计(CAE);可以进行工艺规程生成(CAPP);可以进行数控加工(CAM);可以进行快速成型,在做模具之前就可以拿到实物零件进行装配及测试;可以启动三维、二维关联功能,由三维直接自动生成二维工程图纸;可以进行产品数据共享与集成,等等。这是二维绘图无法比拟的。

要提高制造业水平,必须要有先进的设计工具。随着计算机硬件性能的不断提高,加上三维软件造型功能的不断完善,CAD 已从二维绘图转向三维设计,产生了质的飞跃,到了三维 CAD 的实用阶段。用三维 CAD/CAM 系统进行产品开发,从根本上改变了过去手工绘图、凭图纸组织整个生产过程的技术管理方式。设计构思的表达由二维图纸演变成能在计算机模拟显示零件三维实体模型的虚拟产品(虚拟样机),这是一种新的设计和生产技术管理体制,是提高企业竞争能力的主要手段之一。

其中,特征技术是 CAD/CAM 技术发展中的一个新里程碑,它是在 CAD/CAM 技术的发展和应用达到一定水平,要求进一步提高生产组织的集成化、自动化程度的历史进程中孕育成长起来的。

现代设计制造系统的发展趋势是集成化、智能化,其目的是达到高度的自动化。实现上述目标的基础是给系统的各个环节提供能够共享的产品定义。现有的 CAD/CAM 系统,因不能用一个完整的产品模型来支持各工程应用活动,在设计、制造及检验的各个环节中,使用者需要重复地输入和识别一些信息,定义一些新模型,以满足各工程应用子系统的具体需要,各子系统的概念信息也必须依靠人工来识别和综合处理,从而导致产品自动设计和制造中信息处理的中断,人为干预量大,数据大量重复。其主要原因是作为当代 CAD 系统的核心实体造型存在产品定义信息不完备、数据的抽象层次低、支持产品设计的环境较差等不足。

因此,必须开发取代现有实体造型的支撑系统,为 CAD/CAM 系统提供完备的和多层次的产品信息。这些信息能在无人干预的条件下,为设计、分析、制造所接受,而且能在各应用子系统间自动变换,使 CAD/CAM 集成,以至于 CIMS 的实现走向现实,由此产生了特征技术。特征技术是人工智能应用于实体模型的结果,它表达的产品信息完备且含有丰富的语义信息,为 CAD/CAM 集成奠定有力的基础。

客观事物都是由事物本身的特性体及其相互关系构成的。一般来讲,特征是客观事物特点的征象或标志。目前人们对于 CAD 中特征的定义尚没有达到完全统一。在研究特征技术的过程中,国内外学者从不同侧面、不同角度,根据需要给特征赋予了不同的含义。

在机械行业中,特征源于使用在各种设计、分析和加工活动的推理过程,并且经常紧密地联系到特定的应用领域,因而产生了不同的特征定义。当我们提到特征时,通常是指形状特征。形状特征的一种定义是面向规划的,例如,工件特征定义为:在工件的表面、边或角上形成的特定的几何构型;另一种涉及工艺规划的形状特征定义为:工件上一个有一定特性的几何形状,其对于一种机械加工过程是特定的,或者用于装夹和(或)测量目的。

随着特征技术由工艺规划向设计、检验和工程分析方面的拓展,特征定义趋向于更一般化,下面是一些特征定义的例子:①用于描述零件和装配体的语义组,它将功能、设计和制造信息组合在一起;②一个几何形状或形体要素,它至少具有一种 CIM 功能;③产品信息的载体,它可以在设计和制造或者其他工程任务之间辅助设计或进行通信;④任何用于设计、工程分析和制造的推理的客观对象;⑤设计人员感兴趣的区域。

研究人员提出了许多不同的特征,例如,功能性的特征有装配特征、配合特征、结构特征和抽象特征。抽象特征可用于设计过程,抽象特征的定义为:直到所有的变量被确定才能被具体化或实现的客观对象。这是由于许多特征的细节在设计完成前并不清楚。不论特征的定义如何,但有一点似乎是共同的,即特征最终要联系到某个几何形状。SHAH 明确了一个特征至少满足的要求:零件的一个结构组元;可影射到某个形状类;有工程意义,有可预测的性质。

总之,特征是产品信息的集合,它不仅具有按一定拓扑关系组成的特定形状,而且反映特定的工程语义,我们应该将特征理解为一个专业术语,它兼有形状和功能两种属性,适宜在设计、分析和制造中使用。

2) CAM

常见 CAM 系统的体系结构基本上有下列三种模式:

(1) CAM 子系统与 CAD 和 CAE 等子系统在系统底层一级集成式开发。CAD 子系统提供强大的复杂产品造型与设计功能,生成的产品数字化定义模型为 CAM 子系统提供完备的数据服务。CAM 子系统直接在产品数字化模型上进行 NC 轨迹计算,利用强大的后置处理模块生成 NC 指令。这种系统很多,像 UGS 公司的 UNIGRAPHICS、PTC 公司的 PRO/ENGINEER、IBM 公司的 CATIA 等,其基本特点是功能完备、系统庞大、模块组合发售、价格昂贵。

(2) 以现有侧重产品造型的系统为平台的插件式 CAM 系统。此类 CAM 软件大多基于 Windows 环境,利用 Windows 体系提供的各种软件技术,以第三方的形式为产品造型系统提供插件模块或子系统(PLUG-IN)。如 AUTODESK MDT 内嵌 HYPERMILL 和 EDGECAM;SOLIDWORKS 内嵌 CAMWORKS;负责 SDRC 系统 CAM 模块开发的伙伴公司 CAMAX 提供了 CAMAND MODELER(支持 3D 曲面造型),并配以 SMARTCAM (支持多曲面加工)。此类插件系统在文件一级操作插件平台系统的 CAD 产品模型,利用特征识别(feature recognition)技术,直接在产品模型上获取一定复杂程度的切削区域几何表示及其加工工艺规范(当然,也支持用户的交互指点操作),进而生成 NC 加工刀位轨迹。此类 CAM 系统的大多捆绑平台软件,规模紧凑,集成度高,价格便宜。

(3) 支持简单曲面造型的专用 NC 计算系统。如 CAMAX 的 CAMAND 和 SMARTCAM、NREC 的 5 坐标叶轮加工系统 MAX-AB(着重点位加工)和 MAX-5(着重端铣和侧铣加工)、CNC 的 MASTERCAM,以及 CIMATRON 等。这类系统提供主要面向复杂曲面形体的曲面(或曲面实体)造型和编辑,以及和更为强大的 NC 刀位轨迹计算、编辑、验证和后置处理功能。专用 NC 系统对数控机床的适应能力较强,提供更多的加工工艺定制方法。其适用于中小企业或专用设备制造企业。

对于上述三类 CAM 系统而言,第一类系统基本都建立在实体模型表示上,采用交互式指点、定制形成切削方案和工艺规划;第二类系统则在第一类系统的基础上增添了加工特征自动识别技术;第三类系统依靠较为完备的曲面建模,仍采用交互方式在面模型上快速生成多种加工形式的刀位轨迹,但相对薄弱的造型功能制约了 CAM 系统的应用。

3) CAPP

如前所述,CAPP 系统的研究和应用经历了较为漫长曲折的过程。自 1965 年 NIEBEL 首次提出 CAPP 思想以来,迄今 30 多年,CAPP 领域的研究得到了极大的发展,期间经历了检索式、派生式、创成式、混合式、专家系统、工具系统等不同的发展阶段,并涌现了一大批 CAPP 原型系统和商品化的 CAPP 系统。

在CAPP工具系统出现以前,CAPP的目标一直是开发代替工艺人员的自动化系统,而不是辅助系统,即强调工艺设计的自动化和智能化。但由于工艺设计领域的个性化、复杂性,工艺设计理论多是一些指导性原则、经验和技巧,因此让计算机完全替代工艺人员进行工艺设计的愿望是良好的,但研究和实践证明非常困难,能够部分得到应用的至多是一些针对特定行业、特定企业甚至是特定零件的专用CAPP系统,但还没有能够真正大规模推广应用的实用的CAPP系统。

在总结以往经验教训的基础上,CAPP工具化的思想应运而生。CAPP与CAD/PDM/ERP系统的信息集成具有良好的开放性与集成性,是工具化CAPP系统研究和推广应用的主要目标。

工具化CAPP的思想在商业上获得了极大的成功,使得CAPP真正从实验室走向市场和企业。借助于工具化的CAPP系统,上千家的企业实现了工艺设计效率的提升,促进了工艺标准化建设,实现了与企业其他应用系统CAD/PDM/ERP等的集成,有力地促进了企业信息化建设。

4) CAE

CAE是一种迅速发展的信息技术,是实现重大工程和工业产品的计算分析、模拟仿真与优化设计的工程软件,是支持工程科学家进行创新研究和工程师进行创新设计的最重要的工具和手段。

计算机辅助工程(CAE),从字面上讲包括工程和制造业信息化的所有方面,但是传统的CAE主要指用计算机对工程和产品的功能、性能与安全可靠性进行计算、优化设计,对未来的工作状态和运行行为进行模拟仿真,及早发现设计缺陷,改进和优化设计方案,证实未来工程/产品的可用性与可靠性。

2. PDM(产品数据管理)

PDM(product data management)是一种用来管理所有与产品相关信息(包括零件信息、配置、文档、CAD文件、结构、权限信息等)和所有与产品相关过程(包括过程定义和管理)的技术。PDM明确定位为面向制造企业,以产品为管理的核心,以数据、过程和资源为管理信息的三大要素。PDM进行信息管理的两条主线是静态的产品结构和动态的产品设计流程。其主要功能有:

(1) 文档(document)和文件夹(folder)的管理和控制。文档管理的功能包括:文档的增加、删除、修改;文档的版本管理及控制;文档之间相互关系的管理;查询文档在哪里被使用;文档的工作流处理。文件夹的管理功能有:文件夹的建立、删除、更改;文件夹的审批、发放等。这些功能主要用来收集、储存和交付各种CAD图纸文件、光栅文件、字符文件及相应的工作过程。

(2) 产品结构和构型管理。主要管理产品的结构和构型的功能有:生成产品结构树;生成特定产品的构型;浏览产品结构信息及各种关联信息;打印各种物料清单(bill of material,BOM)表;BOM表的更改及版本控制。其中,BOM表中的每个成员包含16类属性数据,如设计属性、加工工序、相关文件、发放历史、有效性控制等。

(3) 工程更改的管理。工程更改的过程及管理相当复杂,一个简单的设计更改可能会涉及许多其他部门的工作。其主要功能有:建立工程更改单;查找一个工程更改会影响哪些设计和制造部门;提出工程更改的原因;确定工程更改的有效性(时间、批/架次号);收集与工程更改有关的资料,并进行审批、发放;对工程更改的版本进行管理。

(4) 工作流程设计及管理。主要定义设计步骤,以及在处理过程中定义相关步骤的规则,批准每一步骤的规定。支持技术人员的工作分配,包括发放步骤的开发和管理、行政跟踪和批准管理、更改过程和消息的发放等。

(5) 与 CAD 系统的集成。每个 PDM 系统都可以以 IGES、VDA、STEP 等标准格式与 CAD 系统进行集成。

PDM 技术开发的方向将会集中在以下三个方面:电子商务和合作商务、虚拟产品开发和支持供应链管理。

3. PLM(product lifecycle management)(产品全生命周期管理)

PLM 是近年来发展起来的新兴技术,也是与产品创新有关的一系列技术的总称。

关于 PLM,实际上目前并没有一个业界统一的定义,各个厂商以及专业咨询公司给出的定义和内涵并不完全一致。根据业界权威的 CIMDATA(WWW.CIMDATA.COM)的定义,PLM 是一种应用于在单一地点的企业内部、分散在多个地点的企业内部,以及在产品研发领域具有协作关系的企业之间的,支持产品全生命周期信息的创建、管理、分发和应用的一系列应用解决方案,它能够集成与产品相关的人力资源、流程、应用系统和信息。PLM 包含以下方面的内容:基础技术和标准(如 XML、可视化、协同和企业应用集成);信息创建和分析的工具(如机械 CAD、电气 CAD、CAM、CAE、计算机辅助软件工程 CASE、信息发布工具等);核心功能(如数据仓库、文档和内容管理、工作流和任务管理等);应用功能(如配置管理);面向业务/行业的解决方案和咨询服务(如汽车和高科技行业)。

按照 CIMDATA 的定义,PLM 主要包含三部分,即 CAX 软件(产品创新的工具类软件)、CPDM 软件(产品创新的管理类软件,包括 PDM 和在网上共享产品模型信息的协同软件等)和相关的咨询服务。实质上,PLM 与我国提出的 C4P(CAD/CAPP/CAM/CAE/PDM)基本上指的是同样的领域,都是与产品创新有关的信息技术的总称。

从另一个角度来说,PLM 是一种理念,即对产品从创建到使用,直到最终报废的全生命周期的产品数据信息进行管理的理念。在 PLM 理念产生之前,PDM 主要是针对产品研发过程的数据和过程进行管理。而在 PLM 理念之下,PDM 的概念得到延伸,成为 CPDM,即基于协同的 PDM,可以实现研发部门、企业各相关部门,甚至企业间对产品数据的协同应用。

软件厂商推出的 PLM 软件是 PLM 第三个层次的概念。这些软件部分地覆盖了 CIMDATA 定义中 CPDM 应包含的功能,即不仅针对研发过程中的产品数据进行管理,也包括产品数据在生产、营销、采购、服务、维修等部门的应用。

因此,实质上 PLM 有三个层面的概念,即 PLM 领域、PLM 理念和 PLM 软件产品。而 PLM 软件的功能是 PDM 软件的扩展和延伸,PLM 软件的核心是 PDM 软件。

客户需求的个性化、市场竞争的白热化、国内市场国际化,对制造企业的研发能力提出了新的挑战。因此,缩短产品上市周期、提高产品质量和服务质量、降低产品成本成为制造企业生存和发展必须考虑的关键问题。同时,PLM 为 ERP 提供产品数据源,没有准确的 BOM 信息,ERP 就成为无源之水;而企业已经应用 Office 软件和 CAX 软件生成的大量电子图文档也需要进行有效的管理,保证企业知识产权的安全。这些因素推进了 PLM 软件在企业中的应用。产品总体成本的 70％取决于设计阶段,设计方案的优劣直接影响企业的盈利,因此,PLM 软件的应用对于企业提升竞争力具有重要意义。

目前,PLM 软件主要还是在大型和中型企业应用,那些产品结构复杂、设计周期长、设计工作量大的企业更倾向于应用 PLM 软件,尤其对于那些需要按订单设计的企业,PLM 有更大的用武之地,而对于以生产制造为主的企业,则 PLM 的用处不大。在中国,PLM 软件的用户也主要分布在交通运输、航空航天、电子、机械等行业。而在中小企业,则主要需要应用 PLM 软件中的图文档管理功能。总体上,我国企业应用 PLM 软件已经取得了初步效果,其对于企业提高研发效率、实现研发过程的协同工作、缩短产品上市周期、降低产品成本起到了一定的作用。

本章小结

对于企业来说,产品的开发设计和工艺的开发管理二者是相辅相成、缺一不可的。本章围绕这个主题,首先介绍了新产品的概念和发展方向、开发的动力模式和开发策略,阐述了新产品设计的原则、程序、内容和新产品设计的标准化、系列化、通用化,介绍了生产工艺管理的内容、意义,实施生产工艺管理的原则和程序以及计算机辅助生产工艺管理;而后论述了新产品试制的重要性;最后,对最新(先进)产品设计和管理技术作了简要介绍。

 复习与思考

1. 什么是新产品? 新产品可分为哪几种?
2. 新产品开发的动力模式分哪几种? 对于新产品,可以采用哪些开发策略?
3. 简述生产工艺管理的内容、意义。
4. 简述实施生产工艺管理的原则和程序。
5. 简述新产品试制的程序。
6. 新产品试制是必须的吗? 为什么?
7. 谈谈你对先进产品设计和管理方法的认识。

 案例分析

据美国联邦技术研究中心称,一个先进的 CAPP 系统可以在几个方面获得节约。例如,在一个新零件的设计成本中,其费用组成以及运用 CAPP 系统的部分收益如下表所示:

新零件设计运用 CAPP 系统的部分收益

项　　目	费用占总费用的比例/%	节约的比例/%
工艺过程设计费	8	58
材料费	23	4
工时费	28	10
返修及废品费	4	10
刀具费	7	10
管理、利润等	30	10

根据上表的数字可以算出,采用 CAPP 系统可以使零件的生产成本降低 12.46%。

资料来源：张胜文、赵良才编.《计算机辅助工艺设计 CAPP 系统设计》(第二版),机械工业出版社,2007 年

第**5**章　生产能力和生产计划

生产能力(productive capacity)　　　　　不变价格(constant price)

生产计划(production program)　　　　　现行价格(current price)

工业净产值(clean production value in industry)　机会成本(opportunity cost)

工业总产值(industry total production value)

商品产值(merchandise production value)

互联网资料

http://www.51oa.net/sort.asp

http://202.120.24.209/yygl

http://www.wbs.warwick.ac.uk/omindex

> 企业的生产能力与生产计划有密切关系。生产能力反映了企业生产的可能性,是制定生产计划的重要依据。只有符合企业生产能力水平的生产计划,才能使计划的实现有可靠的和扎实的基础。如果生产计划定得低于生产能力水平,就会造成"能力"的浪费;相反,如果计划超过生产能力的水平,就会造成计划指导的"信誉"减退和损失。

5.1　生产能力的概念和计算

5.1.1　生产能力的概念

工业企业在制定生产计划时,必须掌握企业的生产能力。所谓生产能力是指企业全部生产性固定资产(包括主要生产设备、辅助生产设备、起重运输设备、动力设备以及有关厂房和生产建筑物等),在一定的时期内,在一定的技术和组织条件下,所能生产一定种类产品的最大产量。

　　这里所说的生产能力,是根据直接参与生产的固定资产来计算的。当然,这并不是说,劳动力和原材料的供应数量与生产能力的利用没有关系。事实上,劳动力和原材料同机器设备等固定资产一样,也是企业进行生产不可缺少的条件。企业在具有一定数量和一定性能的生产性固定资产的条件下,是否有足够的劳动者来使用这些固定资产、原材料等物资,能否满足生产的需要,对固定资产能力的发挥的作用是极大的。但是,为了正确地计算固定资产的生产能力,应当把劳动力人数和原材料的供应数量等影响生产力的要素抽掉。也就是说,在假定劳动力人数合理配备和原材料供应都能符合生产需要的条件下,来确定固定资产的生产能力。因为劳动力配备和原材料供应条件的变化不影响设备的生产能力,只能影响生产能力的利用程度。

　　企业具有的固定资产是多种多样的。这些固定资产,分别配置在企业内部的各个生产环节上,在性能、工作能力和设备数量上,都有一定的组合和配合,存在着一定的比例关系。企业产品的生产过程,就是由劳动者运用这些相互联系的全部固定资产来完成的。因此,企业的生产能力,是指各个生产环节、各种固定资产在保持生产要求的一定比例关系的条件下所具有的综合生产能力。例如,一个机械厂的生产能力,是指这个厂的金工、装配、模具制造、设备维修等各个生产环节的能力综合平衡以后的结果,而不是孤立地以其中一个环节来确定企业的生产能力,不能孤立、片面地只根据企业内部的某一个生产环节、某一种固定资产来确定,否则就会破坏生产发展所要求的比例关系。因为这样会造成生产过程比例不协调,给生产带来不良的影响。在计划年度中,企业的固定资产数量总会有增加或减少,因此企业常用的生产能力指标有年初生产能力、年末生产能力和全年平均生产能力。

　　(1)年初生产能力是指企业在报告年年初,全部设备的最大年产量,即上年年末生产能力。

　　(2)年末生产能力是指下年初生产能力。

　　年末生产能力=年初生产能力+本年新增的生产能力-本年减少的生产能力

　　本年新增的能力,包括由于基建而增加的生产能力,对原有设备经过技术革新、改造而增加的生产能力和由其他单位调入设备而增加的生产能力。本年减少的能力,包括因调出设备、报废设备而减少的生产能力。

　　(3)全年平均生产能力是研究生产能力利用程度的重要指标。由于新增加或减少设备的时间有先有后,因而参加本年内生产的时间就有多有少。在计算年生产能力利用程度时,不能用年初或年末的生产能力,需要用年平均生产能力。

　　年平均生产能力
　=年初生产能力+新增的年平均生产能力-减少的年平均生产能力
　　新增的年平均生产能力
　=新增设备的年生产能力×$\dfrac{\text{自投入生产日到年底的日数}}{365}$

或

　　　新增的年平均生产能力
　　=新增设备的年生产能力×$\dfrac{\text{自投入生产到年底的月数}}{12}$

$$减少的年平均生产能力$$
$$=减少设备的年生产能力 \times \frac{自投入生产日到年底的日数}{365}$$

或

$$减少的年平均生产能力$$
$$=减少设备的年生产能力 \times \frac{自投入生产到年底的月数}{12}$$

新观察

通用汽车走险棋　数家工厂将连轴转

通用汽车公司计划从 2010 年 1 月 4 日起做一件美国汽车业史无前例的事情:它在美国堪萨斯州堪萨斯市的组装线将长期 24 小时运转。

尽管 24 小时运转在其他行业并不新鲜,但即使是汽车生产效率标杆厂商丰田汽车公司的厂子按常规也不会超过两个班次。很多业内专家说,汽车组装线需要太多预定好的维护和补货,才能实现这样高强度的生产。

对通用汽车公司这样一家长期以来充斥着过剩产能的企业来说,三班倒的战略是激进地背离传统的做法,而且风险很高。与 2009 年夏季在破产过程中采取的其他降低成本的举措(如把品牌数量减半至四个)不同的是,三班运转的计划可能会令通用汽车公司成为汽车业效率的典范,或者和 20 世纪 80 年代它力推用机器人来运营工厂一样以失败告终。

此举恰逢通用汽车公司在全美各地关闭其他工厂之际。这意味着堪萨斯城这家有着 23 年历史的工厂和另外两家晚些时候将实行三班倒的通用汽车厂将在其他工厂纷纷停工之际兴旺忙碌起来。堪萨斯城的工厂将增加 900 多个工作岗位。

这并非偶然。2009 年春季监督通用汽车公司重组的奥巴马政府汽车业专责小组诧异地得知,按照行业标准计算,产能被 100% 加以利用的工厂通常实行两个班次,每年开工约 250 天。在建议政府向通用汽车投资约 500 亿美元的同时,专责小组敦促通用汽车公司朝着以传统标准计算达到 120% 产能利用率的方向努力。

不过,业内制造专家对此表示怀疑,他们指出联邦专责小组在汽车业的经验有限。《哈伯报告》创始人之一哈伯问道,那些家伙懂业务吗?《哈伯报告》是一份被普遍用作指导的汽车厂效率分析报告。

一般来说,汽车生产商增加第三个班次只是作为对市场需求激增的一种临时性反应。即使是这样,更为常见的策略是安排两个班次,让他们加班加点。丰田汽车公司美国制造业务发言人高斯说,两个班次让他们有一定的灵活性,可以在班次之间的空档进行任何必要的设备维护。班次之间几个小时的空档还可以使工厂进行清洁和补货。哈伯认为,仅工厂的喷漆车间每天通常就需要约 4 个小时的清理时间。他还说,由于需要放缓生产以便有时间进行维护,第三个班次的效率可能会被迅速抵消。如果三班倒意味着组装线的产能只有 60% 得到利用,那么公司并没有什么获益。

(资料来源:《华尔街日报》,2009 年 12 月 22 日)

5.1.2　生产能力的类别

企业的生产能力,根据用途不同,可以分为设计的生产能力、查定的生产能力和现有的生产能力三种。

1. 设计的生产能力

设计的生产能力是指企业开始建厂时,由工厂设计任务书中所规定的工业企业的产品方案和各种设计数据来确定的。在企业投入生产以后,需要有一个熟悉和掌握技术的过程,所以设计能力一般都需要经过一定时期以后才能达到。

2. 查定的生产能力

查定的生产能力是指在没有设计能力或虽有设计能力,但由于企业的产品方案和技术组织条件已发生很大变化,原有的设计能力已不适用,需要重新核定的生产能力。这种生产能力是根据企业现有条件,并且考虑到企业在查定期内所采取的各种措施的效果来计算的。

3. 现有的生产能力

现有的生产能力是指企业在计划年度内所达到的生产能力。它是根据企业现有的条件,并考虑企业在查定时期内所能够实现的各种措施的效果来计算的。

上述三种生产能力,各有不同的用途。当确定企业的生产规模、编制企业的长期计划、安排企业的基本建设计划和采取重大的技术组织措施的时候,应当以企业查定的生产能力为依据。而企业在编制年度的生产计划,确定生产指标的时候,则应当以企业现有的生产能力作为依据。因此,现有的生产能力定得是否准确,对于生产计划的制定有直接影响。本章后续内容所说的生产能力,就是指现有的生产能力。

生产能力是编制生产计划的一个重要依据,但并不是全部依据。企业在按照市场需要编制生产计划的时候,不但要根据企业固定资产的生产能力,而且要考虑到原材料的供应情况,并考虑到其他有关条件的因素。不考虑这些,就不能编制一个好的生产计划。如果把工业企业的生产能力和生产计划混同起来,用生产能力去代替生产计划,或者用生产计划代替生产能力,那么在前一种情况下,就会忽视机器设备等固定资产和劳动力、原材料等其他生产要素之间的比例关系,给生产带来不良的影响;在后一种情况下,就会把由于考虑到劳动力人数和原材料供应等因素的影响而计算出的生产水平,当作企业固定资产的生产能力,这样做也不利于促使企业挖掘生产潜力。

5.1.3　组成生产能力的基本因素

企业的生产能力是编制生产计划的一个重要依据。因此,正确地核定企业的生产能力,对于做好生产计划工作有极其重要的作用。固定资产的生产能力,基本上由三个要素决定:第一,在使用中固定资产的数量;第二,固定资产的有效工作时间;第三,固定资产的生产效率。

1. 在使用中固定资产的数量

在计算生产能力的时候,企业固定资产的数量,应当包括能够用于生产的全部机器设备的数量,其中包括正在运转、正在修理、装配或正在准备修理的机器设备,以及因生产任务变化而暂时停止使用的机器设备。正在修理或者准备修理的机器设备,虽然暂时不能运转,但是经过修复以后,它们仍然是具有生产能力的。至于因生产任务变化而暂时停用的机器设备,它们也没有丧失生产能力。所以,在计算企业的生产能力时,这两部分机器设备都应当记入,否则就不能如实地反映企业的生产能力和这种生产能力的利用程度。在计算生产能力的时候,损坏很严重,已经丧失了原有的生产能力,而在计划期内又不能修复使用的机器设备,是不应当记入的。另外,企业留作备用的机器设备,以及封存待处理的机器设备,也不应当列入企业的生产能力。

在计算生产能力的时候,固定资产还包括企业的厂房和其他生产用建筑物的面积数量。

2. 固定资产的有效工作时间

在工业企业中,由于生产条件和工作制度的不同,固定资产的工作时间也是不同的。在连续生产的企业中,机器设备的有效工作时间,一般等于日历时间减去修理所需的停工时间。在间断生产的企业中,机器设备的有效工作时间,是在日历时间中扣除节日、假日停工的时间以后,按企业规定的工作班次来计算的,其中也要扣除机器设备修理的停工时间。机器设备的修理停工时间,应当根据设备修理计划来确定,为了尽可能地增加机器设备的有效工作时间,应当做好设备维修工作,在保证机器设备经常处于良好状态的前提下,设法减少修理停工时间。除了修理停工时间以外,由于其他原因造成的设备停工时间,如停工待料时间、动力供应中断的停工时间等,在计算生产能力时,一般是不予考虑的。

生产面积的利用时间与机器设备的工作时间不同,在一般情况下,没有停工修理的时间,因而就不需要扣除工作时间的损失,这是由生产面积和机器设备的性质不同所决定的。

3. 固定资产的生产效率

单台设备在单位时间内的生产数量或在单台设备上制造单位产品的时间消耗,前者为产量定额,后者为台时定额即时间定额,两者成反比关系,即

$$t = \frac{1}{p}$$

式中,t 为台时定额(小时/件);p 为产量定额(件/小时)。

在确定企业生产能力时,必须采用在现有的技术组织条件下比较先进的设备生产率。但是,确定机器设备的生产率,是一件比较复杂的细致工作。这是因为影响机器设备生产率的因素很多,除了有机器设备本身的技术条件、工作效率外,还有产品品种、产品质量、原材料的质量、企业的生产组织、劳动组织和工艺方法,以及工人的文化技术水平和熟练程度等因素。只有对这些因素进行分析,在已经达到的设备生产率的基础上,充分考虑到企业在计划年度内由于实现各种技术组织措施所取得的成效,并且参照相同条件的先进企业所达到的水平,再经过分析、调整,才能确定出一个先进的、合理的设备生产率定额。

5.1.4　生产能力的计算

1. 确定生产能力的计算单位

核算和平衡生产能力时,要根据工业企业的生产特点和产品特点进行。如化工行业,用同一台设备可以交替生产甲、乙两种产品时,可分别计算两种产品的生产能力,即全部设备全年生产甲产品的生产能力和全部设备全年生产乙产品的生产能力。

造纸、纺织、医药等行业的产品品种和规格较多,在按年产量表示产品生产能力时,可按混合产品计算。

某些化工产品(如硫酸、烧碱等)纯度不同,在以年产量表示生产能力时,均按折纯(折纯浓度100%)计算。

某些轻工业产品(如皮革、制鞋、地毯、服装等)生产能力中,如主要工序是手工操作,则在其他环节的平衡生产能力时,应从主要工序(手工操作)出发进行平衡,按主要工序生产人数计算生产能力。

工业企业特别是机械工业企业的产品品种、规格繁多,在计算生产能力时,不可能按所有品种一一计算,一般有以下五种计量单位:

(1) 以具体产品为计量单位。

(2) 以代表产品为计量单位。

(3) 以假定产品为计量单位。

(4) 以产品的主要参数为计量单位。

(5) 以产品重量为计量单位。

由于企业生产类型、产品特点不同,采用实物单位的形式也有所不同。大量大批的生产类型,品种较少,可以以具体产品作为计量单位,如具体产品的台数、零件的件数等。

成批生产的类型,品种繁多,难以用具体的产品品种来表示生产能力,因此,可把所有产品按结构、工艺及劳动量构成的相似性进行分组,找出各组的代表产品,用代表产品作计量单位,而其他产品的数量则通过换算系数换成代表产品的数量,然后进行相加,以求得用代表产品表示企业的生产能力。换算系数等于组内其他产品的台时定额与该组代表产品台时定额的比值,即

$$K_i = \frac{t_1}{t_0}$$

其中,K_i 为换算系数;t_i 为产品的台时定额;t_0 为代表产品的台时定额。

当产品品种很多而各种产品的结构、工艺方法和劳动量构成相差很大时,其中很难找出代表性产品,这时可用假定产品作为计量单位。所谓假定产品就是以各种产品产量与总产量之比分别乘以单位产品台时消耗之和,作为单位产品劳动量定额的虚构产品。

在单件小批生产的类型中,由于产品品种繁多,而批量较少,所以常用具体产品的重量或假定产品的重量作为计量单位。

2. 生产能力的计算方法

企业生产能力的计算,应从基层开始自下而上进行。先计算各生产班组或工段的生产能力,然后以各车间生产起决定性作用的主要生产班组或工段的生产能力为基础,经过综合平衡,确定车间的生产能力,最后以主要车间为基础,与其他生产车间、辅助车间之间进行综合平衡,确定全厂的生产能力。因此,班组或工段生产能力的计算,是确定车间及全厂生产能力的基础。

在单件小批和成批生产条件下,班组或工段生产能力的计算是按设备组进行的。所谓设备组,是指分配给该班组或工段生产任务方面具有通用特性的一组设备。

1) 单一品种生产能力计算的方法

(1) 设备组生产能力可按下式计算:

$$M_0 = \frac{F \cdot S}{t}$$

式中,M_0 为某设备组生产能力(台或件);S 为设备组内设备数量;F 为单台设备有效工作时间;t 为单台产品计划台时。

(2) 生产面积生产能力计算可按下式计算:

$$M_0 = \frac{F \cdot B}{b \cdot t}$$

式中,M_0 为某生产面积生产能力;B 为生产面积(平方米);F 为生产面积的利用时间(小时);b 为单位产品占用的生产面积(平方米);t 为单位产品占用时间(小时)。

(3) 单一品种生产能力的利用指标,即负荷系数,均可用下式计算:

$$L = \frac{N}{M_0}$$

式中,L 为负荷系数;N 为计划期的计划产量。

2) 多品种生产能力的计算

(1) 以代表产品为单位计算设备组生产能力。

当以代表产品为计算设备生产能力计量单位时,上面公式中的 t_0 表示代表产品的台时消耗。现举例说明如下:

[例 5.1]   设某企业生产 A、B、C、D 四种产品,计划年产量各为 180 台、150 台、20 台、50 台,在车床上加工的工时分别为 180 台时、120 台时、200 台时、250 台时。假设选定 A 产品为代表产品,车床组共有 20 台车床,两班制生产,设备计划停工率为 10%,则

车床有效工作时间 $F = (365 - 104 - 11) \cdot 8 \cdot 2 \cdot (1 - 10\%) = 3\,600$(小时)

(104 天为双休日,11 天为法定节假日)

$$M_0 = \frac{F \cdot S}{t_0} = \frac{3\,600 \cdot 20}{180} = \frac{72\,000}{180} = 400(台)$$

本例中各产品折合为代表产品产量的换算如表 5-1 所示。

表 5-1   代表产品产量的换算表

序号	产品名称	计划产量/台 N_i	单位产品定额小时 t_i	换算系数 $k_i = \dfrac{t_i}{t_0}$	折合成代表产品的计划产量/台 $N_i k_i$	各种产品在全部产品中所占比重% $\dfrac{N_i k_i}{\sum N_i k_i}$	以代表产品为单位的生产能力 M_0/台 $\dfrac{N_i k_i}{\sum N_i k_i}$	换算为具体产品单位的生产能力/台 $M_i = M_0 \cdot \dfrac{N_i k_i}{\sum N_i k_i} \cdot \dfrac{1}{K_i}$
1	A	180	180	1	180	48.39	194.6	196
2	B	150	120	0.67	100	26.88	108.5	163
3	C	20	200	1.11	22	5.91	24.6	22
4	D	50	250	1.39	70	18.82	76.3	55
	$\sum$	400	—	—	372	100.00	402	436

多品种以代表产品为单位计算的负荷系数可用下式计算:

$$L = \frac{\sum N_i k_i}{M_0} = \frac{372}{400} = 93\%$$

(2) 以假定产品为单位计算设备组生产能力。

当以假定产品计算设备组生产能力时,公式 $M_0 = \dfrac{F \cdot S}{t}$ 中的 t 表示单位产品的台时消耗。如以 t_0 表示假定产品的单位台时消耗,则它等于各单位产品台时消耗与该产品在全部产品产量中所占比重的乘积之和,即

$$t_0 = \frac{N_1}{N_1 + N_2 + \cdots + N_m} t_1 + \frac{N_2}{N_1 + N_2 + \cdots + N_m} t_2$$

$$+ \cdots + \frac{N_m}{N_1 + N_2 + \cdots + N_m} t_m$$

$$= \frac{\sum\limits_{i=1}^{m} N_i t_i}{\sum\limits_{i=1}^{m} N_i}$$

式中，t_0 为假定产品的单位台时消耗；N_i 为第 i 种产品的计划产量；t_i 为第 i 种单位产品的台时消耗。

[例 5.2]　某企业刨床组有 6 台刨床，每台平均年有效工作时间为 3 750 小时，加工 A、B、C、D 四种产品，年计划产量分别为 100 台、200 台、250 台和 50 台，单位产品的设备台时分别为 20 小时、30 小时、40 小时和 80 小时，求该刨床组以假定产品为单位的生产能力。

假定产品的单位台时消耗为

$$t_0 = \frac{100}{600} \cdot 20 + \frac{200}{600} \cdot 30 + \frac{250}{600} \cdot 40 + \frac{50}{600} \cdot 80$$

$$= 36.66(\text{小时})$$

6 台刨床以假定产品为单位的生产能力为

$$M_0 = \frac{F \cdot S}{t_0} = \frac{3\ 750 \cdot 6}{36.66} = \frac{22\ 500}{36.66} = 614(\text{台})$$

本例中各产品折合为假定产品产量的换算如表 5-2 所示。

表 5-2　假定产品产量的换算

产品名称	计划产量/台 N_i	各种产品产量在全部产品产量所占比重/% $\dfrac{N_i}{\sum N_i}$	各种产品在刨床上的台时消耗定额/(台时/台) t_i	单位假定产品在刨床组上的台时消耗/(台时/台) $t_0 = \dfrac{\sum N_i t_i}{\sum N_i}$	以假定产品为单位的刨床组生产能力/台 $M_0 = \dfrac{F \cdot S}{t_0}$	换算为具体产品表示的生产能力/台 $M_i = M_0 \cdot \dfrac{N_i}{\sum N_i}$
A	100	16.7	20	3.34	\}614	103
B	200	33.3	30	10		204
C	250	41.7	40	16.68		256
D	50	8.3	80	6.64		51
$\sum$	600	100.00	—	26.76		614

多品种以假定产品为单位计算的负荷系数可用下式计算：

$$L = \frac{\sum N_i}{M_0} = \frac{600}{614} = 97.72\%$$

另外，可以证明：不论以代表产品或以假定产品为计量单位计算的多品种设备组负荷系数，均可用下式计算：

$$L = \frac{\sum N_i t_i}{FS}$$

（3）当用产品的重量作为计算生产能力的计量单位时，公式为

$$M_0 = \frac{FS}{t'}$$

式中,t'为产品单位重量的台时消耗。

如以 t_0 表示假定产品单位重量台时消耗,则它等于各单位重量台时消耗 t_j 与相应产品的产量和产品单重乘积之和与全部产品总重量之和的比,即

$$t_0 = \frac{\sum_{i=1}^{m} N_i w_i t_i}{\sum_{i=1}^{m} N_i w_i}$$

式中,N_i 为第 i 种产品的产量;t_i 为第 i 种产品的重量台时消耗;w_i 为第 i 种产品的单位重量。

[例5.3] 设某车间有 70 台设备,两班制生产,每班工作 8 小时,设备平均停工率为 0.12,生产普通吊车、冶金吊车和龙门吊等三种产品,各种产品吨定额工时分别为 20.9 小时、24.88 小时和 18.81 小时,车间产品重量构成比例为:普通吊车 20%,冶金吊车 60% 和龙门吊 20%。求以假定产品重量为计量单位时该车间的生产能力。

车间假定产品吨定额台时为
$$t' = 20.9 \cdot 20\% + 24.88 \cdot 60\% + 18.81 \cdot 20\%$$
$$= 22.87(台时 / 吨)$$

故以重量单位为计量单位时的该车间生产能力为
$$M_0 = \frac{250 \cdot 2 \cdot 8 \cdot (1 - 12\%) \cdot 70}{22.87} = 10\,773.94(吨)$$

3) 铸造车间的生产能力

上述生产能力的计算办法,主要适用于金加工车间。至于铸造、锻造等热加工车间生产能力的计算有其不同的特点,简介如下。

铸造车间,主要是计算熔炼设备、造型设备和造型面积的生产能力。

熔炼设备组生产能力的计算公式为
$$M_0 = S \cdot P \cdot F(1 - r)$$

式中,M_0 为熔炼设备组生产能力(吨/年);S 为熔炼设备数量;P 为熔炼设备小时的产量(吨/时);F 为熔炼设备有效工作时间(小时);r 为铸造损耗率(包括自然损耗、浇冒口、废品等)。

造型设备生产能力的计算同机械加工设备相似,造型面积的生产能力计算公式为
$$M_0 = B \cdot P$$

式中,M_0 为造型面积的生产能力(吨);B 为造型面积(平方米);P 为单位造型面积年产量(吨/平方米)。

在确定铸造车间生产能力时,除上述三部分外,还应综合考虑配砂、型芯、烘干、吊车等各个环节的生产能力。

4) 锻造车间的生产能力

除考虑吊车、加热炉等环节的生产能力外,主要按锻锤、水压机锻造设备的生产能力来确定。锻造设备组生产能力的计算公式为
$$M_0 = P \cdot S \cdot F$$

式中,M_0 为锻造设备组生产能力(吨);P 为锻造设备台时产量(吨/小时);S 为设备组设备

数量;F 为设备有效工作时间。

各车间生产能力计算出来后,就可以在此基础上进行综合平衡,从而确定全厂的生产能力。全厂生产能力的综合平衡主要包括:第一,各基本生产车间生产能力的平衡,首先要确定主要车间,然后把主要车间生产能力与其他车间生产能力进行平衡。在机械工业企业中主要车间一般是指金加工车间或装配车间;如果出现基本车间生产能力不平衡的情况,这就需要经过综合平衡,使企业生产能力达到一个较高的水平。第二,基本车间与辅助车间生产能力的平衡,一般以基本生产车间能力为准,了解辅助车间生产能力的配合协调情况,在生产能力不平衡时,就应采取措施使之达到平衡。

5.2 生产能力的合理利用

在生产任务安排时,经常碰到这样的问题:有 n 项任务要分派 m 台机器或 m 个工人去完成,由于每台机器完成各项任务的生产效率不同或生产费用不相同,生产任务应如何分配,才能使分配方案总费用最小,或完工时间最短,这就是分配问题。分配模型的数学形式如下:

$$\min Z = \sum_{i=1}^{n} \sum_{j=1}^{m} C_{ij} Z_{ij}$$

约束条件如下:

$$\sum_{j=1}^{m} X_{ij} = 1 \quad i = 1, 2, \cdots, n$$

$$\sum_{i=1}^{n} X_{ij} = 1 \quad j = 1, 2, \cdots, m$$

$$X_{ij} = 0 \text{ 或 } 1$$

式中,c_{ij} 为第 i 项工作分配于第 j 台机器上加工的费用或作业时间;x_{ij} 为第 i 项工作分配于第 j 台机器上作业;$x_{ij} = 1$,表示第 i 项工作分配于第 j 台机器上;$x_{ij} = 0$,表示第 i 项工作不分配到第 j 台机器上。

一般常用于分配问题的方法有匈牙利法和分支界限法。

[例 5.4] 有三项工作分配给三台机器加工,各项工作在各机器加工因生产效率关系,其成本不等,如表 5-3 所示。

表 5-3 成 本 表

机器 工作	I	II	III
A	25	31	35
B	15	20	24
C	22	19	17

用匈牙利法求解如下。

1. 确定工作机会成本

工作机会成本的计算方法是:将成本矩阵各列数值减去其各列数值中的最小值(该数

不能为 0),如图 5-1(a)、(b)所示。

2.确定总机会成本

总机会成本的计算方法是:将图 5-1(b)中各行的数值减去其各行中最小值(此数不能为 0,如该行已存在一个 0,则不再计算),如图 5-2 所示。

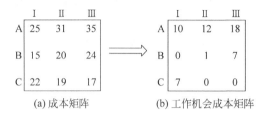

图 5-1　工作机会成本矩阵

图 5-2　总机会成本矩阵

3.判定是否求得最佳分配方案

判定是否求得最佳分配方案的方法是:在总机会成本矩阵画出能包含所有 0 的线,并使画出的线最少(图 5-2)。如果画出的线数与行数或列数相等,则表明已获得最佳分配方案,否则进入 4。本例需要三根线,但现在只需要两根线就包含所有 0,则尚未获得最佳方案。

4.重新计算总机会成本

(1) 对图 5-3(a)中所有未被画线包含的数值各减去其中最小的未被画线包含的数值。

(2) 被画线所包含的数值,除各线相交处需加上此一最小值外,其余数不变,如图 5-3(b)所示。

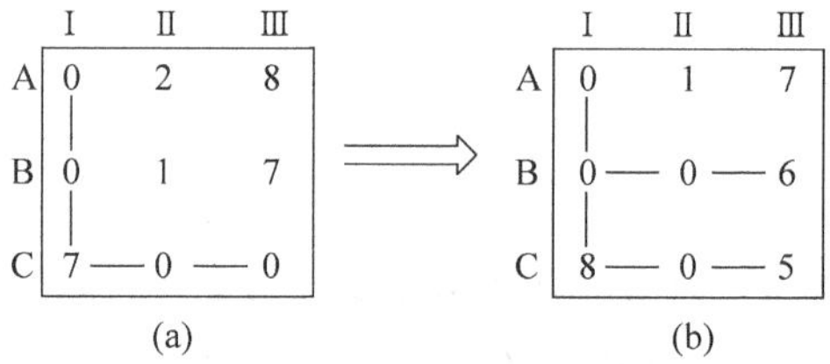

5.重复 3

如图 5-3(b)所示,如果所画的线与行数或列相等,则获得最优方案,进行 6;否则,再重复4。不断重复 3 与 4,直到获得最佳方案为止。由图 5-3(b)知,本例已获得最佳分配方案,故进入 6。

图 5-3　工作机会成本示意图

6.作出实际分配方案

最佳分配的原则是分配具有零值的机会成本去完成生产任务。具体做法是从某行或某列中唯一的 0 开始,如无这种 0,则可以从任何一个 0 开始。本例中第一行只有一个 0,故应从 AⅠ开始,其分配方案为 AⅠ、BⅡ、CⅢ。

$$总成本 = 25 + 20 + 17 = 62$$

5.3　生产计划的编制

5.3.1　生产计划系统的组成和作用

生产计划系统是一个包括需求预测、中期生产计划、生产作业计划、材料供应计划、生产能力计划、设备维修计划、新产品开发计划等相关计划职能,并以生产控制信息的迅速反馈连接构成的复杂系统。

在现代企业中,企业内部分工精细、协作严密,任何一部分活动都不可能离开其他部分而独立进行。尤其是生产活动,它需要调配多种资源,按时、按量地提供所需的产品和服务,因此必须要有周密的计划来指挥企业各部分的生产活动。生产计划的作用就是要充分利用企业的生产能力和其他资源,保证按质、按量、按品种、按期限地完成订货合同,满足市场需求,尽可能地提高企业的经济效益,增加利润。

5.3.2　生产计划的层次

企业中的各种计划,一般可分为战略层计划、战术层计划和作业层计划三个层次,如表 5-4 所示。

表 5-4　不同层次计划的特点

项目＼层次	战略层计划	战术层计划	作业层计划
计划期	长(≥5 年)	中(1 年)	短(月、旬、周)
计划的时间单位	粗(年)	中(月、季)	细(工作日、班次、小时、分)
空间范围	企业、公司	工厂	车间、工段、班组
详细程度	高度综合	综合	详细
不确定性	高	中	低
管理层次	企业高层领导	中层、部门领导	低层、车间领导
特点	涉及资源获取	资源利用	日常活动处理

从表 5-4 中可以看出,三个层次的计划有不同的特点,从战略层计划到作业层计划,分别对应从高到低的管理层次,计划期由长到短,计划的时间单位越来越细,覆盖的空间范围越来越小,计划的内容越来越详细,计划的不确定性越来越小。生产计划也与其他计划一样,具有以下三个层次。

1. 长期生产计划

长期生产计划属于战略计划范围。它的主要任务是进行产品决策、生产能力决策以及确立何种竞争优势的决策。涉及产品发展方向、生产发展规模、技术发展水平、新的生产设施的建造等。

2. 中期生产计划

中期生产计划属战术性计划,在我国企业中通常称之为生产计划或生产计划大纲;其计划期一般为一年,故许多企业又称之为年度生产计划。它的主要任务是在正确预测市场需求的基础上,对企业在计划年度内的生产任务作出统筹安排,规定企业的品种、质量、数量和进度等指标。充分利用现有资源和生产能力,尽可能均衡地组织生产活动和合理地控制库存水平,尽可能地满足市场需求并获取利润。

中期生产计划是根据市场需求预测制定的,它的决策变量主要是生产率、人力规模和库存水平。其目标是如何充分利用生产能力,满足预测的用户需求,同时使生产率尽量均衡稳定,控制库存水平并使总生产成本尽可能低。对于流程型企业,中期生产计划的作用是非常关键的,这是由于这类企业具有设备或生产设施价格昂贵、生产连续进行、生产能力可以明确核定以及属于备货生产方式等性质。而对于加工装配型企业,由于生产能力随产品结构的变化而改变,难以在制定中期生产计划时准确地核定;加上其主要属订货生产方式的性质,在制定中期生产计划时往往缺乏准确的订货合同信息,故中期生产计划只能起到一种指导作用。这类企业生产计划的重点是短期生产作业计划。但是,对那些实现了流水生产和接近流水生产性质的加工装配型企业来说,中期生产计划同样起着重要的作用。

3. 短期生产作业计划

短期生产作业计划,或称生产作业计划。它的任务主要是直接依据用户的订单,合理地安排生产活动的每一个细节,使之紧密衔接,以确保按用户要求的质量、数量和交货期交货。

生产作业计划是生产计划的具体实施计划。它是把生产计划规定的任务,一项一项地具体分配到每个生产单位、每个工作中心和每个操作工人,规定他们在月、周、日以至于每一个轮班的具体任务。因此,生产作业计划是一项十分详细和复杂的工作。对于加工装配型企业,生产作业计划的地位和作用很关键。对于这类企业,如何安排和协调材料、零部件和完工产品的加工进度和批量,确保交货并使库存尽可能地少,是这类企业生产作业计划面临的主要挑战。

5.3.3　年生产计划的主要指标和计算

年生产计划是对计划年度的生产任务作出的统筹安排,规定企业在计划期内生产的品种、质量、数量和进度等指标。企业的生产计划是根据企业的经营计划和生产能力编制的,同时,它又是企业其他计划如物资供应计划、劳动工资计划等的依据。编制生产计划的任务,就是要充分利用企业的生产能力和其他资源,保证按质、按量、按品种、按期限地完成订货合同,满足市场需求,尽可能地提高企业的经济效益。

生产计划的主要指标有品种、产量、质量、产值和出产期。

1. 品种指标

它是企业在计划期内出产的产品品名、型号、规格和种类数。它涉及"生产什么"的决策。确定品种指标是编制生产计划的首要问题,关系到企业的生存和发展。

2. 产量指标

它是企业在计划期内出产的合格产品的数量。它涉及"生产多少"的决策,关系到企业能获得多少利润。产量可以台、件、吨表示。对于品种、规格很多的系列产品,也可用主要技术参数计量,如拖拉机用马力,电动机用千瓦等。产量指标是企业进行供产销平衡、编制生产计划,组织日常生产的重要依据。

3. 质量指标

它是企业在计划期内产品质量应达到的水平,常采用统计指标来衡量,如一等品率、合格品率、废品率、返修率等。

4. 产值指标

它是用货币表示的产量指标,能综合反映企业生产经营活动成果,以便与不同行业比较。根据具体内容与作用不同,有工业总产值、商品产值、工业净产值、工业增加值和工业销售产值等指标。

1) 工业总产值

工业总产值是以货币表现的工业企业生产的产品总量,它反映一定时期内工业生产的总规模和总水平,是研究工业企业的发展、生产速度、国民经济各部门的比例关系,以及计算劳动生产率、固定资产利用率等的重要依据。

工业总产值的计算原则是按"工厂法",即按每一个企业工业生产活动中的最终成果计算,企业内部是不许重复计算的,也就是说工厂与工厂之间是有重复计算的。工业总产值指标反映了一个企业的总规模、总水平和发展速度。但主要的缺点是计算重复太多,受转移价值的影响,不能反映节约物耗等的效果。

工业总产值的计算公式是

$$工业总产值=成品价值+工业性作业价值+\frac{自制半成品、在制品期末}{期初结存量差额的价值}$$

计算产值的价格有不变价格和现行价格两种:

(1) 不变价格。把某一时期的产品出厂价格固定下来,作为相当长时期内的全国统一的计算价格,称为不变价格。不变价格定期要作修改,采用不变价格的主要原因是可以消除统计数字上的价格变动因素。

(2) 现行价格。现行价格是指各个时期实际执行的价格,是与不变价格相对而言的,如产品的实际出厂价格,包括成本、税金和利润,不包括与工业生产活动无直接关系的各项费用。

至于没有规定不变价格的工业性作业,可按加工收入、生产费用计算总产值,因此它的不变价格和现行价格是相同的。

由于企业的生产是连续进行的,必须有一个在制品的结存量,它同样需要计算产值。计算的方法有以下三种:

(1) 工时进度法。工时进度法是根据在制品实际完成的定额工时数来计算的,就是根据制造某产品时所需要的定额工时总数和产品单价,求出每一定额工时的单价,乘以在制品实际完成的定额,即在制品的产值,其基本计算方法是

$$在制品产值=\frac{单位产品不变价格}{单位产品定额工时}\times在制品实际完成定额工时数$$

或

$$在制品产值=工时单价\times在制品实际完成定额工时数$$

这种方法适用于单件小批或品种规格复杂的产品。

(2) 零件工序进度法。用这种方法计算在制品的产值比较准确,但要先编好产品各种零件、各道工序的不变价格表。计算时对在制品逐一乘上相应的不变价格,得出全部在制品的价值总额。其基本计算方法是

$$零件不变价格=产品不变价格\times\frac{零件计划成本}{产品计划成本}$$

也可用

$$零件不变价格=产品不变价格\times\frac{单位零件定额工时}{单位产品定额工时}$$

计算每道工序的不变价格可与上法相同。本法虽然比较准确,但计算工作量大,因此只适用于生产方向固定、产品品种简单、成批或大量生产的企业。

(3) 零部件进度法。这种计算方法与零件工序进度法基本相同,即要先编好各种零件的不变价格表,再根据中间仓库已检验合格入库的零件数,方能计算其价值。这种方法计算工作量也比较大,因此,同样只适用于生产方向固定、产品品种简单、成批或大量的生产。

2) 商品产值

商品产值是工业企业在一定时期内生产的,可供销售的合格产品和完成的工业性作业的价值,也是衡量企业生产成果的重要指标之一。根据要求分别用不变价格和现行价格计算,包括计划期内出产的可供销售的产品、来料加工以及工业性作业等。计算公式是

商品产值=全部合格产品×不变价格单价(或现行价格单价)+工业性作业加工费

3) 工业净产值

工业净产值是工业活动新创造的价值,也就是从工业总产值中扣除了物质消耗以后的净值。所谓物质消耗是指生产过程中所消耗的原材料、辅助材料、燃料、动力、低值易耗品、管理、办公所用物质的消耗总和。

工业总产值原由三部分组成:

(1) 生产过程中物质消耗的价值 c,即转移的价值。

(2) 劳动者创造的作为劳动报酬的价值 v,在工业企业中即为工资和福利基金。

(3) 劳动者为社会提供的公共积累 m,在工业企业中即为税金和利润。

后两部分的价值即构成工业净产值,即工业净产值 $=v+m$。因此,工业净产值不受转移价值大小的影响,与企业所消耗的劳动工作量基本相适应。工业净产值的计算方法有两种:

(1) 生产法。这是一种从工业总产值中扣除物质消耗价值的算法,所有物质消耗的价值须按照工业总产值的计算口径加以调整,算法比较烦琐。

工业净产值=工业总产值(现行价格)-物质消耗的价值

(2) 收入法。

净产值=固定资产折旧+劳动者报酬+生产税净额+企业盈利

式中,固定资产折旧是固定资产在使用过程中,通过逐渐损耗而转移到产品成本中的那部分价值,即为补偿生产中所耗用的资产而提取的价值。固定生产折旧由两部分组成:一是按规定比率提取的基本折旧;一是恢复固定资产在使用过程中已损耗部分的价值而发生的大修理费用。

生产税净额,是指企业向政府缴纳的生产税与政府向企业支付的生产补贴相抵后的差额。

4) 工业增加值

工业增加值是工业企业在工业生产活动中创造的价值,或称"增加了的价值"。工业增加值包括净产值和固定资产折旧,是国民生产总值的重要组成部分。它能更科学、更全面地反映工业生产经营活动的最终成果。

工业增加值与工业净产值的主要区别有:工业增加值包括折旧费,而工业净产值不包括折旧费;工业增加值不包括对非物质生产部门的劳务支出,而工业净产值包括非物质生产部门的劳务支出;工业增加值不包括利息支出,而工业净产值包括利息支出。

工业增加值一般用现行价格计算。

5）工业销售产值

工业销售产值是工业企业的计划期内销售的产品价值。它反映工业企业产品销售的规模和速度。工业销售产值的计算基础是工业产品销售总量，不论是否本期生产，只要是在本期销售的都应计算工业销售产值。而工业总产值的计算基础是工业产品生产总量，只要是本期生产的不论是否销售都要计算工业总产值。

工业销售产值根据需要可采用现行价格计算，也可采用不变价格计算。当计算工业产品销售率时（现行工业销售产值与现行工业总产值之比）用现行价格，当计算工业生产发展速度时用不变价格。

5．出产期

它是为了保证按期交货确定的产品出产期限。正确地决定出产期很重要。因为出产期太紧，保证不了按期交货，会给用户带来损失，也给企业的信誉带来损失；而出产期太松，不利于争取顾客，还会造成生产能力的浪费。

5.3.4　生产计划的编制方法

1．生产计划的编制原则

（1）编制计划必须有全局观点，即必须服从国民经济计划的目标与方针。

（2）编制计划必须积极平衡，也就是要充分运用企业的现有资源，发挥现有生产能力，挖掘生产潜力，扬长避短，然后进行协调和发展。

（3）编制计划必须留有余地，防止时间过紧，以便能应付新的情况。

（4）编制计划必须切合实际，要深入市场和企业实际，进行调查研究。

（5）编制计划必须有可靠的核算基础，即指生产能力、定额与利用系数等。

2．生产计划的编制依据

编制生产计划必须有可靠的依据，因此在编制时必须搜集和掌握大量的资料。表 5-5 列出了编制生产计划所必需的资料。

表 5-5　生产计划编制资料

序号	资料内容	用途
1	上级下达的国家计划指标	确定指标
2	销售计划与协议、合同	确定产品与进度
3	市场预测	确定产品、产量与进度
4	企业的长期计划	确定产品产量
5	库存储备量	确定产品产量
6	生产技术准备情况	落实准备工作
7	材料、外购件、配套件、外协件供应情况	落实准备工作
8	计划生产能力	平衡生产
9	劳动定额	核算依据
10	期量标准	确定批量与进度
11	外协情况	落实进度
12	统计资料（产量单位，不变价格，现行价格）	计算指标

3．生产计划与生产类型

生产计划的编制因为生产类型的不同,重点也有所不同。

1) 大量生产的生产计划重点

大量生产的生产管理要求是生产品种稳定,并反复连续进行,才可为固定的产品设计专用工序和设备。生产计划的编制要注意以下各点:

(1) 生产能力包括各工序的能力已定,因此编制生产计划要经常保持一定的生产水平。

(2) 通过预测等手段使设计的生产能力与需求量相适应。

(3) 也可通过调节库存产品来调整销售量和产量之间的差额。

(4) 产品品种难以急剧改变,因此,新产品的生产和产品型号的改变必须长期地、有计划地进行。

2) 成批生产的生产计划重点

成批生产的管理方式,是在一次程序安排中,集中一定数量的同一品种,连续地进行生产,通过一次一次程序的安排,在同一作业工序中,依次进行不同品种的轮番生产。编制成批生产的生产计划要注意下列各点:

(1) 确定最佳的投入顺序和批量,以减少工序的空闲时间和调整准备时间。

(2) 通过零件的通用化和同类产品的安排,以减少各工序需要更换的产品品种数。

(3) 从设备、技术和经济上来确定批量的标准。

3) 单件小批生产的生产计划重点

单件小批生产的管理方式是指在设备、工艺上能生产较大范围的产品品种,可灵活地接受订货任务,并根据订货的交货期进行生产的方式。编制这种生产计划要注意下列各点:

(1) 必须正确估计从订货到产品出厂所需的时间(交货期),以免影响交货。

(2) 必须重视工序的平衡问题,保持生产过程的连续性,使各道工序的生产能力有效地发挥出来。

(3) 必须随时掌握工序的剩余生产能力,以便能灵活地满足订货的要求和作出合理的安排。

4．品种的确定——收入利润顺序法

对于多品种小批量生产,有品种选择问题,确定生产什么品种是十分重要的决策。确定品种可以采取收入利润顺序法。

收入利润顺序法是将生产的多种产品按销售收入

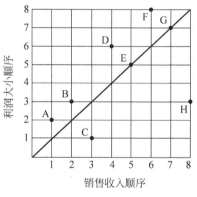

图 5-4 收入利润顺序

和利润排序,并将其绘在收入利润顺序图上。表 5-6 所示的某企业八种产品的收入和利润次序,可绘在图 5-4 上。

表 5-6 销售收入和利润次序

产品代号	A	B	C	D	E	F	G	H
销售收入	1	2	3	4	5	6	7	8
利润大小	2	3	1	6	5	8	7	4

从图 5-4 中可以看出:一部分产品处在对角线上,一部分产品处在对角线上方,还有一

部分产品处在对角线下方。

对于销售收入高、利润大的产品，即处于图 5-4 左下角区的产品是应该生产的。相反，对于销售收入低、利润小的产品(甚至是亏损产品)，即处于图 5-4 右上角区的产品，需要作进一步的分析采取相应对策。其中，很重要的因素是分析它们在产品生命周期所处的阶段。

如果是新产品，处于导入期，因顾客不了解，销售额低。另外，由于设计和工艺未定型，生产效率低，成本高，利润少，甚至亏损，就应该继续生产，并做广告宣传，改进设计和工艺，努力降低成本。

如果是老产品，处于衰退期，就不应该继续生产。除了考虑产品生命周期因素以外，还应考虑其他因素，如质量不好，则需提高产品质量等。

5. 生产计划的优化方法——最小费用法

设某工厂对某产品的市场需求预测见表 5-7 中的数字。

表 5-7　市场需求预测　　　　　　　　　　　　　　套

1 月	2 月	3 月	4 月	5 月	6 月	共计
100	180	220	190	160	350	1 200

该厂的交货不允许脱期，其余的生产条件如下：

工厂的正常月产能力	180 套
每月加班能力为 20%	36 套
每月外包能力	50 套
正常生产单位成本	100 元
加班生产单位成本	107 元
外包单位成本	113 元
每月单位保管费	2 元

若以 i 为生产方式，j 为生产月，k 为需求月，则 y_{ijk} 为用 i 方式在 j 月为 k 月需要而生产的产量($k > j$)，r_{ijk} 为用 i 方式在 j 月生产存至 k 月的单位成本，即

$$r_{ijk} = c_{ij} + h_j + h_{j+1} + \cdots + h_{k-1}$$

式中，c_{ij} 为用 i 方式在 j 月生产的单位成本；h_j 为 j 月的保管成本；P_{ij} 为用 i 方式的 j 月生产能力。

则可作成有最小费用的表，见表 5-8。

表 5-8　最小费用表

生产月(j) ＼ 方式(i)	需求月(K) 1 月	2 月	…	T 月	$P＝$生产能力
1 月　1	r_{111} y_{111}	r_{112} y_{112}		r_{11t} y_{11t}	$\sum y_{11k} \leqslant p_{11}$
2	r_{211} y_{211}	r_{212} y_{212}	…	r_{21t} y_{21t}	$\sum y_{21k} \geqslant p_{21}$
…	…	…		…	…
m	r_{m11} y_{m11}	r_{m12} y_{m12}		r_{m1t} y_{m1t}	$\sum y_{m1k} \leqslant p_{m1}$

生产月(j) \ 需求月(K) 方式(i)	1月	2月	...	T月	P=生产能力
2月　　1		r_{122} y_{122}		r_{12t} y_{12t}	$\sum y_{12k} \geqslant p_{12}$
2		r_{222} y_{222}		r_{22t} y_{22t}	$\sum y_{22k} \geqslant p_{22}$
...		...		...	...
m		r_{m22} y_{m22}		r_{m2t} y_{m2t}	$\sum y_{m2k} \leqslant p_{m2}$
...　　1	...			...	...
2	...		...	...	...
...	...			...	...
m	...			...	...
T月　　1				r_{1t} y_{1t}	$\sum y_{1t} \leqslant p_{1t}$
2			...	r_{2t} y_{2t}	$\sum y_{2t} \geqslant p_{2t}$
...				...	...
m				r_{mtt} y_{mtt}	$\sum y_{mtt} \leqslant p_{mt}$
D=需求数	$\sum y_{ij1}=D_1$	$\sum y_{ij2}=D_2$	...	$\sum y_{ijk}=D_1$	$=\sum D_k$

该表的做法是,每一行是该月按各种方式为各交货月的生产数;每一列是各月为该月交货的生产数;预先在每一格上方填上该期该生产方式的生产费用。根据不准脱期交货的原则和最小费用的方法,便可求出各期各种生产方式的生产数。

例如,以 3 月交货为例,最小的生产费用首先是同月的正常生产 $r_{133}=100$ 元,按照生产能力(见表 5-9 末列同行)只有 $p_{13}=180$ 套,不能满足需求数 $D_3=220$ 套,求其次的最小费用是 2 月份为本月交货的正常生产,即 $r_{133}=100+2=102$(元),不过该行早在 2 月份已全部满足生产能力 p_{12};再次是 1 月份为 3 月交货的正常生产 $r_{133}=100+2+2=104$(元),生产能力除去 1 月份已为当月交货生产的 100 套以外,可以安排 3 月份需交货的余数 40 套,等等。这样的求法从 1 月份开始依次求去,便可求出整个生产数的最小费用生产方法,详见表 5-9。

可从表 5-9 计算出生产总费用表如表 5-10 所示。

表 5-9 生产数的最小费用生产方法表

j	方式 i	1月	2月	3月	4月	5月	6月	能力剩余	生产能力 P
1月	正常	100 100	102	104 40	106 10	108	110 30	0	180
	加班	107	109	111	113	115	117	36	36
	外包	113	115	117	119	121	123	50	50
2月	正常		100 180	102	104	106	108	0	180
	加班		107	109	111	113	115	36	36
	外包		113	115	117	119	121	50	50
3月	正常			100 180	102	104	106	0	180
	加班			107	109	111	113	36	36
	外包			113	115	117	119	50	50
4月	正常				100 180	102	104	0	180
	加班				107	109	111 36	0	36
	外包				113	115	117	50	50
5月	正常					100 160	102 20	0	180
	加班					107	109 36	0	36
	外包					113	115	50	50
6月	正常						100 180	0	180
	加班						107 36	0	36
	外包						113 12	38	50
需求数（D）		100	180	220	190	160	350		1 200

表 5-10　生产总费用

生产月	生产量/套			需求量/套	各月期末存量/套
	正常	加班	外包		
1	180			100	80
2	180			180	80
3	180			220	40
4	180	36		190	66
5	180	36		160	122
6	180	36	12	350	0
合计/套	1 080	108	12	1 200	388
费用/元	10 800	11 556	1 356		776

共计生产费用：121 688 元。

6. 滚动式计划法

滚动式计划法也是一种编制生产计划的方法。这种方法适用于编制灵活、有弹性的各种生产计划,可以使企业在适应市场需求的同时,保持生产的稳定和均衡。

按滚动式计划法,整个计划期被分为几个时间段,其中第一个时间段为执行计划,后几个时间段的计划为预计计划。执行计划较具体,要求按计划实施。预计计划比较粗略。每经过一个时间段,根据执行计划的实施情况以及企业内、外条件的变化,对原来的预计计划作出调整与修改,原预计计划中的第一个时间段的计划变成了执行计划。比如,2010 年编制五年计划,计划期为 2011—2015 年,共五年。若将五年分成五个时间段,则 2011 年的计划实施之后,又根据当时的条件编制 2012—2016 年的五年计划,其中 2012 年的计划为执行计划,2013—2016 年的计划为预计计划。依次类推。修订计划的间隔时间称为滚动期,它通常等于执行计划的计划期。滚动计划的时间段可为年、季、月或更短的时间间隔。

滚动式计划法有以下优点:

(1) 计划是动态的,计划的应变性和严肃性均得到保证。原来编制的三年或五年长期计划以及年计划、季计划、月计划,一经编制完成后,计划量就不再变动,计划也不再修订。如果第一期实施结果出现偏差,以后各期计划如不作出调整,计划就会流于形式。而滚动式计划,无论是长期和短期的计划,在一个滚动期内,计划量要按社会需要不断地进行调整变动,要按滚动期延续不断地编制计划。预计计划允许修改,所以滚动式计划有适应市场需要,具有应变性的特点;同时,因执行计划与编制计划的时间接近,内、外条件不会发生很大变化,可以基本保证完成,又体现了计划的严肃性。

(2) 提高了计划的连续性。企业生产滚动式计划模式如图 5-5 所示。

图 5-5 中滚动期为五个月,时间段为一个月,即 4 月编 5 月、6 月、7 月、8 月、9 月的计划,5 月编 6 月、7 月、8 月、9 月、10 月的计划,4 月编的 7 月、8 月、9 月计划和 5 月编的 8 月、9 月、10 月计划是预计计划。在一个滚动期内,执行计划和预计计划应为多长时间,要根据企业具体情况确定。

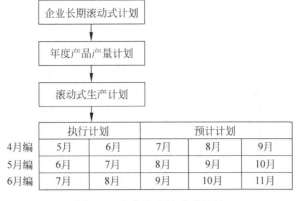

图 5-5 企业生产滚动式计划

本章小结

生产能力是企业全部生产性固定资产在一定的时期内,在一定的生产技术和组织条件下,所能生产一定种类产品的最大产量。

企业的生产能力依据其用途的不同,可分为设计的生产能力、查定的生产能力和现有的生产能力。

影响企业生产能力的因素有在使用中固定资产的数量、固定资产的有效工作时间和固定资产的生产效率。

生产能力的计算方法可分为单一品种和多品种,而多品种中又可分为以代表产品、假定产品和产品重量作为生产能力的计量单位。

生产能力的合理利用直接影响企业的生产成本和市场竞争能力。

生产计划是企业执行生产任务的行动大纲,它是一个系统,是由长期生产计划、中期生产计划和短期生产计划等多项计划组成的计划体系。

生产计划的主要指标有品种、产量、质量、产值和出产期。编制的方法有收入利润顺序法、最小费用法和滚动式计划法。

复习与思考

1. 什么是生产能力? 生产能力的类型有哪些? 影响企业生产能力的主要因素是什么?
2. 一般可用哪几种计量单位来计算工业企业的生产能力?
3. 企业生产计划中的主要指标有哪些? 如何计算?
4. 企业生产计划可分为哪几种? 如何编制企业的生产计划?
5. 不同生产类型的企业生产计划的编制重点是什么?

案例分析　CASE

决 战 产 能

忙于全球化布局近一年,向文波终于在公司位于沈阳的基地稍作停留。望着窗外纷飞的雪花,他终于难得悠闲地喝了杯咖啡,开始细想下一步三一集团的征途。

就在 2010 年 2 月,这位三一集团的总裁以预算 2 亿美元的总额,和巴西圣保罗州政府达成在该州建设工程机械生产基地的投资计划。由此将企业带入海外扩张的第四站。至此,加上之前投资印度、美国、德国之后,三一集团已经完成了其在全球的 3/4 布局。公司设想下一步再投资非洲,到那时候,企业的全球化布局才算基本搭建完成。

但近一年来,随着中国企业国际化道路的强化,引发了诸多国际争议,尤其是西方对中国提出的"'中国创造'走向全球"特别警惕。对此,一向快人快语的向文波向中国企业忠告:"在海外,我们要少谈中国制造、少谈中国创造,我们要把中国产品做成在投资国的本土品牌。"

其实,三一集团不仅在向海外扩张中需要有异于其在国内的强硬作风,同样在企业日益做大、做强的时候,来自国内市场的不确定、同业技术竞争、决策精准与否、社会责任等构成的经营与管理风险也不容小觑。而作为三一集团的喉舌,向文波最容易走上风口浪尖。

1. 需求倒逼产能扩张

金融危机对于大多数企业是祸,但未必不是有些企业之福。三一集团所处的工程机械行业在国家经济刺激计划与高铁建设的影响下,增长加快。旗下上市公司三一重工财报显示,2010 年前三季度实现营业收入 259 亿元,较 2009 年同期增长 82.45%;净利润 44.5 亿元,较 2009 年同期增长 124.70%,受此影响,其股价在 10 月 20 日午后发力,至 10 月 21 日上午飙至 42.90 元。至此,三一重工成为国内工程机械行业中首家市值过千亿元的上市公司。面对历史佳绩,向文波却表现出了忧虑:"虽然三季度公司毛利率达 36.9%,但是环比下滑 3.6%,另外从挖掘机这个子项来看,和外资企业小松(中国)、斗山(中国)相比,销售总量仍比它们相差一半。产生这两大问题,主要在于我们产能不足,导致向市场缺供。"

产能不足是三一集团目前亟须解决的一大难题。现在,向文波和管理层的应对方法就是,发行不超过 2.82 亿股的 H 股募资,以扩张产能。"我们今年虽能以 1 万台的销售打破历史纪录,但市场对我们的需求是 3 万台。"实际上,目前国内挖掘机 70% 的市场份额仍然由外资品牌占有。但是向文波乐观地预计,三一集团在 2011 年还将进一步挤占外资品牌在国内的市场份额,不过他最担心的是三一集团的技术成长能否与市场需求同步?

2. 科研投入领跑行业

工程机械行业虽得益于市场的需求放量,但三一集团要想占有更大的市场份额,需要有技术上的核心竞争力。除此之外,还需要强化内部管控,以取得在行业中的成本优势。这就给当前的向文波核心领导团队提出了挑战。令向文波最感紧迫的,不是三一集团的创新力不强,而是三一集团需要对旗下多元产品进行更多、更均衡的投入,这就涉及创新性人力资源不足的问题。在三一集团各项产品中,起重机是其产业结构中的重中之重。2010 年 3 月,三一集团推出了领先国际的中国首台千吨级 SAC303 型全地面起重机,因此打破了国外企业垄断超大吨位起重机市场的局面。但是,向文波希望,不仅仅只在起重机领域达到创新的高度,而且要在挖掘机、车载泵、吊运机、堆高机、压路机等这些多元产品中均能谋求更大的突破。

实际上,三一集团对科研的投入在行业中已遥遥领先。三一集团现有 6 000 多名研究人员,每年将总利润的 5% 投入科研,目前累计有 2 000 多项的创新技术,其中 1 000 多项已经获得国家专利。但是,市场对多元产品的需求放量,研究人员仍然缺乏。即使通过海外基地招募约 60 名国际级技术人员,也仍然无法满足发展需求。

在向文波的设想中,拥有 1.2 万个技术人员是三一集团竞争力的基本筹码。现在,向文波采取两种措施同时进行:一方面是继续延揽海内外人才;另一方面是在公司内部实现大面积的股权激励,投入没有预算限制的培训。而作为中欧 EMBA 的校友,向文波甚至还亲自招徕校友来"入伙"三一集团。不过,三一集团在管理创新上则相对表现得更快速。

"向管理要效益"是向文波最早在公司提出的。"向管理要效益,就是为了科学节约成本,比如当我们的设备产量上升到 1 万台,而每台节约 1 000 元,就意味着成本降低,效率提升。"就具体操作上看,三一集团在金融危机后所引入的 MES 系统生产方式,与精益化准时生产很相似。车间出现异常,相关人员可以马上收到短信,到现场后可通过 LED 屏幕和警示灯快速定位到哪个工位有什么问题。另外,如果有缺料、节拍作业超时以及其他质量问题出现,相关责任人也同样可收到短信。可以说,MES 系统帮他们完成了预警与沟通,现场管理比以前更顺畅,向文波表示。在整个经营决策与执行,向文波不是一个人在战斗,董事长梁稳根和其他管理成员各司其职。但是企业的风险有时并非来自经营,还来自其他方面,如社会责任的履行上。

(资料来源:经理人网,2010 年 12 月 16 日)

思考题:

1. 三一集团生产能力扩大的主要依据是什么?

2. 三一集团的生产能力如果核定,你认为应该选择什么计量单位?为什么?

3. 三一集团的生产能力你认为应该采用何种方法计算?为什么?

 计算题

1. 某化工车间有 10 台反应釜,每台平均年有效工作时间为 2 500 小时,加工 A、B、C 三种化工产品,年计划产量分别为 100 吨、200 吨和 250 吨。每吨产品所需反应釜台时分别为 20 小时、30 小时和 40 小时。

要求:

(1) 该车间以 A 产品为代表产品的生产能力和负荷系数。

(2) 该车间以假定产品为计量单位的年生产能力和负荷系数。

2. 装配车间的装配面积为 1 200m²,其中通道面积为 200m²,按二班制、每班 8 小时、每月 22 天计算。已知装配车间月度计划产品品种、数量、单产装配面积、装配周期如下表:

品种	计划产量/台	单产装配面积/平方米	单产装配周时/小时
A	1 080	5	20
B	1 800	4	15
C	1 200	5	24

要求:

(1) 计算该车间以 A 产品为代表产品的月度装配面积生产能力。

(2) 计算装配车间的装配面积负荷率。

3. 某设备组全年总有效工时为 62 500 台时,生产 A、B、C 三种产品,全年计划产量分别为 100 台、250 台和 150 台,单位产品加工时间分别为 90 台时、80 台时和 140 台时。

要求:

(1) 以假定产品为计量单位计算设备组的生产能力。

(2) 计算该设备组的负荷率。

(3) 若将完成计划产量后剩余的加工能力用来生产 B 产品,则能够多生产多少台 B 产品?

4. 有四项工作分配给四部机器加工,各项工作在各机器加工成本不等,求使总成本最小的分配方案及总成本。

工作	机器 成本	Ⅰ	Ⅱ	Ⅲ	Ⅳ
A		2	10	5	7
B		15	4	14	8
C		13	14	12	11
D		4	15	13	9

5. 某车间年末计算在产品价值,某种产品由 X、Y、Z 三种零件组成,按 $X+Y+Y+Z$ 的顺序装配。三种零件的加工工序、加工工时定额(单位:小时),各道工序的在制品数量(单位:件)都列于下表中,产品的不变价格为 1 200 元,现行价格为 1 100 元。

零件	工序	工时定额	在制品数	零件	工序	工时定额	在制品数
X	1	4	12	Y	1	10	16
	2	8	6		2	5	30
	3	6	8		3	15	12
	4	12	4				

零件	工序	工时定额	在制品数	装配	工序	工时定额	在制品数
					$X+Y$	10	10
z	1	12	20		$(X+Y)+Y$	10	10
	2	18	12		$(X+Y+Y)+Z$	10	/

要求:

(1) 按工时进度法计算该产品的年末在制品价值(按不变价计算)。

(2) 若该产品全年生产的产量为 500 台,年初在制品价值为 30 000 元(不变价),计算该产品以现行价格与不变价计算的商品产值和工业总产值。

6. 某车床组有 12 台车床,每月工作 22 天,二班制生产,停台率 10%,全月加工 A 产品,台时定额为 5.2 小时/台,月计划产量为 700 件。求该车床组的月生产能力和负荷系数。

7. 某工厂制定生产计划,其中有关 A 产品的资料如下:

工厂正常生产能力 80 件,正常生产单位成本 90 元,

每月加班生产能力 20 件,加班生产单位成本 100 元,

每月外包生产能力 20 件,外包生产单位成本 120 元,

每月单位管理费用 2 元,

第一季度每月的 A 产品需求量(不允许缺货):1 月份 80 件,2 月份 90 件,3 月份 130 件(提示:可将生产安排直接表示在下表中)。

请作出最优的生产安排并计算相应的总费用。

生产月＼方式＼需求月	1 月	2 月	3 月	生产能力	剩余能力
1 月					
2 月					
3 月					
月需求数量					

8. 某收录机生产厂家,生产 XL 牌收录机的需求预测、有关成本和生产能力数据如以下三个表所示。期初库存为 500 台,所期望的期末库存为 400 台。请用最小费用法来制定生产计划。按照该厂的经营方针,不允许任务拖期和库存缺货。

需 求 预 测　　　　　　　　　　　　　　　单位:台

季度	1	2	3	4
需求	2 000	2 500	1 500	2 500

成 本 数 据　　　　　　　　　　　　　　　单位:元

单位产品的正常生产成本	70	单位产品外协成本	120
单位产品的加班生产成本	110	单位产品库存成本	4/季度

生 产 能 力 数 据　　　　　　　　　　　　　　单位:台

季　度	1	2	3	4
正常生产	1 500	1 600	750	1 600
加班生产	400	400	200	400
外协	600	600	600	600

第6章 运营系统的选址和布局

选址(location)

工艺专业化原则布局(process layout)

布局(layout)

对象专业化原则布局(product layout)

平面布置(ichnography layout)

相关图(correlative map)

十字形象限法(cross-quadrant method)

固定布局(fixed layout)

成组技术(group technology)

互联网资料

http://www.mot.com

http://re.icxo.com/

http://manage.china-aaa.net

> 　　一个企业的运营系统的选址和布局对企业来说是一个重要的决策,因为运营系统的选址和布局会影响企业生产能力的布局、战略规划、基建投资、环境保护等问题。并且运营系统的选址和布局一旦确定,设备一旦购入并安装好,想要改建和迁移是一件比较困难的事情。所以,生产运营系统选址和布局对于企业生产经营全局有重大的影响。

6.1　厂址选择

　　企业的厂址选择是企业运营系统实际投入进入实施阶段所面临的第一个问题。厂址选择正确,可能会使企业节约生产成本、加快产品运输速度、快速响应客户要求、市场信息传递速度加快,也能够使企业各个层次的员工安居乐业。如果厂址选择不正确,即选择在一个交通闭塞、信息传递不通畅、各种生产原材料不易获得、产品运输困难的地方,无疑会给企业带来极大的生产问题,降低企业的竞争力。所以,在考虑企业的厂址选择问题时,必须要注意厂址选择的选择程序、影响因素和方法等问题。

6.1.1　厂址选择的程序

工厂厂址的选择通常分两个层次进行。首先是选区,即选定若干个区域(地区),对这些区域进行分析评价。当大区选定以后,其次进行的是定址,就是在已定大区内具体选定工厂的地理位置。厂址选择是一项比较复杂的系统工程,需要有关部门和各种专业人员协同进行。具体来说,厂址选择的工作程序一般可分为以下三个阶段。

1. 准备阶段

此阶段的任务是:首先确定选址总体目标,并制定建厂规划;再根据企业的产品方案及生产规模,以及企业的职工人数、生产部门和车间构成等因素,确定厂区的建筑面积和总面积;根据生产工艺和对外协作方案,计算进货运输量和出货运输量,以此为根据设计出厂区的运输线路;提出对厂区地质和水文条件的具体要求;分析“三废”的性质,确定排放标准,并制定处理的方案等。

2. 现场勘察阶段

由设计单位和企业单位组成选址勘察小组,对所选厂址进行现场勘察和调查,收集所需的各种资料,并将调查结果整理成初步方案,报当地城建和环保部门审查,并听取它们的意见;最后将所有勘察的厂址方案整理成厂址方案汇总比较表,以便进行评选。

3. 评选和确定方案阶段

对候选的厂址方案,从企业经济效益和社会效益、近期效益和长远利益出发,进行全面的综合评价,从中选出一个最佳方案。

6.1.2　影响选址的因素

1. 影响厂址选择的主要因素

影响厂址选择的因素很多,在选择工厂的所处区域时,需考虑的主要因素有以下几个方面。

1) 劳动力资源的供应条件

不同地区劳动力的工资水平和受教育程度是不相同的,是否容易获得企业所需的合格劳动力,是选址时要考虑的重要问题。由于受传统技术的影响,在某些地区能够比较容易地找到富有本地区技术特色的、符合某些特定要求的熟练工人。当前发展全球化生产的动力之一就是,企业试图在全球范围内找到劳动力成本更低的地区来设置工厂。

2) 原材料、燃料、动力的供应条件

出于供应时间和采购成本方面的考虑,对原材料、燃料消耗量大,依赖性强的企业必须认真考虑此项,如火电站希望靠近煤炭基地,建立坑口电站;大型钢铁厂希望靠近铁矿山;电解铝厂用电量大,宜建在电力供应充足、电费便宜的水电站附近等。

3) 产品销售条件

工厂应尽可能地接近产品的目标市场,以便产品就近迅速投放市场和节省运输费用,还便于及时掌握市场动态,从而能更好地适应顾客的需求。例如,新疆联合收割机厂把它的成品总装厂由新疆迁到山东、江苏等地以后,避免了庞大的联合收割机从新疆到华东、华中的长途运输过程,节约了大量的人力和运费,其中仅轮胎和发动机往返运费一项就使每台收割机节约8 000元。

4) 自然资源条件

这里所说的自然资源条件包括土地资源的价格、水资源的供应潜力及水质情况、当地的气候条件等。对于某些用水量大的如造纸、制糖、化工等企业必须优先考虑该地区的水资源供应的可能性。若水质不好对于酿酒的质量有重大影响,所以酿酒厂必然关心工厂所在地的水质情况。气候条件如温度、湿度、气压、风向等气候因素与产品的制造、库存和工人的工作条件直接相关。许多产品不适合在非常潮湿或寒冷的气候中生产,所以气候条件也是选址时必须考虑的重要因素之一。

5) 交通运输条件

对于运输量大的企业,应根据原材料和产成品的体积、质量、形态等特点,选择运输方式,确定应靠近铁路、河流,还是应安排在主干公路线上。

6) 当地社会的生产协作条件

在工业比较发达的地区建厂,企业容易获得良好的生产协作条件。对于加工装配型的机械制造企业和电子产品制造企业,需要由其他企业提供大量的零配件和元器件,因此,对工厂所在地的社会生产协作条件有很高的要求。

7) 法律、法规和政策条件

不同的国家和地区有不同的法律、法规和政策,这是当今跨国公司在全球范围内选址时考虑的重要因素。特别是一些国家为吸引外资,对国外企业来本国设厂给予许多优惠待遇,如在我国的经济特区、工业园区和高科技园区内设厂就有很多优惠。

8) 科技依托条件

对于一些技术密集型的企业,尤其是高新技术企业,应选择在科技文化发达的地区建立企业基地。例如,许多跨国软件公司都把中国总部建立在北京。其中一个决定性因素就是,北京有较多知名的大学和科研机构,具有最佳的软件技术依托条件,有利于企业利用充分的科技人力资源,并且跨国公司还可以与这些大学和科研机构合作研发新产品。

2. 影响厂址选择的具体因素

当工厂设置在哪个区域选定以后,在确定工厂的具体地理位置时,应考虑以下一些因素。

1) 厂区的地形、地貌以及地质、水文条件

这些将直接影响建厂施工的土方工作量和地基的工作量及费用。

2) 周围环境

所选厂区的位置,能否方便地利用城市原有的各种公用设施,为职工提供良好的生活环境也十分重要,如住房条件、生活必需品供应、子女上学、娱乐设备、交通条件、医院等。否则,一个企业要独立承担去建设企业的职工生活区,不仅投资大,而且建设周期长,必然事倍功半。对于一些高科技企业来说,还希望选择在靠近科技力量雄厚的大学、科研机构集中的地区建厂,以便获得良好的科技依托。

3) 厂区的可扩展性

在市场需求多变、科学技术迅猛发展的今天,企业未来的发展存在许多不确定性。因此在建厂时,不考虑企业今后的发展,不在厂区空间内适当留有余地是不明智的。另外,有些

企业由于受资金的限制,不能一次建成到位,需要分期建设,因此在选定厂区时,也要做好总体规划,以便有计划地分步实施。

如上所述,在进行"选区"和"定址"工作时,要考虑的因素很多,而且这些影响因素有时是相互矛盾的,往往会顾此失彼。因此,必须综合建厂的具体要求和地区的实际情况,在上述诸多影响因素中分清主次,根据建厂中的主要矛盾,选其中最重要的几项因素,对候选方案进行评价,然后决策。一项全球范围内对许多制造业企业的调查表明,一般认为以下五组因素是进行工厂选址时必须认真考虑的:

(1) 与目标市场的接近程度。

(2) 劳动力资源供应条件。

(3) 厂区周围的社会环境,职工的工作环境。

(4) 与供应商和主要生产资源的接近程度。

(5) 与本企业有关的其他部门和相关设备协作联系的方便性。

除此之外,在我国,能源供应与信息通信等基础设备的完备情况,也是必须考虑的重要因素之一。

3. 厂址选择因素的具体应用

下面结合不同的企业类型,讨论厂址选择因素的具体应用。

1) 产品型工厂

这种类型的工厂通常是大批量地集中于生产一种或一个系列的产品。它可以是单厂企业,也可以是总厂(公司)或集团企业的一个分厂,它所要面对的是整个市场对这种产品的需求。在这种企业中,由于工艺、设备和组织的平均水平较高,所以生产效率也很高,规模效益可得到很好地发挥。这类工厂在选址时,首先关注的就是要接近原材料产地或供应商。此外,应尽可能地争取使产品的外运成本达到较低水平。

2) 市场地区型工厂

这种类型的工厂一般生产所属公司所产出的所有产品,但其产品只供应某一特定的地区市场。它往往是某一大公司下设的一个分厂,当公司的业务规模较大,且运输成本所占比重较高时,为了减少运输成本,总公司往往需要设立这种分工厂,以适应某一地区市场发展的需要。它的选址首先考虑的是靠近目标市场及所需服务的用户周围。

3) 生产过程型工厂

这种类型的工厂是流程型企业,在汽车厂、石化厂等企业中最为常见。往往公司(或总厂)下属的几个分厂分别负责制造流程中的某几个阶段,再把各自的成品供应给一个或几个厂进行总组装。对制造产品的工厂来说,每一个阶段都可能具有不同的工艺、不同的材料来源、不同的经营管理制度,但这些工厂在生产过程或工艺流程上有着十分紧密的关系。因此在选址时,应把公司下属的几个分厂之间的联系作为重要因素予以考虑。

4) 通用型工厂

这种类型的工厂灵活性较大,它并不固定生产某种产品,也不固定供应某一市场,经常根据市场情况调整自己的生产,因此它的生产条件和工艺技术柔性很强。这种类型的工厂在大企业中是不多见的,往往都是小企业。对它的选址要综合考虑多方面的因素,对于劳动力的素质尤其要特别给予关注。

上面对若干不同类型企业的选址因素进行了讨论,但在选址中情况往往十分复杂。因为上述因素往往是互相冲突、相互矛盾的,因此选址时需要根据具体情况进行多方案的对比分析。

6.1.3 厂址选择的评价方法

影响厂址选择的因素很多,其中有些因素可以定量计算,如物流系统的运输量和运输成本等,有些因素则只能作定性分析。因此,厂址选择的评价方法需采用定性分析与定量分析相结合的方法。通常对于定性分析的因素,可以采用主观打分的方法把其定量化后,再转为采用定量分析方法进行处理。

采用分级加权法评价的步骤如下:

(1) 把有关的影响因素列出一个清单,并对各因素确定其权重。

(2) 对每一因素规定一个评价尺(许多情况下用分数作为标尺),然后对每个候选厂址按规定的评价尺打分。

(3) 把打分与权重相乘,选择候选厂址。

由于具体的操作方法不同,分级加权法又可细分为下述四种方法。

方法一:对所有因素给以同样的权重,然后按各因素的评价标尺给每一候选厂址按规定的评价标尺打分。例如,假定有 20 个因素,有 5 个候选厂址,规定评价标尺用 0~10 分表示,我们就可以给每个厂址的每一影响因素打分。于是,每个候选厂址的总分将为各因素的分数之和。然后,对这 5 个厂址各自所得总分进行比较,选总分最高者。

方法二:对每一因素规定不同的权重,然后对每一候选厂址按评价标尺打分,计算并比较各候选方案得分与权重的乘积数,选取得分最高的候选方案。

方法三:对每一因素规定不同的权重,各个因素都用共同的评价标尺来进行每一候选方案的定级,将每一因素评定的等级乘以规定的权重,即得各候选厂址每一因素的得分,将所有因素的得分加起来就是该厂址方案的总分数。

方法四:建立一个所有因素共用的主观评价标尺,例如,可建立一个很差、尚可、中、良、优的 5 分制标尺,按此标尺对每一因素规定一个分数,然后对各因素打分,每一候选厂址各因素的得分总和,就表示该厂址的优劣等级。

对于一些非定量的因素,分级加权评分法是一种很有效的方法。对于一些可量化因素,也可以采用本法,但最好结合定量分析方法进行评选。

下面用实例来说明分级加权评分法的运用。

[例 6.1] 采用方法三来分级加权和打分。如表 6-1 所示,假定某厂有四个候选厂址(A、B、C、D),影响因素有 10 个。

表 6-1 影响因素表

影响因素	权数	候选厂址			
		A	B	C	D
劳动力条件	7	2 / 14	3 / 21	4 / 28	1 / 7
地理条件	5	4 / 20	2 / 10	2 / 10	1 / 5

续表

影响因素	权数	候选厂址 A	候选厂址 B	候选厂址 C	候选厂址 D
气候条件	6	3 / 18	4 / 24	3 / 18	2 / 12
资源供应条件	4	4 / 16	4 / 16	2 / 8	4 / 16
基础设施条件	3	1 / 3	1 / 3	3 / 9	4 / 12
产品销售条件	2	4 / 8	2 / 4	3 / 6	4 / 8
生活条件	6	1 / 6	1 / 6	2 / 12	4 / 24
环境保护条件	5	2 / 10	3 / 15	4 / 20	1 / 5
政治文件条件	3	3 / 9	3 / 9	3 / 9	3 / 9
扩展的余地	1	4 / 4	4 / 4	2 / 2	1 / 1
总计		108	112	122	99

(1) 规定权重。可选择一个影响最小的因素,定其权数为 1(本例为"扩展的余地"),其他因素的权数可通过与此因素进行比较而确定。权数的确定可以由有经验的专业人员共同研究后决定。

(2) 规定评价标尺,并为各因素定级。权衡各种因素对候选厂址的影响,按其影响程度划分几个等级(本例分为 4 级),并相应地规定各等级的系数为 4、3、2、1。例如,对"劳动力条件"这一因素,C 厂址最佳,其系数为 4;次之为 B,其系数为 3;再次之为 A,其系数为 2;最差为 D,其系数为 1。

(3) 计算得分。确定了权数和等级系数后,将两者相乘就可以计算出某一因素下各候选厂址的得分(本例的计算列入表 6.1 内,如在"劳动力条件"因素下,厂址 C 的得分为 7·4=28,其余类推)。

(4) 汇总得分,确定厂址。将每一个厂址在各因素下的所有得分加起来,其中总分最高者就是所要选择的最佳厂址(本例厂址 C 得分为 122,最高,故选定厂址 C)。

[**例 6.2**]　用方法四评选各候选方案。

首先针对于候选的厂址方案,确定出需要考虑哪些因素,再对每个因素规定评价的等级。然后由专家组对每个候选方案进行打分;最后按每个方案汇总所有因素的得分,以总分分值的大小决定方案的优劣。

现将评价厂址方案需考虑的因素和各等级的分值列于表 6-2 中。

今有甲、乙、丙三个候选方案,经专家组打分后各方案的得分情况列于表 6-3 中。

表 6-2   厂址方案等级分值

考虑的因素	等级与分值			
	1 级(优秀)	2 级(良好)	3 级(中等)	4 级(较差)
投资费用	40	30	20	10
交通运输	40	30	20	10
能源供应	40	30	20	10
劳动力供应	30	22	15	8
水资源供应	30	22	15	8
生产协作	20	15	10	5
可扩展性	20	15	10	5
"三废"处理	20	15	10	5
汇总分值	240	179	120	61

表 6-3   候选厂址方案得分情况

考虑因素	甲方案		乙方案		丙方案	
	等级	得分	等级	得分	等级	得分
投资费用	1	40	2	30	3	20
交通运输	3	20	1	40	2	30
能源供应	1	40	3	20	2	30
劳动力供应	2	22	4	8	3	15
水资源供应	2	22	3	15	1	30
生产协作	3	10	2	15	1	20
可扩展性	1	20	3	10	4	8
"三废"处理	2	15	3	10	1	20
得分合评		189		148		173

从表 6-3 中各方案的得分情况来看,甲方案得分最高,可以确定为中选方案。

除了用上述方法对候选的厂址方案进行评选外,还可采用线性规划法、层次分析法、费用/效率分析法等进行评选。由于这些方法在运筹学、技术经济学和工程经济学等书中均有介绍,此处不再赘述。

6.1.4   厂址选择的发展趋势

除了前面提到的一些传统方法之外,目前随着计算机技术的发展,计算机模拟法、分支界限法、计算机检索法也得到了广泛的应用。从厂区和设施选址的发展趋势看,有以下几点:

第一,计算机技术的普遍应用为复杂模型提供了可能。特别是计算机模拟技术、多维准则的计算机检索技术等方面的发展,使人脑无法进行的大量计算得以通过计算机来实现。

第二,多目标决策特别是目标规划的发展,弥补了线性规划目标函数单一、求解过于严格的缺陷。厂区和设施选址往往涉及多个目标、多种约束条件。采用传统线性规划法往往仅能以最大利润或最小成本作为目标函数,势必影响实际生产业务系统中复杂的多目标的要求,而线性规划对于可行解区的严格要求,又难以适应约束条件的复杂情况。目标规划的引入使我们在厂区和设施选址过程中得以考虑非成本因素的影响。

第三,厂区和设施选址日益向动态长期均衡决策发展。传统的厂区和设施选址往往是一次性的静态决策,所界定的产量、需求量、成本水平、竞争环境是建立在当前现实以及对未来的预测基础之上的。而现代的厂区和设施选址技术则适应了动态发展的要求,将企业的生产能力、分配方案与市场需求、成本变化、竞争局面均衡地加以考虑,不断进行修正,使工厂产量、分配方案、进度安排、库存服务水平的确定,以及厂外物料运输方案适应外部因素和内部因素的各种变化,并决定新建或关闭工厂和仓库的设施。这就使得厂区和设施选址这一长期决策与生产业务的中期短期决策有机地结合起来,以达到尽可能低的生产和分配总成本。

第四,厂区和设施选址的研究已由工厂选址、仓库选址朝服务设施选址方向扩展,并大量应用于实际中,特别是对于急救单位的定向问题,已取得显著成效。

第五,厂区和设施选址分步骤采用不同的方法。如采用引力模型法确定可获得最大销售量的商店区域后,再用积点法确定具体的商店位置。

6.2　总平面布置

总平面布置是指企业根据自身实际生产状况、客户类型、产品特点、库存周期、物流配送等特点,按照科学合理的原则,把工厂的生产厂房的各种建筑物,如基本生产车间、辅助生产车间、行政办公大楼、科技大楼、公用设备、仓库、车库、油库等进行规划和布置,使之构成一个符合企业生产经营要求的有机整体,使其各项生产资源达到合理的配置及最大效益和最大效率的利用。通常来说,总平面布置主要指厂区平面布局。

厂区平面布局是在厂址选定、生产单位确定之后进行的一项重要的生产过程的空间组织工作。它是根据已选定的厂址的地貌,对组成企业的各个部分确定其平面或空间的位置,并相应地根据物料流程,确定运输方式和运输路线。

厂区平面布局是一项复杂而庞大的系统工程。厂区布局进行的合理与否对企业的生产经营活动有着十分重要的影响,它影响企业的生产经营成本、职工的工作环境、物资运输流程及企业的应变能力等。有关统计资料表明,在制造业中,总经营费用的 20% ~ 50% 是物资的搬运费用,而优良的厂区平面布置可使这一费用至少减少 10% ~ 30%。因此,有的专家认为,厂区布局是生产运营管理领域最重要的工作之一,也是影响生产率高低的决定性因素之一。

6.2.1　厂区平面布局的原则

1. 以本生产单位为中心,保持厂区内各要素之间的协调配合

厂区的平面布局方案应以生产流程为中心,使厂房、建筑物和各种设备的配置满足企业生产过程的要求。例如,为基本生产车间服务的辅助生产车间和服务部门应围绕其服务对象进行布置;一个车间的出口应与工序上与其有着密切联系的另一车间的入口为邻等。

2. 合理划分厂区

厂房、建筑物的布置,必须符合安全、防火和环境保护的要求。为此,应把功能相近或对防火等条件要求相同或相近的单位集中布置在同一区域内,这样既便于管理,也便于对不同的区域采取不同的安全防火措施。因此,一个企业的厂区内往往分为多个不同的功能区,如

生产加工区(又分为冷加工区和热加工区)、动力区、行政办公区、生活区等。

3. 在全厂范围内规划合理的物流路线

围绕生产过程合理组织各种物资的厂区运输,即在满足生产工艺过程要求的前提下,按各部门之间物流与非物流相互关系的密切程度进行系统布置,尽量缩短运输距离,避免交叉运输和相向往复运输,以减少物流量。此外,出于安全的考虑,还应避免物流运输的主干道与员工上下班的出入通道出现交叉。

4. 厂区的平面布局应尽量紧凑,合理用地

在符合安全、卫生、防火要求的条件下,应合理确定通道宽度以及各部门建筑物之间的距离,尽量把厂房建筑物和各种设备布置得紧凑一些。这样不仅可以节约用地,也可以缩短厂区各种管理和线路的长度;既可节省投资费用,也可节省日后的运行费用。

5. 厂区的绿化和美化

厂区的布局要符合环保的要求,并要搞好绿化和美化,为职工创造一个良好的工作环境和生活环境。职工有良好的心情和旺盛的士气是企业具有活力和取得成功的基础。这里可能需要艺术造型、园林设计等专业知识。

6. 充分利用外部环境提供的便利条件

在进行厂区布局时应充分考虑环境因素给予的各种便利条件,并尽可能地予以利用,特别是厂外的公用设备、公路、河道以及城市的居民区、商业区等。生产过程的流向和运输系统的配置,应与厂外提供的运输条件协调、衔接,以保证物资输入和产品输出的顺畅与方便。

7. 厂区布局要与周围环境相协调

企业应牢固树立自己是社会的一员、积极造福于社会的思想。在进行厂区布置时,应使厂区的环境、建筑群的布置和式样与周围的社区环境相协调,尤其是在历史名城或风景区附近。

8. 厂区布局要考虑企业的远景发展

在厂区布局时要根据企业的长远发展规划,在现有的厂区面积上为企业今后可能有的发展预先留出必要的空间,即预留发展用地。

6.2.2　厂区平面布置的程序

厂区平面布置工作一般可按下述程序进行。

1. 明确目标

通过合理的厂区布局,应使厂区的各个组成部分井然有序、整齐美观,以便为企业员工创造一个良好的工作环境,同时也能够给来访者留下深刻的印象。同时,还要有效利用厂区面积,节约投资,合理组织物流,这样既可提高工作效率,又可降低生产运营费用。

2. 收集资料

为进行厂区的总平面布置收集所需的各种资料。这里涉及:

(1) 基础资料。包括厂区的地形地貌、水文地质、厂区面积、自然条件、交通运输条件、当地的政策法规、经济情况以及有关建厂的各种协议文件等。

（2）工厂生产单位的组成及其专业化形式。

（3）生产系统图。所谓"生产系统图"即企业生产系统各组成部分之间的生产联系和物资流向的简图。该图简要地说明了企业的产品生产过程和各生产部门之间的联系，反映了从原材料、半成品到成品的物流过程。

3．计算和确定各生产单位和业务部门所需的面积

各生产车间和仓库的面积是根据生产流程和生产规模的大小，由各专业车间设计决定的。技术部门和行政管理部门的科技大楼和行政办公大楼是根据科室的设置和人员编制的情况，先确定大致需求的面积，再由专业人员设计。关于餐厅、医疗室等服务部门所需的面积，通常根据职工的就餐人数和就医人数按规定的指标计算。

4．设计初步方案

设计和布置各生产单位和工作部门在厂区内的位置，制定几个平面布置的初步方案。

5．方案评价

方案评价通常可从定性和定量两方面进行。定性评价可组织有关专家对各方案满足厂区布局目标的程度和遵循布局原则的程度进行评价和打分。定量评价则通过对有关的技术经济指标的计算来评定。

6．方案实施

方案选定之后就进入实施阶段。通常要成立专门的项目组来贯彻设计的意图，对方案的实施进行全过程管理。

6.2.3　工厂总平面布置的方法

工厂总平面布置要经过反复试验、比较、验证，是一个布置、修改、再布置的过程。开始可以在纸面上利用模型进行设计。模型有平面的、立体的、带颜色的、按比例的等多种形式，可根据实际需要具体决定。布置时一般首先安排主要生产车间和某些由特殊需要决定其位置的作业。如禁止吸烟的作业场所，应另设吸烟室；仓库区域内应设置消防车通道；储存石油、化学易燃物品的仓库可布置在地下室或其他比较安全的地方。其次，确定主要通道的位置，厂区内的人行道和车行道应平坦、畅通，有足够的宽度和照明设备；主要过道的两端可能与厂外公路相连接，中间与各车间的大门相连接；道路与轨道交叉处应有信号装置、落杆和明显标志。最后，根据各组成部分的相关程度，确定其他辅助部门和次要过道的位置。利用模型在纸上进行布置，便于修改比较，也便于形成几个不同的布置方案。

工厂总平面布置经过模型试验、方案比较，确定最优方案后，就可以到现场进行实地布置了。现场布置可根据具体条件对原设计方案进行必要的修正。由此可见，工厂布置过程实质上是一个实践、认识、再实践的过程。在这个过程中，工程技术人员、生产操作人员的经验和集体智慧起着主导作用，某些定量分析方法也为合理地进行工厂布置提供科学依据。下面介绍两种定量分析方法。

1．生产活动相关图布置法

这种方法首先要绘制生产活动相关图，以表明工厂（或系统）各组成部分之间的关系，然后以此为根据，按其相关程度进行布置，以求得最优的总体布置方案。此方法通常用六个等

级来区分各组成单位相关关系的密切程度,并用一组数字来表示关系密切的原因,如表 6-4 和表 6-5 所示。

表 6-4　关系密切程度分类

代号	关系密切程度	评定分值	代号	关系密切程度	评定分值
A	非常密切	6	O	一般	3
E	很密切	5	E	不密切	2
I	密切	4	X	无关紧要,不必考虑	1

表 6-5　关系密切程度的原因分类

代号	关系密切程度的原因	代号	关系密切程度的原因
1	便于物质的运输	4	便于管理
2	便于沟通和信息传递	5	有利于环境
3	便于工作联系	6	便于人员流动

[例 6.3]　有一个小型企业由八个部门组成,各部门在生产经营活动中的相关关系如图 6-1 所示。

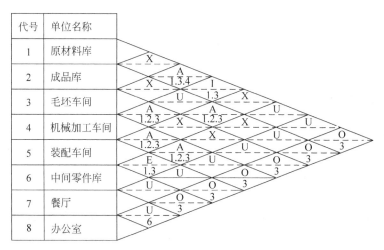

图 6-1　某小型企业各单位生产活动相关图

图 6-1 左边部分列出了该厂的八个组成部门,图的右边有许多菱形小方块,每一个小方块都表示两个部门之间的联系关系。虚线上面的英文字母按表 6-4 给出的含义,表示两个部门联系的紧密程度。虚线下面的数字按表 6-5 给出的含义,表示联系紧密程度的原因。根据图 6-1 编制关系密切程度及积分统计表(表 6-6)。由表 6-6 可知,机械加工车间的得分最高,布局时应首先确定它的位置。毛坯车间、装配车间、中间零件库与机械加工车间都是 A 级关系,所以应围绕机械加工车间进行布置,并尽量靠近。成品库和中间零件库与装配车间是 A 级和 E 级关系,应把它们布置在一起。原材料库与毛坯车间是 A 级关系,两者应相邻。办公室和餐厅可稍远离车间,不放在生产区。根据以上要求可大体确定各单位的相对位置,如图 6-2 所示。根据图 6-2 各单位的相对位置,再按各单位的面积和厂区出入口对运输路线的要求,按一定的比例,最终可画出工厂的平面布置草图,如图 6-3 所示。

表 6-6 关系密切程度及积分统计表

1. 原材料库 关系	积分	2. 成品库 关系	积分	3. 毛坯车间 关系	积分	4. 机械加工车间 关系	积分	5. 装配车间 关系	积分	6. 中间零件库 关系	积分	7. 餐厅 关系	积分	8. 办公室 关系	积分
A.3	6	A.5	6	A.1.4	12	A.3.5.6	18	A.3.4	12	A.4	6			O.1.2.3.4.5.6	18
1.4	4	0.8	3	0.8	3	1.4	4	1.6	5	E.5	5	U.1.2.3.4.5.6.8	14		
0.8	3	U.4.7	4	U.7	3	0.8	3	0.8	3	0.8	3				
U.6.7	4	X.1.3.6	3	X.2.5.6	3	U.2.7	4	U.7	2	U.1.7	4			U.7	2
X.2.5	2							X.1.2	2	X.2.3	2				
合计	19	合计	16	合计	20	合计	29	合计	24	合计	20	合计	14	合计	20

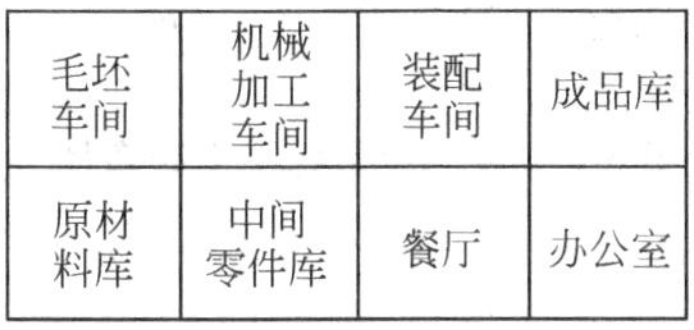

毛坯车间	机械加工车间	装配车间	成品库
原材料库	中间零件库	餐厅	办公室

图 6-2 某工厂平面布置图初始方案图

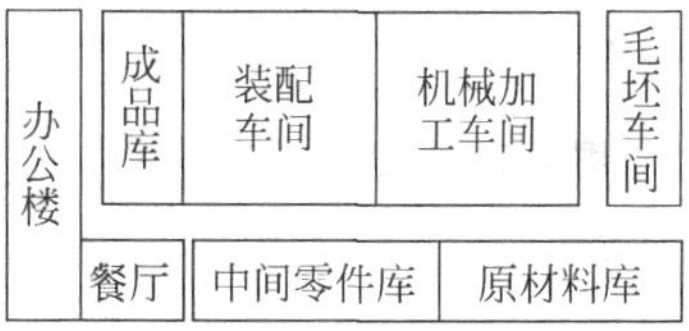

办公楼	成品库	装配车间	机械加工车间	毛坯车间
	餐厅	中间零件库	原材料库	

图 6-3 某工厂平面布置草图

2. 物料流向图布置法

这种方法主要是按照原材料、在制品、成品等物资在生产过程中总的流动方向和搬运量来进行工厂布置,特别适用于物料运量很大的工厂。应用这种方法首先要有一个初步的工厂布置方案。根据初步方案和生产工艺的顺序,绘制物料流向图,并计算各组成部分的搬运量。各组成部分之间的运输距离可通过实地测量或计算确定。搬运次数和搬运量要根据生产计划、比较,确定一个最优方案,并根据它反过来修正原先的工厂布置方案,使工厂总平面布置更趋合理。最优化的运输方案就是要使全厂的搬运总量最小,特别是非相邻单位之间的搬运量要最小。例如,某生产系统由 11 个单位组成,各单位之间每月的搬运量如图 6-4 所示。

从图中可以看出:在单位 2—4、4—6、6—8 之间各有 100、200、200 的非相邻的搬运量,为使非相邻的搬运量最小,可以改变单位所在的位置,如果把单位 4 的位置移到单位 2 和单位 6 之间,则 2—4 之间的 100、4—6 之间的 200 搬运量就不再是非相邻的了,而成为相邻的了。如果把单位 8 的位置移到单位 9 的位置上,而将单位 9 的位置往下,则 6—8 之间的 200 非相邻搬运量也就成为相邻的了。这样非相邻的搬运量就从 200 减少到 100。作了上述这些变动以后,这个运输方案就比较理想了,可以作为工厂总平面布置的依据。修改后的示意图如图 6-5 所示。

图 6-5 显示了工厂总平面布置的雏形,它使各单位之间处于最经济的地位,但并不等于

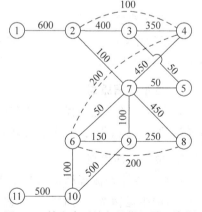

图 6-4 某生产系统每月搬运量示意图

工厂总平面布置。工厂总平面布置还要在此基础上计算各单位所需要的面积,布置通道,设计生产服务和生产服务部门,选择运输设备等。每个单位所需要的面积,可根据设备数目和每台设备所需面积,以及操作者、物料储存、通道、更衣室等所需面积估算确定。有了各单位所需要的面积,就可以按厂址地形作平面布置,如图 6-6 所示。

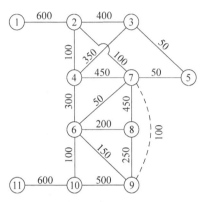

图 6-5　修改后的示意图

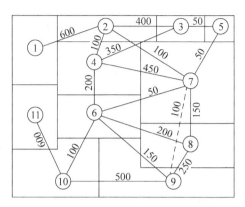

图 6-6　某生产系统平面布置图

6.3　设备布局的类型和基本方法

工厂总平面布置只是对工厂的各个组成部分进行了总体安排,确定了相互位置,至于各个组成部分内部如何布置,这就是车间布局的问题了。在车间的各个组成部分中,设备布局是否合理,将影响产品的生产周期和生产成本,影响劳动生产率的提高。因此,在选定工厂平面布局后,必须探讨车间里设备布局的类型和选择方法。

6.3.1　设备布局的原则

1. 为生产经营服务原则

在组织中,生产经营协作密切的组成部分应相互就近,使辅助生产和生产服务工作及时满足生产经营需要。

2. 最短距离原则

在符合生产工艺过程要求的前提下,使原材料、半成品和成品的运输路线尽可能短,使布局达到时间短、费用低、便于管理的目的。

3. 单一流向原则

布局应使生产流程尽量不存在迂回曲折和平面反复交叉现象,即尽量按生产流程的顺序布局,减少运输费用与时间。工艺流程布局中比较好的布局形式有直线形(I 形)、直角形(L 形)、环形(O 形)、马蹄形(U 形)、蛇形(S 形)等。

4. 立体原则

在技术、资金允许的前提下,应尽量采用多层的立体布局,这样可以充分利用空间、场地,节约面积,缩短运输距离。

5. 安全原则

设备布局应符合有关安全生产的法令和制度,符合劳动保护、环境保护的法令和制度,满足文明生产的要求等,确保生产经营的安全进行。

6. 弹性原则

设备布局还应考虑长远发展,留有一定发展余地,便于适应今后发展需要,利于进行调整。

在实际工作中,设备布局应根据组织实际情况以及发展需要,有所侧重地应用上述原则。

6.3.2　设备布局的类型

设备布局的类型主要有以下四种,其中工艺专业化原则布局和对象专业化原则布局是设备布局的两种基本类型,它们分别是对应"工艺专业化组织分工原则"和"对象专业化组织分工原则"来进行的设备布局方式,从这两种基本的布局类型基础上衍生了其他的布局类型。

1. 工艺专业化原则布局

工艺专业化原则布局(process layout)是按生产工艺特征安排生产单位或设备的布局方式(也称"机群式布局")。在这种布局方式下,相似的生产单位或设备被放在一起。例如,机械制造厂将车床、铣床、磨床等设备分别放置,形成车工车间(或工段)、铣车工车间(或工段)、磨工车间(或工段),见图6-7。医院按提供特定服务功能进行布局,形成内科、外科等部门。这种布局方法对产品品种变换的适应性较强,设备的利用率也较高。但在这种设备布局方式下,产品的物流比较复杂,生产过程连续性差,在制品库存量也较高,整个生产周期较长。因此,它适合于小批量、多品种生产。在这种布局下,主要考虑采用何种方法布局各个不同生产单位或设备,使物流合理,达到预期的目标要求。

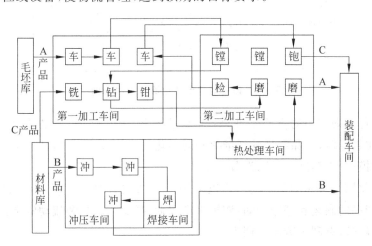

图 6-7　设备工艺专业化原则布局示例

工艺专业化原则布局的主要条件是:同类或类似的设备较多;所使用设备的通用性较强;生产的产品需要量小,品种变化较多,间歇性较大;工人的技术水平要求较高。

工艺专业化原则布局的优点是：有较强的适应性，可不必随产品品种的变换而重新布局和调整设备；由于同类设备集中在一起，便于充分利用生产设备和生产面积；减少重复添置设备，设备费用和维护费用较低；同一种工艺集中在一起，便于工艺管理，有利于工人技术水平的提高。遇设备故障，生产不致中断，局部停工不致影响全局，可用其他设备代替；安排较简便，可少受工序的限制和场地的影响。

工艺专业化原则布局的缺点是：半成品在车间之间辗转交接频繁，流程交叉重复，运输堆放增多，运输费用增加；半成品运送时间长，停放时间多，生产周期延长，在制品增加，流动资金占用量增大；产品经常更换，因此工人技术水平要求较高，培训期较长；车间之间的联系与协作关系频繁，计划管理、在制品管理、质量管理等工作复杂化。

2. 对象专业化原则布局

对象专业化原则布局(product layout)是按产品(或服务)制造(或提供)的工艺流程安排生产单位或设备的布局方式(也称"生产线布局"、"产品布局"或"封闭式布局")。在这种布局下，生产单位或设备是按照某一种或某几种(但这几种产品的加工路线基本类似)产品的加工路线或加工顺序顺次排列的，见图6-8。典型的这种设备布局是流水线或生产线。例如，汽车厂的装配线的布局。这种布局方法使产品(或服务)过程在空间上紧密衔接，可以缩短运输距离，减少了在制品，节约生产面积，易于管理，但对品种变换的适应能力差。它适合于大批量、连续生产。在对象专业化原则布局下，主要考虑如何使每一单元的操作时间都大致相等，即考虑装配线或生产线平衡问题，以提高输出效率。

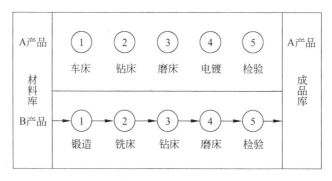

图6-8　设备对象专业化原则布局示例

对象专业化原则布局的主要条件是：企业应有较为稳定的专业方向和一定的生产规模；产品结构比较稳定，产品零件的标准化和通用化程度比较高；半自动或全自动生产，至少初具流水线规模；分工精细，工种、设备类型齐全。

对象专业化原则布局的优点是：可以缩短产品的加工路线，节约运输、辅助工具等费用；可以减少产品的搬运和停滞时间，缩短生产周期，减少在制品和流动资金占用量；工人的技术水平要求较低，有利于劳动力调配。

对象专业化原则布局的缺点是：设备需要的数量多，不能充分利用；设备专用性强，如产品一有变换其适应性就较差；工人的技术水平不容易提高；一旦发生缺料、缺人手或设备故障，影响面较广。

3. 综合布局

综合布局是将上述两种基本布局类型结合起来的一种布局形式。在一个工厂内,既有按对象专业化原则布局的生产单位,又有按工艺专业化原则布局的生产单位,因此,在实际工作中的布局往往较为灵活,即可以在对象专业化的基础上采用工艺专业化原则的布局。例如,铸钢、铸铁件车间,模锻、自由锻车间,表面处理、高频淬火与热处理车间等。更常见的是封闭的车间(按产品布局)内部,仍按各机种小组排列,如车床组、铣床组等,这是大都出于产品品种不多、数量也不足以单独成立一条生产线的缘故。安排的原则最好是几种小组与工艺路线成垂直形式,如图 6-9 所示。

4. 成组技术布局

由于以上基本布局形式各有优缺点,故近年来,人们一直在探索一种既能节省流程,又能适应各种加工要求的布局形式。在这方面,成组技术布局的形式逐渐形成,并且得到越来越广泛的采用,以适应日趋于小批量、多品种、变化多的要求。

成组技术理论,来自这样的一个基础,即尽管产品会变动,但总有相当的一大部分零件的工艺是类似或大致类似的。因此当零件数量较少时,应设法把工艺类似的零件汇总在一起,"人为地"提高零件数量。这样,即使小的批量也可以有效地利用"重复"的优点,如费用递减、技术集中使用等。利用这一概念来组成加工单元,不同的成组加工单位便成为成组技术布局。

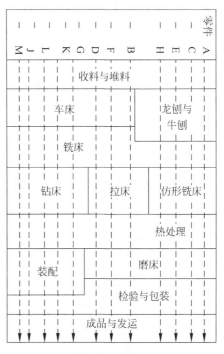

图 6-9 综合布局的部分划分示例

6.3.3 设备布局的基本方法

大多数布局都以物资的搬运为主要目标,所以在设备相对位置的安排上,应该尽可能地使零部件的搬运距离成为最小。但不能就因此得出结论,认为按生产流程安排设备是唯一的类型。正如上面所说一样,它还受其他许多方面的制约,如产品、产量等。不同的条件构成不同类型的布局,但基本的类型终究还是根据作业流程和设备安排的相互关系而分的。设备布局的基本方法有以下几种。

1. "从至表法"布局

"从至表法"是设备单行布局的常用方法。通过"从至表法"可算出不同布局方案的物流运输量,再根据运量的大小来选择较优的布局方案。应用"从至表法"并不能一次求得最佳的布局方案,需要通过多次试验比较,才能找到较优的方案。下面通过一个例子来介绍应用"从至表法"的生产线布局方法。

[例6.4]　某生产线加工四种零件。零件的生产工艺流程路线见图6-10。

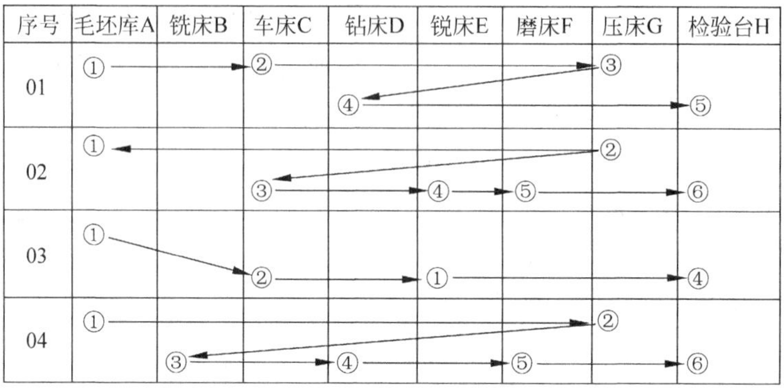

序号	毛坯库A	铣床B	车床C	钻床D	锐床E	磨床F	压床G	检验台H
01	①		②	④			③	⑤
02	①		③	④	⑤		②	⑥
03	①		②	①				④
04	①	③		④	⑤		②	⑥

图6-10　生产线加工零件的工艺路线图

根据零件的工艺路线图,可以绘制初始方案的"从至表",见表6-7。

表6-7　初始方案从至表

代号	A	B	C	D	E	F	G	H	合计
A			2				2		4
B			1						1
C				2			1		3
D					1			1	2
E								1	2
F								2	2
G		1	1	1					3
H									0
合计	0	1	3	2	2	2	3	4	17

所谓"从至表"是指零件从一个设备到另一个设备的搬运次数的统计表。表上"列"中的设备为零件出发的工作地,"行"中的设备为零件到达的工作地。今假设生产线上相邻两工作地之间的距离均相等,均为一个长度单位,表内每一格中的数字表示从一设备到另一设备之间的运输次数。格子离开对角线的距离越近,表示搬运的距离越近;反之,离对角线越远,表示两设备的距离也越远。在对角线上方的格子中的运输次数,表示其运输的方向是顺生产线的物流方向。在对角线下面的,则表示其运输方向与生产线的物流方向相反。因而调换设备的位置,使运输次数大的格子靠近对角线,并使对角线下面有数字的格子置换到对角线上面去,以使生产线上的运输量下降和减少逆向运输。表6-7中的初始方案经过多次调整,得到表6-8中的方案。

设备位置调整后形成如表6-8所示的方案。与初始方案相比,在加工对象和生产工艺不变的条件下,零件的运输距离减少了16个长度单位。计算方法见表6-9。

表 6-8 最终方案从至表

代号	A	C	E	F	H	G	D	B	合计
A		2				2			4
C			2			1			3
E				1	1				2
F					2				2
H									0
G		1					1	1	3
D				1	1				2
B								1	1
合计	0	3	2	2	4	3	2	1	17

表 6-9 零件运输距离计算

方案	零件顺向运输距离 （对角线上部的运输距离）	零件逆向运输距离 （对角线下部的运输距离）
初始方案	$1 \cdot 1 = 1$	$3 \cdot 1 = 3$
	$2 \cdot (2+1+2+1+2) = 16$	$4 \cdot 1 = 4$
	$3 \cdot 1 = 3$	$5 \cdot 1 = 5$
	$4 \cdot (1+1) = 8$	
	$6 \cdot 2 = 12$	
	小计　　40	小计　　12
	零件运输的总距离　40+12=52	
改进后的方案	$1 \cdot (2+2+1+2+1) = 8$	$1 \cdot 1 = 1$
	$2 \cdot (1+1) = 4$	$2 \cdot 1 = 2$
	$4 \cdot 1 = 4$	$3 \cdot 1 = 3$
	$5 \cdot 2 = 10$	$4 \cdot 1 = 4$
	小计　　26	小计　　10
	零件运输的总距离　26+10=36	
改进后方案比初始方案减少运输距离　52-36=16		

　　通过"从至表"，调整设备在生产线中的位置，以求减少零件的运输距离。每次设备调整，运输距离是否得到改进，需画出新的"从至表"进行计算后才能得知。由于每次调整都是探索性的，不能保证每次调整都一定能得到改进，因此制表和计算的工作量很大。

2. 十字形四象限法

　　该方法可帮助大家判断和计算每次调整可取得何种结果。相邻两台设备交换位置的十

字形四象限法的计算步骤如下:

(1) 取两台准备互换位置的相邻设备,如表 6-8 中的 G 和 H。

(2) 在从至表 6-8 中取出 G 和 H 的行与列中的数据,建立十字形的四象限图(图 6-11)。

(3) 根据十字形四象限图的计算规则:

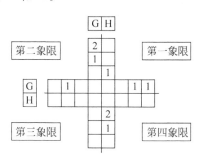

图 6-11 十字形四象限图

- 将第一象限内所有格子中的数字相加,再乘以负1,即

$$(1+1+1) \cdot (-1) = -3$$

表示 G 和 H 交换位置后,可以减少 3 个单位运输量。

- 将第二象限内所有格子中的数字相加,再乘以正1,即

$$(2+1+1) \cdot 1 = 4$$

表示 G 和 H 交换位置后将要增加的运输量。

- 将第三象限内所有格子中的数字相加,再乘以负 1,表示 G 和 H 交换位置后可以减少的运输量。在本例中为 0,即

$$0 \cdot (-1) = 0$$

- 将第四象限内所有格子中的数字相加,再乘以正 1,表示 G 和 H 交换位置后将要增加的运输量,即

$$(1+2) \cdot 1 = 3$$

- 将上述四组数据相加,得到总的将增加或减少的运输量,即

$$-3+4+0+3 = 4$$

表示 G 和 H 交换位置后将增加 4 个单位的运输量,因此说明 G 和 H 交换位置的调整方案,效果不好,应不予采纳。

- 这里须补充说明一点,在四个象限内提取数据时,十字中心的四个方格中的数字不必提取,因为 G 和 H 交换后,它们正好使得第一象限与第三象限的数字及第二象限与第四象限的数字交换,对运输量的增减没有影响(在本例中这四个数字均为 0)。

3. 十字形分析法

十字形四象限法是一种适用于相邻设备互换位置的布局方案,但应用上有一定的局限性。而十字形分析法,适用范围较广,可以将生产线上某一设备调到任意位置。

现仍以"从至表 6-7"的例子为对象,试图通过调整某个设备的位置,以减少生产线上的运输工作量。如果将生产线的设备排列顺序由从至表 6-7 的 A—C—E—F—H—G—D—B 改为 A—C—E—G—F—H—D—B,即把 G 设备调到 E 和 F 之间。本法的计算步骤如下:取原方案的从至表,针对拟调整位置的设备 G 在表上做一个十字形,如图 6-12(a)所示。G 由生产线的第六号位置(按生产线顺流方向计)调到第四号位置,把原"从至表"分为四个区域:①G 所在的行与列,形成一个十字形;②G 所在位置(调动前)后面的设备,在本例中是 D 与 B,形成 D.B 方块;③G 调后所在位置前面的设备,在本例中是 A.C.E 区,形成 A.C.E 方块;④G 调动前后它所跨越的设备区,在本例中指 F 与 H 的行与列,形成另一个宽带十字形。见图 6-12(a)。

代号	A	C	E	F	H	G	D	B	合计
A		2				2			4
C			2			1			3
E				1	1				2
F					2				2
H									0
G		1					1	1	3
D				1	1				2
B							1		1
合计	0	3	2	2	4	3	2	1	17

	A	C	E	G	F	H	D	B
A		2	0	2	0	0	0	0
C	0		2	1	0	0	0	0
E	0	0		0	1	1	0	0
G	0	1	0		0	0	1	1
F	0	0	0	0		2	0	0
H	0	0	0	0	0		0	0
D	0	0	0	0	1	1		0
B	0	0	0	0	0	0	1	

(a)G设备的十字形图　　　　　　　　　　　(b)G设备调整后的从至表图

图 6-12　G 设备的十字形图及调整后的从至表图

调整 G 设备的位置,引起运输量变化的有以下几种情况:

(1)G 十字形区由于将 G 的位置调整到 E 与 F 之间,G 与生产线上其他设备之间的距离都发生改变。因此 G 十字形框中的数据所反映的运输量均需重新计算。

- G 至 A、C、E 和 A、C、E 至 G 之间的距离均缩短了 2 个单位。
- G 至 F 和 F 至 G 之间的距离均缩短了 1 个单位。
- G 至 H 和 H 至 G 之间的距离均增加了 1 个单位。
- G 至 D、B 和 D、B 至 G 之间的距离均增加了 2 个单位。

因此可计算如下:

A→G 为 2;C→G 为 1;E→G 为 0。

$$(2+1+0)\cdot(-2)=-6$$

G→A 为 0;G→C 为 1;G→E 为 0。

$$(0+1+0)\cdot(-2)=-2$$

G→F 为 0;F→G 为 0。

$$(0+0)\cdot(-1)=0$$

G→H 为 0;H→G 为 0。

$$(0+0)\cdot1=0$$

G→B 为 1;G→D 为 1。

$$(1+1)\cdot2=4$$

D→G 为 0;B→G 为 0。

$$(0+0)\cdot2=0$$

合计可减少运输量 $|4-6-2|=4$ 个单位。

(2)A、C、E 方块和 D、B 方块区

对照 G 改变位置后的从至表,见图 6-12(b),可以见到 A、C、E 方块内部的运输距离没有改变;D、B 方块内部的运输距离没有改变。A、C、E 方块和 B、D 方块之间的运输距离也没有改变。所以,A、C、E 方块和 B、D 方块设备之间的运输量,不必重新计算。

(3)F、H 十字形区。A、C、E 到 F、H 之间的距离增加了 1 个单位;D、B 到 F、H 之间的距离减少了 1 个单位。因此其间的运输量需重新计算如下:

A→F 为 0;A→H 为 0;C→F 为 0;C→H 为 0;E→F 为 1;E→H 为 1。

$$(0+0+0+0+1+1) \cdot 1 = 2$$

F 到 A、C、E,H 到 A、C、E 之间的运输量均为 0。

F 到 D、B,H 到 D、B 的运输量均为 0。

F→D 为 0;F→B 为 0;H→D 为 0;H→B 为 0。

$$(0+0+0+0) \cdot (-1) = 0$$

D→F 为 1;D→H 为 1;B→F 为 0;B→H 为 0。

$$(1+1+0+0) \cdot (-1) = -2$$

所以,F、H 十字形区与其他区运输量的增减,总的合计:2+(-2)=0。因此,G 的位置调换到 E 与 F 之间后,总的运输量将减少 4 个单位(4+0+0)。

根据图 6-12(b)G 设备调整后的从至表进行运输量计算,得到总运输量为 32。与调整前 A→C→E→F→H→G→D→B 设备排列方案的运输量 36 相比,正好减少了 4 个单位。由此验证了十字形分析法的计算是正确的。

通过十字形分析法的计算,说明把 G 的位置调整到 E 和 F 之间的方案是可取的。同时也说明已经改进的 A→C→E→F→H→G→D→B 的设备排列方案,尚可进一步改进。通过一次次调整试探,一步步改进,可以得到一个较优的方案,如本例中的 A→C→E→G→F→H→D→B 方案。但该方案是否是最优方案,不作全排列是无法证明的。而要作全排列,如本例有 8 台设备,将有 8!=40 320 个方案,因此靠手工计算求最优解是非常困难的。采用"从至表"法,再应用十字形象限法或十字形分析法是生产线设备布局获得近优解的有效方法。

4. 图解位置法

多品种生产机床安排成多行时,相互交接的最好位置,除了前后以外,还有对角及或左或右的相邻位置,如图 6-13(a)所示。

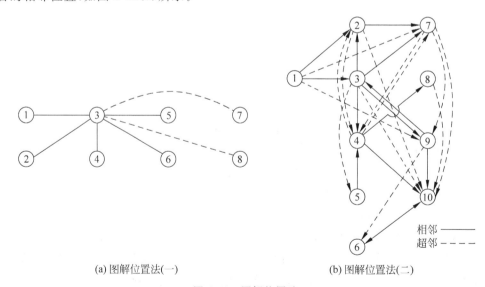

(a)图解位置法(一)　　　　(b)图解位置法(二)

图 6-13　图解位置法

图 6-13(a)中,从机床 3 的位置来考虑,与机床 1、机床 2、机床 4、机床 5、机床 6 的交接,都是合乎相邻的要求的,而与机床 7 和机床 8 的交接却是超邻的。双行机床的安排,应该最

大限度地使机床的相互交接都处在前后、左右或对角相邻的位置上。

今若仍以表 6-8 的交接为例,并按原来的机床编号顺序安排双行,可作成图 6-13(b)(其中┉表示超邻交接线,1 表示车间料库放在最左面)。

一个较简单的计算移动距离的办法如下:

(1) 相邻的工作地算 1 个单位,如 2→7。

(2) 相邻对角线的工作地,简单作 1 个单位,如 3→7。

(3) 2 个对角线的距离合计,简单作 3 个单位,如 1→4→10(假设)。

(4) 2 个相邻工作地,合计算为 2 个单位,如 2→4、4→7。

以下均照此简易办法计算。

一个最优的方案,就是所有的交接移动全部处于相邻的位置上,即每次只移动一个单位,总的搬运移动距离等于总交接次数×1 个单位,这也是任何一个方案的总搬运移动的基数。对于本例的基数来说,原来表 6-8 中共有 26 条接线(见表中有 26 个数字发生格),共发生移动 56 次(见表中的合计数),就是 56 · 1＝56 个单位。

图 6-13(b)共有相邻交接线 13 条,超邻交接线 13 条。倘以每次移动只以 1 个单位为标准,13 条是合乎标准的,另 13 条的超过部分可见表 6-10。

表 6-10　计　算　表

上道	下道	每次移动距离/单位	超过标准/单位	移动次数/次	共计超出标准/单位
1	7	2	1	3	3
1	9	2	1	2	2
2	4	2	1	2	2
2	10	3	2	1	2
3	5	2	1	1	1
3	10	2	1	2	2
4	2	2	1	1	1
4	7	2	1	3	3
7	4	2	1	1	1
7	9	2	1	1	1
7	10	3	2	6	12
8	10	2	1	1	1
9	6	2	1	1	1
合计				25	32

共计超过标准 32 个单位,加上原由的标准基数 56 个单位,故一共移动了 88 个单位(32＋56)。

今若照下列的原则重新安排:

(1) 把发生第一道工序的机床 2、机床 3、机床 7、机床 9 都排列在靠近料库 1 的一面。

(2) 其余的机床,安排在后面。

(3) 把交接关系最多的机床 4 安排在中心位置上,便成如图 6-14 的排列。

这样便把超邻的交接线,从 13 条减至 6 条。

若再把机床2、机床3和机床7的位置相互对调,机床8的位置加以改动,便可把超邻交接线减少至4条,如图6-15。

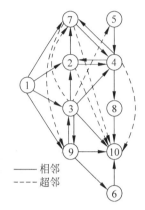

——相邻
---- 超邻

图 6-14   对图 6-13(b)重新排列图

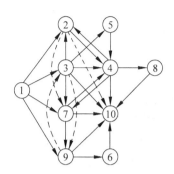

图 6-15   对图 6-14 重新排列图

超过标准部门的距离可见表6-11。

表 6-11   计   算   表

上道	下道	每次移动距离/单位	超过标准/单位	移动次数/次	共计超出标准/单位
2	10	2	1	1	1
2	7	2	1	1	1
3	9	2	1	1	1
9	3	2	1	2	2
合计				5	5

共计超出标准基数5个距离单位,即共移动了61个单位(5+56)。比原来减小了27个单位(88-61)。

以上方法用法灵活、简便,具有一定的实用价值。但其主要缺点是求解主要依靠工作者的目察。

本章小结

本章主要讲述了运营系统的选址和布局等内容。首先介绍了厂址选择的程序、影响选址的因素,并把影响因素划分为影响厂址选择的主因素和具体厂址选择的影响因素。而后讨论厂址选择的评价方法,主要介绍了分级加权评分法的应用。接着,探讨了总平面布置,分别阐述了厂区平面布局的原则、厂区平面布置的程序和工厂总平面布置的方法。最后着重讲述了设备布局的类型和基本方法,主要包括设备布局的原则、设备布局的基本类型和设备布局的基本方法。重点介绍了常用的设备布局的方法,即"从至表"法布局、十字形象限法、十字形分析法、图解位置法。

复习与思考

1. 厂址选择时需要考虑的主要因素有哪些方面？
2. 厂址选择的影响因素有哪些方面？
3. 简述厂址选择的工作程序。
4. 简述厂址选择的分级加权法。
5. 厂区布置的影响因素有哪些方面？
6. 厂区布置的基本原则是什么？
7. 简述厂区平面布置的工作程序。
8. 什么叫"从至表"？其用途是什么？
9. 简述十字形四象限图法及其优缺点。

案例分析 南方旅游汽车公司的迁移

日前,密苏里州的南方旅游汽车公司的最高管理部门宣布,公司准备将其生产和装配业务移至密西西比州的瑞支克莱斯特(Ridgecrest)。作为小吨位野营车和野营拖车的主要生产厂家,该公司由于急速上涨的生产成本,连续五年出现利益滑坡。劳动力和原材料费用涨幅惊人,行政管理费用直线上升,税收和交通运输费用也逐步上升。尽管该公司销售量在不断扩大,但仍然遭受了自 1977 年投产以来的第一次净亏损。

当管理部门最初考虑迁厂时,曾仔细视察了几个地区。对迁厂至关重要的影响因素有以下这些:完备的交通设施;州、市的税收结构;充足的劳动力资源;积极的社会态度;合理的选址成本和金融吸引力。曾有几个地区提供了基本上相同的优越条件,该公司的最高管理部门却被密西西比能源和电力公司的努力以及密西西比州地方官员的热情所打动。密西西比能源和电力公司力图吸引"清洁,劳动力密集型"工业,州政府和地方政府的官员想通过吸引生产厂家在其境内建厂来促进该州经济的发展。

直到正式公布出来两周前,南方旅游汽车公司的最高管理部门才将其迁厂计划最后确定下来。瑞支克莱斯特工业区的一座现有建筑被选作新厂址。州就业部开始招募工人,而公司出租或拍卖其在圣路易斯的产权的工作也已着手进行。密西西比用以吸引南方公司在瑞支克莱斯特建厂的条件如下:

(1) 免收五年的国家税收和市政税收。

(2) 免费使用供水系统和排水系统。

(3) 在工业区再建一个装货码头(免收成本费)。

(4) 同意发行 50 万美元工业债券,以备未来扩建之用。

(5) 由公共财政资助在地方工商学院培训工人。

除这些条件以外,还有许多其他关键因素。例如,劳动力费用远低于圣路易斯,工会组织力量也比圣路易斯弱;行政管理费用和税收也不算高。总之,南方旅游汽车公司的管理部门认为自己的决策是明智的。

思考题:

1. 评价密西西比州瑞支克莱斯特提供给南方旅游汽车公司的吸引条件。

2. 一个公司将其管理机构从人口密集的工业区移至小乡镇会面临什么困难?

3. 评价南方旅游汽车公司列举的迁厂理由,这些理由合理吗?

计算题

1. 下面是某厂的生产活动相关图,问:

(1) 计算图上共有多少个相互关系?

(2) 哪个部分在生产活动中最为重要?

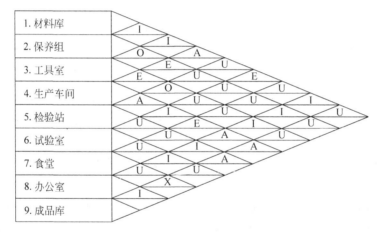

2. 下表中 A 为料库,B、C、D、E、F 为机床设备,G 为仓库(注:机床设备为单行排列)。

从＼至	A	B	C	D	E	F	G	合计
A		1	6	2		1		
B						1	4	
C				4			2	
D		5					1	
E						2		
F					1		3	
G								
合计								

要求：

（1）计算交接表（亦称从至表）中各机床设备的收到合计数与送出合计数，这时会发现它们之中会出现某种错误。

（2）若已知上述交接表的某个交接关系格中"遗漏"了 1 次，请添上这关键的 1 次。

（3）改正后回答，表中共有多少条交接路线？共传送了几次？总搬运量为多少？

（4）将机床、料库、仓库的排列次序调整为 A、C、D、B、G、F、E。仍请回答（3）中的问题，并说明是否优化。

3. 有若干种零件在 $M_1 \sim M_8$ 的八种设备间沿一定的工艺过程运输传递和加工，交接关系和交接次数见下表。

上道 ＼ 下道	M_1	M_2	M_3	M_4	M_5	M_6	M_7	M_8	合计
M_1		2	2	1			2		
M_2			1		1	1			
M_3				4					
M_4							2	3	
M_5		1				2			
M_6			1				1	1	
M_7					2			3	
M_8									
合计									

要求：

（1）设备按表的顺序作单行排列，任何两台设备间的距离均为 1 个单位，求零件在设备间的移动总距离，并填写表的"合计"数。

（2）设备如按图示的顺序作多行排列，根据表提供的有关信息资料，求零件在设备间的移动总距离。

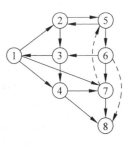

（图示的实线表示相邻关系＋距离均为 1 个单位，虚线表示相邻关系，距离均为 2 个单位）

第**7**章 生产过程的流程分析

产品—流程矩阵(product-process matrix)　　流程改进(process improvement)
流程(process)　　工时研究(man-hour study)
物流(logistics)　　业务流程重组(business process
流程设计(process design)　　reengineering)

http://www.haier.com
http://www.handlers.cn
http://www.huawei.com/
http://www.prosci.com

> 产品在生产工艺中,从原料投入到成品产出,通过一定的设备按顺序连续地进行加工的过程,即形成了产品的生产过程。生产过程的流程分析就是对整个生产运营过程进行全面分析,通过分析企业的生产制造或管理流程的不同层次,减少不必要的动作和消耗及无意义的等待过程,缩减工序中和工序交接的搬运距离,进而改进工艺,完善工艺细节,最终提高生产效率和产品品质。

7.1　生产流程的构成

生产流程是指生产过程中所必需的环节。一般来说,生产流程不是固定不变的,因为生产过程中所采用的设备、工艺、生产组织形式以及生产路线,都可由各种不同的方式组成。如何提高生产效率,关键在于对现有流程加以分析及检查,找出不合理的地方,采取改进措施,通过反复的分析、比较,加以改进。

即使最简单的流程,其相关因素也很多,而且很复杂。因此,要改进生产流程,必须首先把它分解成为各个部分或要素,分开来进行单独考虑。这样,生产流程分析就可以简单化。

虽然生产流程随着生产条件、产品性质的不同而各异,但任何生产流程均由四种不同的部分所构成,即作业(加工)、检验、搬运和停滞。生产对象在整个生产流程中,反复经过这四种活动,在形态上、空间上、时间上从原材料转换成目标产品。

7.1.1　作业(加工)

作业或加工是指有目的地改变一个物体的任何物理或者化学特性,或指与另一个物体相互装配或将其分拆开来,或指为另一个作业(加工)、搬运、检验或库存作安排或作准备。有时也指接发信息、计划或作核算工作等。就机械制造的加工而言,作业或加工有以下几种。

1. 变形
变形是指形态的变化,不作量的变化,包括:锻造、铸造、压延、拔料以及高能成形加工,如爆炸成形等。

2. 切削
切削是指量的减少。包括:切削加工,研磨加工,断料,如剪断、压断、气割、电焊割,以及各种精密加工,如电解磨、超声波加工、激光加工等。

3. 焊接
焊接是指相互接合。包括用各种机械的、化学的、热能的方法进行焊接,如气焊、电焊、锻接等。

4. 处理
处理包括材料的淬火、遇火、表面处理等。

5. 涂料
涂料是指表面的涂层,如镀铬、镀铜、油漆等。

6. 装配
装配是指材料、零件、部件的相互配合和拆卸。

7. 辅助作业
辅助作业包括不引起形状变化的操作,如包装等。

7.1.2　检验

检验是指在生产流程中对加工零件或成品,利用一定的手段,对比已订的标准,以达到对外保证产品的质量、对内减少废品损失的目的。检验的实施方式,根据技术和管理上的要求,可根据以下几个方面加以区别。

1. 检验项目
为确定检验的工序和检验的内容,可分为以下两个方面:
(1) 质的检验,也是内在的检验。包括机械的(各种公差、尺寸)、物理的(硬度等)、化学的各种检验。

(2) 量的检验,也是外观的检验。包括损伤、脏污、锈烂等。

2. 检验人员

检验人员可分为以下两种:

(1) 自觉检验。在现场由操作工人本身自觉进行检验,适用于工序检验。

(2) 被动检验。由第三者(检验员)担任。

3. 检验时间

检验时间可分为以下几种:

(1) 首件检验。在工序作业开始时进行产品质量检验,避免出大批废品。

(2) 中途检验。为大量生产时所必须,在生产过程的中间阶段进行。

(3) 成品检验。在成品完成后再进行检验。

4. 检验数量

检验数量可分为以下两种:

(1) 普遍检验。适用于少量产品的生产。

(2) 抽样检验。适用于大量生产,在连续生产过程中间隔一定的数量进行检验。

5. 检验地点

检验地点可分为集中检验与巡回检验,也可分为现场检验与送站检验。

7.1.3　搬运

搬运在生产流程中对生产对象(也包括大量的辅助材料在内)作空间的转换,是将指定的对象在必要的时间内,以经济而安全的方式,运至需要的地方。搬运必须满足安全、及时、经济、保质保量四个方面的要求。

搬运的方式很多,选择有效的搬运方式,需要考虑以下多方面的因素。

1. 对象

(1) 对象的体态,如气体、液体、固体等。

(2) 对象的包装,如散装、容器、装箱等。

(3) 对象的特性,如高温、低温、酸性、碱性、毒性等。

(4) 对象的单位,如一次搬运的件数、单重等。

2. 流程

(1) 流程的立体面,如水平、垂直、斜面等。

(2) 流程的距离和宽度。

(3) 流程的往返次数。

3. 设备

(1) 使用人力,如人力搬运和人力车辆,适用于轻便及要求细致的搬运工作。

(2) 利用重力斜面,如滑板、滑槽、滚珠平台等,常用于次数较多、距离较短的两工作地之间。

(3) 传送带,适用于起点位置固定,路线固定不变,以及对象固定、均匀而又连续的场合。

（4）起重机,适用于上下左右移动、体积重量可不一致的场合。

（5）专用车辆,如叉车等,适用于重量较大、件数固定、便于堆放整齐的场合。

（6）一般车辆,如卡车等,适用于数量较多、体积较大、距离较远的场合。

上述因素相互影响,因此需要综合考虑。

7.1.4　停滞

停滞是指在生产流程中,生产对象的形态或位置并不改变,仅有时间的改变。停滞的发生往往是由于加工与搬运能力的不平衡、工序与工序之间能力的不平衡、材料供应与计划加工的不协调、零件供应与总装要求的不协调,以及由于设备调整、生产事故、计划变更等原因造成的。

1. 停滞的作用

停滞一方面起到稳定生产、调整时间差异的缓冲作用,例如,①可以调整前后工序因能力不平衡而造成的时间差异;②可以有利于调整设备负荷的不平衡;③可以减少计划变更所造成的影响;④可以使生产的管理较为方便。但另一方面,也有损失时间的副作用,例如,①会使生产时间延长。停滞一般要占到生产时间中很大的比例,但是这一点往往容易被忽视,而没有引起应有的注意。②会使在制品增加,相应地增加占用空间的面积,增加生产资金的占用、保管的费用等。

在生产上,应当将停滞的副作用减少至最小的限度。

2. 停滞的分类

按性质不同,停滞可分为两类:

（1）正式的储存。具有一定的手续,进入仓库作正式储存的,如零件的入半成品库。

（2）临时的堆放（等待）。如因等待检验或下一道工序的临时性堆放、机床旁的搁置都属于此。

7.2　流程图

现代的生产流程是一个复杂的程序,任何个人的直觉都不可能反映出全部生产活动及生产过程中相互间的关系,这也是生产低效率存在的原因。但一旦发现这种低效率,往往比较容易消除掉。所以,主要的问题就在于找出其低效所在,有了流程图的帮助,这一点便可比较容易地办到。

流程图是以有限的空间,为一个生产流程提供信息的一种手段。它可以用来表示工序之间、工艺阶段之间的关系,以及其他类似的因素如移动距离、操作工序、工作与间断时间、成本、生产数据和时间标准。流程图可以把问题迅速形象化,从而使改进的工作得以有系统地按逻辑顺序进行。

7.2.1　流程图的设计组成

在流程图中,一般用以下五种通用符号来表示流程中不同的事件或活动号,见表 7-1。

表 7-1 程序图的五种通用符号

活动类别	符号	含 义
加工	○	在工作过程中使物体发生变形、变质、组合或分解
运输	⇨	移动物体使改变位置的活动
检验	□	检查或化验物体在数量上或质量上是否合乎标准
停留	D	下一活动不能连续进行所发生的停留与等待
储存	▽	有计划有目的的储存
联合活动		两种活动同时发生

○,代表加工。它是唯一可以使物体增加价值的活动。如化学搅拌机的搅拌,在钻床上钻孔,打字员打字等。

⇨,代表运输。运输的现象随处可见,手工搬运、机械搬运,可以是完全自动化的传输,也可以是携公文呈请签阅等。

□,代表数量检验;◇,代表质量检验,当同时对这两个方面检验时,使用联合符号,主要的活动记在外层;如⟐,是以数量检验为主,以质量检验为辅。两种检验同时进行的活动。

D是英文字母D正体的大写,表示delay(停滞),一般发生在工作地,由于下一行动未能即时发生而产生的不必要也不可控的停留或等待时间。例如,制品等待电梯、公文放桌上等待存档、半成品等待搬运等。

▽代表储存。储存物品必须有一定的存放地,存储行为的取消,要经制度的认可。如物料存入仓库,领料时必须获得有关负责人签署文字,公文归档亦然。

若两种活动同时发生在同一工作地,可以视作同一活动,采用联合符号。如▢,表示操作与检验同时发生(并以检验为主),或因两者不可分开而视为一项活动。

7.2.2 作业流程图

作业流程图是以产品为对象,运用加工、检验两种符号来对产品生产过程进行的总体分析。其目的是了解产品从原料开始到成品形成的整个生产过程。通过作业流程图了解生产系统由哪些生产环节、多少主要工序组成的,经过一个什么样的加工顺序,以便从全局出发来分析问题。

作业流程图是对生产过程进行分析的特定方法。因其形如机械制图的外形图和装配图一样,只有一个大概的轮廓,常常被人喻为鸟瞰图。作业流程图是对产品生产过程的简要记录,在图上只用两个符号:操作和检验,来标示全部作业的时序安排,同时也记录了从原材料到制造成品的全部生产过程,指出了外购件、自制件的相互关系和装配顺序,并在作业流程图符号旁标明所需时间、地点与距离等内容(图7-1)。

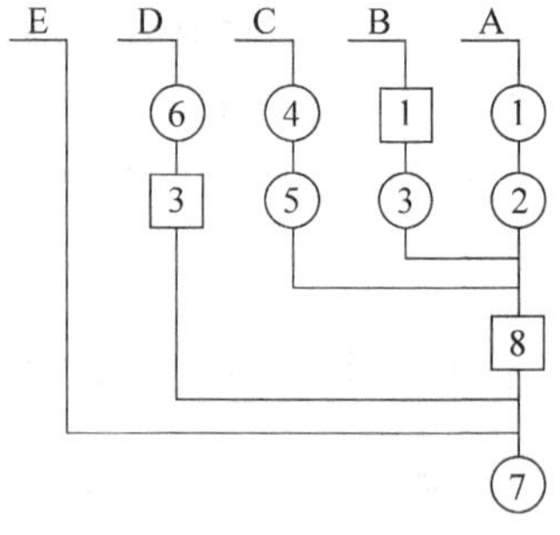

图 7-1 作业流程图框架

(1) 零部件按进入装配线的先后,由右向左顺序排列,如图7-1所示,是先A,次B,再C,依次进入主装线。

(2) 每个自制部件的生产过程用○与□两个符号由上至下按工艺顺序用短垂线连接。

（3）外购件用水平线进入主装线，同时在水平线上标注名称、规格数量及供应来源。

作业流程图绘好之后，再附一个简单的总结表，以便归纳、总结。总结表构造如表 7-2 所示。

表 7-2 总结表

项目	次数	时间
○		
□		

7.2.3 工艺流程图

工艺流程图是一个详尽的记录方法。描述产品或单项零部件在生产过程中各个工序的流动状况，所采用的符号多而全，由○、⇨、□、D 和 ▽ 等五种符号来表示工序活动。五种符号所代表的五种事项中，除○和□外，其余三种都是非生产性活动，又是研究与分析的重点，必须有详细而又翔实的一手资料，以便于分析、改进。

工艺流程图绘制方法如下：

（1）标题栏。

（2）按时间先后顺序填写工序内容。

（3）在图表的符号栏内，预先画好固定的五种符号，只需按顺序接符号即可。

（4）填写时间及距离。

（5）填总结表，包括活动名称、次数、时间和距离。

图 7-2 是一个物料型的工艺流程图，描述了公共汽车发动机在拆卸、除油以及清洗后送

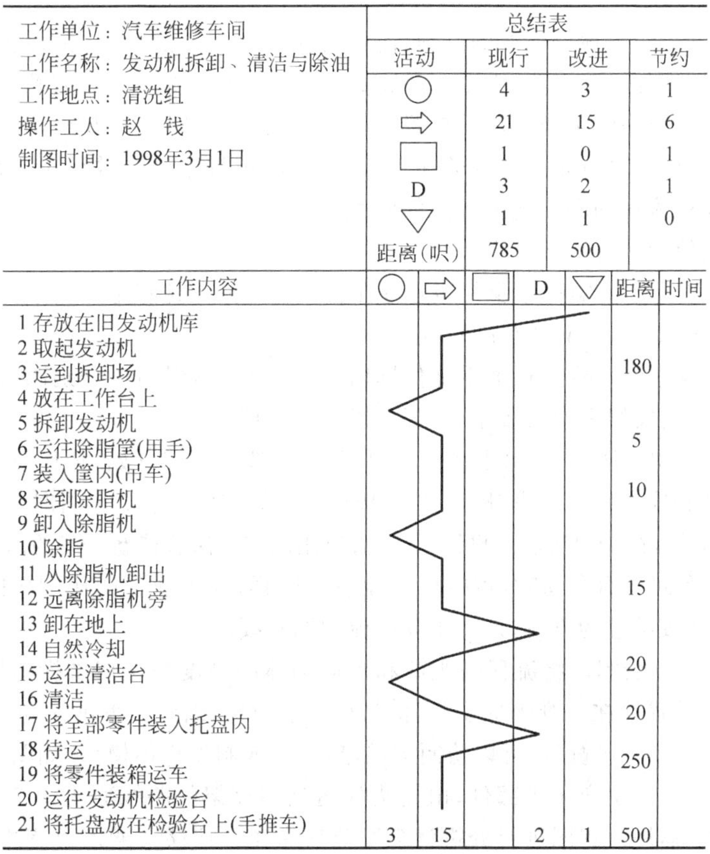

图 7-2 工艺流程图

检查过程中所发生的一系列活动。在改进的思考中,着重考查运输、停留和储存等非生产性活动,尽量取消或减少这些活动,旨在节约人力和资源。

工艺流程图和作业流程图有相似的地方,但提供的信息量更大,因为它可用来表示一个流程中所发生的全部加工、搬运、检验、等待和库存,以及包括认为与分析有用的信息,如所需的时间和移动距离。遇到复杂的产品时,则用作业流程图比较简明。

工艺流程图有两种不同的类型:材料型和人工型。前者用材料上所发生的各种事件作为主体来代表流程,后者用人的活动来表示流程。

工艺流程图主要可用于减少移动距离、缩短库存时间、消灭不必要的作业和搬运,以及改进工厂布局等。

7.2.4　物流线图

以上所介绍的作业流程图和工艺流程图,有两大缺陷:其一,看不出各种设备的平面布局和物料的停放地点;其二,看不出操作工人和原材料在工作场所内的移动路线。而这两点对于改进车间布置和工作地的平面布局以及缩短运输路线都是十分必要的。在生产过程中,材料进厂或成品出厂的运输实际上是一个物料流通的过程。生产系统的物流分析,就是对这一流通过程作出生产组织设计,使其最少绕弯路,不发生阻塞、倒流等现象。通过对现有生产布局、工艺流程的分析,按合理搬运的规则,重新组织物流程序,在不增加投资的条件下,挖掘生产潜力。

所谓物料流程,即为物料流通的过程,简称物流。在生产活动中,指物料按生产过程的时序安排,顺序流过各个工作地,直至产品完成的流动过程。描绘这一过程的记录图称作物流线图。这种程序图是将工作区域的布置以及物流的方向、路径一并绘在一张图上的记录方法,即在车间平面图上再布列工件的加工顺序图,使物料流通的过程在流程程序图中,从而有效克服了作业流程图和工艺流程图的两大缺陷。

物流线图的绘制步骤如下:

(1) 将流程程序图上的符号及其序号画在相应的平面图位置上。

(2) 依序作连接线,线上画双箭号(运输)表示。

(3) 多品种或一个产品的几个零部件同时生产,则用不同颜色分别画流动路线。若只是两种,可以分别用实线和虚线表示,只要可以区别开即可。

(4) 在各个事物的活动点,钉上大头针,用不同色线从起点开始,依序绕过针直至终点,形成完整的活动路线。取下线段,量其总长,按比例计算实际长度。分析时,若设备要重新布列,只要拔下大头针,在新的活动点再钉上,就可以用同样方法获得新方案的活动路线长度。

(5) 在设计车间平面布局时,可以剪制设备的图样,与平面图的比例相同,置于平面图上反复摆设,遴选较满意的方案,设计出新的流程图和线图。

(6) 利用坐标纸绘图。将流程的距离和搬运物体的高度描绘在坐标图里,也就是将物体的三维空间位移描绘在二维坐标系里,横坐标表示距离,纵坐标表示高度。

(7) 当厂房是多层建筑时,可以绘制多层流程图,或制作立体模型,如图 7-3 所示。

例如,某一军工厂生产飞机部件,由交货处运到储存架的路线原为图 7-4 所示,搬运路线用粗实线表示,运用流程图进行分析就会发现物品在送往储存架的过程中,迂回绕道,行程亦长。

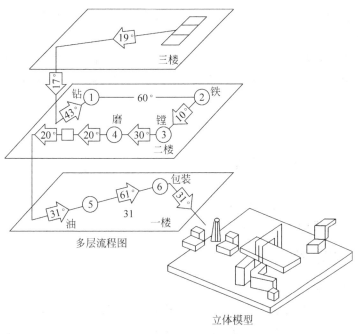

图 7-3 物流线图的构架

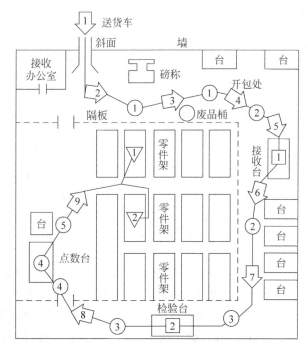

图 7-4 迂回的储存路线

　　怎样改进迂回的储存路线？通过观察发现,零件被送往用隔板或铁丝网围住的零件架上时,绕弯的原因是:其一,门设置的方位不妥,使运送没有捷径可走;其二,检验台、点数台和接收台相距太远,大可不必这样三台独立,是不是可以靠上去? 于是根据 ECRS 的思想方法,首先将隔板堵住下面的门,然后在右侧设置一个门,取代原来在下方的门。另外,将点数与接收两项工作合二为一,并建议检验台与接收台就近排列。这样,行程比原来缩短,也减少了等待时间。

通过这一实例,可以发现,只要将标识的流程图和线图全面观察一番,就可以知道原来认为是合理的,实际上是不合理的,运用程序分析,不难找出现有流程的不尽合理之处,将设备按实际需要加以分析、重新布局,就会经济、合理。在生产组织过程中,这种做法叫做重新布置工作地。

7.3　生产流程分析和改进

流程分析是研究某一零件或产品所用的流程,目的在于制定出费用最低、效率最高,可以生产出合乎质量标准的生产流程。

7.3.1　生产流程设计

1. 产品-流程矩阵

生产流程设计的一个重要内容就是要使生产系统的组织与市场需求相适应。生产过程的成功与失败与生产过程组织有直接关系。需求特征匹配生产过程,由此构成产品-流程矩阵(product-process matrix),如图 7-5 所示。

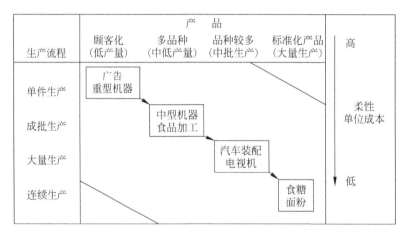

图 7-5　产品-流程矩阵

产品-流程矩阵最初由 Hayes 和 Wheelwright 提出,后来得到广泛应用,具体优点体现在:其一,根据产品结构性质,沿对角线选择和配置生产流程,可以达到最好的技术经济性。换言之,偏离对角线的产品结构-生产流程匹配战略,不能获得最佳的效益。其二,传统的根据市场需求变化仅仅调整产品结构的战略,往往不能达到预期目标,因为它忽视了同步调整生产流程的重要性。因此,产品-流程矩阵可以帮助管理人员选择生产流程,辅助企业制定生产战略。

2. 影响生产流程设计的主要因素

影响生产流程设计的因素很多,其中最主要的是产品/服务的构成特征,因为生产流程就是为生产产品或提供服务存在的,离开了用户对产品的需求,生产流程也就失去了存在的意义。

1）产品/服务需求性质

生产系统要有足够的能力满足用户需求,首先要了解产品/服务需求的特点,从需求的数量、品种、季节波动性等方面考虑对生产系统能力的影响,从而决定选择哪种类型的生产流程。有的生产流程具有生产批量大、成本低的特点,而有的生产流程具有适应品种变化快的特点,因此生产流程设计首先要考虑产品/服务特征。

2）自制-外购决策

从产品成本、质量生产周期、生产能力和生产技术等几个方面综合考虑,企业通常要考虑构成产品所有零件的自制-外购问题。如果本企业的生产流程主要受自制件的影响,企业自己加工的零件种类越多、批量越大,对生产系统的能力和规模要求就越高。不仅企业的投资额高,而且生产准备周期长。因此,现代企业为了提高生产系统的响应能力,只抓住关键零件的生产和整机产品的装配,而将大部分零件的生产扩散出去,充分利用其他企业的力量。这样一来既可降低本企业的生产投资,又可缩短产品设计、开发与生产周期。所以,自制-外购决策影响着企业的生产流程设计。

3）生产柔性生产

柔性是指生产系统对用户需求变化的响应速度,是对生产系统适应市场变化能力的一种度量,通常从品种柔性和产量柔性两个方面来衡量。所谓品种柔性,是指生成系统从生产一种产品快速地转换为生产另一种产品的能力。在多品种中小批量生产的情况下,品种柔性具有十分重要的实际意义。为了提高生产系统的品种柔性,生产设备应该具有较大的适应产品品种变化的加工范围。产量柔性是指生产系统快速增加或减少所生产产品产量的能力。在产品需求数量波动较大,或者产品不能依靠库存调节供需矛盾时,产量柔性具有特别重要的意义。在这种情况下,生产流程的设计必须考虑到具有快速且低廉地增加或减少产量的能力。

4）产品/服务质量水平

产品质量过去是、现在是、而且将来还是市场竞争的武器。生产流程设计与产品质量水平有着密切关系。生产流程中每一加工环节的设计都受到质量水平的约束,不同的质量水平决定了采用生产设备的形式。

5）接触顾客的程度

在绝大多数的服务业企业和某些制造业企业中,顾客是生产流程的一个组成部分,因此,顾客对生产的参与程度也影响着生产流程设计。例如,理发店、卫生所、裁缝铺的运营,顾客是生产流程的一部分,企业提供的服务就发生在顾客身上。在这种情况下,顾客就成了生产流程设计的中心,营业场所和设备布置都要把方便顾客放在第一位。而另外一些服务企业,如银行、快餐店等,顾客参与程度很低,企业的服务是标准化的,生产流程的设计则应追求标准、简洁、高效。

7.3.2 生产流程分析与改进

根据流程图便可对每一个作业进行检查与分析。每一个作业分析都带有若干个共同的因素,如本作业的目的、与其他作业的关系、本作业的检验要求、搬运的方式、作业所处的地点、工艺装备以及方法、工作条件等。因此,对流程每一个环节都可以提出下列六个问题,即六问分析法：①为什么(why?)；②做什么(what?)；③怎样做(how?)；④谁来做(who?)；
⑤在哪里做(where?)；⑥什么时候做(when?)。

其中,why 是最重要的,一般认为要解决某个问题必须连续问五个为什么,方能由现象
触及本质。why 的问题自然触及其他五个问题,它们的顺序一般是 what—how—who—
where—when。

"六问分析法",在国外称作 6W,或 5W1H,其具体内容如表 7-3 所示。

表 7-3   5W1H 法的内容

5W	现行方法	why	分析	改进
what	做什么？	为什么做？	是否必须做？	取消或合并
where	在哪做？	为什么在这做？	另一地做是否更好？	重新安排
when	何时做？	为什么那时做？	别的时间做是否更好？	
who	谁做？	为什么他做？	谁做更合适？	
how	怎样做？	为什么这样做？	怎样做更好？	简化

六问表,是提问技术的基本工具。进行作业研究的关键是要有一个创新的积极态度、批
判的效率意识,时时抱着为什么要这样做的态度,时时以时间、人力、物料的节约为宗旨。

在对上述六个方面问题逐个考虑后,可以通过取消—合并—重新安排—简化四项技术
形成对现有方法的改进,即 ECRS 技术。这里用这八个字的英文单词打头字母表示,即
ECRS。通常对于目的性的问题,如做什么,可以采用取消与合并;对于时间、地点及操作者
的人选问题,可以进行重新安排、优化组合;而对于操作手段不合理方面要简化。

经过 ECRS 处理后的工作方法可能会有很多,于是就有从中挑选更佳方案的任务,评
价新方法的优劣主要需要从经济价值、安全程度和管理方便程度几个方面来考虑。

通过这样的分析与改进,便可以总结出缩减移动距离多少、节约时间多少、节约操作次
数多少等。

在流程分析改进中,无论是复杂流程还是简单流程,都包括以下几个基本步骤：

(1) 定义。定义一个需要加以分析和改进的流程。在任何情况下,如果把分析和改进
的对象定义为全部流程,是得不到什么效果的。因此,需要找出问题比较突出的流程。例
如,效率最低的流程,耗时最长的流程,技术条件发生了变化的流程,物流十分复杂的流程
等。确定要分析的流程以后,绘出该流程的流程图。

(2) 评价。确定衡量流程的关键指标,用这些指标对该流程进行评价,以确认所存在问
题的程度,或者与最好绩效之间的差距。

(3) 分析。寻找所存在问题和差距的原因。为此,需要用到一些分析方法,我们将在下
面讨论这些方法。

(4) 改进。根据上述分析的结果,提出可行的改进方案。如果有不止一种改进方案被
提出,则需要进一步对这些方案加以比较。

(5) 实施。实施改进方案,并对实施结果进行监控,用上述步骤(2)中的关键指标对改
进后的结果进行评价,保持改进的持续效果。如果仍然存在问题,则重复以上步骤。

7.3.3   生产流程分类

根据生产类型的不同,生产流程有三种基本类型：按产品进行的生产流程、按加工路线

进行的生产流程和按项目进行的生产流程。

1．按产品进行的生产流程

这就是以产品或提供的服务为对象,按照生产产品或提供服务的生产要求,组织相应的生产设备或设施,形成流水般的连续生产,有时又称为流水线(flow line)生产。例如,离散型制造企业的汽车装配线、电视机装配线等就是典型的流水式生产。连续型企业的生产一般都是按产品组织的生产流程。由于是以产品为对象组织的生产流程,国内又称之为对象专业化形式。这种形式适用于大批量生产类型。

2．按加工路线进行的生产流程

对于多品种生产或服务情况,每一种产品的工艺路线都可能不同,因而不能像流水作业那样以产品为对象组织生产流程,只能以所要完成的加工工艺内容为依据来构成生产流程,而不管是何种产品或服务对象。设备与人力按工艺内容组织成一个生产单位,每一个生产单位只完成相同或相似工艺内容的加工任务。不同的产品有不同的加工路线,它们流经的生产单位取决于产品本身的工艺过程,因而国内又称之为工艺专业化形式。这种形式适用于多品种中小批量或单件生产类型。

3．按项目进行的生产流程

对于有些任务,如拍一部电影、组织一场音乐会、生产一件产品、盖一座大楼等,每一项任务都没有重复,所有的工序或作业环节都按一定秩序依次进行,有些工序可以并行作业,有些工序又必须顺序作业。

三种生产流程的特征比较列于表 7-4 中。

表 7-4　生产流程特征比较

特 征 标 记	对象专业化	工艺专业化	项 　目 　型
产品			
订货类型	批量较大	成批生产	单件定制、单项定制
产品流程	流水型	跳跃型	无
产品变化程度	低	高	很高
市场类型	大批量	顾客化生产	单一化生产
产量	高	中等	单件生产
劳动者			
技能要求	低	高	高
任务类型	重复性	没有固定形式	没有固定形式
工资	低	高	高
资本			
投资	高	中等	低
库存	低	高	中等
设备	专用设备	通用设备	通用设备
目标			
柔性	低	中等	高
成本	低	中等	高
质量	均匀一致	变化更多	变化更多
按期交货程度	高	中等	低

续表

特 征 标 记	对象专业化	工艺专业化	项　目　型
计划与控制			
生产控制	容易	困难	困难
质量控制	容易	困难	困难
库存控制	容易	困难	困难

7.3.4　流程时间分析

流程时间是指某一产品或零件,从流程开始到结束时所需的时间。流程时间的分析主要是分析流程时间中的不同构成成分,各种构成成分所占时间的比例大小,并与其重要程度的大小作对比,分析比例过大的原因;同时,计算各种成分所需的时间,掌握产品生产周期的长短,研究进一步缩短的幅度,制定先进生产时间标准等。

1. 流程时间的构成

生产的流程由加工、检验、搬运、停滞四大部分组成,同样地,流程时间亦是由加工时间、检验时间、搬运时间及停滞所需的时间组成。不过,很多工业企业习惯上只把生产时间分为直接生产时间和辅助生产时间两部分。两种不同分法的相互关系,可见图7-6。

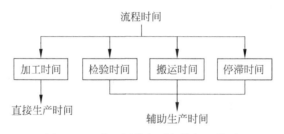

图 7-6　两种不同流程时间的相互关系

鉴于加工部分在生产过程中所发挥的重要作用,容易使生产管理人员集中注意这一部分,也由于这种影响,在考虑生产时间时也往往只重视直接生产时间,以至于忽视了辅助生产时间的真正作用。实际上,在生产时间中占最大比例的并不是加工时间(直接生产时间),而是辅助生产时间,其中尤其是停滞时间所占的比例很大。

这一点从20世纪60年代起日益受到注意。这一发现为生产运营管理的发展开辟了一个新的领域。

1)美国的调查研究

20世纪60年代初期,有两位美国人曾对机械工业进行了多次调查,发现从材料进厂开始,直到制成产品出厂的整个生产时间中,直接加工所需的工时仅占2%～5%,其余的95%时间则全部消耗在装卸、运输、工序之间的等待以及仓库的储存中。而进一步的调查,又弄清了在这5%的有效生产时间中,如在机械加工车间,平均只有20%～30%的时间是工件真正处于实际的加工过程中。

上述的调查研究后,经过技术上和管理上的改进,劳动生产率有所提高,生产周期有所缩短,据近年来的资料,搬运和停滞的时间为整个生产周期的80%。据认为占用整个生产周期的 80％的这个数字,还是工厂生产效率低、生产成本高的重要原因,还需对这方面的技术和管理加以改进。

2) 日本的调查研究

这个问题在日本也引起了生产管理有关方面的广泛关注。在日本一般的机械制造企业中,公认的生产时间结构是:停滞时间占 60％～80％,加工、验检、搬运时间只占 20％～40％。对九个典型的机械厂作过调查研究,其结果如下:

加工时间	25.4％
搬运时间	2.3％
检验时间	2.1％
停滞时间	70.2％
总计	100％

另一次调查结果如下:

加工时间	35.3％
搬运时间	1.9％
检验时间	1.5％
停滞时间	61.3％
总计	100％

3) 德国的调查研究

德国威斯特法伦州中小型机械工业企业经过调查,得到直接生产时间与辅助生产时间的比例如下:

直接生产时间部分:	
加工时间(包括调整时间)	10％
辅助生产时间	90％
其中: 运输时间	2％
检验时间	3％
流程中的停滞时间	75％
库存时间	5％
其他干扰时间	5％
总计	100％

4) 我国的调查研究

我国的机械制造企业一直缺乏这方面的有关数据。为此,上海工程技术大学的学者特地进行实际调查,实际测量结果(大量生产)如下:

加工时间	3.34％
搬运时间	0.36％
检验时间	1.91％
停滞时间	94.39％
总计	100％

同时又对集中不同类型的机床开动情况,进行抽样实测,得到的数据如表 7-5 所示。

表 7-5　我国机械制造企业抽样实测情况　　　　　单位:%

操作内容	车床	铣床	钻床	磨床
装拆	6.53	13	14.12	2.60
切削	25.25	33.94	28.75	44.34
测量	1.35	—	3.59	6.13
调整	8.55	11.25	7.64	14.50
机器闲置	58.32	41.81	45.90	32.43
合计	100	100	100	100

按照此表数据,可以计算,在整个生产周期内,纯加工切削时间仅仅占 3.34%·(25%~40%),即大约 0.84%~1.34% 而已。

同样地,英国机床工业研究会也曾在 1966 年对四个选定的车间内机床的开动情况进行抽样实测,得到的数据如表 7-6 所示。

表 7-6　英国机床工业研究会抽样实测情况　　　　　单位:%

操作内容	普通车床	立式六角车床	卧式六角车床
装拆	7.4	7.3	7.7
切削	40.9	42.4	37.5
测量	6.0	4.2	3.6
调整	25.4	27.8	32.0
机器闲置	20.0	17.2	18.0
其他	0.3	1.1	1.2
合计	100	100	100

由此可见,大部分的生产时间并不是加工时间,而是搬运、等待和库存的时间。生产的速度,主要是由停滞时间的长短决定的。这就说明,生产管理不能单着眼于加工工艺效率的提高、改进。因为加工工序即使采用先进的工艺可提高工效数倍,但这些仅仅局限于最多不超过整个生产周期的 5% 范围内,从整个经济效果来说,可能是很小的。更重要的是,应该提高工件的装卸效率,以充分发挥加工设备的生产率,以及考虑如何缩短工序之间的工件等待时间和改进存储的效率,缩短零部件的存库天数等。而且提高物资搬运管理的效率,往往并不是需要很多投资、添置搬运设备或全盘机械化等,只要科学、合理地组织搬运,减少重复劳动,避免工件损伤,就可以显著提高经济效果。若用改进布局的办法,从辅助生产着手,增加生产效率,缩短生产周期,要远比压缩直接生产工时见效更快。从技术革新、改进操作着手,谋求压缩几分钟定额,仅是一个方面。更应该注意的是占 80% 以上的辅助时间。从这方面下手,无疑更容易压缩生产周期。

辅助生产时间过长的原因,大都是由于生产提前期无控制,使投料过早,或者配套不齐形成等料或积压,以及工序间的作业安排不当以致等待过多等造成的。

当前先进工业国家,早已把工厂物资搬运从一般搬运的简单含义,提升至以物资搬运来组织生产、调节生产的地位。广义的物资搬运管理已和质量管理、生产管理、技术管理在整个企业管理中列为同样重要的地位来考虑。

2．流程时间的计算和制定

辅助生产时间过长，一方面固然是管理上的忽视，另一方面也是变动的因素过多，造成管理上的困难，以至于失去控制。要压缩生产时间就一定要控制住辅助生产时间，要控制住辅助生产时间就必须制定合理的时间标准。由于生产的条件、管理的水平、产品的性质、生产的类型各不相同，往往按统一标准制定是非常困难的。可靠的办法是根据本企业的生产条件和过去的统计资料，制定出一个既符合本企业的条件又切实可行的比较先进的标准。

1）工序平均生产时间的计算

（1）单件小批生产。因为仅仅为一批，数量较小，可根据车间台账的进出便可以查出每道工序的生产时间。

（2）成批生产。由于投入和产出的次数较多，应求其平均生产时间。计算的公式如下：

$$I \text{工序平均生产时间（日数）} T_i = N_i / P_i$$

式中，N_i 为计划期内（如一个月）I 工序加工停滞的总件日数；P_i 为计划期内（如一个月）I 工序向下道工序送出的总件数。

具体例子见表 7-7。

表 7-7　×月份×工序送出结存表

日期	由上道工序送入数	向下道工序送出数	在制品结存数	一个月内加工件停滞总件日数	停滞日数	
1			200	$200 \cdot 4 = 800$	$1 \sim 4$	4 天
5	300		500	$500 \cdot 5 = 2\,500$	$5 \sim 9$	5 天
10		300	200	$200 \cdot 4 = 800$	$10 \sim 13$	4 天
14	200		400	$400 \cdot 4 = 1\,600$	$14 \sim 17$	4 天
18		300	100	$100 \cdot 5 = 500$	$18 \sim 22$	5 天
23	400		500	$500 \cdot 4 = 2\,000$	$23 \sim 26$	4 天
27		300	200	$200 \cdot 4 = 800$	$27 \sim 30$	4 天
合计		900		9 000		

应用公式可计算出该工序的平均生产时间：

$$T_i = 9\,000 / 900 = 10（天）$$

（3）大量生产。大量生产是连续生产，逐日地都有送入和送出，可用以下公式计算工序的平均生产时间。

$$T_i = N_i' / P_i'$$

式中，N_i' 为 I 工序在计划期内送入与送出逐日结存数的合计总数；P_i' 为 I 工序在计划期内送出逐月累计的合计总数。

具体例子见表 7-8。

可用以下公式计算工序的平均生产时间：

$$T_i = 85 / 17 = 5（天）$$

从上面的计算可知，压缩工序的生产时间的关键在于压缩在制品数，压缩了在制品也就减少了加工在工序上的停滞时间，加快了向下道工序流转的速度。

表 7-8　×月份×工序送入送出结存表

日　　　期	1	2	3	4	5	6	7	8	9	10	11	12	合　计
上道工序送入数	2	0	2	2	1	1	0	2	0	1	3	2	
送入累计数	8	8	10	12	13	14	14	16	16	17	20	22	
向下道工序送出数	0	0	1	3	1	1	2	1	0	2	4	2	17
送出累计数	0	0	1	4	5	6	8	9	9	11	15	17	
结存数	6	8	8	9	8	8	8	6	7	7	6	5	5	85

2) 制定生产时间标准的方法

资料的统计、计算,可为制定生产时间标准提供可靠的依据。因为,

$$生产时间=直接生产时间(加工时间)+辅助生产时间$$

直接生产时间可直接来自劳动定额,而辅助生产时间主要依靠经验数据的统计。以下是制定生产时间标准的几种方法:

(1) 制定统一的辅助生产时间标准。对上下道工序之间的交接,都给予统一的间断时间,如以 1/4 班、1/2 班、1 班为单位等。一批零件加工的标准生产周期(生产时间的总和),可用以下公式求得:

$$T = \frac{\frac{n}{60}\sum_{i=1}^{m} t_i + dm}{8}$$

式中,T 为标准生产周期;t_i 为 I 道工序定额;m 为工序数;n 为批量件数;d 为工序之间的统一辅助生产时间标准。

例如,有一批零件共计 10 件,共有四道工序,单件定额合计 180 分,工序间的统一辅助生产时间为 1/2 班。按照上面的公式可知该批加工零件的标准生产周期为

$$T = \frac{(10/60) \cdot 180 + 4 \cdot 4}{8} \approx 6(班)$$

不过该方法只适用于设备调整时间比较一致、批量采用顺序移动方式、机床加工的品种少等的生产条件。

(2) 制定不同的辅助生产时间宽放系数。

$$辅助生产时间宽放系数=辅助生产时间/直接生产时间$$

制定辅助生产时间宽放系数可根据加工零件不同管理上的要求,包括设备调整时间的长短、批量的移动方式、机床安排加工任务的品种多少等,预先把零件分成 A、B、C 等类,同时按照加工时间的长短分项,结合本企业的生产条件和经验的统计,指定出不同的宽放系数,示例如表 7-9。

例如,有一批产品零件的加工任务,根据管理的要求定为 C 类,加工的总时间为 26 小时,查表知宽放系数为 1,故该生产周期标准应该定为 7 天。

实施该方法的要点在于调查实际情况,积累数据,先制定比较落实的宽放系数,然后通过生产的实践,逐步地加以改进,得出比较切实可行的先进系数。

表 7-9　辅助生产时间宽放系数(经验数据)

A		B		C		D		管理要求分类
宽放系数	加工时间	宽放系数	加工时间	宽放系数	加工时间	宽放系数	加工时间	生产周(日)或(班)
1	4 小时以下	1.5	3 小时以下	2.33	2 小时以下	4	2 小时以下	1
0.67	5～10	1	4～8	1.5	3～6	2.33	3～5	2
	11～14		9～12		7～10		6～7	3
	15～19		13～16		11～13		8～10	4
0.54	20～26	0.82	17～22	1	14～20	1.5	11～16	5
	27～31		23～26		21～24		17～19	6
	32～36		27～31		25～28		20～22	7
	37～42		32～35		29～32		23～26	8
0.43	43～50	0.67	36～43	0.82	33～40	1	27～36	9
	51～56		44～48		41～44		37～40	10

注：①超过表中范围的,仍然可以按照表中进行推算；②制定生产周期的单位也可为 1/4 班、1/2 班。

7.4　业务流程重组

7.4.1　业务流程重组的基本原理

所谓流程是指以确定的方式发生,导致特定结果的一个或一系列连续的操作。传统的组织以职能部门为中心开展工作。它有很多好处,如集中专家力量、劳动分工、专业化发展、引进各领域的最新思想,从而提高效率。但它也存在一些不足,如组织、关注的中心可能导向老板而不是客户,缺少横向的控制与协调,部门割裂会导致一些无效工作等。为了克服这些弊病,组织可以流程为中心开展业务工作,这就是业务流程重组的思路。

业务流程重组最早由美国的 Michael Hammer 和 Jame Champy 提出,在 20 世纪 90 年代这种管理思想达到全盛。它强调以业务流程为改造对象和中心、以关心客户的需求和满意度为目标、对现有的业务流程进行根本再思考和彻底的再设计,利用先进的制造技术、信息技术以及现代的管理手段,最大限度地实现技术上的功能集成和管理上的职能集成,以打破传统的职能型组织结构,建立全新的过程型组织结构,从而实现企业经营在成本、质量、服务和速度等方面的巨大改善。

诺兰·诺顿公司对业务流程重组的需求与准备程度提出了一个分析框架,见图 7-7。

图中分成四个象限,对第Ⅰ象限的企业,能否改善经营业绩已成为生死攸关的问题,业务流程重组的需求迫切,但风险也高；第Ⅱ象限的企业也迫切需要改善经营绩效,且有相当的准备,业务流程重组的风险不大；第Ⅲ象限的企业运转正常,无须巨大改变,也没有业务流程重组的准备,应三思而行；第Ⅳ象限的企业也无须巨大改变,但通过业务流程

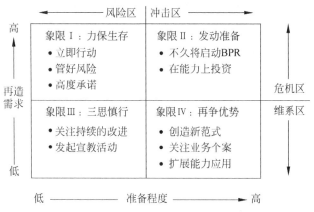

图 7-7   BPR 的企业需求与准备程度分析框架

重组可能获得新的战略优势。总之,处于第 Ⅰ、Ⅱ 象限的企业要尽快进行业务流程重组,第 Ⅲ、Ⅳ 象限的企业要慎重考虑。处于第 Ⅰ、Ⅱ 象限的企业进行业务流程重组风险较大,要有足够的准备。

从事业务流程重组要围绕以下三个中心考虑:

(1) 以市场为中心,制定明确的目标和策略,那就是从顾客的需求出发,列出提供这些产品或服务所必要的各项活动,尤其是顾客到前台、前台到后台、后台到供应商之间界面的连接,认真地评价和选择各环节的交货时滞管理、生产能力管理、库存管理、质量管理等方面的不同方案,得到最佳的流程安排。

(2) 以人为中心,因为人是流程生存与重组的基础,在流程中要充分利用人力资源,通过人员完成既定任务,又通过人不断改进工作,而改进工作的基础是学习。所以,要把学习作为组织运作的一部分,关键是营造与组织战略一致的价值观和企业文化。

(3) 以效率和效益为中心,这里特别要提出信息技术的运用对业务流程重组的重要作用,人工智能、通信技术、计算机与网络技术、电子商务、多媒体、工作流程自动化等,将大大提高业务流程的效率,是业务流程重组的技术基础。

围绕以上三个中心进行业务流程重组,可以极大地提升企业竞争力,实现企业价值,包括用户、股东、职工、社会价值的最大化。这正是业务流程重组的目标。例如,通用汽车与供应商联网后,供应商不必等待通用汽车的订货通知,可以扫描后者的数据库判断什么时候要送什么样的零件,便可按时送货。而通用汽车公司则对送来的零件扫描条形码,计算机自动提示该零件送到什么地方,同时进行支付,双方的管理费用和库存费用都大大降低了。

玩 具 厂 的 流 水 线 生 产

某毛绒玩具厂正面临着最近几年来最好的外部市场环境,顾客对该厂的产品需求旺盛,产品几乎快脱销了。但是,尽管工人们加班加点地生产,生产能力还是不能满足需求。

车间新来的领导提出一个方案:在不寻求外包生产,也不增加员工的情况下,可以把现有的生产产量提高一倍。过去是一个人负责玩具生产的全过程,从缝制、填充玩具,都由一个人完成。车间领导的解决方案是把旧流程改造为流水线生产,把原来的工序分解为四个环节,一人负责一个环节。他经过测算,发现这种方式可以有效地提高劳动生产率。特别是因为该厂的许多工人都是新招来的年轻人,对玩具缝制很不熟练,如果让他们每人负责一个简单的工序,可以大大提高其熟练程度,相应地也会缩短劳动时间。

但是该方案实施后,产品的产出率和合格率反而降低了。困惑不解的工厂领导经过深入调研后发现,老员工对改革方案的暗中抵制,使改革没有收到预期效果。因为工厂采用计件工资制,老员工技术熟练,工资最高。流水线生产后,实行计时工资,大家拿的钱就变成差不多了。老员工的收入降低,而且过去因技术熟练而产生的优越感也丧失了,因此他们采取怠工的态度,对产品质量也不再像原来那样认真。反正产品是由多个人完成的,质量差,大家都有份。由于质量下降带来的返工率增加,反而延误了交货。

这次失败的流程重组就在于领导者没有考虑到参与流程的员工的态度,而且没有制定相应的薪酬或者其他激励机制,导致员工的劳动积极性降低。

(资料来源:http://www.cscmpchina.org/show.asp? id=204,经改造整理。)

7.4.2 业务流程重组的原则与方法

1. 业务流程重组所遵循的原则

BPR 是企业重构业务流程的方法论,实施 BPR 将会牵涉到企业的各个层面,是一项系统工程。在具体操作时,应针对企业的 KRA(key result area,支撑企业目标实现的关键结果领域)选择相对薄弱的流程作为改革的切入点,并对组织作相应的调整。通常,IT 及制造型企业可以从核心业务流程着手,比如,产品开发流程、市场营销流程、订单履行流程、工程项目管理流程、供应链管理等业务流程。同时,企业的评价体系也应随之调整,保障流程的有效实施。从实践的角度出发,企业实施 BPR 应注意以下几个原则:

(1) 实现从职能管理到流程管理的转变。BPR 强调管理要面向业务流程。因为,为顾客创造价值(最终为企业创造价值)的是流程,而不是互相割裂的部门。面向流程就是要打破部门之间的界限,以流程的产出和顾客(包括内部顾客)为中心,协调相关部门的资源和活动,减少无效劳动和重复劳动,降低无效支出,提高效率和对顾客的响应速度。

(2) 着眼于整体流程最优。在传统的职能管理模式下,业务流程被分割为各种简单的任务,各职能部门只负责本部门相应的任务,势必会造成职能经理们只关心本部门的局部效率,而忽视了流程的整体效率。BPR 强调的是流程全局最优,以及整个企业范围内核心业务流程的综合最优。

(3) 实施 BPR 伴随着组织的调整。BPR 要求流程适应"3C"(顾客、竞争和变化)的需求,而不是适应原有组织运作的需求,组织只是流程有效运作的保证。因此,流程的建立或重建通常会引起组织的重新设计或调整。

(4) 员工的评价体系是使流程高效的保障。再优秀的流程也需要人来操作,充分发挥个人的能动性和创造性无论何时都是至关重要的。面向流程管理需要落实到考评体系上,牵引员工为整个流程的效率负责,而不是局限于传统职能部门的有限的职责范围内。

（5）流程应涵盖客户和供应商。企业的活动总括起来就是整合内外部资源,通过高效的流程满足客户的需求。因此,准确了解并定义客户的需求是流程的出发点。另外,企业的资源都是有限的,外部资源必不可少,同时,相对于内部资源来说外部资源(包括供应商、分包商及其他外部资源)是不可控的,更需要在流程中充分重视,重点控制。

（6）重视 IT/IS 的支持。流程运作离不开信息的及时传递。高效的信息系统(IS)保证信息的及时采集、加工、传递,实现信息的合理、及时共享,提高流程的运行效率和对外部变化的响应速度。

2. 业务流程重组的方法

业务流程是由一个个活动通过一定的逻辑关系组成的,所以,对于业务流程进行再造的过程就是改变这些活动及其逻辑关系的过程,也就是在提出新的流程活动的假设和规则的基础上,对组成现有流程的活动进行增删和改造,设计出新的流程。业务流程的分析改造技术可归结为消除、合并简化、集成、自动化四类方法。

（1）业务流程中非增值活动的消除。按照哈默的观点,业务流程中的各种活动可以分为三类:增值活动、不增值活动和空耗活动。增值活动是客户愿意为此付价的活动;不增值活动对于客户来说并无价值,但为了实现增值活动还需要它们;空耗活动既不增值又不起促进作用。其中,不增值活动和空耗活动都属于非增值活动。

非增值活动通常表现为不提供或不接受信息的活动、产生超过现时需求的活动、由于过程的断裂而产生的协调活动等。它一般包括一些管理性的活动,如报告、检查、监督、控制和联络协调等。正是这些活动的需求产生了传统流程中的职能,然而它又往往是产生错误、延迟、缺乏柔性的根源,增加了流程的开销,使流程变得难以理解和改变。

对非增值活动是否删除,要进行定性与定量的结合分析。在定量方法上,常用的有ABC法(作业成本分析法)、价值工程分析法,但并非严格按照定量分析的结果来确定活动的取舍。因为,有些活动尽管不增值但却是生产活动必不可少的,因而也必须予以保留。

（2）合并简化过程中的活动。在删除非增值活动的基础上,通过合并某些具有相似性的活动使过程中的活动数目减少,相应地活动之间的交互也相对减少,从而达到一定程度的过程优化。在过程模型中,相似性活动是指那些活动,它们接受相同的输入信息,经过一个或若干个活动后其产出是相同的。相似性活动在企业过程中可以被认为是重复的、附加的活动,应被简化和合并。

（3）集成多个活动。集成是指一个系统内元素之间关系的一种协调、综合和统一的状态,企业过程集成就是把企业过程中各个活动协调、综合和统一起来形成一个有机整体。企业过程集成是与企业组织结构的划分密切相关的,通常一个过程被人为地划分为多个组织来执行过程的不同部分,组织间频繁地交互信息是导致整体过程性能低下的主要原因。依据企业过程划分组织结构,最好能实现组织间单点接触,而将包含多个反馈结构的部分划归为一个组织内通过共享信息和资源来达到过程的集成。

（4）过程自动化。在完成了对过程的删除、简化和过程集成之后,对部分过程进行自动化是非常必要的。使用信息技术(如 ERP、Workflow、MIS 等管理信息化软件)来实现企业管理过程的自动化;使用自动化设备(如数控中心、AV 小车等自动化加工设备)来实现企业生产过程的自动化,能极大地加速企业过程的运行,能为过程用户提供更高质量的服务。

当然,业务流程重组的关键在于实施,大多数重组项目的失败原因都是因为新的设计在实施阶段没能落实。顺利实施业务流程的重组有五个关键阶段,见图 7-8。

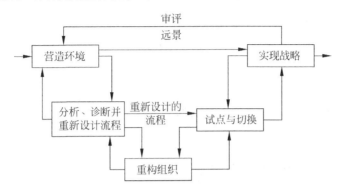

图 7-8 业务流程重组的实施过程

(1) 营造环境,在员工中形成业务流程重组迫切性的共识,找出核心流程。

(2) 分析、诊断和重新设计流程。

(3) 组织结构的重新设计。

(4) 新流程的试点与切换,在试点期间新旧流程并行运转,然后在整个组织范围内分阶段实施。

(5) 实现远景目标,即评价流程重组的收效,获得应有的效益,再不断改进。

本章小结

本章主要讲述了运营系统的流程分析的相关内容。首先,介绍了流程的构成,包括作业(加工)、检验,搬运和停滞。接着,讲解了流程图的有关内容,包括作业流程图、工艺流程图、物流线图的基本概念、特点及画法。此外,还着重介绍了流程分析和改进的有关内容,重点介绍了流程设计、流程分析的方法,以及生产流程的分类、流程时间分析等内容。最后,对于当前颇受关注的业务流程重组作了简要介绍,包括业务流程重组的基本原理、业务流程重组的原则与方法等。

 ## 复习与思考

1. 说明构成流程的四要素和流程分析的目的。

2. 说明作业流程图、工艺流程图和物流线图的特点和用途。

3. 影响流程设计的因素有哪些?

4. 说明流程时间的构成和计算、制定流程时间的方法。

5. 什么是业务流程重组? 在业务流程重组中应遵循哪些原则?

案例分析 ------------------------------- 宏基集团的 BPR

宏基集团是 1976 年创立于台湾的计算机高科技企业,从事关于计算机零配件的开发、生产和组装业务。目前是台湾最大的计算机自创品牌厂商及全球第七大个人计算机公司。公司的核心业务之一是自有品牌计算机的销售。其相关流程历经三次再造。

一开始,宏基公司在台湾本土生产整机计算机,然后采用 FOB 贸易条件,把计算机出口到海外,由海外经销商销售。宏基公司的利润来源于制造利润,销售利润则归海外经销商。流程如图 1 所示。

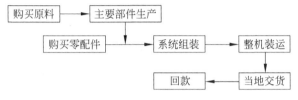

图 1　公司原流程图

为了增加利润,宏基公司逐步采用国际化营销方式,将生产和海外销售一体化运作。随着业务的变化,流程也相应改变。利润有了很大的增长,但是资金周转时间上升。原来用 FOB 交货方式,回款周期为 45~60 天。现在,库存时间为 2~3 个月,销售的回款时间为 2 个月,使得资金周转实际天数是原来的 3~4 倍。库存占用大量资金,增加了经营风险。第二次改进后的流程如图 2 所示。

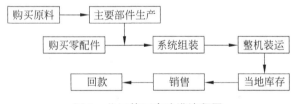

图 2　公司第二次改进流程图

宏基公司进一步改变了经营策略,把组装厂从台湾移到海外,各地根据当地顾客需求情况进行组装,台湾本土转而提供主板、外壳、监视器等主件。这样一来,库存时间从 100 天降到 50 天,资金周转速度提高了一倍,新产品上市期提前了一个月。第三次改进后的流程如图 3 所示。

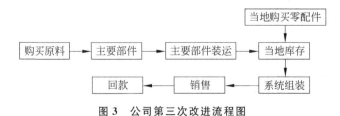

图 3　公司第三次改进流程图

从宏基公司的例子中可见,流程是一个不断优化的过程,它随着组织在不同阶段的发展而改变。另外,流程的改变势必会带来组织结构的变化。

思考题:

宏基公司两次的流程重组方案有哪些好处和不足?能否提出更好的生产流程方案?请阐明理由。

计算题

1. 以下是加工小轴的流程图:2、3、4、5、6、7、8、9、10 的流程时间分别是 5 分钟、5 分钟、4 分钟、3 分钟、5 分钟、2 分钟、10 分钟、3 分钟。请计算辅助生产时间所占的比例。

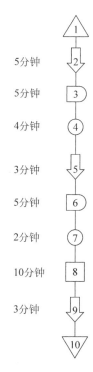

2. 某车间 4 月份的生产数见下表,试计算平均生产周期。

日期	投入数	出产数	在制品结存数	日期	投入数	出产数	在制品结存数
1	500	0	500	21	600	500	600
11	400	400	500	29	100	300	400

3. 某工序的时间定额为 0.5,数量为 60 件,辅助生产宽放系数为 2.33。试求该批零件的生产周期和辅助生产时间各为多少小时?

4. 以下是 A 零件加工的流程图(流动时间:小时)

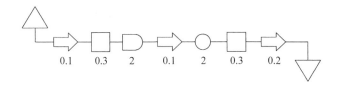

要求:

(1) 计算该零件加工的生产周期和辅助生产时间的宽放系数。

(2) 回答该流程图是属于作业流程图还是工艺流程图? 为什么?

大量流水生产的组织和控制

第8章

大规模生产方式(large-scale mode of production)

在制品(works in process)　　装配线(assembly line)

流水线工作指示图表(standard operation process indication)

流水线(production line)　　在制品定额法(WIP ration)

节拍(rhythm)

互联网资料

http://re.icxo.com/

http://manage.china-aaa.net/act.aspx

http://www.ce.cn/

　　亨利·福特创立的流水生产线,揭开了现代化流水生产的序幕,引起了制造业的根本变革。

　　应用流水生产能使产品的生产过程较好地符合连续性、平行性、比例性及均衡性的要求;可以提高劳动生产率,缩短生产周期,减少在制品占用量和运输工作量,加速资金周转,降低生产成本;还可以简化生产管理工作,促进企业加强生产技术准备工作和生产服务工作。

8.1　流水生产的特征和分类

　　在大量生产的情况下,流水生产线由于能将高度的对象专业化的生产组织和劳动对象的平行移动方式有机地结合起来,所以是一种较好的被广泛采用的生产组织形式。

现代流水生产方式起源于福特制。亨利·福特(Henry Ford)是美国福特汽车公司的创始人,他于1913年创立了世界上第一条汽车工业的流水生产线,由此揭开了现代化流水生产的序幕,引起了制造业的一个根本变革。

8.1.1　流水生产的基本特征

流水生产是指劳动对象按照一定的工艺路线顺序地通过各个工作地,并按照一定的生产速度(节拍)完成工艺作业的连续重复生产的一种生产组织形式。流水生产的基本特征如下:

(1) 工作地专业化程度高,在流水线上固定地生产一种或几种制品,而在每个工作地上固定完成一道或几道工序。

(2) 生产具有明显的节奏性,即按照节拍进行生产。所谓节拍,是指流水线上产出相邻两件制品的时间间隔。

(3) 各道工序的工作地(设备)数量与该工序单件工时的比值相一致。即如设流水线上各道工序的工作地(设备)数分别为 $s_1, s_2, \cdots, s_i, \cdots, s_m$,各工序的工时定额为 $t_1, t_2, \cdots, t_i, \cdots, t_m$;流水线生产节拍为 r,则

$$\frac{t_1}{s_1} = \frac{t_2}{s_2} = \cdots = \frac{t_m}{s_m} = r$$

上述公式所表明的关系,是由保证生产过程的比例性和平行性的要求所决定的。

(4) 工艺过程是封闭的,并且工作地(设备)按工艺顺序排列成链索形式,劳动对象在工序间作单向移动。

(5) 劳动对象如同流水般地从一个工序转到下一个工序,消除或最大限度地减少了劳动对象的耽搁时间和机床设备加工的间断时间,生产过程具有高度的连续性。

将一定的设备、工具、传送装置和人员按照上述特征组织起来的生产线称为流水线。如果工作地(设备)是按工艺过程顺序排列,但未满足或未完全满足上述特征要求的,就只能称为作业线或生产线,而不能称为流水线。利用和发挥流水线的优点仍然是改善生产线的努力方向。

在流水生产条件下,生产过程的连续性、平行性、比例性、节奏性都很高,所以它具有可以提高工作地专业化水平、提高劳动生产率、增加产量、降低产品成本、提高生产的自动化水平等一系列优点。但是,反过来它也有一些不利的地方。例如,由于设备高度专用化,对产品的变化缺乏适应力;一旦某个工序发生设备故障,就有可能导致全线停产,带来较大的损失;生产率的调整幅度不可能很大等。

8.1.2　流水线的分类

1. 按生产对象的移动方式划分

按生产对象的移动方式不同,流水线可分为产品固定不动的流水线和产品移动的流水线。前者,劳动对象是固定不动的,由不同工种的工人(组或队)携带工具按规定的节拍轮流到各个产品上去完成自己所担任的工序。这种生产组织形式适用于装配特别笨重、巨大的产品,以及在造船、建筑、工程施工等部门中采用。后者,劳动对象是移动的,而工人、设备和工具的位置是固定的,劳动对象顺序地经过各个工作地(设备)的加工后,便成为成品或半成

品。这种生产组织形式在机械制造、服装等行业广泛采用。

2．按流水线上生产对象的数目划分

按流水线上生产对象的数目不同，流水线可分为单一品种流水线和多品种流水线。单一品种流水线只生产一种产品（或零件），品种是单一的、固定不变的，属于大量生产类型。多品种流水线要轮换地生产几种产品，这些产品虽然品种不同，但在结构上、工艺上是类似的。

3．按对象的轮换方式划分

按对象的轮换方式不同，流水线可分为不变流水线、可变流水线和混合流水线。不变流水线是固定地只生产一种产品（零件），工作地是完全专业化的。这种流水线适用于大量生产某种产品，所以称大量流水线。可变流水线是固定成批地轮番生产几种产品。当一种产品的一批制造任务完成后，就要相应地调整设备和工艺装备，然后开始另一种产品的生产，依次把所有的产品品种都完成一遍以后，又开始下一轮的重复生产。这种流水线适用于多品种的成批生产，又称成批流水线。混合流水线（又称混流生产）不是成批地轮番生产，而是在一定时间内同时生产几种产品，变换品种时，基本上不需要重新调整设备和工艺装备。因为，在这种流水线上，各种产品的生产是按照成组加工（装配）工艺规范，使用专门的成组加工设备和工艺装备来完成的，所以又称为成组流水线。

4．按生产过程的连续程度划分

按生产过程的连续程度不同，流水线可分为连续流水线和间断流水线。在连续流水线上，加工对象从投入到产出连续地从一道工序转入下一道工序，不断地进行加工，中间没有停放等待时间，生产过程是完全连续的。它一般适用于大量生产，是一种完善的流水线形式。在间断流水线上，由于各道工序的劳动量不等或不成倍比关系，生产能力不平衡，加工对象在各工序之间会出现停放等待等中断时间，生产过程是不完全连续的。

5．按流水线节拍的方法划分

按流水线节拍的方法的不同，流水线可分为强制节拍流水线和自由节拍流水线。前者是利用专门的装置来强制实现规定的节拍，工人必须在规定的时间内完成自己的工作。如有延误或违反技术规范即会影响下道工序的生产。后者是由操作者自行保持节拍，各工序必须按节拍进行生产，但每件制品的加工时间，则由工人自己掌握，一般在各工作地上都设有保险在制品以调节生产的节奏。

6．按产品的运输方式划分

按产品的运输方式不同，流水线可分为无专用运输设备的流水线和有专用运输设备的流水线。前者由流水线上的操作工人直接用手将自己加工完毕的制品传送给下道工序，或者由辅助工利用普通的运输器具将制品传送给下道工序。后者采用专门的运输设备，如重力滑道、专用小车、悬挂装置等，比较先进的是采用传送带。传送带又可分为分配式传送带和工作式传送带两种。分配式传送带是将需要加工的制品运送到设在传送带一侧或两侧的各个工作地上，工人从传送带上取下制品，在工作地上进行加工，加工完毕后又把制品放到传送带上，由传送带将制品运送到下一个工作地去继续加工。工作式传送带并不把制品从传送带上取下来，而是工人按规定的地段站在传送带的旁边，当制品运来时，工人就在传送

带上进行加工。这样,传送带既是运输装置,又是很多个连续的工作地。

7. 按流水线的机械化程度划分

按流水线的机械化程度不同,流水线可分为手工流水线、机械化流水线和自动化流水线。

流水线的分类如图8-1所示。

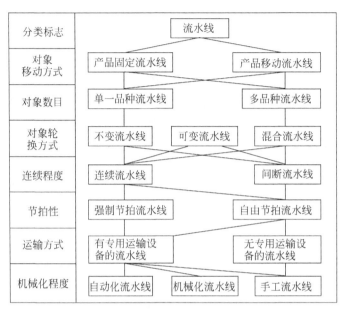

图 8-1　流水线的分类

8.1.3　流水生产方式的优缺点

1. 流水生产方式的主要优点

流水生产方式的主要优点是能使产品的生产过程较好地符合连续性、平行性、比例性及均衡性的要求。它的生产率高,能及时地提供市场大量需求的产品。由于是专业化生产,流水线上采用专用的设备和工艺装备,以及机械化的运输装置,所以可以提高劳动生产率,缩短生产周期,减少在制品的占用量和运输工作量,加速资金周转,降低生产线成本,还可以简化生产管理工作,促进企业加强生产技术准备工作和生产服务工作。

2. 流水生产方式的主要缺点

流水生产方式的主要缺点是不够灵活,不能及时地适应市场对产品产量和品种变化的要求,以及技术革新和技术进步的要求。对流水线进行调整和改组需要较多的投资和花费较多的时间。工人在流水线上工作比较单调、紧张、容易疲劳,不利于提高生产技术水平。

3. 组织流水生产必须具备的条件

(1) 产品品种稳定,而且是市场上长期大量需要的产品。

(2) 产品结构比较先进,设计基本定型,产品是标准化的,并具有良好的结构工艺性。所谓结构工艺性是指产品的结构便于工艺制造,有利于采用经济、有效的工艺加工方法。

(3) 原材料、协作件必须是标准的、规格化的,并能按时供应。

（4）机器设备必须经常处于完好状态,严格执行计划预修制度。

（5）工作必须符合质量标准,产品检验能随生产在流水线上进行。

具备了上述条件,并通过技术经济的论证或可行性研究,作出决策,决定采用流水生产方式后,就可以进行流水线的具体组织设计。

8.2　单一品种流水线的设计

8.2.1　流水线设计的内容

流水线的设计包括技术设计和组织设计。技术设计是流水线"硬件"方面的设计,包括:工艺路线、工艺规程的制定;专用设备的设计;设备改装设计;运输传送装置的设计;专用工卡具的设计等。组织设计是流水线"软件"方面的设计,包括:流水线的节拍和生产速度的确定;设备需要量及负荷的计算;工序同期化设计;工人配备;生产对象运输传送方式设计;流水线平面布置等。本节主要研究单一品种流水线的组织设计。

8.2.2　组织设计的步骤及方法

单一品种流水线的组织设计,一般可以分七个步骤。

1. 计算流水线的节拍

流水线的节拍就是顺序生产两件相同制品之间的时间间隔。它表明了流水线生产率的高低,是流水线最重要的工作参数。其计算公式如下:

$$r = \frac{F}{N}$$

式中,r 为流水线的节拍(分/件);F 为计划期内有效工作时间(分);N 为计划期的产品产量(件)。

计划期的产品产量 N,除应根据生产大纲规定的产出量计算外,还应考虑生产中不可避免的废品和备品的数量。

[例 8.1]　某厂生产计划中规定变速齿轮的日产量为 56 件,每日工作 8 小时,时间利用系数为 0.95,废品率为 2%,试求该齿轮的平均节拍。

解:$r = \dfrac{F}{N} = \dfrac{8 \cdot 60 \cdot 0.95}{56/(1-2\%)} = \dfrac{456}{57.1} = 7.99$（分/件）

≈ 8（分/件）

当流水线上加工的零件小,节拍只有几秒或几十秒时,零件就要采用成批运输,此时顺序生产两批同样制品之间的时间间隔称为节奏,它等于节拍与运输批量的乘积。

$$r_g = Q_N \cdot r$$

式中,r 为流水线的节拍;r_g 为流水线的节奏;Q_N 为运输批量。

流水线采取按批运输制品时,如果批量较大,虽然可以简化运输工作,但流水线的在制品占用量却要随之增大。所以,对劳动量大、制作重量大、价格高的产品应采用较小的运输批量;反之,则应扩大运输的批量。表 8-1 所列举的运输批量可供计算参考。

表 8-1   流水线运输批量的参考值

制品在一道工序上平均加工劳动量/分	单件重量/千克						
	0.1	0.2	0.5	1.0	2.0	5.0	≥10
	运输批量值						
<1.0	100	50	20	10	5	2	1
1.0~2.0	50	20	20	10	5	2	1
2.0~5.0	20	20	10	5	2	2	1
5.0~10	10	10	5	2	2	1	1

2. 确定各工序所需的各工作地(设备)数,计算设备负荷系数

为了使制品在流水线各工序间平行移动,每道工序的工作地数目应当是工序时间和流水线节拍之比,即

$$S_i = \frac{t_i}{r}$$

式中,S_i 为流水线第 i 道工序所需工作地(设备)数(台);r 为流水线的节拍;t_i 为流水线第 i 道工序的单件时间定额(分/件)。

工序单件时间定额内应包括工人把加工对象从传送带上取走和放上的时间。

计算出来的设备数若为整数,就可以确定它是该工序的设备数。若不是整数,则采用的设备数 S_{ei} 应取接近于计算数的整数,一般 $S_{ei} \geq S_i$。在这种情况下,该工序在加工每件制品之后发生间断,其数值为

$$t_{ci} = r - \frac{t_i}{S_{ei}}$$

式中,t_{ci} 为第 i 道工序加工每件制品之后的间断时间。

由于计算出的设备数往往不是整数,而采用的设备数只能是整数,所以设备负荷必然出现不足的情况。反映此情况的指标称为设备负荷系数(K_i),其计算公式如下:

$$K_i = \frac{S_i}{S_{ei}}$$

工序数为 m 的流水线的总设备负荷系数(K_a)等于:

$$K_a = \frac{\sum_{i=1}^{m} S_i}{\sum_{i=1}^{m} S_{ei}}$$

式中,m 为流水线上的工序数。

设备负荷系数决定了流水线作业的连续程度。一般根据它来决定流水线是连续的还是间断的。当 Ka 值小于 0.75 时,宜组织间断流水线。假如大多数工序的时间定额超过流水线的产出节拍,可考虑采用两条或三条加工同一对象的流水线,这样比只采用一条流水线要便于组织管理。在这种情况下,对每条流水线来讲,产出节拍相应地增大。

3. 组织工序同期化,流水线的平衡问题

所谓工序同期化,就是根据流水线节拍的要求,采取各种技术的、组织的措施来调整各

工作地的单件作业时间,使它们等于节拍或是节拍的倍数。工序同期化是组织连续流水线的必要条件,也是提高劳动生产率,使设备充分负荷和缩短产品生产周期的重要方法。组织工序同期化的基本方法是将整个作业任务细分为许多小工序(或称作业元素),然后将有关的小工序组合成为大工序,并使这些大工序的单件作业时间接近于节拍或节拍的倍数。劳动分工越细,工人操作的内容越简单,小工序的数量就越多。工序的分解与合并,这在以手工操作为主的装配流水线上比较容易实现,而在以机器工作为主的流水线上则较难实现。因为后者受机器设备的限制,不能随意分解或合并。通过对工序的分解与合并,可达到初步的同期化。在此基础上,为进一步提高工序同期化的水平,在关键工序上还可采取以下措施:

(1) 提高设备的机械化、自动化水平,采用高效率的工艺装备,减少工序的作业时间。

(2) 改进操作方法和工作地的布置,减少辅助作业时间。

(3) 提高工人的操作熟练程度和工作效率,改进劳动组织,如调熟练工人到高负荷工序工作,组织相邻工序协作,或选拔一名或几名工人沿流水线巡回,协助高负荷工序完成任务等。

(4) 建立在制品储备。

(5) 对作业时间很长而又不能分解的工序,增设工作地数,组织平行作业。

[例 8.2] 下面以单一品种的装配流水线为例,说明组织工序同期化的具体方法。假设该流水线的节拍为 8 分钟,由 13 道小工序组成,单位产品的总装配时间为 44 分钟,各工序之间的装配顺序和每道工序的单件作业时间如图 8-2 所示。为合理地利用人力,组织工序同期化,求流水线平衡。

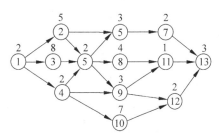

图 8-2 装配顺序图

注意:圆圈中的数字表示工序号;圆圈上方的数字表示该工序的单件作业时间;箭头的连续表示装配的先后关系。

解:(1)计算流水线上需要的最少工作地数。该流水线上有 13 道装配工序,如果设 13 个工作地,每个工作地只完成一道工序,即第 3 道工序装配一台产品需用 8 分钟,而第 11 道工序仅需 1 分钟,忙闲不均,组织不起连续的流水生产。究竟应该设多少个工作地呢? 从理论上说,装配一台产品总的作业时间是 44 分钟,每个工作地最多只能完成 8 分钟的装配作业任务,因节拍规定是 8 分钟,所以,流水线上需要的最少工作地数为

$$S_{\min} = \left[\frac{T}{r} \right]$$

式中,$S_{\min}$ 为最少工作地数;T 为单位产品总装配时间;r 为流水线节拍;[]为表示大于或等于 $\frac{T}{r}$ 的最小整数。

将例中数字代入上式,即

$$S_{\min} = \left[\frac{44}{8} \right] = [5.5] = 6$$

该流水线上最少需设置 6 个工作地。

(2) 组织工作地。按工序同期化的要求,将各工序分配到工作地。所谓工序同期化的

要求,是指向每一个工作地分配工序时必须满足下列条件:

- 保证各工序之间的先后顺序关系。
- 每个工作地分配到的工序作业时间之和不能大于节拍。
- 各工作地的单件作业时间应尽量相等和接近节拍。
- 应使工作地的数目最少。

(3) 流水线的平衡方法。通常采用列举-消去法。这种方法的特点是,从第一道工序开始,根据工序先后顺序的要求,将能和第一道工序组合在一起的、作业时间之和等于或接近于节拍的工序编为一组,分配给一个工作地。在列举各种编组方案时,消去明显不合理的编组,如各工序作业时间之和超过节拍或远小于节拍,违反工序之间的先后顺序等。如发现有作业时间相同的多个编组时,则可保留一个,消去其余的。在列出第一个工作地的编组方案的基础上,按上述列举-消去法的步骤进行第二个工作地的编组。如此反复进行,直至把所有的工序都分配完。

应用列举-消去法,该装配流水线平衡的结果见表8-2。

表 8-2　装配流水线的平衡表

工作地顺序号	工序号	工序单件作业时间	工作地单件作业时间	工作地空闲时间
1	1 2	2 5	7	8－7＝1
2	3	8	8	8－8＝0
3	4 5 8	2 2 4	8	8－8＝0
4	10	7	7	8－7＝1
5	6 7 9	3 2 3	8	8－8＝0
6	11 12 13	1 2 3	6	8－6＝2

流水线的平衡方法从理论上讲可以求得最优解,但由于工序数目的稍稍增加会使编组数量急剧增加,因此一般能求得近似最优解就可以了。

4. 计算流水线的负荷系数

流水线的负荷系数越大,表明流水线的生产效率越高。一般机器工作流水线的负荷系数不应低于0.75,以手工为主的装配流水线的负荷系数应在0.85～0.9以上。流水线负荷系数可按下列公式计算:

$$K_a = \frac{T}{S \cdot r}$$

式中,K_a为流水线负荷系数;T为单位产品总装配时间;r为流水线节拍;S为流水线平衡后实际采用的工作地数。

将例中数字代入上式,得

$$K_a = \frac{44}{6 \cdot 8} = 0.916\,7$$

分配到工作地的各工序单件作业时间之和,即工作地的单件作业时间与流水线节拍之差就是工作地的空闲时间。如 1 号工作地完成一台产品的装配任务需 7 分钟,而节拍规定为 8 分钟,所以该工作地每装配一台产品就有 1 分钟的空闲时间。各工作地的空闲时间总和就是整个流水线由于工序不平衡而造成的损失时间。流水线的时间损失和时间损失系数可按下列公式计算:

$$B = S \cdot r - T$$

$$D = \frac{B}{S \cdot r} = \frac{S \cdot r - T}{S \cdot r} = 1 - \frac{T}{S \cdot r} = 1 - K_a$$

式中,B 为流水线的空闲时间;r 为流水线节拍;D 为流水线时间损失系数;S 为流水线平衡后实际采用的工作地数;K_a 为流水线负荷系数;T 为单位产品总装配时间。

将例中数字代入上式,得

$$B = 6 \cdot 8 - 44 = 4(\text{分})$$

$$D = \frac{4}{6 \cdot 8} = 0.083\,3 = 1 - 0.916\,7 = 0.083\,3$$

5. 配备工人

在以手工操作为主的流水线上,需要配备的工人总数等于流水线上所有各个工作地的工人人数之和。每个工作地需要的工人人数可按下式计算:

　　　　每个工作地需要的工人数＝工作地上同时工作的工人人数·工作班次

在以机器工作为主的流水线上,配备工人时要考虑工人实行多设备看管和兼作的可能性,以及配备后备工人的必要性。因此,配备工人这项工作常常是同编制流水线工作指示图表结合起来进行的。

6. 设计运输工具

流水线上采用的运输工具种类很多,主要取决于加工对象的重量与外形尺寸、流水线的类型和实现节拍的方法。通常的连续流水线上,工序间的传送大多采用传送带,这是一种比较先进的运输装置,它可以在同一时间里把流水线上各工作地完工的制品运送到下一个工作地去加工;可以节省运输人力,缩短运输时间,控制流水线按规定的节拍进行生产。传送带有多种形式,典型的是传送带式运输装置。此外,还有吊运式运输装置、旋转工作台、重力滑道、专用小车等不同方式。传送带的长度一般可按下列公式计算:

　　　　传送带长度＝2·流水线上各工作地长度之和＋技术上需要的长度

工作地长度包括工作地本身的长度和相邻两个工作地之间的距离。传送带的速度与移动方式有关,当传送带采用连续移动方式时:

$$\text{传送带的速度} = \frac{\text{流水线上两件产品间的中心距离(米)}}{\text{节拍(分)}}$$

当传送带采用脉动移动方式时,即每隔一个节拍(或节奏)往前移动一次,每次移动的距离等于传送带上两件制品间的中心距离。

7. 进行流水线的平面布置

流水线的平面布置应使机器设备、工具、运输装置和工人操作有机地结合起来,合理安排各个工作地,使产品的运输路线最短,便于工人操作和生产服务部门进行工作,充分利用车间的生产面积。流水线平面布置的形状,一般有直线形图(8-3a)、直角形(图 8-3b)、开口形(图 8-3c)、山字形(图 8-3d)、环形(图 8-3e)、蛇形(图 8-3f)等。排列工作地时,又有单列式与双列式之分。单列式是将工作地布置在传送带的一侧,双列式是将工作地布置在传送带的两侧。

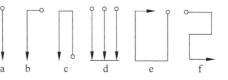

图 8-3   流水线布置形状示意图

8.3   多品种流水线的设计

根据各种产品的结构与工艺相似程度,以及流水生产组织的具体方法的不同,多品种流水线可以分为可变流水线和混合流水线。

8.3.1   可变流水线的组织设计

1. 可变流水线的特征

(1) 流水线上加工的产品对象有若干种,各加工对象在结构和工艺上是相似的。

(2) 每种加工对象是成批轮番地在流水线上进行生产。

(3) 流水线上每更换一次品种,全线要重新调整一次设备。在加工具体某一批产品时,流水线的状况与单一品种流水线相同。

(4) 每种加工对象在流水线所有工序上的负荷比大致相等。

2. 可变流水线组织设计步骤

1) 确定流水线的节拍

在可变流水线上,每种制品都按自己的节拍进行生产,在同一条流水线上产出各种制品的节拍是可以不相等的,这使得确定可变流水线的节拍变得复杂一些。一般有两种方法。

(1) 代表制品法。它是将各种制品的产量按劳动量的比例关系折合成某一种代表制品的产量,然后以此来确定节拍。

首先应选定代表产品,假定为 A;然后将其他产品的产量按劳动量的比例关系换算成代表产品的产量,则计划期流水线加工代表产品的总产量 N 的计算公式为

$$N = N_A + N_B \cdot \varepsilon_1 + N_c \cdot \varepsilon_2$$

式中,

$$\varepsilon_1 = \frac{T_B}{T_A}$$

$$\varepsilon_2 = \frac{T_c}{T_A}$$

各产品的节拍 r_A、r_B、r_C 的计算公式则为

$$r_A = \frac{F}{N} = \frac{F}{N_A + N_B \cdot \varepsilon_1 + N_C \cdot \varepsilon_2}$$

$$r_B = r_A \cdot \varepsilon_1$$

$$r_C = r_A \cdot \varepsilon_2$$

式中，N_j 为 j 产品的计划期产量；T_j 为 j 产品的单件时间定额；F 为流水线在计划期的有效工作时间。

[**例 8.3**]　设可变流水线上生产 A、B、C 三种产品，其计划月产量分别为 2 000 件、1 875 件、1 857 件，每种产品在流水线上各工序单件作业时间之和分别为 40 分、32 分、28 分，流水线按两班制工作，每月有效工作时间为 24 000 分，现选择 A 为代表产品，则

$$N(\text{计划期代表产品的产量}) = 2\,000 + 1\,875 \cdot \frac{32}{40} + 1\,857 \cdot \frac{28}{40}$$

$$= 2\,000 + 1\,500 + 1\,300 = 4\,800(\text{件})$$

$$r_A(\text{产品 A 的节拍}) = 24\,000/4\,800 = 5(\text{分 / 件})$$

$$r_B(\text{产品 B 的节拍}) = 5 \cdot \frac{32}{40} = 5 \cdot 0.8 = 4(\text{分 / 件})$$

$$r_C(\text{产品 C 的节拍}) = 5 \cdot \frac{28}{40} = 5 \cdot 0.7 = 3.5(\text{分 / 件})$$

（2）加工劳动量比重法。它是指按各种产品在流水线上加工总劳动量中所占的比重分配有效工作时间，然后据以计算各种产品的节拍。

设 A、B、C 三种产品的加工劳动量在总劳动量中所占比重分别为 α_A、α_B、α_C，则

$$\alpha_A = \frac{N_A T_A}{N_A T_a + N_B T_B + N_c T_c} = \frac{N_A T_A}{\sum N_j T_j}$$

$$\alpha_B = \frac{N_B T_B}{\sum N_j T_j}$$

$$\alpha_C = \frac{N_c T_c}{\sum N_j T_j}$$

三种产品的节拍计算公式为

$$r_A = \frac{\alpha_A \cdot F}{N_A}$$

$$r_B = \frac{\alpha_B \cdot F}{N_B}$$

$$r_C = \frac{\alpha_c \cdot F}{N_c}$$

如上例中 A、B、C 三种产品的加工劳动量在总劳动量中所占的比重分别为

$$\alpha_A(\text{A 产品劳动量占总劳动量的 \%})$$

$$= \frac{2\,000 \cdot 40}{2\,000 \cdot 40 + 1\,875 \cdot 32 + 1\,857 \cdot 28} \cdot 100\%$$

$$= 41.67\%$$

$$\alpha_B(\text{B 产品劳动量占总劳动量的 \%})$$

$$= \frac{1\,875 \cdot 32}{2\,000 \cdot 40 + 1\,875 \cdot 32 + 1\,857 \cdot 28} \cdot 100\%$$

$$= 31.25\%$$

$$\alpha_C(\text{C 产品劳动量占总劳动量的 \%})$$

$$= \frac{1\,857 \cdot 28}{2\,000 \cdot 40 + 1\,875 \cdot 32 + 1\,857 \cdot 28} \cdot 100\%$$

$$= 27.08\%$$

根据各种产品的劳动量比例,分配计划期的有效工作时间,并计算节拍。

$$r_A(产品\ A\ 的节拍) = \frac{24\ 000 \cdot 41.67\%}{2\ 000} = 5(分\ /\ 件)$$

$$r_B(产品\ B\ 的节拍) = \frac{24\ 000 \cdot 31.25\%}{1\ 875} = 4(分\ /\ 件)$$

$$r_C(产品\ C\ 的节拍) = \frac{24\ 000 \cdot 27.08\%}{1\ 857} = 3.5(分\ /\ 件)$$

2) 各工序设备数量及设备负荷系数的确定

先分别按不同的加工对象计算各工序的设备需要量。计算时利用公式 $S_i = t_i/r$,则 A 产品在流水线第 i 道工序上的设备需要量 S_{Ai} 为

$$S_{Ai} = \frac{t_{Ai}}{r_A}$$

照此类推,可计算出其他产品在流水线各道工序的设备需要量,然后将各种产品在各道工序上的设备需要量列成表进行对比分析。一般要求各种产品在某一道工序上的计算设备需要数相等或近于相等,即

$$S_{A1} = S_{B1} = S_{C1}$$
$$S_{A2} = S_{B2} = S_{C2}$$
$$\cdots$$
$$\cdots$$
$$S_{Am} = S_{Bm} = S_{Cm}$$

只有这样,才能使流水线的设备和工人满负荷工作,便于组织管理。

各工序的设备数量确定以后,就可以计算各工序和整个流水线的设备负荷系数。各工序的设备负荷系数计算公式如下:

$$K_i = \frac{\sum_{i=1}^{q} N_j \cdot t_{ji}}{S_{ci} \cdot F}$$

式中,K_i 为第 i 道工序的设备负荷系数;t_{ji} 为第 j 种产品在第 i 道工序的单件工时定额(分/件);S_{ci} 为第 i 道工序的设备数;q 为零件种数。

整个流水线的设备负荷系数计算公式为

$$K_a = \frac{\sum_{i=1}^{q} N_j \cdot T_j}{S_c \cdot F}$$

式中,K_a 为流水线的设备负荷系数;S_c 为流水线采用的设备总数。

3) 流水线平面布置

设备数量确定后,就可以计算和配备工人,确定流水线节拍的性质,选择运输工具和运输方式,进行流水线平面布置。此外,对于可变流水线来说,为了使每批产品在各工序上的加工时间成比例,不影响其连续性,还应对各种产品在工序上的设备负荷比进行检查。所谓产品在各工序上的设备负荷比,是指每种产品在各工序的设备总负荷中所占的比重。如用公式来表示,则在可变流水线上加工的第 j 种产品在第 i 道工序的设备负荷比 K_{ji} 为

$$K_{ji} = \frac{N_j T_{ji}}{S_{ci} \cdot F}$$

只有产品在所有工序上的设备负荷比都相等或近似相等,才能保证各种产品的加工在流水线的各道工序上在大致相同的时间间隔内进行。因为每种产品是按此负荷比分配计划期的工作时间,如果这个比值在各个工序上不同,就意味着不同工序在计划期内所分配的工作时间不一样,势必造成各种产品在工序生产时间上出现矛盾,给生产管理工作带来一定的困难。在这种情况下,就要采取措施,使工序同期化。

(4)应根据以上的设计计算结果编制可变流水线的标准计划图表。这里与单一品种流水线不同的是,由于各种加工对象在计划期内是成批轮番生产的,所以有一个划分批次,确定批量的问题。在划分批次或确定批量时,要注意既要使设备重新调整时间不至于太多和便于组织生产,又要有利于减少在制品占有量和节约流动资金。

8.3.2　混合流水线的组织设计

混合流水线的特点是生产的品种要均匀混合流送,组织相间性的投产,从而减少流水线上生产能力的浪费和在制品的占用量。在这种流水线上,产品的品种虽然不同,但它们在结构上必须是相似的,工艺、尺寸也必须是相近的,区别很大的产品是无法组织混合流水线生产的。

多品种混合流水线设计组织步骤如下。

1. 确定混合流水线的节拍

$$r = \frac{F}{\sum\limits_{i=1}^{n} N_i}$$

式中,F 为计划期有效工作时间;N_i 为第 i 种产品计划期产量;n 为品种数。

[**例8.4**]　某混合流水线同时生产 A、B、C 三种产品,平均日产量分别为 40 台、10 台、30 台,一个工作日一班,不考虑停工时间,求该混合流水线的节拍。

解: $r = \dfrac{F}{\sum\limits_{i=1}^{n} N_i} = \dfrac{1 \cdot 8 \cdot 60}{40 + 10 + 30} = 6(\text{分 / 台})$

2. 编制混合流水线上每种制品作业顺序图

在对各种产品的结构和工艺分析的基础上,把每一个产品的工艺过程分解成若干个小作业元素(或工步),并制定出每一作业元素的标准作业时间。然后用作业元素按产品工艺过程的先后顺序,编制出每个产品的作业顺序图(图 8-4)。

如果将工艺过程分解成 K 个作业元素,则该制品的总作业时间为

$$T_i = \sum_{1}^{k} t_{作}$$

式中,i 为混合流水线上的品种序号;$t_{作}$ 为作业元素的作业时间。

[**例8.5**]　某混合流水线上生产 A、B、C 三种产品,其作业顺序图如图 8-4 所示,试求混合流水线上各产品的总作业时间。

解: 根据公式 $T_i = \sum\limits_{1}^{k} t_{作}$ 得

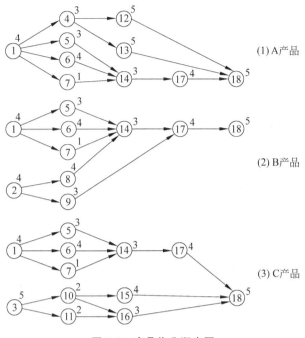

图 8-4   产品作业顺序图

$$T_A = \sum_1^k t_{作} = 4 + 3 + 3 + 4 + 1 + 5 + 5 + 3 + 4 + 5 = 37(分)$$

$$T_B = \sum_1^k t_{作} = 4 + 4 + 3 + 4 + 1 + 4 + 3 + 3 + 4 + 5 = 35(分)$$

$$T_C = \sum_1^k t_{作} = 4 + 5 + 3 + 4 + 1 + 2 + 2 + 3 + 4 + 3 + 4 + 5 = 40(分)$$

3. 计算混合流水线最小工作地数(工序数)

混合流水线的最小工作地(工序数)是指在计划期内为了完成各个品种的产品产量所需要的总作业量,所必须占用混合流水线内的最低限度的工作地数。

现假设计划期内混合流水线完成 n 个品种全部产品产量所需要的总作业量为 L,则

$$L = \sum_{i=1}^n N_i T_i$$

为完成总作业量 L 所需要的最小工作地数为

$$S_{\min} = \left[\frac{L}{F}\right] = \left[\frac{\sum_{i=1}^n N_i T_i}{r \cdot \sum_{i=1}^n N_i}\right]$$

上式是在假定一个工作地完成一道工序的情况下得出的。仍根据例 8.4 和例 8.5 中的数据,其混合流水线的最小工作地数为

$$S_{\min} = \left[\dfrac{\sum\limits_{i=1}^{n} N_i T_i}{r \cdot \sum\limits_{i=1}^{n} N_i} \right] = \left[\dfrac{40 \cdot 37 + 10 \cdot 35 + 30 \cdot 40}{6(40 + 10 + 30)} \right] = 7$$

4. 编制混合流水线上各种产品的综合作业顺序图

混合流水线与可变流水线的运动状态不同。在混合流水线上各种产品是交织在一起共同运动的,在每一时刻的各个工作地上,既有装配 A 产品的工作地,又有装配 B 产品的工作地,也有装配 C 产品的工作地。为了能明确地反映这种状态,需要将流水线上各个品种的作业顺序图加以汇总,成为一个综合作业顺序图,并根据它来组织混合流水线各工作地的作业。

图 8-5 就是将例 8.5 中 A、B、C 三种产品的顺序图合成的综合作业顺序图。

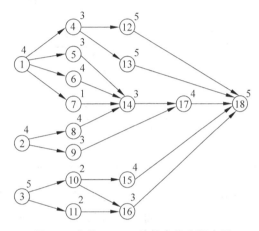

图 8-5　产品 A、B、C 的综合作业顺序图

5. 计算综合作业顺序图中各作业元素在计划期内所分担的作业量

有了各种产品的综合作业顺序图,就可以进行工序同期化的工作。对于混合流水线来说,工序同期化就是把各作业元素合并成工序。它的特点是以计划期为时间单位平衡各道工序所应完成的作业量,而不是以流水线的节拍为单位来平衡。工序同期化实际上是在流水线各道工序生产能力平衡的基础上进行的,通过生产能力的平衡,既要达到线内各道工序时间与节拍保持一致,又要使各工序的负荷尽量高,以至于达到最少的工作地数。在单一品种或可变流水线中,由于在每个节拍内,各道工序都完成相同数量的制品,所以按节拍来平衡各道工序的能力就可以实现工序同期化。而在混合流水线中,由于节拍是各种产品的平均节拍,各产品在各道工序上实际的工作节拍不等,这就导致每个节拍内各道工序所完成的品种和产量是不同的。所以,就不能用混合流水线的节拍来平衡流水线各道工序的生产能力。实践表明,在一个计划期内(一个工作日或更长时间),流水线各道工序所完成的品种产量是能达到一致的,可以按一个计划期来平衡工序能力。

在进行混合流水线工序同期化工作之前,要将综合作业顺序图中各作业元素标准和作业时间换算成各作业元素为完成计划期内各产品产量所需的作业量,并用作业元素计划期的作业量来平衡线内各工序的能力。

对于品种 i 的作业元素 k,在计划期内应完成的作业量为 τ_i,则

$$\tau_i = N_i \cdot \delta_i \cdot t_{\text{作}}$$

式中,τ_i 为在计划期内应完成的作业量;N_i 为品种 i 的计划期产量;δ_i 为品种选择记号,作业元素 k 为品种 i 的元素时取 $\delta_i = 1$,否则取 $\delta_i = 0$。

6. 编排产品投入顺序

工序同期化以后,就可以编排产品的投入顺序。由于此时混合流水线各道工序的生产能力已基本处于平衡,这就为投产顺序的编排做好了准备。表 8-3 是例 8.5 经过工序同期化以后,计算的每一个工作日各工序所完成的劳动量。

表 8-3   各工序每个工作日完成的劳动量

工序	工位	劳动量计算过程	完成劳动量/分
1	1	$7 \cdot 40 + 8 \cdot 10 + 4 \cdot 30$	480
2	2	$3 \cdot 40 + 3 \cdot 10 + 10 \cdot 30$	450
3	3	$5 \cdot 40 + 5 \cdot 10 + 7 \cdot 30$	460
	3	$5 \cdot 40 + 7 \cdot 10 + 4 \cdot 30$	390
4	4	$8 \cdot 40 + 3 \cdot 10 + 3 \cdot 30$	440
5	5	$4 \cdot 40 + 4 \cdot 10 + 7 \cdot 30$	410
6	6	$5 \cdot 40 + 5 \cdot 10 + 5 \cdot 30$	400

从表 8-3 可知,这条混合流水线上每一个工作日产出都是 A 产品 40 台、B 产品 10 台、C 产品 30 台,共 80 台;每日各工序的劳动量都小于或等于每日有效工作时间 480 分钟,这为均衡生产、编排产品投入顺序创造了条件。

投产顺序的编排方法通常有三种,即生产比倒数法、逻辑顺序法和启发式编排顺序法。现介绍前两种方法。

1) 生产比倒数法

产品在混合流水线上的流送顺序是有规律的,通常几种产品的产量是由几个循环来完成。每一循环中的产品投入顺序称为一个连锁,而投入顺序是指一个连锁中产品投入生产的先后顺序。生产比倒数法是以考虑产量大小为出发点来进行的,其步骤如下:

(1) 计算各种产品的生产比。例 8.4 中 A、B、C 三种产品的生产比例为 $X_A : X_B : X_C = 4 : 1 : 3$,则连锁产量之和为 $\sum_{i=1}^{n} X_i = X_A + X_B + X_C = 4 + 1 + 3 = 8$。说明一个循环产量为 8 台,其中包括 4 台 A 产品、1 台 B 产品、3 台 C 产品。

(2) 计算生产比倒数。设各种产品生产比倒数为 m_i,则

$$m_A = \frac{1}{X_A} = \frac{1}{4}; \quad m_B = \frac{1}{X_B} = 1$$

$$m_C = \frac{1}{X_C} = \frac{1}{3}$$

(3) 品种的选定。在所有投入品种中选出生产比倒数最小的,作为第一次投入品种;如果有几个产品生产比倒数都等于最小值,则选最后出现、最小值的产品。

（4）更新 m_i 值。在已经选定产品的生产比倒数上,再加上一个该产品的生产比倒数。

（5）选定产品。在更新值的基础上,按上述方法选择出第二次投入的产品。如此继续下去,直到将一个连锁的产品全部安排完毕。整个计算过程见表 8-4。

表 8-4　生产比倒数法计算过程

计算过程	产品品种			投入顺序
	A	**B**	**C**	
1	1/4*	1	1/3	A
2	1/4+1/4＝1/2	1	1/3*	C
3	1/2*	1	1/3+1/3＝2/3	A
4	1/4+1/2＝3/4	1	2/3*	C
5	3/4*	1	1/3+2/3＝1	A
6	1/4+3/4＝1*	1	1	A
7		1	1*	C
8		1*		B

* 表示该数字是此行中的最小值

一个连锁的生产周期可用下式计算:

$$t_{周} = \frac{\sum_{i=1}^{n} N_i}{m} \cdot r$$

式中,N_i 为各种产品计划产量;r 为混合流水线节拍;m 为最大公约数。

如前例: $t_{周} = \frac{\sum_{i=1}^{n} N_i}{m} \cdot r = \frac{40+10+30}{10} \cdot 6 = 48（分钟）$

每日可进行 480/48＝10（次）循环就可完成全部任务（40 台 A、10 台 B,30 台 C）。

2）逻辑顺序法

逻辑顺序法的步骤如下。

（1）进行基本逻辑分析。由例 8.4 列出的条件可知,A、B、C 三种产品的生产比例为 $X_A : X_B : X_C = 4 : 1 : 3$,则一个循环流程的总产量是 $4+1+3=8$。

（2）编制逻辑顺序安排表,如表 8-5 所示。

表 8-5　逻辑顺序表

顺序	A 产品				B 产品				C 产品				选定者
1	4	0	0	4	1	0	0	1	3	0	0	3	A_1
2	8	1	8	0	2	0	0	2	6	0	0	6	C_2
3	12	1	8	4	3	0	0	3	9	1	8	1	A_3
4	16	2	16	0	4	0	0	4	12	1	8	4	B_4
5	20	2	16	4	5	1	8	−3	15	1	8	7	C_5
6	24	2	16	8	6	1	8	−2	18	2	16	2	A_6
7	28	3	24	4	7	1	8	−1	21	2	16	5	C_7
8	32	3	24	8	8	1	8	0	24	3	24	0	A_8

表 8-5 中的第二栏、第三栏和第四栏各有四个数字,第一个数为原比值乘以选取次数,第二个数为该产品已被选取的次数,第三个数为循环流程总产量乘以被选取的次数,第四个数为第一个数与第三个数之差,根据第四个数的大小来决定投产对象。

表 8-5 中的数字计算如下:

第一个投产对象应选比值大的产品 A,并写在选定者栏内。在选择第二个投产对象时,将各比值均乘以 2,则生产比为

$$N_{A_1} : N_{B_1} : N_{C_1} = (4 \cdot 2) : (1 \cdot 2) : (3 \cdot 2) = 8 : 2 : 6$$

因为第一个投产对象已选取 A_1,所以在第二次选取中,产品 A 被选取的可能性要减少,减少的方法是从新比值中减去其选取的次数乘以总产量,从而确定新的比例,则

$$N_{A_2} : N_{B_2} : N_{C_2} = 8 - 1 \cdot 8 : 2 : 6 = 0 : 2 : 6$$

这时 C 的比值大,因此第二个投产对象应选定产品 C,用 C_2 表示。

在选取第三个投产对象时,将各原比值乘以 3,即

$$N_{A_3} : N_{B_3} : N_{C_3} = (4 \cdot 3) : (1 \cdot 3) : (3 \cdot 3) = 12 : 3 : 9$$

因为第二个投产对象已选取 C_2,所以应将 A 与 C 的比值更新为

$$N_{A_3} : N_{B_3} : N_{C_3} = (12 - 1 \cdot 8) : 3 : (9 - 1 \cdot 8) = 4 : 3 : 1$$

此时,应选取比值大的产品 A,用 A_3 表示。依次类推,进行第四、第五等投产对象的选取。在选取投产对象时,如果出现比值相同的情况,要以避免连续投入同一产品为原则。

(3)绘制逻辑顺序投产图。

$$\underbrace{A_1 \rightarrow C_2 \rightarrow A_3 \rightarrow B_4 \rightarrow C_5 \rightarrow A_6 \rightarrow C_7 \rightarrow A_8}_{第一循环流程}$$

本例 80 台产品要经过 10 个循环流程。

8.4　大量生产期量标准的制定

8.4.1　生产作业计划与期量标准

生产作业计划是生产计划的继续,是生产计划的具体执行计划。它所要解决的任务是把生产计划进一步具体化,把生产计划中安排的生产任务,按照旬、周、轮班以致小时,具体地、合理地分配到车间、工段、班组以致工作地,从而保证生产计划按品种、按质量、按数量和按期限全面完成。生产作业计划对组织企业的日常生产活动,指导企业生产的进行,具有非常重要的意义。

一般来说,生产作业计划有以下四个方面的任务。

1. 组织职工完成生产计划

通过生产作业计划把生产计划落实到各个生产环节,并规定较短时期内的生产任务,使全体职工在日常生产活动中有明确的工作内容和工作目标。这样有利于调动职工群众的积极性和创造性,主动地完成生产任务,以满足国家计划和市场需要。

生产作业计划还推动企业的日常生产准备、原材料供应、劳动力调配、设备维修以及工具管理等工作,更密切、更有效地为生产服务,保证生产的顺序进行。

2. 组织企业均衡生产

生产作业计划给各个生产环节规定了较短时期内的生产任务,它不但为企业完成生产任务创造了条件,而且也为各个车间、工段和班组完成生产任务创造了前提;它不仅保证完成企业的年度、季度的生产任务,而且保证按月、按旬、按轮班以致按小时来完成生产任务。通过生产作业计划,指导生产有节奏地、均衡地进行。

3. 提高企业管理水平

通过生产作业计划,可以使各级人员经常了解生产情况,及时解决问题;可以使管理人员对生产进度和生产成果及时进行统计、核算和分析;可以使企业对各个生产环节的活动经常进行详细的平衡计算,充分挖掘生产潜力。所有这些都有助于企业管理水平的提高。

4. 充分地利用人力、物力、财力,提高企业经济效益

编制生产作业计划时,一定要注意合理地利用人力和设备,节约物资消耗,节约资金,提高企业的经济效益。例如,在编制生产作业计划时,应当把各种产品(或零件)合理地搭配起来生产,以免由于前后两个时期产品品种变化太大,机器设备的负荷和工人的工作量忽高忽低,造成损失。应当在满足生产需要的条件下,减少在制品的储备,以免积压资金等。

生产作业计划是要规定各个生产单位在较短时期内的生产任务。编制生产作业时,在数量上和期限上都要依据一些标准,这些标准称为"期量标准",它是反映企业有计划、按比例组织生产的客观尺度。

生产作业计划中规定的生产数量和生产期限,都是根据标准来计算的。期量标准是否先进合理、切合实际,对于编制出来的生产作业计划的质量好坏关系极大。企业应当根据生产类型的特点和企业的实际,科学地拟订作业计划期量标准,以保证生产作业的先进性和现实性。

大量生产是指企业(车间、工段、小组、工作地)在较长时期固定制造大量同类产品的一种生产类型。在大多数的工作地上加工一些相同的产品,大量生产作业计划所要解决的主要问题就是,保证整个生产过程及其各个环节能严格按规定的节拍生产。大量生产的期量标准主要有节拍、在制品占用量定额等。节拍的计算和制定在前两节中已作了说明,本节着重介绍在制品占用量定额。

8.4.2　大量生产在制品占用量的计算

在制品是指从原材料开始加工到成品合格入库为止,处于生产过程中尚未完工的所有毛坯、零件、部件和产品的总称。在制品占用是指在一定时间、地点和具体的生产技术组条件下,为保证生产有节奏地进行和产品均衡生产所必要的在制品数量。

生产过程中应有合理的在制品定额,以保证生产环节的正常运转和生产的连续进行,保证有计划、均衡地完成产品计划。在制品要占用资金,如果占用量过大,并不能促进生产的正常进行,反而会使生产中的经济效益降低,不能很好地利用流动资金。在大量流水生产条件下,在制品占用可按存放点、性质和用途进行分类。按存放地点不同,可分为车间(生产线)之间或车间(生产线)内部的储备量;按性质、用途不同,又可分为工艺占用量、运输占用量、工序间流动占用量、保险储备量、库存流动占用量、车间之间运输占用量和库存保险储备量七种。

1. 车间(生产线)内部在制品占用量($Z_内$)

1）工艺占用量 Z_1

工艺占用量是指正在流水线各道工序每个工作地上加工、装配或检验的制品,其数量取决于流水线工序数 m、每道工序的工作地数 S 和每个工作地同时加工的零件数 g,如下式所示:

$$Z_1 = \sum_{i=1}^{m} S_i g_i$$

上式计算的工艺占用量在连续流水线中是不变的,在间断流水线中是可变的。

2）运输占用量 Z_2

运输占用量是指正在各生产线之间运输中的制品。在机械加工流水线中,它是指在第一道工序前尚未加工的毛坯和零件;在装配车间中,它是指尚未投入装配的零件和部件。运输占用量是当发出车间在两次发送毛坯(零部件)的间隔时间中能保证下一加工车间第一道工序正常工作的储备量。运输占用量的大小取决于运输方式、运输批量、运输间隔期、零件体积及存放地等情况。

连续运输时,运输占用量计算公式为

$$Z_2 = \frac{L}{I} \cdot P$$

式中,L 为运输装置长度(米);I 为两批制品在运输线上的相隔距离(米);P 为运输批量。

当用运输工具间断运输时,运输占用量的大小根据昼夜产量 N 和零件发送间隔期(天) M 决定,公式为

$$Z_2 = N \cdot M$$

3）工序间流动占用量 Z_3

工序间流动占用量是指在规定的间隔期内,为保证上下工序或生产线正常工作而放置的储备量。它是在间断流水中由上下工序或生产线之间不同的工时定额和不同的工作制度(如开动班次、起止时间)所决定。上下工序或生产线之间的工作越协调,工序间流动占用量也就越少。在连续流水线内部是没有工序间占用量的。

工序间流动占用量可用分析计算法和图表结合起来加以确定。

分析计算法:

$$Z_{max}(U-L) = \frac{T_s \cdot S_u}{t_u} - \frac{T_s \cdot S_L}{t_L} = T_s \left(\frac{S_u}{t_u} - \frac{S_L}{t_L} \right)$$

式中,Z_{max} 为工序间最大流动占用量;T_S 为上下工序同时工作时间;S_u 为上工序工作地数目;S_L 为下工序工作地数目;t_u 为上工序单件时间;t_L 为下工序单件时间;

利用图 8-6 中的有关数字,根据上例计算式求工序间占用量。

$$Z_{max}(1-2) = 160 \cdot \left(\frac{2}{12} - \frac{1}{4} \right) = -14 \text{ 或 } 80 \cdot \left(\frac{2}{12} - \frac{0}{4} \right) = 14$$

$$Z_{max}(2-3) = 160 \cdot \left(\frac{1}{4} - \frac{1}{5} \right) = 8 \text{ 或 } 80 \cdot \left(\frac{0}{4} - \frac{1}{8} \right) = -8$$

流水线名称	班次	日产量	节拍	运输组量	节奏	看管周期
轴	2	160件	6分	1	6分	4小时

工序号	班任务/件	工序时间/分	工作地号	工作地负荷/%	工人号	工人去几号工作地	储备量位数	最大周转储备量	周转储备量形成与消耗示意图 0 60 10 180 200	轮班开始周转储备量
1	30	12	01	100	1					
			02	100	1	平行	1~2	14		14
2	80	4	03	67	2	05	2~3	8		0
3	80	5	04	73	3		3~4	12		0
			05	33	2	03				
4	80	8	06	100	4		4~5	7		7
5	80	6	07	100	5	平行	5~6	20		20
6	80	3	08	50	5		6~7	40		0
7	80	3	09	50	5	与兼职	7~8	20		20
8	80	6	10	100	6					
									合计	61

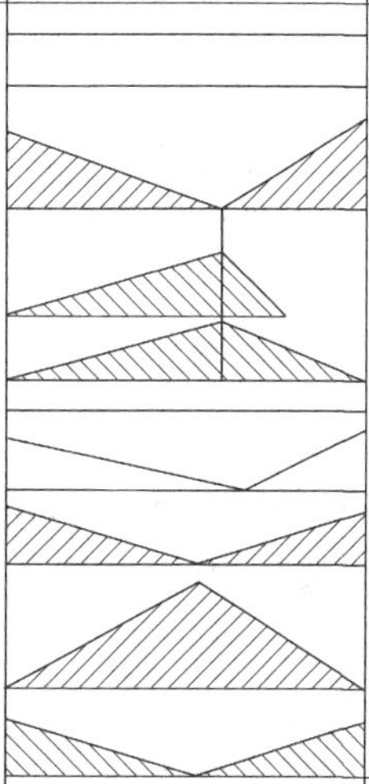

图 8-6　流水线在制品周转储备量形成与消耗示意图

$$Z_{\max}(3-4)=160\cdot\left(\frac{1}{5}-\frac{1}{8}\right)=12 \text{ 或} \begin{cases} 40\cdot\left(\frac{1}{5}-\frac{2}{8}\right)=-2 \\ 40\cdot\left(\frac{0}{5}-\frac{2}{8}\right)=-10 \end{cases}$$

$$Z_{\max}(4-5)=160\cdot\left(\frac{1}{8}-\frac{1}{6}\right)=-7 \text{ 或 } 80\cdot\left(\frac{2}{8}-\frac{1}{6}\right)=7$$

$$Z_{\max}(5-6)=120\cdot\left(\frac{1}{6}-\frac{1}{3}\right)=-20 \text{ 或 } 120\cdot\left(\frac{1}{6}-\frac{0}{3}\right)=20$$

$$Z_{\max}(6-7)=120\cdot\left(\frac{1}{3}-\frac{0}{3}\right)=40 \text{ 或 } 120\cdot\left(\frac{0}{3}-\frac{1}{3}\right)=-40$$

$$Z_{\max}(7-8)=120\cdot\left(\frac{0}{3}-\frac{1}{6}\right)=-20 \text{ 或 } 120\cdot\left(\frac{1}{3}-\frac{1}{6}\right)=20$$

从图 8-6 中可以看出,第一道工序到 240 分钟时生产 40 只,而第二道工序 160 分钟时就生产 40 只,第一道工序在 160 分钟时只生产 26 只,所以在第二道工序加工前要有 14 只储备量才能保证第二道工序生产连续进行。第二道工序的工人在 160 分钟后要到第四道工序工作,所以第一道工序后 80 分钟又为第二道工序准备了 14 只,这就是第一、二道工序间储备量,第二道工序 160 分钟生产 40 只,而第三道工序 160 分钟只用了 32 只,此时在制品最大占用量 8 只,直到 200 分钟时,第三道工序才将第二道工序为它准备的 8 只用完,所以到轮班结束时储备量等于零,就是表示第二、三道工序间没有在制品储备量。第三道工序160 分钟生产 32 只,而第四道工序生产 20 只,此时在制品最大占用量为 12 只,但在 160 分钟以后到轮班结束,有两个人工作,其时间为 80·2=160(分钟),正好完成 20 只,到轮班结束时储备量等于零,就是表示第三、四道工序间没有在制品储备。第四道工序以后的工序间最大制品占用量和轮班结束时的储备量,比照上述方法进行计算。

4) 保险储备量 Z_4

当生产中设备发生故障,产生废品或生产组织失调时,上工序一时不能供应,会引起节奏破坏。为了使生产正常进行,设置了保险储备量。为整个流水线设置的储备量常集中在生产线的末端,其目的是为了预防产生废品和工作地发生故障而造成零件供应中断。为各工作地专用而设置的储备量,是弥补某一工序实际工作效率与规定的平均节拍发生失调、产生废品或设备发生临时故障时使用的。

保险储备量取决于零件生产周期长短、价值大小、工艺复杂性和稳定性,以及设备调整的时间损失等因素。

车间(或生产线)内部在制品用量,用公式表示如下:

$$Z_{内} = Z_1 + Z_2 + Z_3 + Z_4$$

2. 车间(或生产线)之间在制品占用量 Z 库,一般包括库存流动占用量 Z_5、车间之间运输占用量 Z_6 和库存保险储量 Z_7 三种

1) 库存流动占用量 Z_5

库存流动占用量是保证车间或生产线之间协调生产而设立的毛坯、零部件数量。这种占用量是由于前后相邻生产线之间的生产效率不同和车间的不同工作制度(工作班次或起止时间)而形成的在制品。当前后车间或生产线之间的工作越是协调,这种占用量就越少。因此,应尽量使前后车间同步化,形成连续流水生产,这样就可以避免这种占用量。其计算方法如下。

(1) 前后车间或生产线的班次和生产数率都不同:

$$Z_5 = B_L(S_1 - S_2)$$

式中,B_L 为生产率低的生产线每班产量;S_1 为生产率低的生产线开动班次;S_2 为生产率高的生产线开动班次。

[例 8.6] 加工车间生产线开动两班,每班产量 100 台,装配生产线开动一班,每班产量 200 台。求库存流动占用量。

$$Z_5 = 100·(2-1) = 100(台)$$

库存流动占用量如图 8-7 所示。

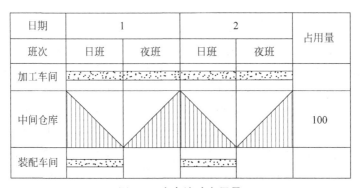

图 8-7   库存流动占用量

（2）前后车间工作班次相同，但生产效率和起止时间不同。在这种情况下可采用工序间流动占用最大的公式来计算。

例如，前后车间工作班次开始工作时间相同，而生产效率和结束时间不同，如图 8-8 所示。

$$Z_{max} = \frac{400 \cdot 1}{4} - \frac{400 \cdot 1}{4.8} = 100 - 83.3 \approx 17(台)$$

单位名称	每班任务/台	每台定额/分	看管期/时	工作时间/分	看管期在制品占用量变化图							占用量/台
					60	120	180	240	300	360	420	
加工车间	100	4	8	400								
中间库												0
装配车间	100	4.8	8	480								

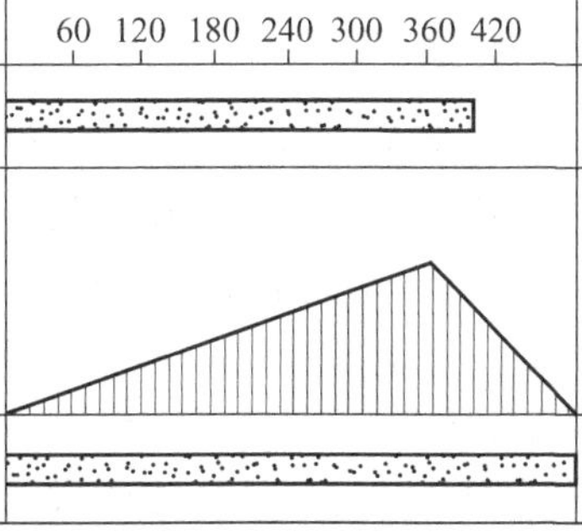

图 8-8　在制品消耗示意图

由图 8-8 中可见，加工车间工作结束到看管期末尚有 80 分钟，应明确规定加工车间在这段时间进行设备维护和做好下一工作日的准备工作，这对保证设备精度和延长设备寿命以及保证以后的生产顺利进行是有利的。如果加工车间后 80 分钟继续加工，则零件越来越多，造成积压，因此必须要停下来。除非因质量和设备事故，可用这段时间进行生产，以保证装配车间完成每班任务。或者提高装配车间工作效率，使两个车间实现同步化，生产更多的产品。

2）车间之间运输占用量 Z_6

车间之间运输占用量的作用与计算方法与前述生产线内部运输占用量 Z_2 相同。

3）库存保险储备量 Z_7

库存保险储备量是因车间（或生产线）生产速度增加，不能按时提供，为保证车间（或生产线）正常进行工作而设置的在制品数。计算公式为

$$Z_7 = \frac{U_c}{r}$$

式中，U_c 为供应车间（生产线）在前后间隔期中零件入库可能迟延的时间；r 为该流水线的节拍。

车间或生产线之间的在制品占用量为 $Z_库 = Z_5 + Z_6 + Z_7$

3. 在具体制定在制品占用量时，还要注意以下几点

（1）对不同车间（生产线）应明确哪种占用量在生产中是起主导作用的。如毛坯车间有工艺、工序间流动和保险占用量三种，其中工序间流动占用量是主要的。机加工车间（生产线）有工艺占用量、工序间流动占用量、运输占用量和保险储备量四种，其中工艺占用量是主要的，运输占用量只有在连续生产线上才有。工序间流动占用量含有工序运输的因素，只有

在间断流水线上才有。车间或生产线之间(库存)占用量中库存流动占用量、车间间运输占用是主要的,库存流动占用量只有在间断流水线之间才有,车间间运输占用量只有在连续流水线之间才有。

(2) 各种占用量定额是按每种零件分别计算的,然后按存放地点汇总成零件占用量定额表。

它由企业计划部门编制,各生产车间协助,财务科核算在制品占用的流动资金。

(3) 制定在制品占用定额后,经批准即作为全厂计划工作的定额文件,是编制生产作业计划的根据,对稳定生产作业计划和协调生产有重要作用。

8.4.3　在制品定额法

在大量生产条件下,各个车间的分工及联系稳定,同一时期内分工协作地生产同一种或少数几种产品,彼此之间的联系主要表现在提供一种或少数几种产品或半成品上。只要前一车间的半成品能够保证后一车间加工的需要和车间之间库存半成品变化的需要,就可使生产均衡、协调地进行。

由此可见,作业计划的编制主要着眼于解决各车间生产数量上的协调,运用预先制定的在制品定额,按照反工艺顺序的连锁计算方法来调节各车间的生产任务,调整各车间的投入量和出产量,使车间之间协调配合。这种编制作业计划的方法就叫在制品定额法。

采用在制品定额法,安排车间任务的原理如下:

某车间产出量＝后车间投入量＋该车间半成品外售量＋(车间之间仓库半成品定

额－期初预计半成品结存量)

某车间投入量＝本车间产出量＋本车间可能发生的废品及损耗数＋

(本车间在制品定额－本车间期初在制品预计结存量)

表 8-6 是用在制品定额法确定各车间投入量和产出量任务的示例。

表 8-6　用在制品定额法编制车间生产作业计划示例

产品名称			时间继电器			
产品产量/件			1 000			
零件名称			触头	吸铁	弹簧	…
零件编号			A－001	A－002	B－010	…
单位产品用量/只			4	1	2	
装配车间	1	出产量	4 000	1 000	2 000	
	2	废品及损耗	—	—	—	
	3	在制品定额	500	100	200	
	4	期初预计在制品结存量	350	60	50	
	5	投入量(1＋2＋3－4)	4 150	1 040	2 150	
零件库	6	半成品外售量	200	—	100	
	7	半成品定额	600	80	100	
	8	期初预计结存量	710	100	100	

	产　品　名　称		时间继电器			
加工车间	9	出产量(5＋6＋7－8)	4 240	1 020	2 250	
	10	废品及损耗	140	10	20	
	11	在制品定额	450	180	100	
	12	期初预计在制品结存量	340	60	150	
	13	投入量(9＋10＋11－12)	4 490	1 150	2 220	
毛坯库	14	半成品外售量	610	50	30	
	15	半成品定额	1 000	200	50	
	16	期初预计结存量	1 000	300	30	
毛坯车间	17	出产量(13＋14＋15－16)	5 100	1 100	2 270	
	18	库存及损耗	—	80	30	
	19	在制品定额	250	40	100	
	20	期初预计在制品结存量	150	30	100	
	21	投入量(17＋18＋19－20)	5 200	1 190	2 300	

车间任务安排好后,就可编制月度生产进度计划,再把计划任务按日分配,具体安排每日的生产量。

本章小结

流水生产又称流水线,是指劳动对象按照一定的工艺路线,顺序通过各个工序,并按照一定的节拍(节奏)完成工艺作业的连续重复生产的一种生产组织形式。它具有工作地的专业化程度高、生产过程具有明显的节奏性和高度的连续性等特征。流水线经历一个世纪的发展有多种形式,可以按照不同的标准进行分类。组织流水生产必须具备产品品种稳定、结构性比较先进、设计基本定型、所需的原材料零配件是标准的、设备完好率高且专用设备等条件。

流水线的设计包括技术设计和组织设计。本章主要讨论流水线的组织设计,内容有单一品种的流水线设计和多品种的流水线设计,多品种的流水线设计又分别介绍了可变流水线和混合流水线等。

生产作业计划是生产计划的具体执行计划,它对组织和指导企业的日常生产活动有十分重要的意义。要编制出生产作业计划,就必须在编制前,确立一系列的期量标准,大量生产方式下的期量标准主要有节拍、流水线工作指示图表和在制品定额。大量生产方式下编制生产作业计划的方法称为在制品定额法。

复习与思考 -

1. 什么是流水生产？流水生产的基本特征是什么？流水线可分为哪几类？其主要优缺点是什么？

2. 什么是流水线的技术设计和组织设计？

3. 单一品种流水线组织设计的主要内容是什么？

4. 简述可变流水线、混合流水线的特点和组织设计的主要内容。

5. 什么是生产作业计划？它与生产计划的关系如何？什么是期量标准？

6. 大量生产方式下的期量标准有哪些？

7. 大量生产方式下编制生产作业计划的方法是什么？

 松下公司计划在中国建家电回收中心

案例分析 -

一台台旧冰箱、旧洗衣机、旧电视、旧空调躺在流水线上，10分钟后，流水线末端出来的分别是铁、铜、铝、塑料，这些材料可用来再生产电器、隔热材料，甚至公园的桌椅。这是《新闻晨报》记者在日本松下公司环保技术中心看到的废旧家电回收场景。该中心厂长濑户山正博说，他们把废旧家电回收称为"寻宝"，希望能将蕴藏在废旧家电中的有限资源毫不浪费地再利用，这是一件很有趣，也很有意义的事。

1. 回收工厂：回收技术先进，材料一点不浪费

走进日本松下公司环保技术中心的回收车间，并没有之前想象中的嘈杂和脏乱，取而代之的是一尘不染的走道和整齐有序的流水线。车间里的工人穿着蓝色工作服、戴着帽子和口罩，紧张地工作着。墙上还挂着当月的完成目标和当日的实际完成数量。

一台旧冰箱放上流水线后，第一名工人取出冰箱内的蔬菜盒等塑料篮，第二名工人拿着枪一样的特殊工具回收氟利昂，第三名工人拆解压缩机后，冰箱机身就被送入粉碎机。从粉碎机出来的是各类塑料碎片，塑料碎片进入筛选机器，分离出聚丙烯和氨基甲酸乙酯，并被分别装入大口袋，就可以直接用于生产冰箱板或隔热材料等建材。整个过程约10分钟。

濑户山正博说，为了更高效、更高纯度地回收，他们研发并引进最新的技术，如显像管玻璃的分离技术、从冰箱的粉碎残渣中回收树脂的技术等，目前还在探索除四大家电以外产品的回收利用技术。

工厂解说员骄傲地说："从2009年4月中心成立至2010年8月，我们已经累计回收废旧家电70万台，回收的铁可以造13.8万辆汽车，回收的铜可以建69座奈良大佛，回收的铝可以造85架747飞机。"日本松下公司环境本部副本部长宫井真千子表示，中国进入了废旧家电快速更新的年代，他们还计划在中国建造废旧家电回收中心，以帮助中国解决面临的问题。

2. 回收法律：厂商负责回收，消费者付处理费

1998 年 6 月，日本公布了《家电回收利用法》，并于 2001 年 4 月正式实施。2010 年 4 月 1 日，在原有显像管电视机、空调、冰箱、洗衣机四大家电的基础上，又添加了液晶电视机、等离子电视机和衣物烘干机的回收。"用户如果要处理废旧家电，打一个电话给零售店，他们就会派人上门取走废旧家电，然后运回厂家，厂家再委托回收技术中心处理。"濑户山正博说，日本法律规定，废旧家电回收过程中，家电产品的零售商承担收集、搬运的义务，生产厂商等承担回收利用的义务。而消费者则承担相应的费用，这笔费用包括回收费、搬运费和回收利用费。目前，显像管电视机的回收费折合人民币约为 228 元，空调为 211 元，冰箱为 389 元，洗衣机为 203 元。目前，日本有 380 家可以上门取家电的交付中心。

消费者通过零售商或者邮局支付回收利用费后，还会拿到一张家电回收利用单的存根，上面有咨询管理编号，自己的废旧家电是否得到了适当的处理，凭借这个编号，就可以通过电话在回收利用中心进行查询和确认。

资料来源：沈凤丽，《新闻晨报》，2010 年 12 月 31 日

思考题：

1. 为什么日本松下公司环保技术中心的回收车间采用流水线的方式？

2. 日本松下公司环保技术中心回收车间的流水线，你认为是属于哪一种类型的流水线？为什么？

 计算题

1. 已知某产品的装配线由 11 道工序组成，工序的先后顺序和工时定额均已如下图所示：

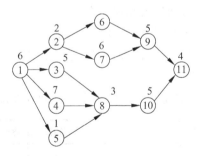

该流水线生产 A 产品，每月工作 25 天，每天 8 小时，二班制工作。每天的有效工作时间为 85%，每月的计划产量为 2 040 件。

要求：（1）试确定该流水线的最小工作地数。

（2）分配以上工序到各工作地。

（3）计算装配线平衡损失率和负荷系数。

2. 某产品流水线共有 11 道工序，节拍 $r=5.5$ 分，加工顺序和工时定额如下图所示：

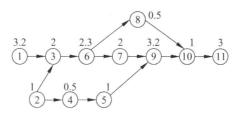

求：(1)最小工作地数目。

(2)列表写出每个工作地的工序号和负荷率。

(3)流水线的时间损失 B 和负荷率 K。

(4)流水线的时间损失率 D。

3. 某厂计划设计一条年产某种零件 54 000 件的流水线,该零件顺次经过 5 道工序,各工序单件作业时间分别为 15 分、14 分、9 分、16 分、5 分。该厂生产实行三班制,每班 8 小时,流水线全年有效工作日数为 300 天。

试计算：(1)流水线节拍。

(2)各道工序工作地数目。

(3)各道工序工作地负荷率。

(4)整条流水线的总负荷率。

(5)流水线的时间损失率。

4. 某汽车总装厂的生产线月产汽车 4 800 辆,其中 A 型车 2 400 辆,B 型车 1 500 辆,C 型车 900 辆。每月工作日为 30 天,每个工作日一班,不考虑停工时间。A、B、C 三种车型的装配作业时间各为 25 分、35 分、40 分。

求：(1)该混合流水线的节拍。

(2)该混合流水线的最少工作地数。

(3)该混合流水线的负荷率。

(4)该混合流水线的总的时间损失和损失率。

(5)试用生产比倒数法编排其三种车型的投产顺序。

5. 某混合流水线生产 A、B、C、D 四种产品,它们的产量比为 3 000∶4 000∶1 000∶2 000,要求确定投产顺序(用生产比倒数法)。

6. 用图表法和分析计算法确定下列看管周期工序间在制品储备量。

流水线名称		班次	日产量		节拍	运输批量	节奏	看管周期					
A		2	160 件		6	1	6	240 分					
工序号	班任务/件	工序时间/分	工作地负荷/%	储备量位置	最大周转储备量	0	40	80	120	160	200	240	轮班开始周转储备量
1	80	12											
2	80	4		1~2									
3	80	8		2~3									
4	80	6		3~4									

7. 用在制品定额规定各车间的任务。A 产品下月产出量 500 台,每台需要编号为 01 的零件 15 只。要求:编制各车间的投入量、产出量的任务表。

单位:只

装配车间	01 零件在制品定额	150
	损耗	0
	期初预计在制品	124
中间仓库	01 零件库存定额	200
	期初预计半成品	153
加工车间	01 零件废品损耗	12
	在制品定额	250
	期初预计在制品	362
	外销合同	800

8. 间断流水线标准计划工作指示图如下图所示,试计算该间断流水线各工序间的流动在制品占用量。

间断流水线名称	工作班数	每日产量	节拍	运输批量	生产节奏	看管周期
轴加工线	2 班/天	160 件/天	6 分/件	1 件	6 分/件	2 小时

工序号	每工作班的产量/件	工序时间定额/(分/件)	工作地号码	工作地负荷率/%	工人号	该工序完毕后工人转向何工作地	一个看管期内的工作指示图 10 20 30 40 50 60 70 80 90 100 110 120	看管期的产量
1	80	4	01	67	1	04		20
2	80	5	02	83	2			20
3	80	8	03	100	3			15
			04	33	1	01		5
4	80	3	05	50	4	06		20
5	80	3	06	50	4	05		20
6	80	5.5	07	92	5			20

第9章 成批生产方式的组织和控制

成批生产（batch production）　　　生产周期（produce cycle time）

批量（quantity）　　　　　　　　提前期（advanced period）

经济批量（economic quantity）　　成组技术（group technique）

柔性制造系统（flexible manufacturing　工艺流程分析（craft procesure
system）　　　　　　　　　　　analysis ）

 互联网资料

http：//www.mhhe.com/pom

http：// www.wbs.warwick.ac.uk/omindex

http：// 202.120.24.209/yygl

　　成批生产是指工业企业（车间、工段、班组、工作地）在一定时期重复轮换制造多种产品的一种生产类型。掌握成批生产期量标准的概念和计算，是合理组织成批生产的基础。

　　成组技术是成组加工和成组工艺的进一步发展，对多品种小批量的生产企业组织生产的一种有效方法。它既可以提高企业的生产效率，缩短生产周期，又可进一步按照市场上用户、消费者的需求不同进行生产。柔性制造系统则是适应多品种中小批量生产的自动化制造系统。

新观点

万科的领先之道：弹性成批生产体系

　　从生产系统模型分析，万科的生产系统近似于"弹性成批生产体系"（flexible mass production）。这是保持其战略独特性的关键，也是万科的领先之道。弹性成批生产系统(flexible mass prodrction)也称"弹性量产系统"、"柔性大量生产系统"等。在四种基本的生产系统中,其是仅次于"流程生产系统"的生产系统。四种基本的生产系统分别是"单一产品生产"(unique-product production)、"刚性成批生产"(rigid mass production)、"弹性成批生产"(flexible mass production)、"流程生产"(process production)。

"弹性成批生产体系"的重要特征是:最终产品由标准化零部件装配而成,大量生产是装配,而不是制造,而在弹性成批生产中,可以应用标准化零部件制造出多样化的最终产品。

应用弹性成批生产原则的特殊技术在于:对产品进行系统分析,以便发现隐藏在多样化的产品外观背后的某种模式。然后,按照这种模式,用尽可能少的标准化零件装配成尽可能多的产品。换句话说,实现多样化的工作是由装配,而不是由制造来承担的。

上述论述在万科的生产体系中是如何体现的呢? 万科选择了"住宅"市场作为其主要方向,根据"住宅"市场客户人群的需求特征,进行了详细的细分,建立了产品细分体系。之后,建立产品标准化体系,实行高度集中的设计管理(万创建筑设计院),并通过战略合作伙伴体系的建立,完成了产品的标准化。在项目实施层面,通过标准的工期体系、工作流程和工作成果体系,实现了简易、高效的项目管理模式。

除流程生产系统之外,另外两种生产系统,在房地产开发企业中也有典型。如多数小型房地产公司,或做精品住宅小众产品的公司(如广州星河湾),近乎于"单一产品生产系统"。历史上政府所主导建设的"筒子楼"或"经济适用房",近乎于"刚性成批生产系统"。大连万达的生产系统,应该也是近乎于"弹性生产系统"的。不过大连万达的"城市综合体"类型的产品,在应用"弹性生产系统"时,问题可能会更杂一些,挑战也会更大一些。

资料来源:潘鹏举,www.blog.sina.com.cn,2010 年 12 月 27 日

9.1　成批生产的期量标准

9.1.1　批量和生产间隔期

成批生产是指工业企业(车间、工段、班组、工作地)在一定时期重复轮换制造多种产品的一种生产类型。根据其批量的大小、每个工作地完成零件工序数目以及各种零件重复生产的程度,成批生产可分为大批生产、中批生产和小批生产。凡产品品种不多,每批数量较多,出产相当稳定,接近于大量生产的为大批生产;如产品品种很多,每批数量很少,虽有重复但非常不稳定,接近于单件生产的为小批生产;介于两者之间的为中批生产。

批量是花费一次准备结束时间投入生产的同种产品(工件)的数量,准备结束时间是指生产开始前熟悉图纸,领取工卡量具,调整设备工装,试切,安装调整冲模、锻模,准备砂箱型板等所花的时间。

生产间隔期是相邻两批同种工件投入(或产出)的时间间隔。在周期性重复生产的条件下批量与生产间隔期有如下的关系:

$$n = R \cdot d$$

式中,n 为生产批量;R 为生产间隔期;d 为工件的平均日需求量。

$$d = N/T_年$$

式中,N 为年产量;$T_年$ 为年工作日数。

在生产任务一定时,平均每天产出量不变时,批量与生产间隔期成正比。

确定批量和生产间隔期的方法,大致可分为以下两种。

1. 以量定期法

这种方法就是先确定批量,然后使生产间隔期与之相适应。具体方法是根据提高技术经济效益的要求来确定一个最初批量,然后据以计算生产间隔期,并修正最初批量,最后使两者相互配合,求得一个最佳数值。

1) 最小批量法

最小批量法就是从充分利用设备这一因素来考虑,计算出最小批量。如果批量再小就会因设备调整次数过多而影响设备的合理利用。最小批量法的计算公式如下:

$$n = \frac{t_调}{t_序 \cdot k_调}$$

式中,$k_调$ 为设备调整时间损失系数;$t_调$ 为设备调整时间;$t_序$ 为工序单件时间。

式中的 $k_调$ 由企业根据实际情况确定,如设备负荷的紧张程度、工件的价值、工件的生产类型等。表 9-1 是一般情况下 $k_调$ 的参考值。

表 9-1　$k_调$ 的参考数值

工件价值	大批生产	中批生产	小批生产
低	0.02	0.03	0.05
中	0.03	0.05	0.08
高	0.05	0.08	0.1~0.15

公式是按单工序计算的。一个零件有多道工序,则按使用关键设备的那道工序计算,最小批量法适用于对关键设备和贵重设备的批量决策。

2) 经济批量法

经济批量是批量控制的重要内容,应从生产准备成本与保管成本构成的总成本最低额,或设备调整费用构成的总成本最低额求取经济批量。经济批量法可以表现为最佳生产批量法。

最佳每批生产量中

Q 为最佳每批生产量(件);A 为全年生产数量(10 000 件);P 为每次生产准备成本(25 元/次);C 为单位产品年保管成本率%(12.5%);R 为单位产品生产成本(1 元/件)。

全年生产准备成本=全年生产准备次数×每次生产准备成本

$$= \frac{A}{Q} \cdot P = \frac{AP}{Q}$$

全年保管成本=平均存货成本×单位产品年保管成本率%

$$= \left(\frac{AR}{A/Q} \cdot \frac{1}{2}\right) \cdot C = \frac{ARC}{2A/Q} = \frac{RCQ}{2}$$

其总成本为

$$\mathrm{TC} = \frac{AP}{Q} + \frac{RCQ}{2}$$

就 Q 微分之$\dfrac{\mathrm{dTC}}{\mathrm{d}Q} = \dfrac{\mathrm{d}}{\mathrm{d}Q}\left(\dfrac{AP}{Q}\right) + \dfrac{\mathrm{d}}{\mathrm{d}Q}\left(\dfrac{RCQ}{2}\right) = -\dfrac{AP}{Q^2} + \dfrac{RC}{2}$

设 $\dfrac{\mathrm{d}TC}{\mathrm{d}Q}=0$，即 $-\dfrac{AP}{Q^2}+\dfrac{RC}{2}=0$。

移项整理得 $\dfrac{AP}{Q^2}=\dfrac{RC}{2}$。

$$Q^2=\frac{2AP}{RC}\qquad Q=\sqrt{\frac{2AP}{RC}}$$

以上述资料代入上式，得

$$Q=\sqrt{\frac{2\cdot 10\,000\cdot 25}{1\cdot 0.125}}=2\,000(件／批)$$

根据最佳每批生产量还可求得每次生产供用天数为 73 天/批和每批生产金额为 2 000 元。

2. 以期定量法

以期定量法就是先确定生产间隔期，然而再确定与之相适应的批量。各类零件的生产间隔期是根据零件的复杂程度、工艺特点、价值大小等因素分类确定，再根据生产间隔期和生产任务确定各类零件的批量。在生产任务有变化时，生产间隔期不变，只调整批量即可。

为了管理上的方便，标准生产间隔期通常取周或旬工作天数的倍比数。如 1 天、2 天、4 天、8 天(旬)、24 天(月)、二月、季、半年或 1 天、3 天、6 天(周)、12 天(半月)、24 天(月)、二月、季、半年。采用标准生产间隔期后，相应的生产批量就与月需求量成倍比关系，给管理工作带来方便。例如，某工件的年需求量 $N=7\,200$ 件(表 9-2)。

表 9-2　标准生产间隔期　　　　　　　单位：件

标准生产间隔期	1 天	2 天	4 天	8 天	24 天	2 月	1 季	半年	全年
生产批量	25	50	100	200	600	1 200	1 800	3 600	7 200
标准生产间隔期	1 天	3 天	6 天	12 天	24 天	2 月	1 季	半年	全年
生产批量	25	75	150	300	600	1 200	1 800	3 600	7 200

为了便于生产，一种产品的各种零件生产间隔期种数不宜太多。在实际运用时，可根据零件种类多少、复杂程度和划分零件组的多少来确定。一般来说，在管理水平较差的企业可以分为三种，管理水平较高的企业也以控制在六种以内为宜。

零件的生产间隔期是建立在零件分组的基础上的，对零件具体分组时应掌握以下三点：

(1) 按零件外形尺寸和重量大小分组。

(2) 按零件的结构形式和工艺过程分组，即将零件结构形式和工艺过程相同的划分为一组。

(3) 按零件工序多少和劳动量大小分组。

根据上述标志进行分组时，重点应放在按劳动量大小，即按生产周期长短来划分，同一零件组内应尽量选择生产周期大体相同的零件。零件分组还要考虑到零件的生产类型和生产的组织形式，一般应将大量大批和中批、小批的零件分开。此外，还应考虑车间设备的负荷情况，因为同一零件组内零件种数过多、总劳动量过大，会影响其他零件组在当月完成任务；如同一零件组内零件种数过少、劳动量过小，也会给管理工作带来困难。总之，零件分组以劳动量大小为重点,对大型零件可分得细一些,对小型零件可分得粗一些,以便合理地利用生产资金和提高经济效益。

从上述"以期定量"法的基本内容中可以看出,这种方法具有以下优点:首先,计算方法简便,能适应生产任务的变动,当任务量变动较大时,只需调整批量即可;其次,用这种方法制定的生产间隔期和批量,更有利于组织均衡生产。因为产品的每个零件和零件组的生产间隔期与月工作日数之间都互成倍数或约数,而批量是根据生产间隔期确定的。因此也就保持了每种零件必要的比例关系,易于保持零件生产的成套性,保证各个基本生产环节之间以及基本生产与辅助生产之间的协调衔接,从而有利于组织均衡生产。

9.1.2   生产周期

生产周期是指从原材料投入生产时起到制成成品最后完工时为止期间经历的全部日历时间。机械产品的生产周期通常包含产品中零件的毛坯制造、机械加工及部件装配、总装配等各工艺阶段经历的时间以及各工艺阶段之间经历的时间之和。产品生产过程所经历的上述时间常用毛坯制造周期、机械加工周期、部件装配周期、总装配周期和各工艺阶段之间的保险期来表示。而零件生产周期则是其毛坯制造周期、机加工周期以及各工艺阶段之间保险期之和。

生产周期是编制生产作业计划、确定产品及其零件在各工艺阶段投入和产出日期的主要依据,是成批生产作业计划的一项重要期量标准。

1.一批零件生产周期的确定

在成批生产中,一批零件的生产周期,在很大程度上取决于零件在工序间的移动方式。一般有顺序移动、平行移动和平行顺序移动三种方式。现分述如下。

1)顺序移动方式

它的特点是每批零件只有在前道工序全部完工后,才整批地转到后道工序加工。

设某零件的批量 $n=4$,共有 4 道加工工序。其单件工序加工时间分别为 $t_1=15$ 分、$t_2=5$ 分、$t_3=10$ 分、$t_4=20$ 分,则其顺序移动方式如图 9-1 所示。

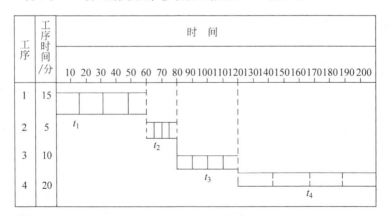

图 9-1   顺序移动方式

从图 9-1 可见,如果把工序间的运输、检验以及零件等待加工与停歇的时间略而不计,则加工该批零件的周期 $T_{顺}$ 等于该批零件全部工序加工时间的总和,即

$$T_{顺} = nt_1 + nt_2 + nt_3 + nt_4 = n(t_1 + t_2 + t_3 + t_4) = n\sum_{i=1}^{m} t_i$$

式中，m 为工序道数。

把上述时间代入，则生产周期为

$$T_{顺} = 4 \cdot 50 = 200(分)$$

可以看出，在上述顺序移动方式中，工序周期与零件批量和工序加工时间成正比，因而这种移动方式在批量较小和工序加工时间较短的情况下采用。

2) 平行移动方式

它的特点是每个零件在前道工序加工完成之后，立即转到后道工序去继续加工，形成各个零件在各道工序上平行地进行加工。现根据上例条件，作平行移动方式的示意图 9-2。

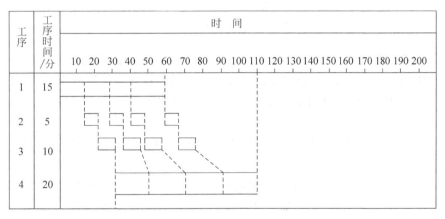

图 9-2 平行移动方式

T_L 为零件加工工序中最长的工序加工时间，则从图 9-2 可知，在平行移动方式中，一批零件的加工周期 $T_{平}$ 为

$$T_{平} = t_1 + t_2 + t_3 + \cdots + nt_1 + \cdots + t_m$$
$$= t_1 + t_2 + t_3 + \cdots + t_m + (n-1)t_l$$
$$= \sum_{i=1}^{m} t_i + (n-1)t_l$$

把上述时间代入，则得

$$T_{平} = 50 + (4-1) \cdot 20 = 110(分)$$

3) 平行顺序移动方式

平行顺序移动方式既考虑了相邻工序上加工时间的重合，又保持了该批零件在工序上连续加工。现根据前例条件，作平行顺序移动方式，见图 9-3。

由图 9-3 可知，在平行顺序移动方式中，因长短工序的次序不同，有两种安排方法：

(1) 当前道工序的单件加工时间小于或等于后道工序的单件加工时间时，加工完毕的零件应及时转到后道工序去加工，即按平行移动方式逐件转移，如图中第二道、第三道工序间的情况就是如此。

(2) 当前道工序的单件加工时间大于后道工序单件加工时间时，则前道工序上完工的零件，并不立即转移到后道工序，而是积存到一定数量，足以保证后道工序的设备连续加工

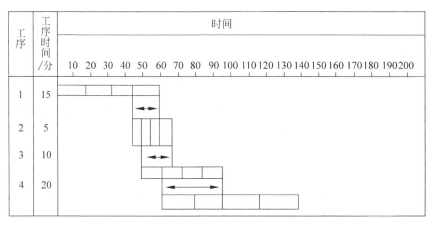

图 9-3   平行顺序移动方式

时,才将完工的零件由前道工序转入后道工序,使后道工序的结束时期较前道工序的结束时期差一个单件定额时间,据此可推出后道工序的开始期。这样既可以防止后道工序有时工作脱节,又可把分散的停止时间集中起来加以利用。图中的第一道工序和第二道工序间的情况就是如此。

从图 9-3 也可以看出,平行顺序方式的加工周期,可用顺序移动方式的加工周期减去重合部分的时间求得。

当前道工序的加工时间小于后道工序的加工时间时,该批零件在两道工序上加工时间的重合分为$(n-1)t_{前}$,如前道工序加工时间大于后道,则加工时间重合部分为$(n-1)t_{后}$。

因为$t_{前}$与$t_{后}$在上述的情况下,都是短工序,所以都可以用$(n-1)t_s$表示。所以,平行顺序移动方式的工序周期可用下式表示:

$$T_{平顺} = n\sum_{i=1}^{m}t_i - (n-1)\sum_{i=1}^{m-1}t_s$$

式中,t_s为以前后工序单件加工时间比较后,取短工序的单件加工时间,以图 9-3 的具体数字代入,则得

$$T_{平顺} = 4(15+5+10+20) - (4-1)(5+5+10) = 140(分)$$

具体确定零件的生产周期时,还应该考虑制度工作时间、定额完成系数、工作地数等因素。如令φ_p为平行性系数,可用它衡量生产过程的平行性程度。

$$\varphi_p = 1 - \frac{一批工件的生产周期}{n \cdot \sum_{i=1}^{m}t_i}$$

上例中按顺序移动方式的平行性系数为零。

平行移动方式的平行性系数为 0.45,平行顺序移动方式的平行性系数为 0.30。

当批量增大时,如 $n=400$,则 $T_{顺序}=20\,000(分)$,$T_{平行}=8\,030(分)$,$T_{平顺}=12\,020(分)$。

此时,顺序移动方式的φ_p仍为零,平移移动方式的$\varphi_p = 1 - \dfrac{8\,030}{20\,000} = 0.60$,平行顺序移动方式$\varphi_p = 1 - \dfrac{12\,020}{20\,000} = 0.40$。

由上可知,顺序移动方式的零件等待时间最多,生产周期也最长。平行移动方式的生产

周期最短。平行顺序移动方式的生产周期居两者之间。当批量增大时,它们之间的差异也增大。平行移动方式和平行顺序移动方式的 φ_p 也相应提高。

在实际生产中这三种移动方式都在应用。它们各有自己的适用条件。选用时一般要考虑以下因素:

(1) 工件的大小。体积大、重量重、在工序间不可能成批传送的零件,如机床的床身、机座等总是单件传送的。而细小的工件不值得单件传送,一般放在容器中按容器容量大小成批传送。

(2) 相邻工序工作地之间的空间距离及采用的运输装置。相邻工序工作地在空间位置上紧密衔接或有机械化传送装置就有利于在工序间单件传送,实现平行移动。

(3) 尽可能使生产过程的各工序生产率相等,亦称工序同期化。此时按平行移动方式组织生产不仅生产周期最短,而且整批工件在各工序上连续加工,不出现设备短暂停歇现象。

2. 产品生产周期的确定

产品生产周期就是每个工艺阶段生产周期与各工艺阶段之间的保险期之和。工艺阶段的生产周期是指直接改变劳动对象的形状、大小、成分和性能的时间,但也包括一部分自然过程时间(如干燥、冷却等)。单台产品生产周期 T 可用下式计算:

$$T = T_{坯} + T'_{坯} + T_{加} + T'_{加} + T_{装} + T_{包}$$

式中,$T_{坯}$ 为毛坯生产周期;$T'_{坯}$ 为毛坯保险期;$T_{加}$ 为加工生产周期;$T'_{加}$ 为加工保险期;$T_{装}$ 为装配生产期;$T_{包}$ 为产品装配后所做的各项工作,如油漆、试验、包装等的时间。

确定成批生产产品的生产周期比较复杂,不但要考虑每批产品零部件在各个工艺阶段的移动方式,各种零件在多个车间的成套周期,而且还要考虑与其他产品平行交叉作业等因素。生产日期用公式计算比较复杂,而且又常常与实际脱节。因此,可用图表法表示,即应用反工艺顺序的方法,绘出各个工艺阶段的衔接关系及各个工艺阶段的生产周期表。

9.1.3　提前期

提前期是指产品在各车间投入或产出的日期较成品产出日期所应提前的天数。提前期的计算,对生产过程各阶段的及时投入并适时出产,以保证装配的需要非常重要。

产品装配产出日期是计算提前期的起点,而生产周期和生产间隔期是计算提前期的依据。正确规定提前期可以保证各个工艺阶段有秩序地进行。所以,在作业计划工作中,要制定提前期的标准数据。

提前期的确定方法有两种:一种是直接根据产品的生产周期图来确定;另一种是根据公式计算。

1. 若各工艺阶段的生产间隔期相等

　　　　　某车间产出提前期＝后车间投入提前期＋保险期

　　　　　某车间投入提前期＝本车间产出提前期＋本车间生产周期

各工艺阶段毛坯零件、产品投入、产出提前期如图 9-4 所示。

2. 若各工艺阶段的生产间隔期不相等,但成倍数关系

某车间产出提前期＝后车间投入提前期＋保险期＋(本车间生产间隔期－后车间生产间隔期)

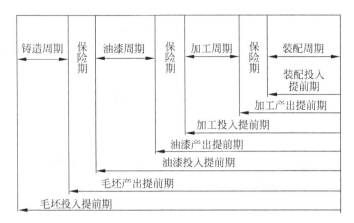

图 9-4 各工艺阶段投入和产出提前期

某车间投入提前期的计算公式同前。

各工艺阶段生产间隔期不相等时,其毛坯、零件、产品投入、产出期如图 9-5 所示。

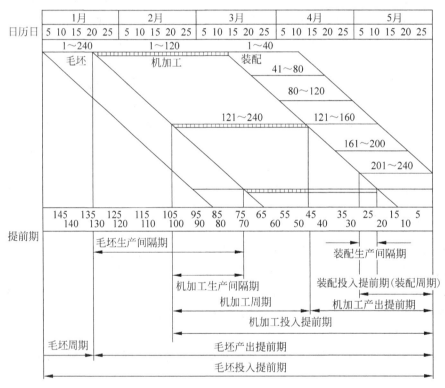

图 9-5 期量标准关系示意图

根据图 9-5,装配生产间隔期为 10 天,生产周期为 30 天,机加工生产间间隔期为 30 天,生产周期为 50 天,毛坯生产间隔期为 60 天,生产周期为 20 天,保险期均为 0,则按照上述公式有

机加工车间产出提前期=装配车间投入前期+(机加工生产间隔期-装配生产间隔期)

$$=30+(30-10)=50(天)$$

$$毛坯车间产出提前期＝机加工车间投入提前期＋（毛坯生产间隔期－机加工生产间隔期）$$
$$＝100＋（60－30）＝130（天）$$

提前期是用日历天数来表示对一批零件在投入和产出的时间上的规定。有了提前期就可以确定一批零件投入和产出的标准天数,是车间编制短期计划的依据。在实际工作中要计算每一零件的提前期是有困难的,只能计算劳动量最大的零件的提前期,对劳动量较小的零件,可按加工时间划分组别,然后按组别来确定提前期。在划分零件的组别时应当特别注意零件送交装配车间要保证各个零件或部件能成套地供应。

9.1.4　在制品定额

成批生产方式中作业计划期量标准的要求是非常严格的,生产提前期是体现各个车间在生产期限配合方面的关系,而在制品定额则体现各个车间在生产数量配合方面的关系。

车间在制品的占用是由于成批投入但未完工产出而形成的,它们是整批地停留在车间内,因此要计算批数和总量。

$$车间在制品占用量＝一批零件生产周期×平均每日需要量$$

其中,

$$平均每日需要量＝\frac{批量}{生产间隔期}$$

由公式可知,车间在制品占用量与生产间隔期及生产周期长短有直接关系。

9.1.5　累计编号法

在多品种成批轮番生产条件下,各个月份生产的品种数量不稳定,以致在制品数量也不稳定。没有一个稳定的在制品数量,就无法采用大量生产所用的在制品定额法。这时,就要采用适合成批生产特点和要求的累计编号法。

所谓累计编号法,就是将事先制定的提前期转化为提前量,确定各车间在计划月份应该达到的投入和产出累计数,计划各车间当月应完成的投入和产出数。

这里的累计数是指从年初(或从开始)生产这种产品时起开始计算的连续数字。

按照预先制定的提前期标准,确定各车间在计划月份产出和投入应该达到的累计数。

计算公式如下:

$$车间产出（或投入）累计号数＝装配车间产出累计号数＋装配车间平均每日出产$$
$$量×本车间产出（或投入）提前期$$

各车间在计划期应完成的当月产量和投入量按下式计算:

$$计划期车间产出（或投入）量＝计划期末计划产出（或投入）的累计号$$
$$数－报告期已产出（或投入）的累计号数$$

按上式计算车间产出(或投入)量以后,还应按各种零件的批量进行修正,使车间产出(或投入)的数量能凑满相当一个或几个批量。

用累计编号法确定生产任务有以下几个特点:

(1) 在装配车间平均日产量不变的情况下,各车间的产量依本车间提前期而定。提前期越长,产出(或投入)的累计号数越大。由于累计号数是根据前期计算的,因此各车间可以同时进行计算,这样可以大大加速计划的编制过程。

（2）由于生产任务用累计号数表示，所以不必预计期初在制品数量，也不必到计划期初根据报告期的实际完成情况修正计划。当报告期计划执行不好时，未完成的部分就自然地转入计划期的任务中，因为计划期应产出的号数是固定的。这样就可以大大简化计划的编制工作，并可保证生产任务的完成。

（3）由于同一台产品所有零件都属于一个累计号数，所以只要每个环节都生产到规定的号数，就能可靠地保证零件的成套性。特别是可以防止产品结束时零件不成套和投料过多的现象。

使用累计编号法，使车间在生产的期限和数量上衔接，不用定额储备在制品，因此此法适用于成批生产。有些条件较好的小批量生产以及不稳定的大量生产，也可以参考使用。

累计编号法的基础是成批生产的期量标准，累计编号法的具体应用示例如表 9-3、表 9-4 所示。

表 9-3　生产期量标准表

车间	批量/件	间隔期/天	生产周期/天	保险期/天	提前期	
					投入/天	产出/天
装配	20	10	10	—	10	—
加工	40	20	30	10	60	30
毛坯	80	40	20	10	110	90

表 9-4　各车间投入和产出任务量累计号数计划表（任务量（件）/累计号数）

产品名称	生产车间		一月			二月			三月			四月		
			上	中	下	上	中	下	上	中	下	上	中	下
甲产品	装配	产出	20/20	20/40	20/60	20/80	20/100	20/120	20/140	20/160	20/180	20/200	20/220	20/240
		投入	20/40	20/60	20/80	20/100	20/120	20/140	20/160	20/180	20/200	20/220	20/240	20/260
	机械加工	产出	40/80		40/120		40/160		40/200		40/240		40/280	
		投入		40/160		40/200		40/240		40/280		40/320		40/360
	铸造	产出		80/240				80/320				80/400		
		投入	80/240				80/320				80/400			

9.2　成组技术

成组技术(group technology，GT)，是成组加工和成组工艺的进一步发展，它是一种有效地组织多品种中小批生产的方法。这种方法根据零件的结构形状、尺寸大小和工艺特征进行系统的分类，将分散在不同产品中相似零件组成零件组，对一组零件找出集中加工的科学形式，以扩大加工批量，减少调整、装夹时间，降低制造成本，使多品种中小批生产企业能取得与大量生产相似的经济效果。

实质上，成组技术是以零件组为内容，按对象原则组织生产的一种科学方法，即以零件的相似性为基础,以零件成组化为手段,扩大零件加工批量,运用成批大量生产的组织方式,来组织中小批产品的生产。

9.2.1　成组技术产生的背景

任何新技术之所以能产生、发展和不断扩大应用范围,必然是客观上有需要,成组技术也是如此。

近年来,由于社会需要多样化的产品和用户要按自己的要求定制各种产品,产品要不断加以改进和革新,更由于市场上的激烈竞争,必须生产出竞争力强、适销对路的多种产品。因而,由于产品的多样化而形成的多品种中小批生产,在国内外已成为一种必然发展的趋势。

多品种中小批生产虽然是客观上的要求,但不论从设计、加工还是从生产组织来看,都要比少品种大批生产复杂、经济效果差,多品种中小批生产一般存在以下一些问题:

(1) 生产技术准备工作方面。由于产品、零件品种的多样化,设计人员在设计、计算和绘图上要花费大量的劳动,工艺人员要编制许多不同的工艺规程和设计多种工艺装备,而这些往往都依照个人的经验进行,这就大大影响了零件的标准化和通用化工作。工艺的数量繁多,严重妨碍了先进工艺和高效设备的采用;设计和工艺准备工作的复杂化,不仅大大增加了生产技术准备的工作量,而且也延长了产品的生产技术准备周期。

(2) 生产过程组织方面。设计和工艺的多样化,给生产过程(特别是加工阶段)带来很多问题。在品种繁多、批量很小的情况下,一般按工艺专业化原则组织车间,设备布置采取落后的机群式。零件按批投料,按批在工序之间转移,工艺路线复杂,运输距离长,增加了很多不必要的流转运输时间。同时由于零件种类多,机床经常改变加工对象,设备和工艺装备调整频繁,减少了机床实际加工时间,既浪费了设备和人力,又使零件形成大量积压,并且难以提高机床的自动化程度。

(3) 生产管理方法方面。由于零件的种类繁多、工艺复杂,更由于产品的批量不等、交货期的不同,对材料和外购件的要求不同,大大增加了生产管理的复杂性和编制作业计划的困难性。这都严重影响了企业发展品种、提高质量、提高劳动生产率和降低成本。

传统的生产组织和管理方法不适应,而且严重阻碍了多品种中小批生产的发展,这就促使各国机械工程界去寻求先进的合理的组织方式。成组技术正是在这种情况下日益发展起来的。

9.2.2　成组技术的发展概况

成组技术起源于苏联及东欧各国,20 世纪 50 年代前就有类似的思想,50 年代以后,成组技术逐渐发展起来。它的发展过程大体上经历了"成组加工→成组工艺→成组技术"三个阶段。

20 世纪 50 年代初,苏联的米特洛范诺夫提出了按零件加工类型(如车削加工、铣削加工等),将加工特点相同或相似的零件集中在一起组织成组加工,这是早期成组加工的形成。到 60 年代初,这种做法引起了许多欧洲国家的重视。苏联、捷克斯洛伐克、东德等国都采用了成组加工技术,并且以改变生产组织为主,按零件的分类编号对生产进行改组,建立成组生产单元和成组车间,也就是从"成组加工"发展到了"成组工艺"阶段。70 年代以来,数控机床和计算机技术应用范围的扩大,给成组工艺充实了更多新内容,进一步发展了成组工艺,把成组工艺应用到生产的全过程,这就是进入了成组技术阶段。

目前,国外更多的企业接受了成组技术,认为成组技术是多品种中小批生产企业的改造方向,并且有利于生产手段数控化和生产管理计算机化。国外在成组生产单元的基础上发展了成组流水线,开创了成组加工、数控机床和计算机相结合的集成制造系统或柔性制造系统(FMS),并朝着无人化工厂的方向发展。

成组技术随着在产品设计、加工工艺中的应用和发展,已经逐渐深入到企业的整个生产活动和管理工作的各个领域,如设计图的检索、技术信息处理等。

实施成组技术,意味着企业生产技术和生产组织上的重大改革,对多品种中小批生产企业的生产发展不但起着巨大的作用,也必然产生明显的技术经济效果,其积极的作用如下:

(1) 成组技术大大改变了企业生产技术准备的内容,减少了准备的工作量。

(2) 实施成组技术能增加生产批量,有利于采用先进的加工方法,提高劳动生产率。

(3) 成组技术能促进产品结构及其零部件的标准化。

(4) 实施成组技术,能简化生产管理,还有利于工人群众参加管理。

(5) 实施成组技术能扩大计算机在生产管理中的应用范围。

近年来,中国制造业迅速崛起,中国正在成为"世界工厂"。中国在 1990 年还仅排在十大制造业国家的第 9 位,2002 年上升到第 4 位,2006 年又跃居第 3 位,2010 年上升到第 2 位;制造业增加值占全球制造业的份额,1990 年是 2.2%,2002 年是 6.6%,2006 年是 10.1%。2007 年,中国制造业增加值已占世界份额的 11.4%;22 个工业大类中,有 7 个占世界比重最高,有 15 个名列前三。2009 年,中国的货物出口额达到约 1.2 万亿美元,首次超过德国,成为全球最大的货物贸易出口国。中国在世界制造业中的地位日显重要,但同时也必须看到,中国的制造业大而不强。目前中国制造业的竞争力还主要体现在规模经济和成本优势上,在技术创新、企业管理、品牌运作、战略投资和制造模式等方面,与发达国家的制造业还存在明显差距,迫切需要推进制造业升级,走新型工业化道路。我国制造业要进一步推广和应用成组技术,特别是以装备制造业为代表的高端制造业,只有在更高的技术水平、管理水平和信息化水平的基础上,才能实现"做大做强"的目标。

9.2.3 成组技术形成的客观基础

每个机械制造企业生产的产品品种很多,零件成千上万。但大量的统计资料表明,各种零件的出现都是有一定的规律性的,这种规律性就是成组技术形成的客观基础。它表现在以下几个方面。

1. 尽管各种机械产品极不相同,但构成不同产品的零件都有极大的相似性

构成任何机械产品的零件都可以分为标准件、相似件和复杂件三大类,其中相似件往往占相当的比例。以车床为例,构成标准件的,如螺钉、螺栓、螺母、销子、键等,占全部零件的 21.1%;构成相似件的,如轴、齿轮、轴套、手柄等,占全部零件的 72.5%;构成复杂件的,如床身、溜板等,占全部零件的 6.4%。

2. 各类相似零件在同类产品系列中有一定的出现率

捷克曾对机床行业进行过大量的调查统计,其结果表明各种机床的差别虽很大,但各类

零件的出现率却相当接近(表 9-5)。

表 9-5　各类零件的出现率

零件种类	平均出现率/%	出现率的分散程度/%
轴	22.9	21.4～24.5
轴承盖	9.1	8.4～10.5
轴套、螺栓	25.2	22.6～29.6
齿轮	11.8	4.3～17.0
其他旋转体零件	2.5	1.1～4.0
平面形零件	9.5	7.9～12.2
杠杆形零件	3.5	2.3～5.3
不规则形零件	2.5	0.9～3.4
箱体形零件	2.2	1.3～2.9
其他(多数为不加工)	11.0	6.0～15.6

3. 在同类机器产品中,零件的结构及尺寸分布具有相对的稳定性

西德阿亨工业大学在不同时期,对同一机床厂的回转类零件的直径尺寸变化作了统计观察。得出的结果表明,尽管不同时期工厂生产的产品有变化,但回转类零件直径的变化却十分微小。这也进一步说明,不仅各类零件出现的概率比较高,而且零件的结构形状和尺寸分布相当稳定。

上述零件数量统计资料反映出的零件的相似性、出现的规律性和尺寸分布的稳定性,是成组技术形成的广泛的客观基础。因此,即使是单件小批量生产类型的企业,只要做好零件分类成组和建立成组加工单元的工作,就能取得同大量生产企业相似的经济效果。

9.2.4　零件成组的方法

相似零件存在于同一产品和不同产品中,一般地,只有打破产品界限,才能有效地扩大批量。

相似零件如何归类成组,是实施成组技术的重要工作。零件成组是否合理,直接影响成组化的效果。

零件成组方法很多,归纳起来可分为三类。

1. 目测法(或称经验法)

这是最简单的成组方法,主要凭经验和目测,把形状、尺寸、工艺方法等相似的零件归在一起。一般步骤为:先按需要加工的机床种类分成几大类;再按工序相似分成若干组。有些外形不同但加工相似的零件也可归属同一组,有些外形相似但加工不同的也可归属同一组。这种划分方法的优点是简明易行,但零件品种一多便有困难。

2. 工艺流程分析法

工艺流程分析法就是直接按零件的加工工艺过程及所用设备对零件进行分组,将工艺过程相似的零件划在同一零件组。采用工艺流程分析法划分零件组,首先需编制每一个待分零件的工艺过程,然后根据零件工艺过程建立相应的零件工艺流程表(表 9-6),表中打"√"的表示该列零件用到该行机床加工,再以表 9-6 为基础,划分零件组和机床组。

例如,有20种不同的零件,分别经过车、铣、钻、磨等不同工序,如表9-6所示("√"表示某零件需用某种机床加工)。

表9-6　零件工艺流程表

	1	2	3	4	5	6	7	8	9	10	11	12	13	14	15	16	17	18	19	20
车床	√	√		√	√		√			√	√		√				√		√	√
卧铣床	√	√	√	√			√					√		√		√		√		√
立铣床			√	√					√		√		√		√		√			
钻床	√	√	√	√		√	√		√		√	√	√			√	√			√
磨床	√	√	√	√					√					√						√

这种方法要求每个零件都有工艺过程卡,而且要准确。

分析各零件加工工序的先后次序和零件在机床的流转路线,将工序和加工路线同类的零件归为一组。上述零件按相同或近似的加工工序归并后,大致可归为三组,如表9-7所示。

表9-7　同类零件的归类

	1	2	20	7	11	14	9	5	4	18	12	8	17	15	19	3	13	6	16	10
车床	√	√	√	√	√	√	√	√												
卧式铣床	√	√	√	√	√	√		√												
钻床	√	√	√	√	√	√														
磨床	√	√	√				√													
车床									√	√	√	√	√	√	√					
立铣床									√	√	√	√	√	√						
钻床									√	√	√	√	√							
磨床									√	√	√			√						
卧式铣床																√	√	√	√	
立式铣床																√	√	√		√
钻床																√	√	√		√
磨床																√	√	√		

3. 编码分类法

这是零件成组的基本方法,即"以数代形,按数归组"。零件的形状、尺寸等特征,通常用图纸表示。若改用对应的数字(编码)表示,零件特征便转换成数字信息,然后根据编码的相同或相近将零件分类归组。这为利用计算机分类创造了条件。

1) 零件的分类编号

怎样用数字表示零件的特征,是编码系统要解决的问题。零件的特征很多。从设计角度,要考虑零件的几何形状、结构要素、尺寸、材料等;从工艺角度,要考虑装夹方法、加工精度、表面光洁度、毛坯类型、热处理要求以及生产类型等;从生产管理角度,还要考虑设备负荷、交货期限等。编码系统要有利于生产管理,使用方便。

企业根据具体情况,可以选择通用的分类编号系统,也可以制定适合本企业的专用分类编号系统。

目前,世界上已有几十种编码系统,从分类依据的主要特征来看不外乎三种类型,即零件结构分类系统、零件工艺分类系统、零件结构和工艺结合的分类系统。其中,零件结构分类系统有广泛地用于英、法等国的布里奇(Brisch)分类系统、捷克斯洛伐克的托斯分类系统等;零件工艺分类系统包括米特洛范诺夫分类系统、鲍尔瓦托夫(Борвтов)分类系统等;零件结构和工艺结合分类系统包括苏联工艺设计院提出的 ВиТи 分类系统、西德的奥匹兹(Opitz)分类系统等。

上述各种类型的分类系统中,西德的奥匹兹分类系统具有很好的适用性,为全世界所公认,被世界许多国家作为分类编码法则的基础。在这种分类系统中,每个零件用九位数字表示,每位都用 0~9 的数字来分别表示不同的要求或特征。

第一位数字表示零件分类别(其中 0~5 表示回转体零件,6~9 表示非回转体零件);

第二位数字表示主要形状,(如 0 表示光滑无形状要素,1~2 表示一端带台或光滑等);

第三位数字表示回转面加工;

第四位数字表示平面加工;

第五位数字表示辅助孔加工;

第六位数字表示尺寸;

第七位数字表示材料;

第八位数字表示毛坯形状;

第九位数字有示加工精度。

前五位数为形状编码(又称主要编码),后四位数为辅助助码(又称设计编码)。

根据零件回转体、偏移件、非回转体的分类,第二位至第五位码的表示各有不同,但辅助编码都是同一的。其基本组成如图 9-6 所示。

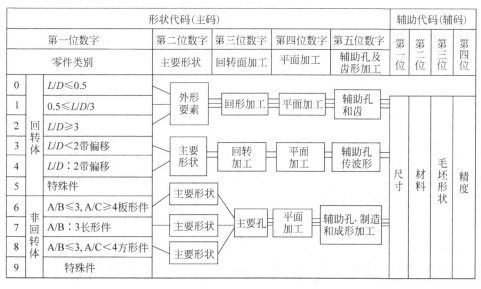

图 9-6　奥匹兹(Opitz)分类编码系统的基本结构

图 9-6 中,L 与 D 表示回转体零件的长度与直径。A、B、C 表示非回转体零件的长、宽、高。

其中,回转体零件0、1、2类(在回转体零件中,除去有偏移的和特殊件)的主要编码位可参照表9-8的编码表。

3类零件、4类零件、6类零件、7类零件、8类零件和特殊类零件的主要编码位都有类似表9-8中的编码表。这些编码可通过查阅有关手册得到。

每一类零件的辅助编码位可参照同一张编码表,见表9-9。

表 9-8 0 类零件、1 类零件、2 类零件的编码表

第一位

零件数别	0	1	2
	回转体零件		
	$\dfrac{L}{D}\leqslant0.5$	$0.5<\dfrac{L}{D}<3$	$\dfrac{L}{D}\geqslant3$

第二位

	0	1	2	3	4	5	6	7	8	9
外部形状 外表面形状要素	光滑无形状要素	一端台阶或光滑			两端台阶			功能锥面	传动螺纹	(∨10功能 直径)其他
		无形状要素	有螺纹	有功能槽	无形状要素	有螺纹	有功能槽			

第三位

	0	1	2	3	4	5	6	7	8	9
外部形状 内表面形状要素	无孔、盲孔	光滑或一端台阶			两端台阶			功能锥面	传动螺纹	(∨10功能 直径)其他
		无形状要素	有螺纹	有功能槽	无形状要素	有螺纹	有功能槽			

第四位

	0	1	2	3	4	5	6	7	8	9
平面加工	无平面加工	外平面或和外表面	在一个方向弯曲	外平面绕一圆周相互成等分关系	外部键槽和/或槽	外部花键和/或槽或花键	沟槽、平面和/或槽或多边形	和/或内平面	内花键和/或沟槽	内外花键和/或沟槽和/或槽	其他

第五位

	0	1	2	3	4	5	6	7	8	9
辅助孔及齿形加工	无齿						有齿			
	无辅助孔	用钻模加工不用钻模	轴向孔钻模加工用	径向孔钻模加工不用	方向孔用钻模及其他方径	轴向和/或其他方径孔不用钻模	向和/或其他方径轴向孔用钻模	直齿齿形	锥齿齿形	其他齿形	其他

表 9-9　奥匹兹分类系统辅助编码表

第 6 位			第 7 位		第 8 位		第 9 位	
直径 D 或边长 A			**材料**		**毛坯种类**		**精度（按编码位数）**	
0	毫米	时	0	灰铸铁	0	园棒	0	无高精度要求
	≤20	≤0.8						
1	>20≤50	>0.8≤2.0	1	球墨铸铁,可锻铸铁	1	园棒光拉或去皮	1	2
2	>50≤100	>2.0≤4.0	2	钢 σ_b≤42 千克/平方毫米	2	棒材一三角、四角、六角	2	3
3	>100≤160	>4.0≤6.5	3	碳素结构钢 σ_b≤42 千克/平方毫米	3	管材	3	4
4	>160≤250	>6.5≤10.5	4	钢 2+3 热处理	4	角钢、U 形钢、工形钢等	4	5
5	>250≤400	>10.5≤16.0	5	合金钢（不热处理）	5	薄板	5	2+3
6	>400≤600	>16.0≤25.5	6	合金钢、热处理	6	中板或厚板	6	2+4
7	>600≤1 000	>25.5≤40.0	7	有色金属	7	铸锻件	7	2+5
8	>1 000≤2 000	>40≤80.0	8	轻合金	8	焊接组合件	8	3+4
9	>2 000	>80.0	9	其他材料	9	粗加工零件	9	2+3+4+5

利用奥匹兹编码系统的一系列图表,就可对各种零件进行编码。

[**例 9.1**]　有一零件如图 9-7 所示,利用奥匹兹编码系统对此零件进行编码。

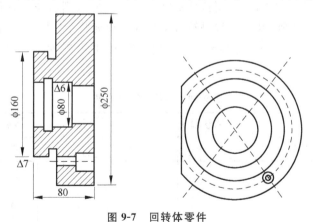

图 9-7　回转体零件

0——回转体零件,L/D≤0.5；

01——一端台阶,无形状要素；

013——光滑或一台阶,有功能槽；

0131——外平面；

01312——轴向孔,用钻模,不带齿；

013124——直径为 160～250 毫米；

0131240——材料为铸铁；

0132407——毛坯为铸铁；

013124075——第二、三位有高精度要求。

该零件编码：013124075

我国已制定了 JCBM 系统。该系统以机床行业为实施对象，适用于其他行业的机械制造业，也适用于中等和中等以上规模的多品种中小批生产企业。

JCBM 与奥匹兹系统大同小异，十分相似，以奥匹兹系统为基础，使用九位码。

JCBM 保留了奥匹兹系统的优点。例如，通用性强、排列规律码位适当和兼顾设计、加工和管理等。并且 JCBM 还根据我国机械加工业的特点，对奥匹兹系统作了修改。例如，码位的内容作了变动，零件类别作了调整，为使用企业增补内容留有余地等。

有关其他各种编码系统的具体内容可以在有关的手册上查得。

2）零件组的划分

划分零件组，就是按零件的特征和对生产能力的平衡，将各种编号的零件进行适当的组合。划分零件组，根据成组加工单元建立和未建立两种情况，有两种不同的方法。

当成组加工单元尚未建立时，划分零件组可采用特征数据法，即直接根据零件本身的编码进行成组。这种方法首先在编码系统中选出几个最基本的码位（称之为特征码位），作为初分零件组的标准，然后归集这些特征码位上数字相同的零件为若干初分的零件组，最后再按初分的组进行工时和能力平衡，得到合适的零件组。各个企业都可以制定符合自己情况的基本特征码数。一般可把零件类别、外形要素、尺寸和材料种类作为特征码数。从奥匹兹系统看，可先以第一、二、六、七位四个码位作为分组的特征码数，然后再进行平衡。若零件组内数量大、工时太多时，可再按工艺特征将零件组细分。

若成组加工单元已建立，可采用特征矩阵法。这种方法则需作出各加工单元的特征数据矩阵和零件的特征矩阵，凡零件编码符合某个加工单元特征矩阵的零件，都可归为一组。

表 9-10 是依据奥匹兹分类系统对图 9-7 编号为 013124075 的零件所对应的零件特征矩阵表。

表 9-10   零件特征矩阵表

编码位数 代号数	形状编码					辅助编码			
	1	2	3	4	5	6	7	8	9
0	1	0	0	0	0	0	1	0	0
1	0	1	0	1	0	0	0	0	0
2	0	0	0	0	1	0	0	0	0
3	0	0	1	0	0	0	0	0	0
4	0	0	0	0	0	1	0	0	0
5	0	0	0	0	0	0	0	0	1
6	0	0	0	0	0	0	0	0	0
7	0	0	0	0	0	0	0	1	0
8	0	0	0	0	0	0	0	0	0
9	0	0	0	0	0	0	0	0	0

表 9-10 中的每一列依次表示零件编号中对应的位数,每一行则表示零件编号中每位数上可能出现的分类特征号数。表上每一行每一列的相交点,代表一个零件的某个工艺特征。如果矩阵表上行与列的交点所表示的特征确为零件所具有,则用"1"表示;反之,便用"0"表示。

表 9-11 是某加工单元特征矩阵表。它是把加工单元所具有的工艺能力,对照编码系统(此为奥匹兹系统)的码位,用矩阵表示出来。矩阵中出现"1"的表示该加工单元有能力完成该码位上相应特征项目的工艺能力,划"0"的表示不具备该项能力。我们可以把这些矩阵表输入到计算机中存储起来。如果要判断一个新零件属于哪个组,就将与该零件编号对应的零件特征矩阵表输入计算机,由计算机进行逻辑判断,很快就能找出该零件属于哪个零件组。

表 9-11　加工单元特征矩阵表

编码位数 代号数	1	2	3	4	5	6	7	8	9
0	1	1	1	1	1	1	1	1	1
1	1	1	1	1	1	0	1	0	1
2	0	1	1	1	1	0	1	1	1
3	0	1	1	1	1	1	1	1	1
4	0	1	1	1	1	1	1	1	1
5	0	1	1	1	1	1	1	0	1
6	0	1	1	0	0	1	1	0	1
7	0	1	1	1	0	1	0	1	0
8	0	0	0	0	0	0	0	0	0
9	0	0	0	0	0	0	0	0	0

显然,表 9-10 所代表的零件能进入该成组加工单元。

若一个零件的编码与几个加工单元的特征矩阵相符合,则将这几个矩阵号都登记在零件图纸和产品零件明细表上,作为安排作业计划的"负荷平衡零件"。

9.3　柔性制造系统

9.3.1　柔性制造系统的组成

柔性制造系统(flexible manufacturing system,FMS)是由计算机控制的以数控机床(NC)和加工中心(MC)为基础,适应多品种中小批量生产的自动化制造系统。FMS 是 20世纪 60 年代后期诞生和发展起来的,它综合应用现代数控技术、计算机技术、自动化物料输送技术,由计算机控制和管理,使多品种中小批量生产实现了自动化。FMS 一般由多台MC 机床和 NC 机床组成,它可以同时加工多种不同的工件,一台机床在加工完一种零件后可以在不停机调整的条件下,按计算机指令自动转换加工另一种零件。各机床之间的联系是灵活的,工件在机床间的传输没有固定的流向和节拍。80 年代以来,FMS 技术已进入实用阶段,许多发达国家已能成套提供作为商品出售的 FMS。目前多数 FMS 是用于机械加工的,焊接、钣金、成形加工和装配等领域也都在发展 FMS。

任何一个 FMS 按其功能要求应由以下几部分组成,即加工系统、物料储运系统和计算机管理与控制系统。现分述如下。

1. 加工系统

加工系统设备的种类和数量取决于加工对象的要求。进行机械加工的 FMS,其加工对象一般分为回转体和非回转体两大类。回转体进一步分为轴类、盘套类,非回转体则可分为箱体类和板类等。根据不同的加工对象,FMS 常配备镗铣加工中心、车削加工中心、各类 NC 机床和经过数控化改装的机床。

FMS 的柔性化程度通常以能同时加工的工件类型的多少作为评价指标。能加工的工件类型越多,则柔性程度越高。但加工的工件类型越多,对设备的要求也越高,设备的投资就越大,所以不用盲目追求 FMS 的柔性化程度。采用成组技术组织成组生产,可以使每一个 FMS 加工工件的类型趋于简单,节省设备投资,从而达到高效与经济的目的。目前生产中运行的 FMS,加工非回转件的占多数,非回转体中又以箱体类零件为主。有一个统计资料对 116 个 FMS 的加工对象进行了统计分析,其结果如表 9-12 所示。

表 9-12　FMS 加工对象的统计分析表

工件类型		FMS 数	所占比例/%
回转体	轴类	19	29.3
	盘套类	15	
非回转体	箱体类	74	67.3
	板类	4	
特殊形状件		4	3.4
总数		116	100.0

2. 物料储运系统

物料储运系统是 FMS 的重要组成部分。它的功能包含物料的存取、运输和装卸。储运的物料有工件毛坯、半成品、成品、工夹具、刀具、切屑等。物料的存取一般采用带堆垛机的立体仓库。物料的装卸对于立式或卧式加工中心通常采用托盘交换台,对于车削加工中心则采用装卸料机器人或机械手。从立体仓库到各工作站之间的运输可以有多种方案。常见的方案是以辊道传送带或架空单轨悬挂式输送装置作为运输工具。采用这类运输工具,运输线路是固定的,形成直线型或封闭回路型线路。机床布置在运输线的内侧或外侧。为了使线路具有一定的存储功能和能变换工件的运输方向,常在运输线上设置一些支线或缓冲站。这种运输方案投资较少、工作可靠,是目前被广泛采用的一种。另一种方案采用自动导引运料小车作为运输工具,小车以蓄电池为动力,能自动导向、自动认址,可以在一定区域内按任意指定的路线行驶。小车应用电磁或光学原理进行导引,不需铺设导轨。因此,它不占用车间的面积和空间,使整个系统的布局有更大的灵活性,也使机床的敞开性好,便于监视和维修。这种运输方案的柔性最好,是 FMS 物流系统的发展方向,但是其投资大、技术复杂,可靠性较差。因此,目前应用上受到一定限制。工业机器人作为运输工具,适用于短距离运输,运送小工件和回转体零件。它是加工回转体的 FMS 的重要运输工具。

3. 计算机管理与控制系统

计算机管理与控制系统是 FMS 的"大脑",由它指挥整个 FMS 的一切活动。计算机管理与控制系统的基本结构见图 9-8。

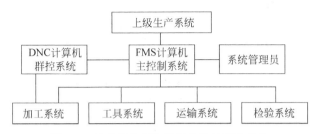

图 9-8　计算机管理与控制系统的基本结构

以 FMS 计算机为主的主控制系统直接指挥和监控加工系统、运输系统、工具系统和检验系统等执行子系统。它和以 DNC 计算机为主的群控系统的关系是:当工件已在加工设备上装夹好,一切准备就绪时,主控制系统就将对该设备的控制权交给 DNC 控制系统。由 DNC 系统给该设备分配相应的数控程序,并指挥设备启动。加工完毕后 DNC 系统将控制权交还,再由主控制系统指挥将加工好的工作运往下一个工位。

一个计算机管理与控制系统在正常情况下可以自动完成 FMS 的控制任务,包括制定生产日程计划、模拟系统运行状态、协调各子系统的工作,甚至还能处理一般性的故障问题。但是,计算机只能按事先确定的原则和逻辑去处理问题,对意外情况的非结构化问题就无能为力了,而且计算机本身也会出故障。因此,一般采用人机结合的管理与控制方式,由计算机负责正常情况的管理与控制,非正常情况则由系统管理员来处理。平时根据需要管理员也可以随时对运行情况进行干预。

计算机主控制系统的核心是系统控制软件和数据库。

1) 数据库

系统数据库中存放着以下三大类数据:

(1) 生产数据。这里包含来自上级生产系统的生产计划数据和生产工艺数据。如计划期的加工任务、工件的工艺路线、各道工序所用的设备和工具,以及工件的装卡方法等。

(2) 资源数据。主要是 FMS 的设备资源数据和工具资源数据。

(3) 运行数据。这类数据随着生产的进行随时更新,它动态地反映 FMS 的运行状态,包括当前工作所在位置、设备和工具的使用状况和生产进度等数据。

2) 系统控制软件

系统控制软件包含系统管理软件、系统监视软件和质量监控软件等。

(1) 系统管理软件。负责组织与指挥 FMS 的日常运行,由以下模块组成:

- 信息输入与输出。FMS 与外界的信息交换均通过本模块。
- 物料进出口管理。包括毛坯、成品和工具的进出口管理,确定进出的优先级。
- 制定生产日程计划。根据上级下达的生产计划,制定 FMS 的生产日程计划,并对计划进行优化。通过计划,指挥与协调加工、运输、工具、检验等子系统的运行。
- 工具管理。主要有工具需求计划、工具使用管理和工具寿命管理三个方面。FMS 中使用的工具种类很多,包括刀具、夹具和检测工具等。一个有 10 台加工设备的

FMS 使用的工具多达 3 000~4 000 种。由于工具的种类多、数量大、使用寿命短、流动性大,所以工具管理是很复杂的。

- 运行控制。运行控制软件是直接指挥和协调加工系统和运输系统的运行。其控制的流程图如图 9-9 所示。

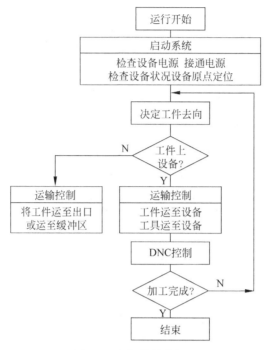

图 9-9　运行控制流程图

（2）系统监视软件。系统运行状况的监视一般分两级进行：系统级的监视和设备级的监视。设备级的监视由每台设备的控制器来实现。通过控制器对设备的若干个工作参数定期或连续地进行测量,检查设备的工作状况。检测的对象通常包括电子装置、电器装置和机械部件的受力、变形、振动、运动等状况的检测装置。有的还要检查温度、湿度等。

系统级的监视由 FMS 主控制系统执行。它主要监视各种设备的控制器工作是否正常和小车的运行。发现故障后,迅速进行故障诊断。诊断的准确性取决于诊断软件的质量和检测装置的质量,也取决于设置的检测项目的合理性。

在切削过程中对刀具的监视是系统监视的重要内容。刀具材质、工件材质和毛坯裕量的波动,常使刀具发生异常磨损,甚至出现断裂。为了预防事故发生,对切削过程必须严密监视。

通过系统级监视把系统运行情况,通过工况报告随时反映给上级系统和系统管理员,以便及时采取措施进行处理。

（3）系统监控软件

9.3.2　柔性制造系统的类型

柔性制造系统按规模大小可分为如下四种类型。

1．柔性制造单元（FMC）

柔性制造单元的问世并在生产中使用比柔性制造系统晚 6～8 年,柔性制造单元可视为一个规模最小的柔性制造系统,是柔性制造系统向廉价化及小型化方向发展的一种产物。柔性制造单元一般由 1～2 台加工中心、工业机器人、数控机床及物料运送存储设备构成,具有适应加工多品种中小批量产品的灵活性。其特点是实现单机柔性化及自动化,目前已进入普及应用阶段。

2．柔性制造系统（FMS）

柔性制造系统通常包括四台或更多台全自动数控机床(加工中心与车削中心等),由集中的控制系统及物料搬运系统连接起来,可在不停机的情况下实现多品种中小批量的加工及管理。

3．柔性制造线（FML）

柔性制造线是处于单一或少品种大批量非柔性自动线与多品种中小批量柔性制造系统之间的生产线。其加工设备可以是通用的加工中心、CNC 机床,亦可采用专用机床或 NC 专用机床,对物料搬运系统柔性的要求低于柔性制造系统,但生产率更高。它是以离散型生产中的柔性制造系统和连续生产过程中的分散型控制系统(DCS)为代表,其特点是实现生产线柔性化及自动化,其技术已日臻成熟,目前已进入实用化阶段。

4．柔性制造工厂（FMF）

柔性制造工厂是将多条柔性制造系统连接起来,配以自动化立体仓库,用计算机系统进行联系,采用从订货、设计、加工、装配、检验、运送至发货的完整的柔性制造系统。它包括 CAD/CAM,并使计算机集成制造系统(CIMS)投入实际,实现生产系统的柔性化及自动化,进而实现全厂范围的生产管理、产品加工及物料储运进程的全盘化。柔性制造工厂是自动化生产的最高水平,反映了世界上最先进的自动化应用技术。它是将制造、产品开发及经营管理的自动化连成一个整体,以信息流控制物质流的智能制造系统(IMS)为代表,其特点是实现工厂的柔性化及自动化。

9.3.3　柔性制造系统的关键技术

1．计算机辅助设计

未来 CAD 技术的发展将会引入专家系统,使之具有智能化,可处理各种复杂的问题。当前设计技术最新的一个突破是光敏立体成形技术,该项新技术是直接利用 CAD 数据,通过计算机控制的激光扫描系统,将三维数字模型分成若干层二维片状图形,并按二维片状图形对池内的光敏树脂液面进行光学扫描,被扫描到的液面则变成固化塑料。如此循环操作,逐层扫描成形,并自动地将分层成形的各片状固化塑料黏合在一起,仅需确定数据,数小时内便可制出精确的原型。它有助于加快开发新产品和研制新结构的速度。

2．模糊控制技术

模糊数学的实际应用是模糊控制器。最近开发出的高性能模糊控制器具有自学功能,可在控制过程中不断获取新的信息并自动地对控制量作出调整,使系统性能大为改善,其中尤其以基于人工神经网络的自学方法更引起人们极大的关注。

3．人工智能、专家系统及智能传感器技术

迄今，柔性制造系统中所采用的人工智能大多指基于规则的专家系统。专家系统利用专家知识和推理规则进行推理，求解各类问题(如解释、预测、诊断、查找故障、设计、计划、监视、修复、命令及控制等)。由于专家系统能简便地将各种事实及经验证过的理论与通过经验获得的知识相结合，因而为柔性制造系统的诸多方面的工作增强了柔性。展望未来，以知识密集为特征，以知识处理为手段的人工智能(包括专家系统)技术必将在柔性制造系统(尤其智能型)中起到关键性的作用。目前用于柔性制造系统中的各种技术，预计最有发展前途的仍是人工智能。智能制造技术(IMT)旨在将人工智能融入制造过程的各个环节，借助模拟专家的智能活动，取代或延伸制造环境中人的部分脑力劳动。在制造过程，系统能自动监测其运行状态，在受到外界或内部激励时能自动调节其参数，以达到最佳工作状态，具备自组织能力。故 IMT 被称为 21 世纪的制造技术。对未来智能化柔性制造系统具有重要意义的一个正在急速发展的领域是智能传感器技术。该项技术是伴随计算机应用技术和人工智能而产生的，它使传感器具有内在的"决策"功能。

4．人工神经网络技术

人工神经网络(ANN)是模拟智能生物的神经网络对信息进行并行处理的一种方法。故人工神经网络也就是一种人工智能工具。在自动控制领域，神经网络并列于专家系统和模糊控制系统，成为现代自动化系统中一个组成部分。

9.3.4　柔性制造系统的发展趋势

1．柔性制造单元将成为发展和应用的热门技术

这是因为柔性制造单元的投资比柔性制造系统少得多而经济效益相接近，更适用于财力有限的中小型企业。目前国外众多厂家都将柔性制造单元列为发展之重。

2．发展效率更高的柔性制造线

多品种大批量的生产企业，如汽车及拖拉机等工厂，对柔性制造线的需求引起了柔性制造系统生产企业的极大关注。采用价格低廉的专用数控机床替代通用的加工中心将是柔性制造线的发展趋势。

3．朝多功能方向发展

由单纯加工型柔性制造系统进一步开发以焊接、装配、检验及钣材加工乃至铸造、锻造等制造工序兼具的多种功能柔性制造系统。柔性制造系统是实现未来工厂新的生产模式的关键，是决定制造企业未来发展前途的具有战略意义的举措。目前反映工厂整体水平的柔性制造系统是第一代柔性制造系统，日本从 1991 年开始实施的"智能制造系统"(IMS)国际性开发项目，属于第二代柔性制造系统，而真正实用的第二代柔性制造系统要到 21 世纪问世。届时，智能化机械与人之间将相互融合，柔性地全面协调从接受订单至生产、销售这一企业生产经营的全部活动。

20 世纪 80 年代中期以来，柔性制造系统获得迅猛发展，几乎成了生产自动化的热点。一方面单项技术如 NC 加工中心、工业机器人、CAD/CAM、资源管理及高新技术的迅速发展，提供了可供集成一个整体系统的技术基础。另一方面，世界市场发生了重大变化，由过去传统的、相对稳定的市场，发展为动态多变的市场。为了从激烈竞争的市场中求生存、求

发展,提高企业对市场需求的应变能力,人们开始探索新的生产方法和经营模式。近年来,柔性制造系统作为一种现代化工业生产的科学"哲理"和工厂自动化的先进模式已为国际上所公认。可以这样认为:柔性制造系统是在自动化技术、信息技术及制造技术的基础上,将以往企业中相互独立的工程设计、生产制造及经营管理等过程,在计算机及其软件的支撑下,构成一个覆盖整个企业的完整而有机的系统,以实现全局动态最优化,以及总体高效益、高柔性,进而赢得竞争全胜的智能制造系统。柔性制造系统作为当今世界制造自动化技术发展的前沿科技,为未来制造业企业的发展描绘了一幅宏伟的蓝图,并将成为 21 世纪制造业的主要生产模式。

本章小结

　　成批生产是指企业在一定时期重复轮换生产多种产品的一种生产类型。根据其批量的大小,又可分为大批生产、中批生产和小批生产。

　　成批生产类型的企业在编制生产作业计划时,首先要确定一系列期量标准,它们是批量、生产间隔期、生产周期、提前期和在制品定额。

　　成批生产类型的企业编制生产作业计划的方法称为累计编号法,也称为提前期法,就是将事先制定的提前期转化为提前量,确定各个车间在计划月份应该达到的投入、产出累计数,进而计划各个车间当月应当完成的投入数量和产出数量。

　　成组技术是成组加工和成组工艺的进一步发展,对多品种小批量的生产企业组织生产的一种有效方法。它既可以提高企业的生产效率,缩短生产周期,又可以进一步按照市场上用户、消费者的不同需求,予以生产和满足。特别是可以提高我国制造业的技术水平、管理水平和信息化水平,提高它们在市场竞争中的能力。

　　柔性制造系统作为一种现代化工业生产的科学"哲理"和工厂自动化的先进模式已为国际上所公认。可以这样认为:柔性制造系统是在自动化技术、信息技术及制造技术的基础上,将以往企业中相互独立的工程设计、生产制造及经营管理等过程,在计算机及其软件的支撑下,构成一个覆盖整个企业的完整而有机的系统,以实现全局动态最优化,以及总体高效益、高柔性,进而赢得竞争全胜的智能制造系统。柔性制造系统作为当今世界制造自动化技术发展的前沿科技,为未来制造业企业的发展描绘了一幅宏伟的蓝图,并将成为 21 世纪制造业的主要生产模式。

 ## 复习与思考

　　1. 什么是成批生产?成批生产依据批量的大小可划分为哪几类?

　　2. 了解成批生产类型企业中的期量标准,并掌握它们的计算。

　　3. 什么是累计编号法?简述累计编号法的计算和编制。

　　4. 什么是成组技术?成组技术产生的背景和发展概况如何?零件成组的方法有哪

几种?

5. 什么是柔性制造系统? 柔性制造系统的组成如何? 柔性制造系统的类型有哪几种?

案例分析 19所工科类"985"高校探讨: 如何批量制造出优秀工程人才

几天前,上海交通大学等全国19所工科类高校齐聚一堂,作为"卓越工程师"的摇篮,它们关注的焦点依然是:如何批量制造出优秀工程人才?

2010年6月刚刚启动的"卓越工程师计划",目前已有61所高校加入第一批试点,涉及19个专业类别,覆盖了3万多名大学生。未来10年,每年大约有10%的工科类本科生、6%的工程类研究生将陆续成为该计划的培养对象。

1. 企业实训成为"必修课"

国有工科类在校学生700万人,数量居世界首位。但工程人才质量的国际排名连续多年处于落后地位。一方面,是我国一直没有建立起注册工程师资格认证制度,也未参加国际通行的工程师认证体系;另一方面,也是更重要的原因是,国内工程教育多年存在的"学术化"取向,使工科学生在读期间以上理论课为主,缺少工程实践。

"工科院校培养的是科学家,却不是工程设计人才。"上海交通大学教务处处长江志斌对这种"错位现象"很是惋惜。

这样的现象目前有望改变。据教育部高教司李茂国处长透露,即将公布的改革办法,重点便是增加工科学生的工程实践,要求国内工科学生必须有至少一年时间在企业参加实训,工科高校将有一定比例的课程由企业专家任教或在企业内学习……

事实上,"卓越工程师计划"2010年6月试点启动后,已有相当一批学校和专业,正在让"工"名副其实起来。清华大学请经管学院、法学院为工科生开设20多门管理类、法学类基础课程;而天津大学软件工程专业大四学生,有8周时间、每周5天在IBM等公司工作;上海交通大学更是从大二学生中挑选200名本科生参与6个专业的"卓越计划"试点,采用"4年本科+2.5年专业硕士"的校企联合培养模式。

2. 工程人才剑指"国际化"

"卓越工程师计划"的另一重大变化,是人才培养的国际化指向。试点之一的北京航空航天大学中法工程师学院,采用了法国工程师学历教育模式,其高年级学生中45%具有海外学习交流经历。2011年开始,毕业生还将获得法国和欧洲的工程师认证资格——这是欧洲工程师组织第一次对亚洲国家授予认证资格。

加入"卓越计划"试点的高校,几乎都将培养"国际通用型工程人才"作为重要目标。同济大学是国内最早开始工程教育改革试点的高校之一,它们的改革包括建设七大国际合作平台,与100所高水平大学、300家企业和500所中学建立人才选拔培养的合作机制。吉林大学进行"卓越计划"的学生第一年将强化英语学习,从二年级起用英语进行专业学习,连班主任也由入选"千人计划"的俄罗斯专家担任;清华大学2011年将有30%本科生具有海外经历。

教育部正在与中国工程院合作,制定中国工程人才培养通用质量标准,以便加入英、美等国工程师资质认证的华盛顿体系或以德、法等国为主的欧洲大陆体系。目前正在国内 3 所高校进行试点。

3. 企业参建仍是"老大难"

不过,如何吸引更多掌握新技术、新设备的企业参与工程人才的培养,是当前工程教育问题的关键所在。在德国,高校规定工科院校老师必须有五年以上企业经历才能任教。工程师教育的华盛顿体系和德法欧洲大陆体系各有侧重,但共同点在于都重视企业参与工程人才的培养过程。而教育部的调研却让人不乐观——国内大型企业对于学生实习缺少热情。

一项旨在鼓励企业与高校合作、涉及国务院下属 25 个部门及行业协会、建立工程实践实训基地的政策,有望 2011 年出台。很多高校研究者认为,国内基础和高中教育阶段普遍只学"科学"、几乎完全不学"工程"的现象,造成很多学生在大学不愿到工程一线工作。因此,目前的工程师"卓越计划"将向中学延伸。

不过,对未来工程人才的竞争,已从招生阶段展开。2010 年,同济大学、北京理工大学、大连理工大学、东南大学等 8 所以理工科闻名的综合性大学已宣布合作,签署《卓越人才培养合作框架协议》。8 所高校在 2011 年自主选拔录取中实行联考,联合探索卓越人才选拔新模式。

资料来源:姜泓冰,《人民日报》,2010 年 12 月 15 日

思考题:

1. 能否批量制造出优秀工程人才?

2. 产品生产与优秀工程人才的培养在哪些方面可以相互借鉴,哪些方面存在明显区别?

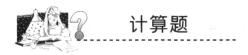 计算题

1. 零件 A 属于中型尺寸,采用大批生产类型进行加工,生产过程包括 5 道工序,它们的工时定额及设备调整时间分别如下表所示(单位:分):

工序	1	2	3	4	5
工时定额	4	6	2	10	5
设备调整时间	30	120	40	100	120

单位零件工序调整时间占工时定额的比例(即设备调整时间损失系数)为 0.04,试确定最小批量。

2. 某零件的加工需经过 4 道工序。它们的准备、结束时间与单位工时定额之比分别为 1:1.5、1:1.2、1:1.25、1:0.80。若设备调整时间损失系数为 0.05,全年产量 120 件,原来采取双月批,每批 20 件,请问是否合理?

3. 某厂全年生产 W 产品 4 000 件,每批产品一次生产调整费用为 500 元,该产品每件每年保管费用为 4 元,该产品不允许缺货,求经济批量。

4. 某零件全年需要量为 12 000 只,生产准备费用为每次 200 元,生产成本为每只 40 元,单只零件年保管费用为单位生产成本的 12%,求经济批量以及相应的全年生产准备费用与保管费用总成本。

5. 计算下列零件三种移动方式下的生产周期,并作出相应横道图(甘特图):$n=4$,$t_1=10$ 分,$t_2=15$ 分,$t_3=4$ 分,$t_4=6$ 分。

6. 经计算后填制下表的空格,然后绘制成批生产的期量标准关系图。

车间	批量/件	生产周期/天	生产间隔期/天	投入提前期/天	产出提前期/天	车间在制品量/件
毛坯	120	40				
机加工		30	30			
装配	30	20	15			

7. 已知某零件在加工车间加工,需经过 3 道不同的工序,该产品属批量生产,其余有关数据如下表(单位:分),假定每道车间的日产量都相等(取 $K_{调}=0.05$)。

工序名称	单件加工时间	设备调整时间
A	10	10
B	4.5	9
C	24	19.2

要求:(1) 试按上述条件,将合适的数据填入下面表中的空格。

(2) 按上述结果用"累计编号法"编制该产品在各道车间的生产任务表(编制四个月,以旬为单位,且第一个月上旬,装配车间的产出累计数即为该车间的批量数)。

车间	批量	生产周期/天	生产间隔期/天	投入提前期	产出提前期
装配		20	10		
加工		30	20		
毛坯	80	20			

项目管理和优化

第 10 章

项目（project）

计划评审技术（PERT）

最早结束时间（early finish time）

最迟结束时间（last finish time）

关键工序（critical procedure）

总工期（total time limit for a project）

时间成本优化（time cost optimization）

项目管理（project management）

最早开始时间（early start time）

最迟开始时间（last start time）

时差（time difference）

关键路线（critical path）

工期-资源优化（time-resource optimization）

互联网资料

http://cranfield.au.uk/public

http://manage.china-aaa.net

http://www.ipom.cn

项目管理是一项十分复杂的系统工程，不论是项目的立项、论证、咨询、设计，还是项目的批准、施工、投产、运营，以及以后的改造、更新、报废，都是一个不断发展、变化的系统，需要多学科、多部门、多地区、多技术相互协调。一个项目管理得好，可以带来显著的经济效益和社会效益；反之，如果管理得不好，就会带来社会财富的巨大浪费，甚至带来灾难性后果。

网络计划技术主要适用于单件小批生产、新产品试制、设备维修、建筑工程等，是项目管理和优化的有用工具和重要方法。

10.1   项目管理概述

项目管理普遍存在于社会经济生活中,2010年上海举办的世界博览会就是一项宏伟的项目。为了保证此次世博会的成功举办,相关部门在场馆、交通设施、通信等一系列方面进行了周密的规划和建设。从企业开发一个新产品、一个管理信息系统的实施,到我国发射的载人宇宙飞船、长江三峡工程的建造,可以说项目管理涉及社会的方方面面。

10.1.1   项目

1. 项目的概念

项目可定义为一种一次性工作,在规定时间内,在明确的工作目标和有限资源下,由专门组织起来的人员共同完成。从上述定义中,项目至少包含以下四个基本要素:

(1) 项目是由一系列具体工作所组成。

(2) 项目是一种一次性或临时性的工作。

(3) 项目都有一个明确的目标。

(4) 项目受各种有限资源的限制。

项目可以是一项建设工程,如航天载人工程、北京电子对撞机工程、京沪高速铁路工程;也可是科研课题,如研制禽流感疫苗、开发一项系统软件。这些项目都有一个明确、清晰的目标,要求在预定的时间内完成,在各种有限资源的约束条件下,将参与项目的有关人员组织、协调起来,以完成这些项目。

2. 项目的类型

在社会经济生活中,项目普遍存在。依据不同的标准,可将项目划分为以下几种类型:

(1) 按项目所涉及的行业,可将其分为科研项目、教育项目、农业项目、工业项目、社会福利项目等。科研项目包括基础研究、应用研究和开发研究项目。教育项目可以是人才培育、教育基地的建设、教材的编写等。农业项目包括良种的改良和培育、农业机械化的实施、水利设施的建造等。工业项目可以是工厂的改扩建、设备的生产或改造、新产品的开发。社会福利项目可以是建造一所医院、开办一所福利院等。

(2) 按项目涉及的各种资源的规模,可将其分为大型项目、中型项目和小型项目。大型项目一般涉及的人、财、物巨大,所需投入的资源多,花费的时间长,有时甚至要动员整个社会的资源,项目才能完成,例如"两弹一星"、南水北调等。小型项目所需的人、财、物相对要少很多,完成的时间短,在一个企业内部就可完成的。

(3) 按项目的复杂程度,可将其分为复杂项目和简单项目。简单项目涉及的部门少、所需的各种资源有限、技术简单、水平低,在项目的组织和管理较为容易。而复杂项目中涉及的部门多、所需的资源巨大、技术复杂水平高,项目的管理和组织较为复杂。

新观点

上海行政审批使出创造性：魔法

浦东新区"科伯达汽车电子研发基地"项目负责人花陆一没有想到，公司 2009 年在上海的建设工程项目审批流程会走得如此顺利。不但直接"打交道"的政府部门一下子减少到只有 2 家，而且光是施工图纸审批这个环节，就比原先足足缩短了 5 天。这个让花陆一翘起大拇指的审批新流程，就是 2009 年上海行政审批改革之一——建设工程审改。

2009 年上海在第四批行政审批事项清理的基础上，取消和调整了 950 项行政审批，向"全国行政透明度最高、行政效率最高、行政收费最少的行政区之一"的目标又迈出了关键一步。值得一提的是，上海的行政审批并不只是简单的"做减法"，而是站在转变政府职能、改善投资环境的高度，使出了几道创造性的"魔法"。

1．"集装箱"法——企业告别"无头苍蝇"

建设项目审批过去一直让不少建设单位感到"心里没底"。原来，一家企业想走完立项到竣工的整个审批流程，需要跑 10 多个相关政府管理部门，盖上百个图章，还经常会由于弄不清楚所有的审批环节，导致同一内容的材料重复提交、重复核查。如果是初次经历项目审批的"菜鸟级"企业，那就更像是一只"无头苍蝇"，甚至有些还会遭遇到审批流程都过了一半，才发现还有一家管理部门没跑的情况。

"集装箱"法的出现为建设单位缓解了环绕在心头的这个"老难题"。2009 年上海市政府出台最新的《上海市建设工程行政审批管理程序改革试行方案》及相关配套实施办法，经过梳理优化后的审批管理流程从原来的 9 道主要程序，35 个审批环节简化为 4 个"集装箱"，也就是土地使用权取得、设计方案审批、涉及文件审查、竣工验收这 4 道主要程序。这大大压缩了行政审批的时限，加上管理部门的协作和信息平台的运用，也可大幅减少建设单位所要重复提供的材料。与此同时，通过"一家牵头、一口受理、抄告相关、同步审批、限时办结"的方式，原来由建设单位分别向不同管理部门申报审批的外部程序，改为每个"集装箱"由一个部门牵头组织协调，相关部门协同配合审批、审查的内部程序操作，既依法审批、审查，又方便了建设单位的报批、备案工作。目前，全市已有 25 个建设项目按照新的流程进行了审批，而科伯达这家民营企业就是"集装箱"法的受益者。

"集装箱"法的新审批流程让"科伯达汽车电子研发基地"项目负责人花陆一明显感到了不一样，审查部门的人员专业素质很强，对项目严格把关，初步设计的审批时间就为企业节省了将近半个月的时间，施工图纸意见审批也缩短了 5 天。要知道对于企业来说，时间就是效益。

2．"并联"法——审批不再"串联耗时"

按照通常的办事流程，要在上海设立一家内资企业，申请人需要在相关政府管理部门之间往返 6 次，营业执照、组织机构代码证、税务登记证通通到手耗时至少 14 个工作日。由于采取了"串联"审批，一个项目在不同部门"兜一圈"就会耗费不少时间。为了改变这种状况，行政审批的"并联"法应运而生。

"并联"法究竟有多大"法力"？2009 年《上海市企业设立并联审批实施办法（试行）》和《上海市内资企业设立并联审批操作规程（试行）》正式发布，上海的卢湾、长宁、闵行三个区开展了内资企业设立的并联审批试点。到目前为止，已有 50 多家企业的设立实施了这个崭新的"并联"法，而这些企业往返政府部门的次数一下子减少到 2 次，平均 7 个工作日就能办妥"一照两证"。

在三个试点区的工商局已经优化了审批流程，将多个部门的审批事项纳入到一个"并联"审批平台，实现工商、质监、税务三个管理部门的联动。工商卢湾分局在短短 2 个月内，发放了各类申请表式、材料清单 130 套，"一口收件"共 99 家企业。从流程耗时看，行政审批的效率大大提高，至少比原先的

"串联"审批缩减了7天。

更加值得一提的是,卢湾区还针对难以在并联审批服务平台解决的特殊情况,当审批部门之间因互为相关审批而无法达成一致时,由首先受理的审批部门通过服务平台发起综合协调申请,卢湾区投资促进服务中心将按规定流程牵头组织协调,形成决定,确保审批的透明度和高效性。

3."红绿灯"法——政府难以"朝南坐"

"审批事项就是服务事项",上海建设服务型政府的目标坚定。不过,"朝南坐"的倾向在行政审批过程中却难以完全避免,一些部门依旧有着服务意识不强、措施不多、方式简单等缺陷。对此,上海使出了有针对性的"魔法"——"红绿灯"法,通过建立一套信息技术建立行政审批管理和服务平台,逐步实现行政审批的全覆盖受理、全方位公开、全过程监督。

在企业设立方面,卢湾区已经建立了网络的"红绿灯"。这个电子监察平台已设置了预警纠错、业绩评估、投诉处理等功能,对将要到期事项实行"黄灯"预警,而对已经到期事项就会实行"红灯"警示。网络的"红绿灯"系统还会统计汇总各个管理部门审批实效和企业评价数据,形成审批实效情况等8张实时状态检测表,对行政审批实施了全程量化监督考核管理。

与此同时,今后建设工程项目的审批也会实施"红绿灯"法,一个建设工程项目审批进入电子的审批平台之后,相关政府管理部门就要在规定的时间内给出一个具有操作性的意见,"一旦超过了时限,系统就会在这个部门上亮出红灯"。这样一番网上的公开监察,将逐步改变政府部门之间传统存在的效率低、不透明等问题,让"朝南坐"不再出现。

(资料来源:唐玮婕、张晓鸣,《文汇报》,2009年12月12日)

10.1.2　项目管理的含义和目标

1.项目管理的含义

项目管理就是对项目进行计划、组织、指挥、协调和控制,以完成项目预定目标。由于项目是一种一次性的工作,所以项目管理是一项十分复杂的工作,不论是项目的立项、论证、咨询、设计,还是项目的批准、施工、投产、运营,以及以后的改造、更新、报废,都是一个不断发展、变化的系统,需要多学科、多部门、多地区、多技术相互协调。一个项目管理得好,可以带来显著的经济效益和社会效益;反之,如果管理得不好,就会带来社会财富的浪费。

2.项目管理的目标

项目管理一般涉及三个主要目标:质量、费用和进度,以较低的费用、较短的时间完成高质量的项目。

(1)质量。"百年大计,质量第一",质量是项目的生命。如果一项大型工程项目的质量好,就可以福泽子孙,功在千秋;如果质量差,不仅会造成经济上的重大损失,而且会贻误子孙、祸及后世。项目的质量管理必须贯穿于全方位、全过程和全体人员中。全方位是指工程的每一部分,每个子项目、子活动,每一件具体工作,都保证质量,才能确保整个工程的质量。全过程是指从提出项目任务、可行性研究、决策、设计、订货、施工、调试,到试运转、投产、达产整个寿命周期,都要保证质量。全体人员指的是参加项目建设的每一个人,从最高领导者到普通员工,都要对本岗位的工作质量负责。

(2)费用。项目的费用是直接费用和间接费用的总和。项目经理的一项重要工作是通过合理组织项目的实施,控制各项费用支出,使整个项目的各项费用支出之和不超过项目的预算。大型项目需要的资金巨大,在进行项目费用预算时应尽量全面。没有进行很好的预算或在项目实施过程中没有进行很好的费用控制所导致的资金缺位问题,通常会影响整个项目的按期完成,造成巨大损失。

(3) 进度。项目的进度控制是项目管理的核心内容。项目的完工期限一旦确定下来,项目经理的任务就要以此为目标,通过控制各项活动的进度,确保整个项目按期完成。在进行项目的进度控制时,项目经理需要采用网络计划技术,进行科学管理。

不同的项目具有具体的各种目标,但质量、费用和进度对所有项目都很重要,但在不同的情况下,在不同的项目阶段和子系统中,目标会有所侧重,项目的质量、进度和费用常常会发生冲突,在处理这三者的关系时,要以质量为中心,通过科学的计划统筹,实现三大目标之间的优化组合。

10.1.3　生产周期法

1. 生产周期法的概念

生产周期法是根据产品生产周期进度表及合同规定的交货期,在生产能力综合平衡的基础上,编制出各项订货的综合产品生产周期进度表,用反工艺顺序依次确定产品或零件在各生产阶段投入和产出时间的一种生产作业计划的编制方法。

2. 生产周期法的适用条件

单件小批生产类型的企业,其生产作业计划的编制方法既不同于大量生产类型的企业,也不同于成批生产类型的企业。因为单件小批生产类型的企业不重复生产或不经常重复生产,它不规定在制品占用量的定额,而且也不必为生产的产品规定编号,所以不宜采用在制品定额法或累计编号法来编制生产作业计划。单件小批生产类型的企业在组织生产时,各种产品的生产数量严格按照接受订货的数量,不需进行调整。所以生产周期法是适用单件小批生产类型的企业编制生产作业计划的方法。

3. 生产周期法编制生产作业计划的三个步骤

(1) 根据接受顾客订货的情况,分别安排生产技术准备工作。

(2) 按照合同规定的交货期,采用甘特图、网络计划技术及相关技术,为每一项订货编制生产周期进度表。并且,根据合同规定的交货期和生产周期进度表,为每一项产品制定一项订货生产说明书,详细规定该产品在某一车间投入和产出的时间,订货生产说明书的格式如表 10-1 所示。

表 10-1　订货生产说明书

订货编号	交货期限	成套部件编号	工艺路线	投入期	出产期
503	3 月 31 日	110	铸工车间	1 月 20 日	2 月 15 日
			机械车间	2 月 25 日	3 月 10 日
			装配车间	3 月 15 日	—
		111	铸工车间	1 月 15 日	2 月 5 日
			机械车间	2 月 10 日	3 月 5 日
			装配车间	3 月 10 日	—

（3）进一步调整平衡后，编制日常的生产作业计划，正式确定企业各车间的具体生产任务。

10.2　网络计划技术的概述

10.2.1　网络计划技术及其基本原理

网络计划技术是指许多相互联系与相互制约的活动（作业或工序）所需资源与时间及其顺序安排的一种网络状计划方法。它的基本原理是：利用网络图表示一项计划任务的进度安排和各项活动之间的相互关系，在此基础上进行网络分析，计算网络时间，确定关键路线，利用时差，不断改进网络计划，求得工期、资源和成本的优化方案。网络计划技术主要适用于单件小批生产、新产品试制、设备维修、建筑工程等。其优点是能缩短工期、降低成本、提高效益。

10.2.2　网络图的构成要素

网络图由活动、事项和路线三部分组成。

1．活动

活动（作业、工序）是指一项作业或一道工序。活动通常用一条箭线"→"表示，箭杆上方标明活动名称，下方标明该项活动所需的时间，箭尾表示该项活动的开始，箭头表示该项活动的结束，从箭尾到箭头则表示该项活动的作业时间。

2．事项

事项（结点、网点、时点）是指一项活动的开始或结束那一瞬间，它不消耗资源和时间，一般用圆圈表示。在网络图中有始点事项、中间事项和终点事项之分，如图 10-1 所示。

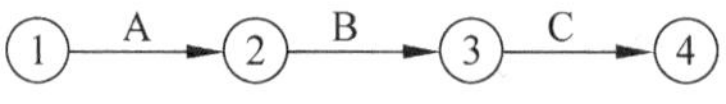

图 10-1　网络图

事项②，既表示 A 项活动的结束，又表示 B 项活动的开始。对中间事项②来说，A 为其紧前工序，B 为其紧后工序。

3．路线

路线是指从网络图的始点事项开始，顺着箭线方向连续不断地到达网络图的终点事项为止的一条通道。在一个网络图中均有多条路线，其中作业时间之和最长的那一条路线称为关键路线，关键路线可能有两条以上，但至少有一条。关键路线可用粗实线或双线表示。

10.2.3　网络图绘制的规则

绘制网络图一般应遵循以下规则：

（1）有向性。各项活动顺序排列，从左到右，不能反向。

（2）无回路。箭线不能从一个事项出发，又回到原来的事项上。

（3）箭线首尾都必须有结点。不允许从一条箭线中间引出另一条箭线。

（4）两点一线。指两个结点之间只允许出现一条箭线,若出现几项活动平行或交叉作业时,应引进虚箭线"···→"表示。

（5）事项编号。从小到大,从左到右,不能重复。

（6）源汇合一。每个网络图中,只能有一个始点事项和一个终点事项。如果出现几道工序同时开始或结束,可用虚箭线同网络图的始点事项或终点事项连接起来。

10.2.4　网络时间的计算

1. 作业时间

作业时间是指完成某一项工作或一道工序所需要的时间。作业时间有确定时间和不确定时间之分。不确定时间可用下式计算:

$$作业时间(t_{ij}) = \frac{最乐观完工时间 + 4 \times 最可能完工时间 + 最悲观完工时间}{6}$$

2. 结点时间的计算

结点本身不占用时间,它只表示某项活动应在某一时刻开始或结束。因此,结点时间有最早开始时间和最迟结束时间。

（1）结点最早开始时间。是指从始点事项到该结点的最长路程的时间。用ES_j表示,其数值记入"□"内,并标在网络图上。网络始点事项的最早开始时间为零,终点事项因无后续作业,它的最早开始时间也是它的结束时间。网络中间事项的最早开始时间的计算可归纳为前进法、加法、挑最大法。计算公式为:

$$ES_j = \max\{ES_i + t_{ij}\}$$

即

$$\boxed{j} = \max\{\boxed{i} + t_{ij}\}$$

（2）结点最迟结束时间。是指以本结点为结束的各项活动最迟必须完成的时间。用LE_j表示,其数值记入"△"内,并标在网络图上。网络终点事项的最迟结束时间等于它的最早开始时间。其他事项的最迟结束时间的计算可归纳为后退法、减法、挑最小法。计算公式为

$$LF_j = \min\{LE_j - t_{ij}\}$$

即

$$\triangle_i = \min\{\triangle_j - t_{ij}\}$$

3. 工序时间的计算

工序时间包括工序最早开始时间(ES_{ij})、工序最早结束时间(EF_{ij})、工序最迟开始时间(LS_{ij})、工序最迟结束时间(LF_{ij})。有了结点的时间参数,工序时间参数的计算就很简单了。工序时间的计算步骤如下:

（1）工序最早开始时间等于代表该工序的箭尾所触结点的最早开始时间,即

$$ES_{ij} = ES_i = \boxed{i}$$

（2）工序最早结束时间等于该工序最早开始时间加上该工序的作业时间之和。即

$$EF_{ij} = ES_{ij} + t_{ij} = \boxed{i} + t_{ij}$$

（3）工序最迟结束时间等于该工序箭头结点最迟结束时间,即

$$\text{LF}_{ij} = \text{LF}_j = \boxed{\triangle}$$

（4）工序最迟开始时间等于该工序最迟结束时间减该工序的作业时间之差,即

$$\text{LS}_{ij} = \text{LF}_{ij} - t_{ij} = \boxed{\triangle} - t_{ij}$$

4. 时差的计算

（1）总时差。指在不影响整个项目总工期的条件下,某工序的最迟开工时间与最早开工时间的差。它表明该工序开工时间允许推迟的最大限度,也称"宽裕时间"。计算公式为

$$\text{TF}_{ij} = \text{LS}_{ij} - \text{ES}_{ij} = \boxed{\triangle} - \boxed{i} - t_{ij}$$

（2）单时差。指在不影响下一某工序最早之完工时间的前提下,该工序的完工期可能的机动时间,又称"自由时差"。计算公式为

$$\text{FF}_{ij} = \text{ES}_j - \text{EF}_{ij} = \boxed{j} - (\boxed{i} + t_{ij})$$

（3）干预时差。指某一工序拖延后,可以占用其后继工序的自由时差多少而不影响总工期完成,又称"干涉时差"。计算公式为

$$\text{IF}_{ij} = \text{LF}_{ij} - \text{ES}_j = \boxed{\triangle} - \boxed{j}$$

总时差等于单时差加上干预时差 ,即

$$\text{TF}_{ij} = \text{FF}_{ij} + \text{IF}_{ij}$$

5. 确定关键路线

在一个网络图中,总时差为零的工序称为关键工序;由关键工序组成的路线,称为关键路线,它是从网络图始点事项到达网络图终点事项时间最长的路线;关键路线上的关键工序时间之和称为总工期(T),它是完成该项目所必需的最少时间,它等于网络图终点事项的 ES_j 或 LF_j。

10.2.5　网络计划技术的工作步骤

网络计划技术的实际工作步骤,可以归纳如下:

（1）确定目标,进行计划的准备工作。在确定计划对象(如某项工程或任务)后,应提出具体目标,如工期、费用以及其他资源。并考虑结合其他管理制度,如组织流水生产、全面质量管理、设备管理、岗位责任制、奖励制度等。

（2）分解计划任务、列出全部工作或工序明细表。计划任务的分解应随对象而异。对厂部领导来说,重要的是纵观全局,掌握关键,分析矛盾,作出决策,因而可以分解得粗一些。对于业务部门和基层生产单位来说,需据以组织和指挥生产,解决具体问题,因此应该分解得细一些。

（3）确定各项作业的定额时间、先后顺序和相互关系。对每一项作业应作必要的分析,主要是：①该项作业开始前,有哪些作业必须先期完成;②该项作业或哪些作业可以平行交叉;③该项作业完成,有哪些后继作业应接着开始。

（4）绘制网络图。绘制方法有两种：①顺推法,即从网络图的始点事项开始为每一项作业确定其直接的后续作业,直到网络图终点事项为止;②逆推法,即从网络图的终点事项

开始,直到网络图的始点事项为止。

(5) 计算网络时间。一般先计算事项时间,有了事项时间,也就易于计算作业时间了。

(6) 确定关键路线。计算完成任务的最早期限,即总工期。

(7) 进行综合平衡,选择最优方案,编制计划文件。在进行综合平衡时,一是要保证在规定期限内完成任务;二是要保证生产的连续性、协调性与均衡性,尽快形成新的生产能力,迅速发挥投资效果,坚持质量第一,确保安全生产;三是要讲究经济效益,降低生产成本。综合平衡后,即可绘制正式网络图、编制工程计划和工程预算等。

(8) 网络计划的贯彻执行。总结评比,调整、改进和提高。

网络计划技术的工作步骤可列成图解(图 10-2)。

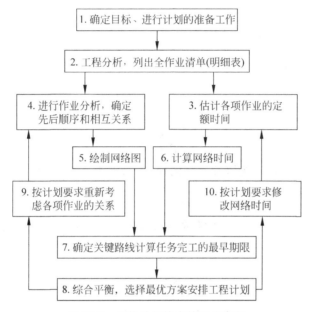

图 10-2　网络计划技术的工作步骤

10.3　网络计划技术的工期——资源优化

制定一项计划,总希望资源的耗用能够尽量保持均衡,使计划期内每天的资源消费量,不出现过大的高峰或低谷。例如,一项计划的人力资源消费量,若能每天基本保持均衡,就可以避免工人的大量窝工或忙闲不均等现象,这在经济上是有利的。又如,对于某些非库存性材料,如建筑使用的混凝土及砂浆等,只能随拌随用,不能库存,若每天的消费量大致均衡,则搅拌设备及运输设备等的利用率就会提高,否则,各种设备的能力将会不必要扩大,导致利用率降低,造成浪费。

评价一项计划的均衡性,常使用方差(σ^2)和标准差(σ)指标,方差(标准差)越大,说明计划的均衡性越差;方差(标准差)越小,表示均衡性越好。

方差和标准差可按下式计算:

$$\sigma^2 = \frac{1}{T} \sum_{t=1}^{T} (R_t - \overline{R})^2$$

$$= \frac{1}{T} \left[(R_1 - \overline{R})^2 + (R_1 - \overline{R})^2 + \cdots + (R_T - \overline{R})^2 \right]$$

$$= \frac{1}{T} \left[(R_1^2 + R_2^2 + \cdots + R_T^2) + T\overline{R}^2 - 2\overline{R}(R_1 + R_2 + \cdots + R_T) \right]$$

$$= \frac{1}{T} \left[\sum_{t=1}^{T} R_t^2 + T\overline{R}^2 - 2\overline{R} \sum_{t=1}^{T} R_t \right]$$

因为 $\overline{R} = \dfrac{R_1 + R_2 + \cdots + R_T}{T} = \sum_{t=1}^{T} R_t / T$

所以 $\sigma^2 = \dfrac{1}{T} \left[\sum_{t=1}^{T} R_t^2 + T\overline{R}^2 - 2\overline{R} \cdot \overline{R} \right]$

$$= \frac{1}{T} \left[\sum_{t=1}^{T} R_t^2 - T\overline{R}^2 \right]$$

$$= \frac{1}{T} \sum_{t=1}^{T} R_t^2 - \overline{R}^2$$

或

$$\sigma = \sqrt{\frac{1}{T} \sum_{t=1}^{T} R_t^2 - \overline{R}^2}$$

式中,σ^2 为资源消耗的方差;σ 为资源消耗的标准差;T 为计划工期;R 为某种资源在 t 天的消费量;$\overline{R}$ 为某种资源每日平均消费量。

由 σ^2 及 σ 可以看出,T 与 $\overline{R}$ 均为常数,若想 σ^2 及 σ 为最小,必须设法使 $\sum_{t=1}^{T} R_t^2$ 为最小值,即

$$W = \sum_{t=1}^{T} R_t^2 = \min$$

由于计划期是固定的(工期固定),所以求解 σ^2 或 σ 为最小值问题,只能在各工序的总时差范围内,调整其开工或完工时间,从中找出一个 σ^2 或 σ 为最小的计划方案,即为最优方案。

设某项任务的计划网络图如图 10-3 所示,图中箭杆上数字为作业时间,箭杆下数字为某种资源的每日需要量。

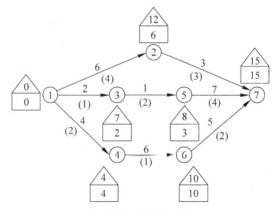

图 10-3　资源优化图

此项计划网络属于固定工期,求资源最优利用问题,可按下述步骤进行。

1. 计算各项作业的时间参数

时间参数见表 10-2。

表 10-2　各项作业时间参数表

工序		作业时间	基本时间参数				机动时间参数			关键工序
i	j	t_{ij}	ES_{ij}	EF_{ij}	LS_{ij}	LF_{ij}	TF_{ij}	FF_{ij}	IF_{ij}	
①	②	6	0	6	6	12	6	0	6	
①	③	2	0	2	5	7	5	0	5	
①	④	4	0	4	0	4	0	0	0	√
②	⑦	3	6	9	12	15	6	6	0	
③	⑤	1	2	3	7	8	5	0	5	
④	⑥	6	4	10	4	10	0	0	0	√
⑤	⑦	7	3	10	8	15	5	5	0	
⑥	⑦	5	10	15	10	15	0	0	0	√

2. 按作业最早开工与最早完工时间,将网络图画在时间坐标上(图 10-4),计算资源逐日消费量,并绘出相应的资源消费曲线

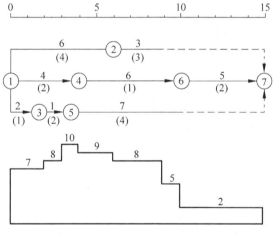

图 10-4　时间坐标

3. 由终端开始,逆箭杆方向,顺序逐个调整非关键作业的开工与完工时间

调整的方法是,令作业的最早开工和最早完工时间逐日向后移动。每移动一天,检查一次 σ^2(或 σ,一般均用 σ^2)的变化。例如,某工序 $i-j$,在第 t_{ES} 天开始,第 t_{EF} 结束,该工序的某项资源的每日消费量为 S_{ij},如果将该工序向后移动一天,则第 t_{ES+1} 天的资源消费量 R_{ES+1} 将减少 S_{ij},而第 t_{EF+1} 天的资源消费量 R_{EF+1} 将增加 S_{ij}。根据 $W = \sum_{i=1}^{T} R_t^2 = \min$ 原理,任一工序每后移一天,W 值的变化量 ΔW 为

$$\Delta W = (R_{ES+1} - S_{ij})^2 + (R_{EF+1} + S_{ij})^2 - (R_{ES+1}^2 + R_{ES+1}^2)$$

$$\text{所以 } \Delta W = 2S_{ij}(R_{EF+1} - R_{ES+1} + S_{ij})$$

显然，$\Delta W < 0$ 时，表示 σ^2 减小，工序 $i-j$ 可以向后移动；如果 $\Delta W > 0$ 即 σ^2 增加，不宜移动，据此可以定出该工序最优的开始和结果时间。

由于计划工期 T 是固定的，故每一工序的时间、调整范围要受该工序的工序总时差的限制。

如果移动至第 K 天，出现 $\Delta W > 0$，此时，还要计算该天至以后各天的 ΔW 的累计值：

$$\sum \Delta W = \Delta W_K + \Delta W_{K+1} + \cdots$$

如发现该天至某一天的 $\sum \Delta W \leqslant 0$，说明该工序还可以后移到该天。以上计算可列表 10-3 进行。

表 10-3　资源消费表

工序 $i=j$	作业时间 t_{ij}	开始时间	结束时间	总时差 TF_{ij}	σ^2	ΔW	$\sum \Delta W$
⑤~⑦	7	3(ES)	10(EF)	5	8.86	−32	
		4	11	4	6.73	−24	
		5	12	3	5.13	−24	
		6	13	2	3.53	−16	
		7	14	1	2.46	−16	
		8(LS)	15(LF)	0	1.43		
②~⑦	3	6(ES)	9(EF)	6	1.43	+24	
		4	10	5	2.99	+30	+54
		8	11	4	4.99	+6	+60
		9	12	3	5.39	+6	+66
		10	13	2	5.79	0	+66
		11	14	1	5.79	0	+66
		12(LS)	15(LF)	0	5.79		
③~⑤	1	2(ES)	3(EF)	5	1.43	0	
		3	4	4	1.43	−4	
		4	5	3	1.12	0	
		5	6	2	1.12	−4	
		6	7	1	0.9	0	
		7(LS)	8(LF)	0	0.9		
①~③	2	0(ES)	2(EF)	5	0.9	0	
		1	3	4	0.9	0	
		2	4	3	0.9	−2	
		3	5	2	0.73	−2	
		4	6	1	0.59	−2	
		5(LS)	7(LS)	0	0.46		

表 10-3 中列出所有非关键工序的优化计算过程。首先计算工序⑤~⑦，开始时间和结束时间取最早时间，即 3 与 10。

$$\frac{1}{T}\sum_{t=1}^{T} R_t^2 = \frac{1}{15}[2 \cdot 7^2 + 8^2 + 10^2 + 2 \cdot 9^2 + 3 \cdot 8^2 + 5^2 + 5 \cdot 2^2]$$

$$= 44.06$$

$$\overline{R}^2 = \left(\frac{2 \cdot 7 + 8 + 10 + 2 \cdot 9 + 3 \cdot 8 + 5 + 5 \cdot 2}{15}\right)^2$$

$$= \left(\frac{89}{15}\right)^2 = 35.20$$

所以 $\sigma^2 = \frac{1}{T}\sum_{t=1}^{T} R_t^2 - \overline{R}^2 = 44.06 - 35.20 = 8.86$

$$\Delta W = 2S_{ij}(R_{EF+1} - R_{ES+1} + S_{ij}) = 2 \cdot 4 \cdot (2 - 10 + 4) = -32$$

由于 $\Delta W < 0$，故工序⑤~⑦可以向后移动 1 天。此时据此再求 σ^2 和 ΔW 值。结果 σ^2 = 6.73，比原来减少，且 $\Delta W = -24$，故工序还要后移。如此继续下去，直至工序的开始时间变为 8，结束时间变为 15，即变成了 LS 和 LF 值，此时 TF=0，无法再移动。

$$R_{3+1} = 10 - 4 = 6$$
$$R_{10+1} = 2 + 4 = 6$$

再计算工序②~⑦，同样先使开始时间和结束时间为最早时间，即 6 与 9，计算结果 $\sigma^2 = 1.43$，$\Delta W = 24 > 0$，再使工序后移 1 天，计算发现 $\sigma = 2.99$，比原来增加，且 $\sigma W = 30 > 0$，核算 $\sum \Delta W$ 值，$\sum \Delta W = 24 + 30 = 64 < 0$。因此时还不能停止，继续后移，再核算 $\sum \Delta W$，直至算完，未发现有 $\sum \Delta W < 0$ 的情况。因此，该工序应保持最早开始时间和结束时间不变，然后继续计算其他工序。

4．按步骤 3 将所有非关键工序全部调整（优化）一遍后，还需进行第二次、第三次……调整（优化），直至 σ^2 不再减少为止。此时，才算得到最优计划方案。

图 10-5 为本例经优化后得到的最优方案网络图，下面为相应的资源消费曲线。

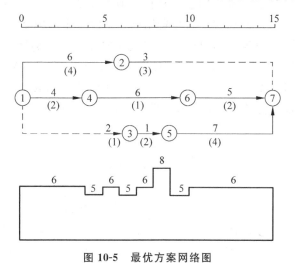

图 10-5　最优方案网络图

由上可知，资源优化计算工作量十分庞大，对于大中型网络来说，用手工计算是难以实现的，只能依靠电子计算机来进行。

由图 10-5 所示，资源消费曲线呈阶梯状。任何一个梯段的开始或结束，均意味着有某些工序开始或结束。检查资源消费量可按梯段进行。例如，某梯段在 t_A 开始、t_B 结束，某单位时间资源消费量 $R_{AB} > R_{max}$，则应对该梯段（$t_A - t_B$ 时间区段）内某些工序的开始结束时间进行调整。由于各工序采用的都是最早时间,故只能将某些工序的开始时间后移,移至 t_B 开始,以使该梯段满足 $R_{AB} < R_{max}$ 的要求。

在这些工序中,究竟应该调整哪些工序,根据使总工期最短这一要求,应首先选取移动后不影响总工期,或者使总工期延长时间最少的工序。为此,可按以下公式计算各工序的优先系数 K_{ij}:

$$K_{ij} = (t_B - ES_{ij}) - TF_{ij}$$

K_{ij} 最小的工序应当最优先后移,其他依次进行,直至 $R_{AB} < R_{max}$ 为止。

10.4   网络计划技术的时间——成本优化

时间-成本优化,就是根据计划规定的期限,规划最低成本,或根据最低成本的要求,寻求最佳工期。制定网络计划不仅要考虑工期和资源情况,还必须考虑成本,讲究经济效益。

产品(或工程项目)的成本由直接费用与间接费用两部分组成。这两种费用与工期的关系,一般来说如图 10-6 所示。缩短工期会引起直接费用的增加和间接费用的减少;延长工期会引起直接费用的减少和间接费用的增加。时间-成本优化,就是要使总费用支出最小,而工期最短。

间接费用是指不能或不宜直接计入而必须按一定标准分配于成本计算对象的费用,如企业管理费。工期越长,间接费用总额就越大,从而按一定标准分摊到单位产品中的间接费用也就相应地增加。直接费用是指能够并宜于直接计入成本计算对象的费用,如直接生产工人工资、原材料费用以及机具费用等。一般来说,缩短工期,就要增加直接费用的投入量;反之,减少直接费用的投入量,则工期就要延长。但直接费用减少到一定程度,工期即使再延长,直接费用也不能再减少,这时的直接费用称作正常费用,以 CN 表示;对应于正常费用的工期,称作正常工期,以 TN 表示;反之,当完成计划任务的工期缩短到一定程度,即使直接费用再增加,工期也不能再缩短,这时的工期称作极限工期,以 TM 表示;对应于极限工期的费用称作极限费用,以 CM 表示。图 10-7 表明了工期与直接费用的关系。假定 M 与 N 两点间为一直线,即直接费用与工期为线性关系,可得到单位时间直接费用变动率 K 的计算公式如下:

$$K = \frac{CM - CN}{TN - TM}$$

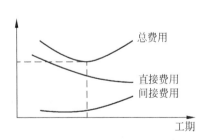

图 10-6   费用坐标

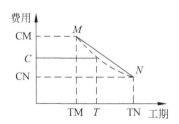

T: 完成任务所需的工期
C: 完成任务所需的直接费用

图 10-7   直接费用变动图

某项活动所需要的直接费用 C 的计算公式为

$$C = CN + K(TN - T) \quad\text{——用于工期缩短时}$$
$$C = CM - K(T - TM) \quad\text{——用于工期延长时}$$

式中,T 为完成该项活动所需要的工期。

单位时间直接费用变动率就是缩短每一单位时间所需增加或减少的费用。例如,某工序的极限工期 TM 为 3 天,极限费用 CM 为 2 200 元,正常工期 TN 为 5 天,正常费用 CN 为 2 000 元,则其直接费用变动率为

$$K = \frac{2\,200 - 2\,000}{5 - 3} = 100(\text{元 / 天})$$

工序的单位时间直接费用变动率大,说明为缩短工期而增加的直接费用多。因此,在进行时间-成本优化时,首先要缩短关键线路上 K 值最小工序的作业时间。下面结合示例说明时间-成本优化的步骤和方法。

某计划任务的网络图及各工序的有关资源分别如图 10-8 和表 10-4 所示。该项任务的间接费用为每天 110 元。现通过时间-成本优化,确定该任务的最低成本和最佳工期。

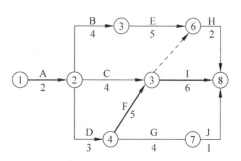

图 10-8　网络计划方案

表 10-4　某计划任务的有关资料

工序	结点编号		正常时间		极限时间		相 差		工序直接费用变动率/(元/天)
	i	j	时间/天	直接费用/元	时间/天	直接费用/元	时间/天	直接费用/元	
A	1	2	2	2 000	1	2 100	1	100	100
B	2	3	4	1 400	3	1 500	1	100	100
C	2	5	4	800	3	950	1	150	150
D	2	4	3	700	1	860	2	160	80
E	3	6	5	1 200	4	1400	1	200	200
F	4	5	5	2 000	3	2 200	2	200	100
G	4	7	4	800	2	900	2	100	50
H	6	8	2	700	1	850	1	150	150
I	5	8	6	900	3	1 350	3	450	150
J	7	8	1	950	0.5	1 150	0.5	200	400

时间(以不超过极限工期为限)每次压缩时均应选择直接费用变动率最小者,以使工期缩短引起的直接费用增加额为最小。在本例中,以正常工期计划方案为方案 I,压缩工期时从关键工序中选择直接费用变动率最小的 D 工序压缩两天,得到方案 II。相应的网络图如图 10-9 所示。依此法继续下去,直到关键线路上各工序均达到极限时间为止,于是得到七个不同的方案,如表 10-5 所示。

在表 10-5 的各个方案中,方案 IV 的总费用最低,相应的工期为最佳工期。由此求得该计划任务的最佳工期为 12 天,最低成本为 13 130 元。其网络图如图 10-10 所示。

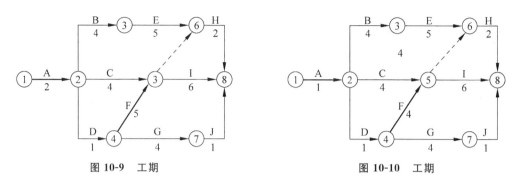

图 10-9　工期　　　　　　　　　　　　　　图 10-10　工期

表 10-5　各个方案表

计划方案	较前方案变动点	总工期/天	直接费用/元	间接费用/元	总费用/元	关键线路
Ⅰ	—	16	11 450	1760	13 210	①→②→④→⑤→⑧
Ⅱ	工序 D 压缩两天	14	11 450＋160＝11 610	14·110＝1 540	13 150	同上
Ⅲ	A 工序压缩一天	13	11 610＋100＝11 710	13·110＝1 430	13 140	同上
Ⅳ	工序 F 压缩一天	12	11 710＋100＝11 810	12·110＝1 320	13 130	①→②→④→⑤→⑧ ①→②→③→⑥→⑧
Ⅴ	工序 B 压缩一天 工序 F 压缩一天	11	11 810＋200＝12 010	11·110＝1210	13 220	①→②→④→⑤→⑧ ①→②→③→⑥→⑧ ①→②→⑤→⑧
Ⅵ	工序 H 压缩一天 I 压缩一天	10	12 010＋300＝12 310	10·110＝1100	13 410	同上
Ⅶ	工序 E 和 I 各压缩一天	9	12 310＋350＝12 660	9·110＝990	13 650	同上

以上是以正常工期方案为基础进行压缩,求得方案优化。还可以采取另一种方法,即先制定极限工期方案,再以此为基础逐次延长非关键工序的延续时间,最后延长关键工序的延续时间(以不超过正常工期为限),并使直接费用的降低额为最大(为此应选择较大的 K 值)。

用这两种方法求得的结果是一样的。

本章小结

项目就是一种一次性工作,在规定时间内,在明确的工作目标和有限资源下,由专门组织起来的人员共同完成,它包括四个基本要素。

项目按涉及的行业不同,分为科研项目、教育项目、农业项目和社会福利项目等;按涉及的资源的多少不同,分为大型项目、中型项目和小型项目;按项目的复杂程度不同,分为复杂项目和简单项目。

生产周期法是适用单件小批生产类型的企业编制生产作业计划的一种方法。

网络计划技术就是指许多相互联系、相互制约的活动所需资源与时间及其顺序安排的一种网络状计划方法。网络图由活动、事项和路线三个构成要素组成。绘制网络图应遵循一系列规则。网络时间参数的计算有结点最早开始时间、结点最迟结束时间、工序最早开始时间、工序最早结束时间、工序最迟开始时间、工序最迟结束时间、时差等。确定关键路线和总工期。

网络计划技术的优化有工期-资源优化和时间-成本优化。

复习与思考

1. 什么是项目? 项目的主要类型有哪些?

2. 什么是项目管理? 项目管理的目标和主要内容是什么? 项目成功的关键因素有哪些?

3. 网络图的构成要素有哪些? 绘制网络图的基本规则是什么?

4. 说明网络图中,结点最早开始时间、最迟结束时间,工序最早开始时间、最早结束时间,工序最迟开始时间、最迟结束时间,以及时差、关键工序、关键路线和总工期的概念和计算方法。

5. 何谓直接费用? 何谓间接费用? 如何进行工期-资源优化?

校 园 婚 礼

2010 年 3 月 31 日,玛丽·杰克逊(Mary Jackson)兴冲冲地冲进家门,宣布她即将和拉里·亚当斯(Larry Adams,她的大学男友)结婚。过了好一会儿,她母亲才逐渐从震惊中恢复过来,并紧紧地拥抱着她,并问:"什么时候?"下面是他们间的对话。

玛丽:4 月 22 日。

母亲:什么!

父亲:亚当斯和杰克逊的婚礼将会成为今年我们杰克逊家族的一件大事。为什么要这么着急?

玛丽:4 月 22 日,校园的樱花总是开得最为繁茂。因此,那时举行婚礼的画面将是非常美丽的。

母亲:但是,宝贝,时间太仓促了,在那之前我们不可能做完所有必须完成的事情。还记得上次你姐姐婚礼的详细情形吗? 即使我们从明天就开始准备,也必须有 1 天的时间去预定教堂和酒店,至少要 17 天的时间发布公告。这些都必须在我们装饰教堂前进行。而装饰教堂又需要 3 天。不过,如果我们周日愿意多支付 100 美元的话,可能将公告申请由 17 天减少为 10 天。

父亲:哦!

玛丽:我想让简·萨摩斯(Jane Summers)当我的伴娘。

父亲：但她现在在吉特玛拉(Guatemala)的和平公司(Peace Corps)是吧？她要用 10 天时间去准备并开车过来。

玛丽：但我们可以让她乘飞机回来，那只要 2 天的时间，也仅仅会多花 500 美元。她必须按时到这儿准备她的礼服。

父亲：哦！

母亲：还要准备酒宴！这要花费 2 天的时间挑选蛋糕和桌布，杰克酒店至少要在准备宴会(婚礼的前一天晚上)前 10 天预定。

玛丽：我可以穿你的结婚礼服吗，妈妈？

母亲：当然，但我们最好换一些带子。我们可以在订购伴娘礼服料子时从纽约顺便订购，订购和收到这些东西需要 8 天时间，礼服式样必须提前选好，这也要用 2 天时间。

父亲：如果我们多支付 5 美元空运过来的话，只要 5 天就可以收到。

玛丽：我希望礼服由沃特森(Watson)太太来制作。

父亲：但那需要支付每天 120 美元的手工费。

母亲：如果我们自己完成所有的缝纫工作，就需要 11 天。如果有沃特森太太的帮助，那么可以减少到 6 天，但每天要付 120 美元。

玛丽：我只需要她一个人来做。

母亲：还要有 2 天的试衣时间。正常的话，完成洗熨要两天，不过市里有一种新型清洗机，可以在 1 天内完成这些工作，但要多花 30 美元。

父亲：所有这些工作都必须在准备宴会前结束，但从现在起也只有 21 天的时间了。

母亲：我们还忘记了一件事——发邀请函。

父亲：我们应该从鲍博(Bob)印刷厂订作邀请函，这通常需要 12 天。但如果我们肯多花 35 美元的话，我敢打赌，只要 5 天就可以做完。

母亲：在发邀请函前，还要 3 天时间来确定邀请函的式样。我们希望能在信封上印有回函地址。

玛丽：哦，太棒了！

母亲：邀请函必须在婚礼前 10 天发出。如果再晚，我们的一些亲戚可能会因为没有及时收到邀请函而耽误参加婚礼，这会令他们生气的。如果我们在婚礼前 8 天还没能把它们寄出，伊泽尔(Ethel)姑姑就拿不到它了，她送的结婚礼物也会打上 200 美元的折扣。

父亲：哦！

母亲：我们必须把它们拿到邮局去寄，这要用 1 天。写地址要用 4 天，除非我们雇一些人帮忙，但这项工作也只有等到邀请函印好后才能开始。如果雇人的话，可能会节约 2 天的时间，但我们要支付费 25 美元的费用。

玛丽：在准备宴会上，我们需要为伴娘们准备一些礼物。我可以抽出 1 天的时间做这件事。

母亲：在写邀请函之前，我们需要列出要邀请的客人名单。这要用 4 天时间。而且只有我才能清理我们的通讯录。

玛丽：啊，妈妈，我太兴奋了。我们可以让每一个亲戚来分担一项不同的工作。

母亲：宝贝，我不明白我们怎样才能做完这些事情，我们要挑选邀请函的式样，要与教堂、酒店预约……

父亲：你怎么不带着 1 500 美元一走了之呢？你姐姐的婚礼只花了 1 200 美元,她不需要有人从吉特玛拉飞回来,不必另外雇人,不需要支付空运费及其他类似的费用。

资料来源：www.jgxysx.net,2005 年 7 月 23 日

思考题：

1. 本案例中给出了一场婚礼仪式的相关活动及其顺序关系,请为婚礼仪式设计出一张完整的网络图。

2. 婚礼仪式的网络图中,哪条是关键路线?

3. 为了满足 4 月 22 日举行婚礼的要求,最小成本计划是什么?

4. 由于亚当斯和杰克逊的婚礼要在 4 月 22 日进行,为了保证婚礼的准备工作能在 4 月 21 日之前全部完成,杰克逊一家都在忙碌着。在此过程中,他们遇到了一些困难。但玛丽·杰克逊坚持要在 4 月 22 日举行婚礼(拉里·亚当斯也如此,因为他希望玛丽能快乐),这意味着必须对这些困难进行恰当的估计。请分析下列提到的每项困难对婚礼计划的影响。

(1) 4 月 1 日,教区委员会主席不为所增加的捐赠所动,说他不能将通告时间由 17 天减少为 10 天。

(2) 打到吉特玛拉的电话证实,伴娘有一些事情要做,因此在 4 月 10 日之前不能离开。

(3) 母亲在刚开始准备客人名单时由于患流感病了 4 天。

(4) 带子和伴娘礼服的料子在运输途中丢失。遗失通知在 4 月 10 日上午才送到杰克逊家中。

(5) 4 月 8 日,举办宴会的酒楼失火,估计需要 2~3 天进行修理。

最主要的是玛丽·杰克逊的父亲非常关心婚礼的费用,坚持只给 1 500 美元。

 计算题

1. 某大型装潢工程由七项作业组成,已知数据见下表,试绘出该网络图,并求出该工程各项作业的最早开始时间、最早结束时间、最迟开始时间、最迟结束时间和总时差。并用时差法确定该网络图的关键路线。

作业	先行作业	作业时间					
A	—	3					
B	—	2					
C	A	2					
D	C	4					
E	B	1					
F	D、E	3					
G	F	2					

2. 根据下表所示逻辑关系绘制网络图,求总工期,寻找关键路线?

作业	A	B	C	D	E	F	G	H	I
紧前作业	—	—	A	A	A、B	C、E	D	D	F、G、H
作业时间	2	10	4	2	1	2	1	2	2

3. 某网络计划如下图所示,箭杆上方为各作业的作业时间(单位:天),箭杆下方括号内为各作业每天的人力消耗数(单位:人)。

要求:(1) 在网络图下方的时间轴上画出人力资源消费曲线。

(2) 如人力资源最大可供数为 10 人,通过优先系数 K_{ij} 的计算,回答应优先移动的作业(在 $t_1 \sim t_4$ 时间段内)。

(3) 如将工序②～⑤后移 1 天,计算 ΔW 和 $\triangle \sigma^2$。

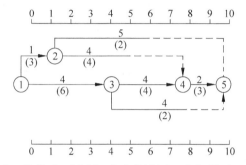

4. 某工程有四项作业,其作业时间与成本资料如下表所示。该工程直接成本为 5 万元,间接成本平均每天为 2 500 元,求该项工程的最佳工期是多少天?

作业	紧前作业	时间/天			成本/千元		
		正常	临界	差额	正常	临界	差额
A	—	6	3	3	10	19	9
B	A	14	8	6	15	21	6
C	A	8	4	4	12	20	8
D	C	10	4	6	13	19	6

现场管理和作业排序

第**11**章

生产现场(producing spot)　　　　现场管理(bottom-round management)

定置管理(fixed location management)　5S 管理(5S management)

互联网资料

http：//manage. 123trading. com/top_bigclass. html? bigclassid＝176

http：// www. wbs. warwick. ac. uk/omindex

http：// 202. 120. 24. 209/yygl

> 现场管理,就是运用科学的管理制度、标准、方法和手段,对现场的各种生产要素进行合理的、有效的计划、组织、协调、控制,使它们处于良好的结合状态,以达到优质、低耗、高效、均衡、安全、文明生产的目的。
>
> 在生产管理中,要对加工对象的作业顺序作出合理安排,这对缩短生产周期、减少在制品、及时交货具有重要意义。

11.1　现场管理概述

11.1.1　现场管理的含义

现场,是直接从事生产、经营、工作、试验的作业场所。企业现场是指企业进行生产经营作业活动的特定场所,包括生产现场、经营现场、办公现场、生活现场等。企业现场按照与生产活动的关系又可分为生产现场和非生产现场。其中,生产现场按分工关系又可分为基本生产现场和辅助生产现场。如机械加工、纺织等从事产品生产活动的作业场所为基本生产现场;维修、动力等从事辅助生产活动的作业场所为辅助生产现场。

生产现场是企业各种生产要素有机组合的活动场所,包括劳动者、劳动手段、劳动对象、生产方法、生产环境、生产信息等生产要素,简称"人、机、料、法、环、信"。在产品制造的运动过程中,形成的人流、物流、信息流都要在生产现场有序、均衡、协调地按照预定的目标进行流动。其中,人流作为现场的指挥和核心,操纵着另外两类现场活动:一类是物质的转换过程,从输入原材料和燃料动力,到加工输出半成品或成品,形成物流;另一类是伴随着物流产生的信息流,它规划和调节着物流的方向、数量、速度、目标,使物流有序、均衡运动,这两类运动在生产现场的有机结合形成企业产品的制造过程。产品的质量、物质消耗、经济效益和安全生产的好坏都取决于生产现场。

现场管理可分为广义现场管理和狭义现场管理。广义现场管理是指企业所有现场作业活动的管理,包括生产现场管理、经营现场管理、办公现场管理、生活现场管理等。狭义现场管理是指企业生产现场管理,包括基本生产现场管理和辅助生产现场管理。我们研究的主要对象是狭义的现场管理,即以生产现场为主要内容,它可分为四层意思。

(1) 现场管理是运用管理制度、标准、方法和手段来管理。管理制度是指现场的设备、工具、在制品、产成品等的管理制度、交接班制度、设备维修制度、现场质量事故的处理制度等。管理标准是指现场岗位管理标准、设备管理标准、操作管理标准、工艺管理标准等。管理方法包括现场的定置管理法、模特法、"5S"活动法、规范化管理法等。管理手段是指管理者采用计算机信息管理系统、文件图纸、信息流传递等手段,提高现场管理效能。

(2) 现场管理的对象是各种生产要素,包括现场的人员、机器设备、工具、原材料、在制品、燃料动力、场地环境、信息等。

(3) 现场管理的职能是计划、组织、协调、控制和激励。这与企业管理的职能是一致的。但是,这里的计划主要是现场生产作业计划;组织主要是现场合理组织作业班组等;协调主要是班组之间、操作者之间生产进度的相互协调;控制主要是通过信息流反馈对生产过程的控制。

(4) 现场管理要达到的目的是优质、低耗、高效、均衡、安全、文明生产。

11.1.2　现场管理的任务

现场管理的任务,由它在整个企业管理中的地位和目标决定。现场管理是整个企业管理的重要组成部分,是属于最基础性的管理。现场管理的目标是实现现场活动的科学化、标准化、系统化和高效化,以达到优质、高效、文明、安全的目的。

(1) 要实现这一目标,需完成如下现场管理任务:

第一,制定切实可行的现场管理标准、指标体系、评估内容和考核办法,提高现场管理水平。

第二,推行一些行之有效的国内外现场管理方法和手段,为提高产品质量和增加经济效益服务。

第三,研究和探索现场管理的科学化、标准化、系统化和高效化的内容,创建新的有效管理方法。

(2) 要实现上述现场管理任务和搞好现场管理的具体工作,应采取以下措施:

第一,提高各级领导特别是企业领导对现场管理的认识,牢固树立搞好企业管理,特别是要搞好现场管理的思想。

第二,制定现场管理目标。企业在制定中、长期计划时,要同时制定现场管理的目标。经过几年的努力,在原有的基础上,使现场管理普遍上一个新台阶。

第三,制定行业现场管理要求和细则。各行业应根据本行业特点,制定适合本行业需要和便于实施的行业现场管理要求和细则。如机械行业可根据机械加工类型的特点,以工艺管理、定置管理为重点提出要求;化工行业可根据容器、管道连续化生产的特点,以岗位规范化、标准化为重点提出指导性的要求。

第四,制定现场管理达标规划。各企业应根据现场管理标准和要求,制定相应的达标规划,加强督促、指导交流工作。

新观点

有感于"午睡吧"

一种新式休闲吧最近现身上海,名叫"午睡吧":一间设施温馨的房间,十几张躺椅依次排开,在舒缓的背景音乐中,顾客可以利用中午一小时的午休时间在此安然入睡。据悉,选择"午睡吧"的多是工作压力大、时间长的白领。

有人说,"午睡吧"体现的是一种午休经济,体现了商家敏感的商业意识。在"过劳死"频发的今天,午睡吧的出现意味着越来越多的人开始关注劳动环境,再以商业符号加以包装自然就能获取经济效益。

然而,如果换个角度来看"午睡吧",我们看到的是企业文化中人性关怀的缺失。之所以会有"午睡吧",是因为不少企业缺少能让员工安心午休的环境。在写字楼工作的白领都有体会,无论是趴在桌上闭目养神还是缩在椅子上小憩,都很难真正休息好,所谓的午休往往是一种形式。或许正是因为这样的无奈,员工才愿意掏钱去"午睡吧"。

企业与员工之间除了雇佣关系,是不是还应该多点关怀? 正如全球首个道德规范国际标准SA8000所强调的,一个符合社会责任标准的企业,除了产品质量过关外,更重要的是在对待员工的健康和安全、对待员工的态度上给予相当的重视,并在张弛结合的工作环境中实现企业与员工的合作。这往往需要企业换位思考,将休息真正落到实处就是一种具体的行动。因此,在午休这件事上,企业除了提供时间,还应主动创造条件帮助员工休息好,以体现企业的道德关怀。

反过来说,高质量的午休不仅员工欢迎,企业也能受益。充分的午休之后,必然能使员工在下午的工作中拥有更充沛的体力,更好地提高工作效率。更重要的是,企业注重为员工营造良好的午休环境,既是对员工的一种人性关怀,也能增强企业的人情味,从而进一步提升团队凝聚力。何况,与带有商业目的的"午睡吧"相比,企业在营造良好的午休氛围上有许多优势,一方面可以为员工省去在"午睡吧"与办公室之间来回奔波的时间,给员工留下更多休息时间;另一方面也不需投入太多资金,只需一个安静的空间、几张柔软的椅子,就能满足需要。这样的好事,何乐而不为?

所以,当商家嗅到午休商机,企业不妨也想一想自身的不足,忽视人文关怀,显然不是明智之举。

(资料来源:任翀,《文汇报》,2006 年 8 月 7 日)

11.2　定置管理、5S 管理和目视管理

11.2.1　定置管理

1. 定置管理的含义

"定置"是研究物品进行整理和整顿方式的专业用语。从字面上理解,它是指物品在空

间的特定位置,它不同于一般的"放置"。一般的放置有很大的随意性,而定置则具有主观意识的目的性。

因此,定置管理就是以生产现场物品的定置进行设计、组织实施、调整、协调与控制的全部过程的管理。它的核心是以生产现场为研究对象,研究生产要素中人、物、场所的状况,以及三者在生产活动中的相互关系,力求消除工作中不合理的因素、浪费因素和浪费现象,通过整理和整顿,把与生产现场无关的物件清除,把生产现场所需要的物件放在规定的位置,使人、物、场所处于最佳结合状态。通过建立、健全物流的信息管理系统,组织合理的工艺流程,充实和完善必要的工位器具与运送装置,使物流的运行处于受控状态,实现人、物、场所在时间上和空间上的优化组合,以达到文明操作,减少工件的磕碰划伤与锈蚀,提高劳动效率,实现安全生产、文明生产的目的。

所以,定置管理的实质就是,从改善工作质量来保证产品质量和提高生产效率着手,力求形成一个能够保证工作质量的现场环境。

2. 定置管理的基本原理

1) 人与物的四种结合状态

在生产活动中,构成生产工序的要素,有材料、半成品、机械设备、工夹模具、操作人员、工艺方法、生产环境等,归纳起来就是人、物、场所、信息等因素。其中,最基本的是人与物的因素。只有人与物的合理结合,才能使生产有效地进行。

人与物的结合可归纳为四种基本状态:

(1) A 状态。即人与物处于能够立即结合并发挥效能的状态。例如,操作工人使用的各种工具,由于摆放地点合理而且固定,当操作者需要时能立即拿到。

(2) B 状态。即人与物处于寻找状态或尚不能很好发挥效能的状态。例如,一个操作者想加工一个零件,需使用某种工具,但由于现场杂乱或忘记了该工具放在何处,结果因寻找而浪费了时间;或者由于半成品堆放不合理,散放在地上,当加工时每次都需弯腰一个一个地拣起来,既浪费了工时,又增加了劳动强度。

(3) C 状态。即人与物处于关系松散状态,已不需要结合的状态。如本加工工序已完成加工需要转入下工序再加工或转入检验工序的物品。

(4) D 状态。即人与物失去联系的状态。这种物品与生产无关,不需要人去同该物结合。例如,生产现场中存在的已经报废的设备、工具、模具,生产中产生的垃圾、废品、切屑,以及同生产现场无关的工人生活用品等。这些物品放在生产现场,必将占用作业面积,而且影响操作者的工作效率及安全。

定置管理就是要根据生产活动的目的要求,通过相应的设计、改进和控制、整理、整顿,改善 B 状态,使之达到 A 状态,减少 C 状态,消除 D 状态,把有价值的物品移到需要的地方,把不需要的、无价值的物品从现场消除掉。因此,定置管理在某种意义上来讲,也是"5S"管理的深入发展。

2) 人与物的结合成本

为了能用定量化的概念来理解各类状态物品之间的关系以及它们与生产的关联程度,明确定置管理的研究内容,我们在这里引入一种概念,即对象物的存在价值,它是物的特有状态在价值上的表现,是人与物能否有效结合的决定性因素。企业购买的各类物资都是有目的、有价值的。从价值观念来讲,所有物品都有两种价值形态,即物的原来价值和存在价值。

物的原来价值,即人与物结合发挥效用状态时的价值,也就是物品的购进价格及物品的合理储备期间发生的保管费用的总和。在实际工作中,这相当于物品的厂内计划价格,物的原来价值用符号 V_0 表示。物的存在价值,即当人与物未结合时,物品只呈存在状态时的价值,它的符号用 V 表示。当我们要把只呈存在状态的物品改变成人与物结合并发挥效用的状态时,还需要进一步支付出结合成本。所以,这三者的关系是:

$$物的原来价值(V_0) = 物的存在价值(V) + 人与物的结合成本(g)$$

或

$$V = V_0 - g$$

或

$$g = V_0 - V$$

当人与物关系处于 A 状态时,即人与物立即结合进行有效的生产活动时,物的存在价值几乎等于物的原来价值。结合成本 g 近似于 0,可以忽略不计。这时,我们可以认为 $V = V_0$。定置管理的经济原则,就是要尽可能地降低 g 值,提高物品的存在价值。

例如,某企业冲压车间加工某零件,需要到模具库取用模具,假设该模具原来价值 $V_0 = 1\,000$ 元,取用定额工时为 24 分钟,该车间工时费用为 10 元,据此可计算该模具存在价值。

$$V = 1\,000 - \left(10 \cdot \frac{24}{60}\right) = 996(元)$$

即人与物的结合成本为 4 元。

如果通过定置管理,而把取用模具的时间减少到 12 分钟,这样该模具的存在价值 V 就提高了。$V = 1\,000 - \left(10 \cdot \frac{12}{60}\right) = 998(元)$,即人与物的结合成本由原定额的 4 元减少为 2 元,即定置管理取得的效益为 2 元。

再举一例,例如,某机床操作者在加工某一零件时需要使用钢卷尺,而钢卷尺被上夜班的工人锁在工具箱中。假设钢卷尺原价值为 2 元,而去寻找那位工人需要 36 分钟,工时费用为 10 元,据此计算该钢卷尺在此状态的存在价值:

$$V = 2 - \left(10 \cdot \frac{36}{60}\right) = -4(元)$$

这时人与钢卷尺的结合成本为 6 元,该钢卷尺的存在价值为负值。在这种情况下,或者砸坏一把 1 元钱的铁锁,这样还可能使该钢卷尺的存在价值接近 1 元钱。如果领/买(仓库比较近),就不如干脆重新领(买)一只钢卷尺使用,这比寻找还合算。

当人与物结合处于 C 状态时,即物与生产活动无关,在这种状态下,物的存在价值等于 0。

由上分析,可以看出,使人与物的结合保持 A 状态,是降低结合成本,提高物的存在价值的最佳途径。

3) 生产现场与物的关系

在生产活动中,人与物的结合状态,是生产有效程度的决定因素。但人与物的结合都是在一定场所进行的。因此,实现人与物的最优结合,必须首先处理好物与生产现场的关系,实现物与生产现场的合理结合。生产现场与物的有效结合是实现人与物的合理结合的基础。定置管理,主要就是研究物与生产现场的有效结合。具体来说,就是对生产现场、人、物进行作业分析和动作研究,使对象物品按生产需要、工艺要求科学地固定在某生产现场的特定位置上,达到物与生产现场的有效结合,缩短人取物的时间,消除人的重复动作,减轻劳动强度。促进人与物的最优结合。

(1)实现生产现场与物的合理结合,首先要使生产现场本身处于良好的状态。生产现场本身的布置可以有三种状态。

一是 A 状态:良好状态。即良好的工作环境,生产现场中的作业面积、通风设施、恒温设备、光照、粉尘等状态,必须符合人的生理、工厂生产、安全的要求。

二是 B 状态:需要改善的状态。即需要不断改善的工作环境。这种状态的生产现场,布局不尽合理,或只满足人的生理要求,或只满足生产要求,或两者都不能满足。

三是 C 状态:需彻底改造的状态。即需消除或彻底改造的工作环境。这种生产现场对人的生理要求及工厂生产、安全要求都不能满足。

定置管理的任务,就是要把 C 状态、B 状态改变成 A 状态。

(2)实现生产现场与物的结合,要根据物流运动的规律性,科学地确定物品在生产现场内的位置,即定置方法有两种基本形式:一是固定位置;二是自由位置。

- 固定位置。即生产现场固定、物品存放位置固定、物品的信息媒介物固定,这种"三固定"的方法,适用于那些在物流系统中周期性地回归原地,在下一生产活动中重复使用的物品。主要是那些用作加工手段的物品,如工、检、量具、工艺装备、工位器具、运输机械、机床附件等物品。这些物品可以多次参加生产过程,周期性地往返运动,对这类物品就采用规定一个较大范围的区域的办法来定置。由于这类物品适用"三固定"的方法,固定存放位置,使用后要回复到原来的固定地点。例如,模具平时存储在指定的场所和地点,需要时取来安装在机床上,使用完毕后,从机床上拆卸下来,经过检测验收后,仍搬回到原处存放,以备下次再用。

- 自由位置。即相对地固定一个存放物品的区域。至于在这区域内的具体放置位置,则根据当时的生产情况及一定的规则来决定。这种方式同上一种相比,在规定区域内有一定的自由,故称自由位置。这种方法适用物流系统中那些不回归、不重复使用的物品。例如,原材料、毛坯、零件、产成品。这些物品的特点是按照工艺流程不停地从一个工序向下一工序流动,直到最后出厂。所以,对每一个物品来说,在某一工序加工后,除非回原地返修,一般就不再回归到原来的作业场所。这类物品的种类、规格很多,每一种的数量有时多、有时少,很难对每一种物品规定具体位置。如在制品停放区,零件检验区等。在这个区域内存放的各个品种的零件,根据充分利用空间、便于收发、便于点数等规则来确定具体的存放地点。

4)人与物的联系信息

生产现场所需的物品是各种各样的,都需要有一定的联系方法。对各类物品与人的联系信息,必须做到标准化。首先要对物、场所的名称实行标准化,使之成为固有名称。除此之外,还有很多使人与物联系的信息。

(1)物的管理名称。这是物与生产现场结合时,"该物"这一名称的标准化。如果不实施这种标准化,就不能传递"请用××"、"请把××拿去"等信息。没有信息传递,人与物就不会结合。同一物品几个名称,将会发生问题。由于传递不畅,常常发生事故并造成浪费。如长期形成的传统和习惯,使这种名称难以统一,此时可通过附加的数字号码(管理编号)实现标准化。

（2）生产场所的管理名称。这是物与生产现场结合时，"何处"这一名称的标准化。生产现场名称中最常见的有"窗下"、"机器旁"、"一门左侧"，这些都是抽象性的。众所周知，由于使用的人和地点不同，容易发生差错。如有时以生产现场放置的物品来描写生产现场的名称，"××存放点"、"××作业点"等看起来似乎很方便，但因某种情况保管品发生变更时，不能以此变更生产现场名称，而仍在原名称的生产现场内保管新品名之物，将会造成混乱状态。

为防止这种情况发生，可能变更的要素不要加入名称中。例如，生产现场尽量以符号或数字号码称呼。规定"2 号生产现场放××"，将此记入位置台账，以后变更存放品时，生产现场名称不必变更。

（3）人与物联系的信息。根据信息在定置管理中所起的作用，信息媒介可分为两类：引导信息和确认信息。

- 引导信息。它可以告诉人们"该物在何处"，便于人与物结合。例如，车间里的各种物品的台账就是一种引导信息。在台账中每种物品都有自己的编号，可以引导到该物的库、区、架、位。定置平面设置图也是一种引导信息，它形象地指示存放物的处所或区域的位置。

- 确认信息。它是为了避免物品混放和生产现场误置所需的信息，例如，各种区域的标志线、标志牌和彩色标志。它告诉"这里就是该生产现场"。有了合格品存放区和废品存放区的不同标志，就可避免混号质量事故。这是指示地点的信息，又称生产现场标志。例如，物品的卡片，上面有物品的名称、规格、数量、质量等，告诉人们"此物就是该物"的信息，是物品的核实信息。

在定置管理中各种信息媒介物是很重要的，实行定置管理，必须重视和健全各种信息媒介物。良好的定置管理，要求信息媒介物达到五个方面的要求：

- 生产现场标志清楚。
- 生产现场设有定置图。
- 位置台账齐全。
- 存放物的序号、编号齐备。
- 信息标准化（物品流动时间标准、数量标准、摆放标准等）。

3. 定置管理图的绘制

1）定置管理图绘制的要求

定置管理图是将生产现场的定置管理用标准化的形式反映出来的一种方法。运用形象的图示描述生产现场人、物、场所的关系。物品放置区域，用各种符号代替设备、零部件、工位器具、工具箱等定置物品。

因此，在设计定置管理图时应注意以下几点：

（1）对生产现场、工序、工位、机台等进行定置诊断。根据人机工程学确定各位置是否符合人的心理、生理需要及满足产品质量的需要，是否有最大的灵活性和协调性，是否能提供最大的操作方便和带来最小的不愉快，是否符合切实的安全和防护保障，是否能充分利用时间与空间。

（2）定置图的设计应按统一标准。如各车间、仓库必须绘制定置管理图，图纸可镶在镜框内悬置明显处,亦可制成版面置于车间、仓库明显处。工具箱内的定置管理应按上放轻、下放重,中间放常用的工具的要求,用图纸绘制定置图,贴于门内侧,做到所有物品摆放整齐,与图、标记相符。图纸尺寸全厂要统一。

(3)定置图的设计。定置图的绘制应尽量按生产组织划分区域。如一个车间中有几个较大的生产工段,即可在定置图上标出几个相应的区域。

(4)设计定置图应先以设备作为整个定置图的参照物,然后依次画出加工零件等其余定置物的位置。

2)定置管理的图形符号

定置管理图上的物品一律用图形符号代替。图形符号的确定原则可依据该物品名称拼音的第一个字母组合而成。

根据图形标准规定一般确定若干有关信息符号如图 11-1 所示。

符号	符号名称	符号	符号名称
G	工具箱	D	凳
LJ	垃圾箱	J	检验台
B	办公桌	LJQ	器具存放器
GW	工位器具	SC	水池
C	铲车	K	空调
Q	钳工台	STC	手推车
F	废物桶	Z	蒸馏水桶
DX	电箱	RH	润滑槽
Y	油桶	A类	物紧密联系(红色)
XC	吸尘器	B类	物周期联系(黄色)
GLD	管理点	C类	物待联系(蓝色)
DS	电扇	D类	物失去联系(黑色)
TJ	踏脚板		

图 11-1　符号与符号名称对照图

3)定置管理图标注内容

车间定置管理图与工具箱内的定置管理图应标注的内容如下:

(1)按工艺流程设计的工段(班组)工作地(机床、工位)的平面布置区域。

(2)有适应物流过程需要的原材料、半成品、在制品、工位器具、运输机械及检验场所等物品停放区域。

(3)生产作业场地、区域、机台(工位)之间的明显运输通道。

(4)消防、安全保护设施定置状态。

（5）各类残料、垃圾回收箱定点布置场地。

（6）必须定置物品的大致数、生产区域和作业场所职工生活必需用品等,定置的物品规定。

（7）可移动物品,如手推车、衡器、可移动容器的静止停放位置。

4．定置管理的考核

定置管理的实施,即按照设计要求,对生产现场的材料、机械、操作者、方法进行科学的整理和整顿。将所有的物品定位,要做到物必有区、有区必有牌、按区存放、按图定置、图物相符。

定置的考核是定置管理的最后一个阶段。为了巩固已取得的成果、发现存在的问题,不断完善定置管理,必须坚持定期检查和考核工作。考核的基本指标就是定置率。它的计算公式是

$$定置率(\%)=\frac{实际定置物品的种类(数量)}{必须定置物品的种类(数量)}\cdot100\%$$

或

$$定置率=1-不定置率$$
$$=\left(1-\frac{不按定置图摆放的物品数}{定置图规定摆放的物品数}\right)\cdot100\%$$

现举一例说明,如图 11-2 所示,计算定置率。

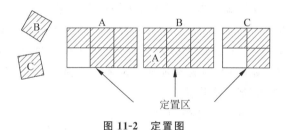

定置区

图 11-2　定置图

图 11-2 中,A、B 定置区应中存放 6 箱 A、B 物品;C 定置区应放 4 箱 C 物品,但实际上 A 区旁边乱摆 B、C 物品各一箱;B 区内误摆 A 物品 1 箱;C 区内还少放了 1 箱 C 物品。

$$定置率=\left(1-\frac{3}{16}\right)\cdot100\%=81.2\%$$

或

$$定置率=\frac{13}{16}\cdot100\%=81.2\%$$

11.2.2　5S 管理

1．5S 管理的概念

5S 管理是指对生产现场各生产要素所处状态,不断地进行整理、整顿、清扫、清洁,以达到提高素养的活动。由于这五个词在日语中、罗马拼音的第一个字母都是"S",所以把这一系列活动简称为 5S 管理。

2.5S 管理的基本内容

(1) 整理(seiri)：把要与不要的人、事、物分开，再将不需要的人、事、物加以处理，坚决清理出生产现场。

(2) 整顿(seiton)：把需要的人、事、物加以定量、定位，以便在最简捷、最有效的规章、制度、流程下完成相关作业。

(3) 清扫(seiso)：把工作场所打扫干净，设备异常时马上修理，并使之恢复正常，创建明快、舒畅的工作环境，以保证安全、优质、高效率地工作。

(4) 清洁(seikeetsu)：在整理、整顿、清扫的基础上，加以认真维护，保持完美和最佳状态。并且更深入一步，消除造成不清洁的各种根源。

(5) 素养(shitsuke)：遵守纪律，形成良好的习惯。养成严格遵守规章制度的习惯和工作作风，努力提高人员的素养，是"5S"活动的核心。"5S"始于素养，也终于素养。

3.5S 活动的发展

"5S"管理起源于日本。1955 年，日本"5S"的宣传口号为"安全始于整理整顿，终于整理整顿"，当时只推行前"2S"，其目的仅为了确保作业空间和安全，后因生产控制和品质控制的需要，而逐步提出后续 3S，即"清扫、清洁、提高素养"，从而使其应用空间及适用范围进一步拓展。1986 年，首本"5S"著作问世，从而对整个日本现场管理模式起到了冲击作用，并由此掀起"5S"热潮。

日本企业将"5S"管理作为工厂管理的基础，使企业的经济效益有了明显的提高，为日本日后成为经济大国奠定了基础。"5S"管理对于塑造企业形象、降低成本、准时交货、安全生产、严格的标准化、完美的工作场所等现场改善方面的巨大作用逐渐被各国管理界所认识。随着世界经济的发展，5S 管理现已成为各国工厂管理的一种重要管理方法。

欧美等国的企业也开始应用 5S 管理加强日常现场管理，主要有"5S"和"5C"。

(1) 欧美的企业中"5S"基本内容是：

- sort(分类)：区分出不需要之物，并且消除之。
- straighten(定位)：将需要的东西排列有序，以便容易取用。
- scrub(刷洗)：清洁工具及工作场所的每一物品，排除污渍、污点、碎片，根除脏污的来源。
- systematize(制度化)：使清扫及检查例行化。
- standardize(标准化)：将上述四个步骤标准化，促使改善活动永无止境地进行下去。

(2) 欧美等国的企业中"5C"的基本内容是：

- clear out(清除)：决定何者为需要及不需要，并将后者处置掉。
- configure(安置)：提供一个方便、安全、有秩序的地方供所需之物的使用和保存。
- clean & check(清洁及检查)：在清扫时，检查及重新定位好工作的区域。
- conform(遵守)：设定标准、训练及维持。
- custom & practice(习惯及实践)：养成例行维持的习惯，以及追求更进一步的改善。

4.推行 5S 管理的目的

实施 5S 管理能为企业带来巨大的效益。一个实施了 5S 管理的企业必须达到如下目的：

（1）提高工作和生产效率。良好的工作环境和工作气氛，以及物品摆放有序，这样使员工工作积极性高，效率也自然会提高。

（2）改善产品的品质。优良的品质来自于良好的工作环境，不断净化工作环境，能保证设备的性能和效率，提高产品的品质。

（3）保障企业安全生产。如果工作场所能井然有序，生产事故的发生率就会减少。

（4）降低生产成本，提高企业经济效益。实施 5S 后，能减少各类浪费，从而降低生产成本。

（5）缩短生产周期，确保交货期。由于提高了工作和生产效率，改善了产品的品质，同时也缩短了生产周期，确保了交货期。

（6）改善员工的面貌，提高企业的形象。

新观点

地铁运营"三色图"亮相

类似高架道路信息板的上海地铁"三色图"将在全网络正式亮相：绿色代表畅通，黄色代表拥挤，红色代表中断。这是国内首度推出的"地铁客流实时信息显示系统"，今后乘客在各座车站、列车及上海地铁网站上，都能轻松获取地铁运营相关信息，使其成为非正常运营状态下指导出行的新向导。

自 2009 年 10 月起，上海地铁在 1 号线人民广场、汉中路等车站站台显示屏上，增加了用"绿、黄、红"表示该路线运营情况的三色图，令乘客对目前的线路运营情况一目了然。经过多次改版及定点试验，上海地铁将于 2009 年 12 月 31 日起，在全网络试点推行。目前，包括即将通车试运营的 9 号线 2 期和 11 号线也将完成信息看板的安装调试，同步投入试运行。

该系统开通初期，乘客可以通过车站站台、车厢显示屏、自助查询屏以及上海地铁网站三种主要载体，分别针对候车时、乘坐时、出门前三类空间和需求，实现快捷查询与乘行方便选择。此外，设置在换乘车站的动态显示屏以及乘客智能查询屏也将显示全网三色图，乘客还可以在智能查询屏上查询历史运营状态记录。当地铁运营处于非正常状态，尤其是遇到突发故障时，运营信息将通过广播、移动电视以及上海地铁网站、东方网等网络媒体同步发布。

绿色：运营畅通状态。表示站点和列车能够持续提供正常服务，乘客可畅通地到达目的站点。

黄色：运营拥挤状态。表示运营服务能力饱和，包括列车或车站处于满员或拥挤状态，车站可能实行临时性限流措施。乘客选择等待或者换乘其他显示为绿色的线路乘行，绕开拥挤区段。

红色：运营中断状态。表示乘客乘行路径阻断或车站关闭，包括列车延误 15 分钟以上或可能延误 15 分钟以上、线路或区段停运、站点运营服务停止、换乘停止等状态。乘客可换乘其他显示为绿色的线路或者换乘地面公交。

（资料来源：何连弟、尹炜、黄琼诺，《文汇报》，2009 年 12 月 30 日）

11.2.3　目视管理

1. 目视管理概述

1）目视管理的含义

目视管理是利用形象直观、色彩适宜的各种视觉感知信息来组织现场生产活动，达到提高生产效率的一种管理手段，也是利用人的视觉，及时调整行动、方式、方法来进行现场管理。

据统计，人行动的 60％ 是从"视觉"的感知开始的。比如，日常生活中，我们在开车时看到红灯就会有意识地停车,绿灯就会通行。在生产现场我们可以给一些仪器仪表安装一些装置,并在正常范围上做上绿色标志,一旦指针偏离绿色范围,就知道有异常情况发生,需要我们及时作出检查。目视管理是一种管理手段,尽量让各种管理状况"一目了然"、"一看便知",使全体员工容易明白、易于遵守、减少差错。目视管理是一种很简单又很有效的管理方法。

2) 目视管理的特点

(1) 以视觉信号显示为基本手段,生产现场的每个人都能看得见。

(2) 以公开化、透明化为基本原则,尽可能地将管理者的要求、意图让每个人看得见,借以推动自主管理、自主控制。

(3) 生产现场的每个人都可以通过目视方式,将自己的想法、建议、成果展示出来,与管理者、同事进行相互交流。

所以说,目视管理是一种以公开化、视觉显示为特征的管理方式,也称为"看得见的管理"或"一目了然的管理"。这种管理方式存在于各个管理领域之中。

3) 目视管理的作用

(1) 迅速、快捷地传递信息。目视管理根据人类的生理特征,充分利用信号灯、标示牌、符号、颜色等方式发出各种视觉信号,鲜明、准确地刺激人们的神经末梢,快速地传递信息。

(2) 形象直观地将潜在问题和异常现象显现出来。生产现场的运行状态有两种情况:一种是正常状态;另一种是异常状态。生产现场中每天都会发生各种不同的异常情况,要发现和排除这些异常状态,在管理过程中可以通过目视管理,将"正常状态"予以标示,一旦离开此状态就意味着有异常、发生了问题,这样可及早发现,早作处理。比如,冲床上的模具坏了,就会生产出不合格品,如不能及时控制,不合格品就会堆积如山。但是如果采取目视管理,在模具上安装自动检测装置,情况就大不一样。一旦有异常发生,机器能自动停止生产。当机器自动停止,就需检查问题到底出在哪里,是计划性的停机,还是因质量问题而停机,然后有针对性地加以解决。

(3) 促进企业文化的形成和建立。目视管理通过对员工合理化建议展示、优秀人物和先进事迹表彰、公开讨论栏、企业宗旨和方向、远景规划等健康向上的内容,使企业中的每一个员工形成较强的向心力和凝聚力,促进企业文化的形成和建立。

2. 目视管理的类别

目视管理需要借助一定的工具,按照这些工具的不同,目视管理可划分为:

(1) 红牌。用于"5S"管理中的整理阶段,用来区分日常生产活动中的非需要品。

(2) 看板。在生产现场,用来表示使用物品、放置场所等基本状况的告示板。它们的具体位置在哪里、做什么、数量多少、谁负责等重要事项记入,让人一看就清楚。

(3) 信号灯。用于提示生产现场的操作者、管理者生产设备是否在正常开动或作业,以及发生了什么异常状况。

(4) 操作流程图。描述生产中重点工序、作业顺序的简要说明书,用于指导工人生产作业。

(5) 反面教材。它和实物、帕累托图结合使用,让生产现场的每个人了解、明白不良现象和后果。一般放在显著的位置,让人们一眼就可以看到。

(6) 提醒板。健忘是人们的大忌,但有时又难以杜绝,借助提醒板这种自主管理的方法来减少遗忘或遗漏。

（7）区域线。生产的现场,对原材料、半成品、成品、通道等区域用醒目的线条区分划出,保持生产现场的良好生产秩序。

（8）警示线。在仓库或生产现场放置物品的现场表示最大或最小的在库量。

（9）生产管理板。用于表示生产现场中流水线设备的生产状况,可记载生产实绩、设备的开动率、异常原因等。

11.3　作业排序

在生产作业管理中,组织零件加工的合理顺序,不仅是单纯的生产加工问题,而且具有十分重要的经济意义。这是因为产品的零件要分别由不同的机床加工,而加工次序又是由一定的工艺规程所规定的。由于不同的零件在各种机床上加工的时间长短不一,从上道工序转到下道工序时,如果机床没有空,就会出现零件等机床的现象。如果下道工序的机床完工后,上道工序还未完成,就会出现机床等零件的现象。所以,作业计划在安排时要尽量考虑减少上述现象。零件的加工顺序受工艺过程的限制,完全消除机床等零件或零件等机床的现象是难以做到的。但如何安排使总的加工时间最短和机床空闲的时间最少,是生产作业计划进度安排的重要内容。

11.3.1　n 种零件在一台机床上的作业排序

假设有一台机床（或一名工人）同时接到八种加工零件,每种零件需要加工的时间不同,交货期限也不同,具体情况如表 11-1 所示。

表 11-1　作 业 排 序　　　　单位：天

零件	$J(i)$	1	2	3	4	5	6	7	8
加工时间	$P(i)$	10	6	3	1	4	8	7	6
交货期限	$D(i)$	35	20	11	8	6	25	28	9

如果这八种零件都由一台机床（或一人）来做,共需 45 天。而最长的交货期限是 35 天,因此没有可能使每种加工零件都按要求期限完成。问题是如何来安排加工顺序,以使脱期的零件最少,或总的脱期天数最少等。

使用的代号如下：

$$J(i) = 零件序号, \quad i = 1,2,3,\cdots,8$$

$$P(i) = 零件 \ i \ 的计划工期（天）$$

$$D(i) = 零件 \ i \ 的要求完工期限（天）$$

第 i 种零件完成的时间 $A(i) = \sum_{k=1}^{i} P(K)$

第 i 种零件脱期的时间 $n(i)\max = \{A(i) - D(i), 0\}$

1. 按先到先做原则安排

计算完成时间和脱期时间,见表 11-2。

表 11-2　先到先做原则顺序

零件 $J(i)$	工时 $P(i)$	完成时间 $A(i)$	交货期限 $D(i)$	脱期时间 $n(i)$
1	10	10	35	0
2	6	16	20	0
3	3	19	11	8
4	1	20	8	12
5	4	24	6	18
6	8	32	25	7
7	7	39	28	11
8	6	45	9	36
合计	45	205		92

上述安排结果共有 6 个零件脱期,最多的为 36 天,总共要脱期 92 天。

2. 按最小加工时间顺序原则安排

计算完成时间和脱期时间,见表 11-3。

表 11-3　最小加工时间顺序

零件 $J(i)$	工时 $P(i)$	完成时间 $A(i)$	交货期限 $D(i)$	脱期时间 $n(i)$
4	1	1	8	0
3	3	4	11	0
5	4	8	6	2
2	6	14	20	0
8	6	20	9	11
7	7	27	28	0
6	8	35	25	10
1	10	45	35	10
合计	45	154		33

与先到先做原则比较,脱期的零件减少了,最长的脱期天数少了,总的脱期天数也少了。可见,在有交货限期的条件下,用最小加工时间顺序原则,比用先到先做原则可减少脱期的零件和缩短周期。

上述两个原则的顺序都没有考虑到交货限期这个要求,这显然是不妥当的。考虑到这个要求又有两个常用的原则可以应用。

3. 按交货期优先原则安排

加工顺序按交货限期 $D(i)$ 的顺序来安排,要求交货早的零件先做。下面计算这样安排的完成时间和脱期天数,见表 11-4。

表 11-4　交货期限顺序表

零件 $J(i)$	工时 $P(i)$	完成时间 $A(i)$	交货期限 $D(i)$	脱期时间 $n(i)$
5	4	4	6	0
4	1	5	8	0
8	6	11	9	2

零件 $J(i)$	工时 $P(i)$	完成时间 $A(i)$	交货期限 $D(i)$	脱期时间 $n(i)$
3	3	14	11	3
2	6	20	20	0
6	8	28	25	3
7	7	35	28	7
1	10	45	35	10
合计	45	162		25

表 11-4 安排结果有 5 个零件脱期,总脱期天数是 25 天,最长的是 10 天。

按交货期优先原则安排加工顺序,能把脱期最长的天数降低到最小。上例中总的工时要 45 天,最长的交货限期是 35 天,因此,任何安排都不可能把最长的脱期天数降到 10 天以下。

按交货期优先原则,如果工作按照 a、b、c、⋯顺序施工,使

$$D(a) \leqslant D(b) \leqslant D(c) \leqslant \cdots$$

则最大的脱期时间 $\max n(i) = \max\{A(i) - D(i), 0\}$ 最小。

4. 按紧迫性优先原则安排

每个零件的交货限期与加工时间之差,表示这个零件在安排加工时具有的灵活程度,这个差数称为该零件的紧迫性。如上例中第 1 个零件要做 10 天,交货期限为 35 天,有 25 天可以松动,而第 2 个零件要做 6 天,交货期限为 20 天,有 14 天可以松动。所以,在安排加工任务时,第 2 个零件就比第 1 个零件更为紧迫。

用 $\varnothing(i) = D(i) - P(i)$

$\varnothing(i)$ 表示第 i 项工作的紧迫件,则先计算前例各项工作的紧迫性,见表 11-5。

表 11-5　工作紧迫表

i	1	2	3	4	5	6	7	8
$\varnothing(i)$	25	14	8	7	2	17	21	3

按 $\varnothing(i)$ 的顺序安排加工的结果计算如所示表 11-6。

表 11-6　$\varnothing(i)$ 顺序安排表

紧迫性 $\varnothing(i)$	零件 $J(i)$	工时 $P(i)$	完成时间 $A(i)$	交货限期 $D(i)$	脱期时间 $n(i)$
2	5	4	4	6	0
3	8	6	10	9	1
7	4	1	11	8	3
8	3	3	14	11	3
14	2	6	20	20	0
17	6	8	28	25	3
21	7	7	35	28	7
25	1	10	45	35	10
	$\sum$	45	167		27

5. Moore 法则

有时因为无法满足所有的交货限期要求,往往会考虑把某一项或几项任务移交给别的单位去承做。这时就要考虑如何安排使脱期的项目数最少,退掉尽量少的任务,以使其他任务都能如期完成。

Moore 法则是使脱期项目最少的安排加工顺序的法则,其方法是:按交货期优先法则逐项安排,先安排交货期限最早的工作,计算这项工作是否脱期,如不脱期,接下去按交货优先原则继续安排。如果碰到一项任务计算下来脱期,就把这项任务放到最后加工,再接下去按交货期优先原则继续安排,这一项任务计算下来要脱期时也同样处理。这样安排出的加工顺序必然是脱期项目最少。

照这个方法安排,上面的例子先做工作5,再做工作4,安排到工作8时,有脱期,把工作8放到最后,继续安排工作3、2、6,都没有脱期。安排到工作7时又出现脱期,把工作放到最后,继续按交货期优先原则安排,结果见表11-7。

表 11-7　交货期优先原则顺序表

交货限期 $D(i)$	零件 $J(i)$	工时 $P(i)$	完成时间 $A(i)$	脱期时间 $n(i)$
6	5	4	4	0
8	4	1	5	0
(9)	(8)	(6)	(11)	(2)
11	3	3	8	0
20	2	6	14	0
25	6	8	22	0
(28)	(7)	(7)	(29)	(1)
35	1	10	32	0
9	8	6	38	29
28	7	7	45	17

因此,只要退掉8、7两项工作,其他任务都可以在限期内完成。

11.3.2　n 种零件在两台机床上的作业排序

两台不同设备加工多种零件,它们的工艺顺序相同。用约翰逊-贝尔曼方法求解排序,可使总加工时间最短。现假设有五种零件均要经过先车后铣两道工序,这些零件的工时定额如表11-8所示。

表 11-8　工时定额表　　　　单位:小时

零件名称 工序名称	A	B	C	D	E
车床加工	5	8	10	4	7
铣床加工	11	9	3	2	6

如何安排才能使零件加工顺序所需的加工时间最短?

安排加工顺序的步骤:首先,找出表中工序工时定额最小值的零件(若两个最小值相等,任取一个),凡属前道工序的排在最前加工,属后道工序则排在最后加工。其次,将已工作安排的零件剔除,再依次排序,直到排出全部零件的加工顺序。上例中 2 小时最小,属后道工序,则 D 零件最后加工。接着再找,3 小时最小,属后道工序,C 零件最后加工,则须排在 D 零件之前加工。接着再找,5 小时最小,属前道工序,则 A 零件排在最前加工。依此类推,便可找出全部零件的最优加工顺序是:

$$A \rightarrow B \rightarrow E \rightarrow C \rightarrow D$$

采用这种加工顺序,上述五种零件的全部加工所需时间最短,即总的加工周期为 36 小时,其加工周期可用条形图或者甘特图表示,如图 11-3 所示。

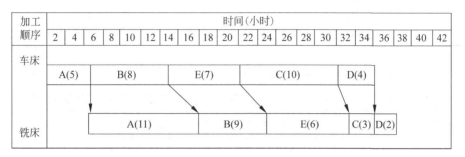

图 11-3 加工周期图

11.3.3 n 种零件在三台机床上的作业排序

当几种零件在三台不同设备上加工,而工艺顺序相同时,可用约翰逊-贝尔曼的扩展方法来安排顺序。但要求各零件在三台设备上的加工时间必须符合下述条件之一:A 设备上的最小加工时间大于或等于 B 设备上的任一加工时间;或 C 设备上的最小加工时间大于或等于 B 设备上的任一加工时间。符合上述条件之一时,可把该设备的各零件加工时间与另外两台设备的各零件加工时间依次分别相加,合并为假想的两台设备,再按两台设备安排加工顺序。

例如,设有五种零件在三台不同设备上的加工时间如表 11-9 所示,求如何安排才能使总加工时间最短。

表 11-9 加工时间表

零件名称	加工时间/小时		
	车床(A)	铣床(B)	磨床(C)
甲	15	3	4
乙	10	4	7
丙	8	6	3
丁	7	5	8
戊	11	2	6

表 11-9 看出,车床(A)上的最小加工时间大于铣床(B)上的任一加工时间,符合将三台设备变换为两台设备条件,故用 G、H 两台假想的设备来代替这三台设备,并计算出各个零件在两台假想设备上的加工时间,如表 11-10 所示。经合并为两台假想机床(G、H)之后,便

可排出全部零件的最优加工顺序为丁→乙→丙→戊→甲。总的加工周期是 58 小时,为最短。绘成条形图如图 11-4 所示:

表 11-10　加工时间表

假想设备	
G＝A＋B	H＝B＋C
15＋3＝18	3＋4＝7
10＋4＝14	4＋7＝11
8＋6＝14	6＋3＝9
7＋5＝12	5＋8＝13
11＋2＝13	2＋6＝8

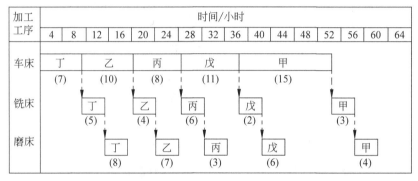

图 11-4　加工周期

11.3.4　两种零件在 m 台机床上作业排序

该情况可用"艾克斯"图解法排序。

[例 11.1]　两种零件,工序数、工艺顺序相同。

设有 A、B 两种零件分别在 M_1、M_2、M_3、M_4 四台机床上加工,其加工时间如表 11-11 所示。

表 11-11　零件资料

零件 ＼ 机床工时	M_1	M_2	M_3	M_4
A	3	1	1	3
B	2	1	2	3

根据表 11-11 作图,横坐标为生产 A 零件的作业时间,纵坐标为生产 B 零件的作业时间,在坐标上分别作出 3、1、1、3 和 2、1、2、3 的加工进度,并画出矩形,具体如图 11-5 所示。

加工进度是从原点出发,由水平线段、垂直线段和按 45°线组成的一组折线表示。45°线表示零件 A 和零件 B 的加工在不同的机床上同时进行。水平线段只表示零件 A 的加工,垂直线段只表示零件 B 的加工。为求得加工过程等待时间的缩小,可尽量利用 45°斜线。本例的加工程序有 S_1 和 S_2 两种,其加工工时用条形图说明,如图 11-6 所示。

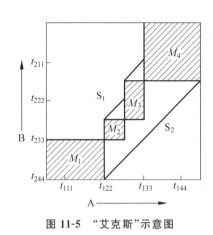

图 11-5　"艾克斯"示意图

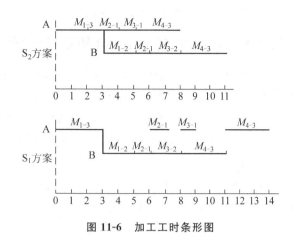

图 11-6　加工工时条形图

根据上述条形图所示,S_2 的加工工时合计为 11 小时,而 S_1 需要 14 小时,因此计划加工顺序应以 S_2 方案为佳。

上例举例因两种零件工序的顺序相同,一般称之为流水车间进度安排图解法。

[例 11.2]　两种零件、工序数相同、工艺顺序不同时,求其合理的加工顺序,具体资料如表 11-12 所示。

表 11-12　零件资料

零件	工序 1		工序 2		工序 3		工序 4		工序 5	
	机床	工时	机床	工时	机床	工时	机床	工时	机床	工时
A	M_1	2	M_2	3	M_3	1	M_4	3	M_5	2
B	M_5	1	M_3	2	M_2	1	M_1	2	M_4	2

根据表 11-12 中的资料作图 11-7 和图 11-8。

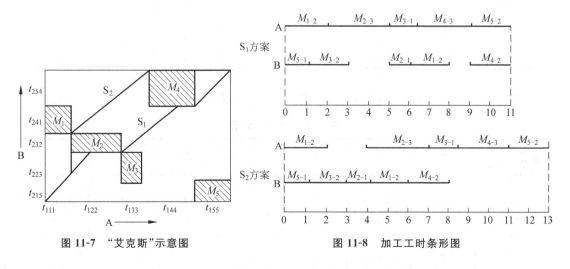

图 11-7　"艾克斯"示意图

图 11-8　加工工时条形图

本例的加工程序也有 S_1 和 S_2 两种,加工工时用条形图示意,如图 11-8 所示。

上述 S_1 的加工时间为 11 小时,S_2 为 13 小时,因此计划安排应以 S_1 方案为佳。

11.3.5　n 种零件在 m 台机床上的作业排序

n 种零件在 m 台机床上的作业排序理论上可以用分枝定界法求得最优解,但随着问题规模的扩大,计算量相当大,甚至连计算机也难以求解。为了解决生产中此类作业排序问题,人们提出了各种启发式算法。启发式算法以小的计算量得到足够好的结果,因而十分实用。下面介绍求解 n 种零件在 m 台机床上的作业排序的几种启发式算法。

1. 关键零件法

关键零件法是华中科技大学陈荣秋教授于 1983 年提出的一种求解 n 种零件在 m 台机床上的作业排序的方法。其步骤如下:

(1) 在 n 种零件中,分别计算出每一个零件在 m 台机床上的加工总时间,找出加工总时间最大的零件,作为关键零件 J_c。

(2) 除去关键零件 J_c,将满足 $t_{i1} < t_{1m}$ 的零件,按 t_{i1} 值的大小,从小到大排列在关键零件 J_c 之前。式中,i 为零件号,m 为机床号。

(3) 除去关键零件 J_c,将满足 $t_{i1} > t_{1m}$ 的零件,按 t_{1m} 值的大小,从大到小排列在关键零件 J_c 之后。

(4) 若 $t_{i1} = t_{1m}$,则相应的零件可排在关键零件 J_c 之紧前,或者排在关键零件 J_c 之紧后。

[例 11.3]　有 7 种零件在 5 台机床上加工,工艺顺序均相同,各零件在每台机床上的加工工时如表 11-13 所示,试用关键零件法求较优零件的加工顺序,并且计算出加工总工时。

表 11-13　7 种零件在 5 台机床上的加工工时　　　　　　单位:小时

机床＼零件	J_1	J_2	J_3	J_4	J_5	J_6	J_7
M_1	3	4	6	5	7	2	4
M_2	2	5	7	1	6	5	6
M_3	5	3	3	2	2	8	5
M_4	2	3	4	2	5	2	2
M_5	2	6	8	5	4	4	3

解:先求出总工时最大的零件作为关键零件 J_c,即 J_3,计算结果如表 11-14 所示。

表 11-14　计 算 结 果

机床＼零件	J_1	J_2	J_3	J_4	J_5	J_6	J_7
M_1	3	4	6	5	7	2	4
M_2	2	5	7	1	6	5	6
M_3	5	3	3	2	2	8	5
M_4	2	3	4	2	5	2	2
M_5	2	6	8	5	4	4	3
$\sum$	14	21	28	15	24	21	20

较优零件加工顺序有两个方案：方案一是 J_6、J_2、J_4、J_3、J_5、J_7、J_1，加工总工时 50 小时；方案二是 J_6、J_2、J_3、J_4、J_5、J_7、J_1，加工总工时也是 50 小时。所以两个方案任选，加工总工时 50 小时。

2. CDS 法

坎贝尔(Campbell)、杜德克(Dudek)和施密斯(Smith)三人提出了一个启发式算法，简称 CDS 法。他们将约翰逊-贝尔曼方法用于解决 n 种零件在 m 台机床上的作业排序问题。可以得到 $m-1$ 个零件加工顺序方案，取其中较优的零件加工顺序方案。

例：有 4 种零件在 3 台机床上加工，工艺顺序均相同，各零件在每台机床上的加工工时如表 11-15，试用 CDS 法求较优零件加工顺序，并且计算出加工总工时。

表 11-15　4 种零件在 3 台机床上的加工工时　　　　　　　　单位：小时

机床＼零件	J_1	J_2	J_3	J_4
M_1	1	2	6	3
M_2	8	4	2	9
M_3	4	5	8	2

解：因为在这里机床有 3 台，所以 $m=3$，故 $m-1=2$，即零件加工顺序有两个方案。

方案一：J_1、J_2、J_3、J_4 在 M_1 和 M_3 两台机床上加工，利用约翰逊-贝尔曼方法，零件加工顺序为 J_1、J_2、J_3、J_4，加工总工时为 28 小时。

方案二：J_1、J_2、J_3、J_4 在两台假象的机床上加工，各零件在第一台假象的机床上加工的时间为各零件在 M_1 和 M_2 机床上的加工时间之和，各零件在第二台假象的机床上加工的时间为各零件在 M_2 和 M_3 机床上的加工时间之和，然后利用约翰逊-贝尔曼方法，零件加工顺序为 J_2、J_3、J_1、J_4，加工总工时为 29 小时，见表 11-16。

表 11-16　4 种零件在 2 台假象的机床上的加工工时　　　　　　单位：小时

机床＼零件	J_1	J_2	J_3	J_4
第一台假象的机床	9	6	8	12
第二台假象的机床	12	9	10	11

两个方案中，方案一加工总工时 28 小时，优于方案二加工总工时 29 小时。所以，取方案一为较优的方案，零件加工顺序为 J_1、J_2、J_3、J_4，加工总工时 28 小时。

3. Palmer 法

1965 年，帕尔默(D. S. Palmer)提出了按照斜度指标安排零件的加工顺序的启发式算法，称为 Palmer 法。零件的斜度指标可以按下式计算：

$$\lambda_i = \sum_{k=1}^{m} [k - (m+1)/2] p_{ik}, \quad k = 1,2,3,\cdots,m$$

式中，m 为机床数；p_{ik} 为零件 i 在机床 M_k 上的加工时间。

按各零件 λ_i 从大到小的顺序排列零件，可以得到满意的零件加工顺序。以上例为例，如表 11-17 所示。

表 11-17   满意的零件加工顺序

机床＼零件	J_1	J_2	J_3	J_4
p_{i1}	1	2	6	3
p_{i2}	8	4	2	9
p_{i3}	4	5	8	2

解：$\lambda_i = \sum_{k=1}^{3} [k-(3+1)/2]p_{ik}, \quad k=1,2,3$

$\lambda_i = -p_{i1} + p_{i3}$

于是

$$\lambda_1 = -1 + 4 = 3$$
$$\lambda_2 = -2 + 5 = 3$$
$$\lambda_3 = -6 + 8 = 2$$
$$\lambda_4 = -3 + 2 = -1$$

按各零件 λ_i 从大到小的顺序排列零件，得到零件加工顺序为 J_1、J_2、J_3、J_4，或者 J_2、J_1、J_3、J_4，恰好两个方案都是较优方案，加工总工时都是 28 小时。

4．改进后的关键零件法

关键零件法用于解 n 种零件在 m 台机床上的作业排序问题时存在两点不足：一是没有给出适用条件，影响了优化程度；二是没有确定优化程度，不知何时得到满意解。为了解决这些问题，2004，长春大学管理学院的于福和贾春玉提出了改进后的关键零件法，改进后的关键零件法给出了近似最优解解法严格的适用条件、近似适用条件及新的零件排序规则。改进的解法优化程度明显，非常接近最优解，而且可以判断距最优解最大的距离。

本章小结

企业的生产现场就是各种生产要素有机结合的活动场所，现场管理就是运用科学的管理方法、手段，对现场的各种生产要素进行计划、组织、指挥、协调和控制，以达到优质、低耗、安全和文明生产的目的。

现场管理的任务就是要制定切实可行的现场管理标准、考核评估的方法与指标，推行一些行之有效的现场管理的方法和手段，以提高现场管理的水平。

现场管理评价可以从管理体系、现场专业管理、原始记录管理、员工素质的提高等方面进行。

定置管理就是对生产现场中物品的定置进行设计、组织实施、调整、协调和控制的全过程的管理。

定置管理的基本原理就是分析、研究生产现场人与物品四种结合状态、人与物的结合成本、生产现场与物的关系、人与物的联系信息。

5S 管理就是指对生产现场各生产要素所处的状态，不断地进行整理、整顿、清扫、清洁，以达到提高素质的活动。

企业推行 5S 管理可以达到提高工作和生产效率、改善产品的品质、保障企业安全生产、降低生产成本、提高企业经济效益、缩短生产周期、确保交货期、改善员工的精神面貌、提高企业的形象等目的。

目视管理就是利用人的视觉感知信息来组织现场生产活动,以提高生产效率的一种管理方法或手段。它具有迅速、快捷地传递信息,形象、直观地将潜在问题和异常现场显现出来,促进企业文化的形成和建立的作用。

目视管理一般需借助红牌、看板、信号灯、操作流程图、反面教材、提醒板、区域线、警示线和生产管理板等工具、形式对生产现场进行管理。

在生产作业管理中,要对加工对象的顺序作出合理安排,以缩短生产周期,这对减少在制品、及时交货有重要意义。主要介绍几种零件在一台机床上的作业排序、几种零件在两台机床上的作业排序、几种零件在三台机床上的作业排序、两种零件在 m 台机床上的作业排序、n 种零件在 m 台机床上的作业排序等内容。

 复习与思考

1. 什么是现场?什么是生产现场?什么是现场管理?
2. 现场管理的任务、考核指标有哪些?
3. 什么是定置和定置管理?定置管理的基本原理和内容各是什么?
4. 什么是 5S 管理?5S 管理的基本内容是什么?
5. 什么是目视管理?目视管理的特点和作用各是什么?目视管理的类别有哪些?
6. 如何根据不同要求进行不同方法的作业排序?

 案例分析 **看色别标签 知老人忌口**

160 位老人中有的忌糖、有的忌蛋、有的忌海鲜,这让养老机构食堂师傅如何记得牢、分得清?为了解决这一问题,近年来,徐汇区社会福利院在老人服务中试点视觉色别管理系统,只要看一眼院卫生所每日送来的单子,哪几位老人忌糖、忌蛋就了然于胸,盛完饭菜在餐盘上夹上一个无糖、无鲜的标签,护理人员看准标签按需递送,有忌口的老人也吃得安心。这套"色别标签"目前正在徐汇区第二社会福利院、康健敬老院、徐家汇街道敬老院、龙华街道敬老院等 25 家养老机构推广,到 2010 年底,该区 37 家养老机构都将使用这套系统进行管理。

1. 小标签"上阵"降低痛风复发率

在"一条鱼"上打个叉表示忌海鲜,若"一条鱼"换作"一条豌豆"则表示忌豆制品,这样的图案绣在拇指大小的针织标签上,就形成一枚徐汇区社会福利院自创的"色别标签"。这样一套"主色系+符号"标签帮了福利院大忙:福利院老人大都是 80 岁以上,因身体状况有各种忌口,而在没有"色别标签"的年代,食堂和护理人员记不住每个老人的忌口,容易发错餐。一次,一位粗心的护理人员将糖醋带鱼错发给了患有糖尿病的张老太,惹得老人家大为恼火,自此后对"吃"总不放心。

视觉色别管理系统试点后,发错餐的现象绝迹了。卫生所医生会根据每日查房情况,开出院内老人的饮食禁忌单,分发食堂、业务科,食堂师傅按单子做菜、打菜,在"特需饭菜"的菜盘上夹上"忌口"标签,业务科护理人员则根据餐盘上的标签和卫生所提供的"忌口单"送餐。由于饮食管理有效,曾做过医生的姚爱伦发现,色别标签夹上餐盘后,老人痛风病的复发率降低了。

除饮食上的管理外,福利院还把色别标签用于生病及新入院老人的照料上。记者在院内卫生所看到,福利院入住老人的个人信息卡挂满了一面墙,部分老人的个人信息栏处又插了一枚画有康乃馨图案的小标签。带有小标签的都是生病或新入院的观察期老人,标签加上绿色康乃馨花表示是新入院老人,加红色康乃馨是治疗期老人,加紫色康乃馨是外出治疗老人,方便医护人员识别、照料。

2. 抹布"不明来路"引出"色别标签"

色别标签的使用最开始源于福利院对抹布、拖把等保洁工具串用的担忧。院里的很多清洁人员综合素质不高,对抹布的使用也不是很讲究,一块抹布擦完脏处擦餐桌,也不会有人察觉。院里的老人不乏老干部、老知识分子,看到护理员拿"不明来路"的抹布擦餐桌,心里总是疙疙瘩瘩的。

为了使长相一样的抹布"来路"一目了然,管理人员想到用颜色来区分,为每个科室配上不同颜色的毛巾。没想到初用时还好,等到一套毛巾消完毒,不管蓝的、红的全因褪色看不出差别。后来管理人员从衣服上的标签得到灵感,将不易褪色的针织布缝在每块抹布上,为每块抹布挂上一个"身份标签"。徐汇区社会福利院有四个职能科室,业务科使用蓝色标签,后勤科对应红色,膳食科对应绿色,卫生所对应白色,所有隶属于各科室的设备、工具都使用相对应的色系,防止串用。业务科的每块抹布上标签还有区分:每块抹布的蓝色标签上都绣着一个白色的图案标识。标签上若画着"两个人对脸坐着",这是块"食堂"专用抹布;要是两人背对背坐着,这块抹布就只能用于公共活动空间,业务科的工作人员只认"蓝标"抹布,看图拿布做活,总不会错。

(资料来源:刘力源,《文汇报》,2010年8月13日)

思考题:

1. 为什么小标签"上阵"后痛风病复发率降低了?

2. 从徐汇区社会福利院的这套"色别标签"中你能得到什么启示?

3. 徐汇区社会福利院的这套"色别标签"还有哪些需要改进之处?

 **计算题**

1. 某一台机床同时接到八项加工任务,每项任务的序号、加工时间和交货期限见下表(单位:天)。

任务序号 $J(i)$	1	2	3	4	5	6	7	8
加工时间 $P(i)$	20	12	6	2	8	16	14	12
交货期限 $D(i)$	70	40	22	16	12	50	56	18

要求:(1) 按先到先做原则安排,计算哪些任务脱期及总的脱期时间。

(2) 按最小加工时间顺序原则安排,计算哪些任务脱期及总的脱期时间。

(3) 按紧迫性优先原则安排,计算哪些任务脱期及总的脱期时间。

(4) 按 Moore 法则安排,计算哪些任务脱期及总的脱期时间。

2. 有六项待加工的作业在某工作中心需要进行加工,作业时间如下表所示(单位:小时)。

作业	作业时间	预定交付日期
A	12	15
B	10	25
C	6	20
D	14	22
E	5	9
F	7	14

试求:(1) 按先到先做原则安排,计算哪些任务脱期及总的脱期时间。

(2) 按最小加工时间顺序原则安排,计算哪些任务脱期及总的脱期时间。

(3) 按紧迫性优先原则安排,计算哪些任务脱期及总的脱期时间。

(4) 按 Moore 法则安排,计算哪些任务脱期及总的脱期时间。

3. 下面六个工件需要在两台机床上按顺序加工,用约翰逊-贝尔曼方法对其排序,使加工时间最小(单位:小时)。

工件	机床 1	机床 2
A	5	2
B	18	15
C	1	9
D	13	11
E	17	3
F	18	7

4. 有四个零件,均需经过 M_1 和 M_2 两个设备加工,试排出最优的加工顺序,使生产周期最少。

单位:小时

零件	J_1	J_2	J_3	J_4
M_1	120	40	80	110
M_2	80	90	100	50

5. 有 5 项任务都需要两步操作(先 1 后 2)来完成,下表给出了相应的工作时间(单位:小时):

任务	操作 1 所需时间	操作 2 所需时间
A	3.0	1.2
B	2.0	2.5
C	1.0	1.6
D	3.0	3.0
E	3.5	1.5

要求:(1) 根据约翰逊-贝尔曼方法排出最优的工作顺序。

(2) 用甘特图表示出任务的进行情况,总的加工时间是多少?

6. 有 A、B 两种零件在 M_1、M_2、M_3、M_4、M_5 五台机床上加工,加工时间如下表所示用图解法计算其加工总时间。

M_i/工时/J_i	M_1	M_2	M_3	M_4	M_5
A	2	3	1	4	2
B	1	3	2	1	3

7. 有 5 种零件先后在 A、B、C 机床上加工,每种零件的加工时间如下表所示。

试求:(1) 判断可否用约翰逊-贝尔曼方法排序。

(2) 若可,试用约翰逊-贝尔曼方法排序。

(3) 排序后,总的加工时间缩短了几个小时?

(4) 排序前,在 B 机床加工过程中,零件等待加工与机床空闲的时间各为几个小时?

序号	P_iA	P_iB	P_iC
1	6	2	8
2	8	1	7
3	4	3	9
4	5	7	8
5	3	3	11

8. 假设有七个零件需要在两个工作中心进行,加工顺序为先在工作中心 1 进行加工,后在工作中心 2 上进行加工,每个零件的加工时间(单位:小时)如下表所示。请找出一个最优的排序计划,使完成所有零件的加工总时间达到最少。

		工作中心	
		工作中心 1	工作中心 2
零件	A	5	7
	B	9	3
	C	4	10

续表

		工作中心	
		工作中心 1	工作中心 2
零件	D	7	5
	E	15	9
	F	9	3
	G	12	8

9. 有四种零件在四台机床上加工,工艺顺序均相同,各零件在每台机床上的加工工时如下表所示(单位:小时):

试求:(1)关键零件法求较优零件加工顺序,并且计算出加工总工时。

(2) CDS 法求较优零件加工顺序,并且计算出加工总工时。

(3) Palmer 法求较优零件加工顺序,并且计算出加工总工时。

设备＼零件	J_1	J_2	J_3	J_4
M_1	1	9	5	4
M_2	5	7	6	3
M_3	4	6	3	5
M_4	6	2	3	7

第12章 库存管理

零库存(zero inventory)　　　　订货模型(order model)
ABC 分析法(ABC analysis)　　定期订货控制法(control method of periodic order)
经济批量(economic quantity)　订购点控制法(control method of order point)
定量储存模型(quantity inventory model)

http://www.mysteel.com/
http://www.esyntime.com/
http://www.ce.cn/

> 库存是一种处于储备状态的,尚未被运用的资源。任何企业都离不开库存。库存管理包含仓库管理和库存控制两个部分。仓库管理是指库存物料的科学保管,以减少损耗,方便存取;库存控制则是要求控制合理的库存水平,即用最少的投资和最少的库存管理费用,维持合理的库存,以满足使用部门的需求和减少缺货损失。优秀的库存管理是绝大多数企业及其供应链成功运作的关键。

12.1　库存管理概述

12.1.1　库存的定义

国民经济的各个行业,尤其是制造业和服务业都会遇到库存问题。从狭义上理解,库存即存放在仓库中,暂时未被利用的物品。从广义上理解,凡是处于暂时闲置状态,尚未被利用的各类资源都可被视为库存。其与这种资源是否存放在仓库中、是否处于运动状态没有关系。放在仓库里是闲置,准备被利用、运输中的货物,是为了未来需要而闲置在途中,是一种在途库存。

12.1.2　库存的形态

库存的形态,即库存的表现形式。从不同的角度出发,库存有以下不同类型的表现形式:

(1)按库存在生产过程和配送过程中所处的状态,其可分为原材料库存、在制品库存、维修库存、产成品库存等类型。

原材料库存包括原材料和外购零部件;在制品库存包括处在产品生产不同阶段的半成品;维修库存包括用于维修与养护的经常消耗的物品或零部件;产成品库存则是准备用于销售的完整的或最终的产品。

(2)按库存的需求特性,其可分为独立需求库存和相关需求库存。

独立需求库存是指对某种库存物品的需求与其他种类的库存无关,表现出对这种需求的独立性。从库存管理的角度来看,独立需求库存是指那些随机的、企业自身不能控制而是由市场所决定的需求。独立需求库存无论在数量上还是在时间上都有很大的不确定性,但可以通过预测方法粗略地估算。相关需求库存是指与其他需求有内在相关性的需求,根据这种相关性,企业可以精确地计算出它的需求量和需求时间,是一种确定型需求。

(3)按库存需求的重复程度,单周期库存和多周期库存。

单周期库存是指仅发生在一个较短时间段内的需求,或称一次性订货需求。这种需求的特征是偶发性或物品生命周期短。多周期库存是指在足够长的时间内,对某种物品的重复、连续的需求,其库存需要不断得到补充。

决策借鉴

单周期需求的两类典型问题是:圣诞树问题和报童问题。

圣诞树问题,是指偶尔发生的对某种产成品或服务的需求,如某届运动会的纪念章、中秋节的月饼等,类似于圣诞节期间对圣诞树的需求。

报童问题,是指对于某些易于过期或保质期较短的产成品的需求,如水果、食品、期刊等,类似于读者对日报的需求。

12.1.3　库存的作用和目标

1. 库存的作用

库存是一种闲置的资源,但在企业的实际生产经营过程中,库存又是不可缺少的,因为库存有以下积极的作用。

1)满足不确定的顾客的需求

顾客对产品的需求在时间上与空间上都有不确定性,库存可以提高对顾客需求的响应性,缩短顾客的订货提前期,保证供应的稳定。

2)平滑生产的均衡性

外部的需求总是波动的,而企业的生产要求具有均衡性。要满足需方的波动的需求,又要使供方的生产保持均衡,就需要维持一定量的库存。

3) 降低单位费用

订货需要费用,需要一件订购一件,将订货费用摊在一件物品上,是不经济的。一次采购一批,虽然会造成库存,但订货费用分摊到各件物品上,可以降低单位订货费用。在生产过程中,采用批量生产加工,可以分摊生产准备费用和结束整理费用。

4) 防止缺货

维持一定量的库存,可以防止缺货的产生。商店没有一定量的货物库存,顾客就买不到需要的物品;酒店没有一定的床位库存,游客就不能随时入住;在生产过程中维持一定量的在制品,可以防止生产因缺货而中断。

5) 避免价格上涨

企业对有涨价可能性的物品会加大库存量,也会通过加大订货量以获取数量折扣。

库存具有积极的作用,但也有其不利的一面。库存要占用资金,物品的库存要修建仓库;要维持库存物品不损耗、不老化,都需要大量支出。不仅如此,大量的库存还可能掩盖某些管理中的问题。

决策借鉴

"零库存"的境界

"零库存"的观念在 20 世纪 80 年代成为一个流行的术语。如果供应部门能够紧随需求的变化,在数量上和品种上都可以及时供应所需物资,即实现供需同步,那么库存就可以取消,即达到"零库存"。

有一项统计反映,美国拥有的存货价值超过 6 500 亿美元,这些存货由于这种或那种原因存放在仓库里。如果能将其中的一半解放出来用于投资,按比较保守的 10% 的收益率计算,将有 325 亿美元的年收入。因此,企业经营者将减少库存作为一种潜在的资本来源,将"零库存"作为一种追求,就不足为怪了。

但由于需求的变化往往随机发生,难以预测,完全实现供需同步是不易做到的,而且由于供应部门、运输部门的工作也会不时出现某些故障,使完全的"零库存"只能是一种理想的境界。

---

2. 库存控制的目标

现代管理要求在充分发挥库存功能的同时,应尽可能地降低库存成本。这是库存控制的基本目标。

库存控制应实现以下目标:

(1) 保障生产供应。库存的基本功能是保证生产活动的正常进行,保证企业经常维持适度的库存,避免因供应不足而出现非计划性的生产间断。这是传统库存控制的主要目标之一。现代的库存控制理论虽然对此提出了一些不同的看法,但保障生产供应仍然是库存控制的主要任务。

(2) 控制生产系统的工作状态。一个精心设计的生产系统,均存在一个正常的工作状态,此时,生产按部就班地有序进行。生产系统中的库存情况,特别是在制品的数量与该系统所设定的在制品定额相近;反之,如果一个生产系统的库存失控,该生产系统也很难处于正常的工作状态。因此,现代库存管理理论将库存控制与生产控制结合为一体,通过对库存情况的监控,达到生产系统整体控制的目的。

(3) 降低生产成本。控制生产成本是生产管理的重要工作之一。无论是生产过程中的物资消耗,还是生产过程中的流动资金占用,均与生产系统的库存控制有关。在工业生产中,库存资金常占企业流动资金的 60%～80%,物品的消耗常占产品总成本的 50%～70%。因此,必须通过有效的库存控制方法,使企业在保障生产的同时,减少库存量,提高库存物品的周转率。

12.2　库存 ABC 管理

企业的库存物品种类繁多,对企业的全部库存物品进行管理是一项复杂而繁重的工作。对每种物品都给予同样的关注和管理是不必要的,也是难以做到的。应该对重点物品进行重点管理,以提高管理的效率。ABC 分析法便是库存控制中常用的一种重点控制法。

12.2.1　ABC 分析法的基本思想

意大利经济学家帕累托(Vilpredo Pareto)在调查 19 世纪意大利城市米兰的社会财富分配状况时发现,米兰市社会财富的 80% 被占人口 20% 的少数人占有,而占人口 80% 的多数人,仅占有社会财富的 20%。帕累托把其统计结果,按从富有到贫穷的顺序排列,绘制成管理界所熟知的帕累托图(图 12-1)。

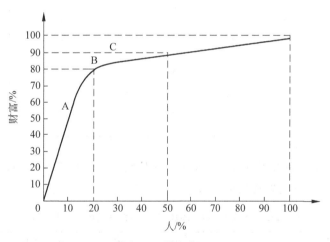

图 12-1　帕累托图

后来发现,类似于帕累托图所显示的分布不均匀的统计现象,不仅存在于社会财富的分布上,而且普遍存在于社会经济生活的许多方面,即所谓的 20/80 定律,也有简称为 2/8 定律的。ABC 分析法基于 20/80 定律,即 20% 左右的因素占有(带来)80% 左右的成果。如在超市中,占品种数 20% 左右的商品为企业带来了 80% 左右的销售额,20% 左右的员工为企业作出了 80% 左右的贡献等。

库存管理的 ABC 分析法还在 20/80 定律的指导下,分析企业的库存,以找出占有大量资金的少数物品,并加强对它们的控制。这样,可以只用 20% 左右的精力就控制了 80% 左右的库存资金的管理。而对那些只占少量资金的多数物品,则施以较轻松的控制和管理。

ABC 分析法把企业占用 65%～80% 价值,而品种数仅为 15%～20% 的物品划为 A 类;把占用了 15%～20% 价值,品种数为 30%～40% 的物品划为 B 类;把占用了 5%～15% 价值,品种数为 $40\%\sim55\%$ 的物品划为 C 类。对 ABC 各类物品采用不同的管理方式,增强管理的针对性,以达到简化管理程序、提高管理效率的目的。

12.2.2　ABC 分析法的实施

实施 ABC 分析法的具体步骤如下:

(1) 根据企业的库存物品信息,计算各库存物品占用资金情况。具体做法是把每一种物品的年使用量乘上单价。年使用量可以根据历史资料或本年预测数据来确定。为更好地反映现状,一般使用预测数据。

(2) 把各库存物品按资金占用情况,按从多到少的顺序排列,并计算出各库存物品占用资金的比例(表 12-1)。

表 12-1　浦光机器厂 2010 年库存物资资金占用统计情况

物品代码	年使用量/件	单价/元	年资金占用量/万元	资金占用比例/%
K-8	400	20 000	800	47.23
S-12	500	10 000	500	29.52
S-8	2 000	600	120	7.08
X-7	2 500	400	100	5.90
W-30	4 000	200	80	4.72
G-37	4 000	100	40	2.36
G-23	2 000	100	20	1.18
H-22	2 000	80	16	0.95
H-44	5 000	20	10	0.59
H-16	8 000	10	8	0.47
合计			1 694	100

(3) 分析各库存物品占用资金情况,将各物品归入相应的类别,完成分类。表 12-2 是对表 12-1 的数据进行分类处理后的结果。

表 12-2　浦光机器厂 2010 年库存物品 ABC 分类汇总

物品类别	物品代码	年资金占用量/万元	占用资金比例/%	占种类比例/%
A	K-8、S-12	1 300	76.75	20
B	S-8、X-7、W-30	300	17.7	30
C	G.23、G-37、H-16、H-22、H-23、H-44	94	5.55	50
		1 694	100	100

12.2.3　ABC 分析法的运用

对库存物品进行 ABC 分类后,企业可以对不同类别的物品采用不同的控制策略。

1. A 类物品

A 类物品是控制的重点。应该严格控制其库存储备量、订货数量、订货时间。在保证需求的前提下,尽可能地减少库存,节约流动资金。

2．B 类物品

B 类物品可以适当控制。在力所能及的范围内,应适度地减少 B 类库存。

3．C 类物品

C 类物品可以简单控制,增加订货量。应加大两次订货期间的时间间隔,在不影响库存控制整体效果的同时,减少库存管理工作的工作量。

需要注意的是,在实际的库存物品分类工作中,当考虑到资金占用情况的同时,要兼顾供货和物品重要程度等因素。一些特别关键或供应较难保障的物品,虽然占用资金不多,但需要按 A 类物品对待。

12.3　库存控制模型

本章讨论多周期库存控制模型和控制方法。

12.3.1　物资储存模型和经济订购批量的制定

1．无保险储备的定量储存模型

图 12-2 是无保险储备的定量存储模型,从中可以看出,当时间为 0 时,储存量为 Q,随着生产的进行,物资陆续领出,库存呈线性递减。当库存量降到 R 时,采购人员就得以批量 Q 的数量去订购,并要求在时间 T_L 内送到,以保证生产的进行。现在的问题是如何确定订购批量 Q,使总费用最省。

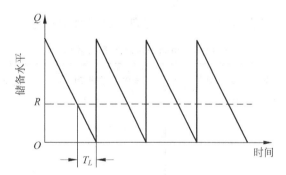

图 12-2　无保险储备的定量储存模型

设 A 为该物资全年需要量,M 为物资单价,C 为单位物资全年持有费用,P 为每次订购费用。因库存量在 Q 与 0 之间均匀变动,则其理论上的库存量平均值为 $\dfrac{Q}{2}$。于是,全年持有费用为 $\dfrac{Q}{2}C$。全年订购费用应为每年订购次数 $\dfrac{A}{Q}$ 与 P 的乘积。全年物资费用为 AM,则全年总费用为

$$T = \frac{CQ}{2} + \frac{AP}{Q} + AM$$

式中,AM 为全年固定的物资费用;$\dfrac{CQ}{2} + \dfrac{AP}{Q}$ 为全年可变费用。

可变费用的大小随着 Q 的变化而变化。式中,C、P、A、M 都是常量,故 T 实际上只是 Q

的函数。现要知 Q 为多少才能使 T 最小,这可用求极小值的方法求得。即令

$$\frac{\mathrm{d}T}{\mathrm{d}Q} = \frac{C}{2} - \frac{AP}{Q^2} = 0$$

得

$$Q = \sqrt{\frac{2AP}{C}}$$

再求二次导数:

$$\frac{\mathrm{d}^2 T}{\mathrm{d}Q^2} = \frac{2AP}{Q^3} > 0$$

因而求得经济批量(简称 EOQ)Q_0 为

$$Q_0 = \sqrt{\frac{2AP}{C}}$$

因此,只要知道 A、P、C 三个数值,就可算出 Q_0。

[**例 12.1**]   某厂每年需某种零件 4 000 件,该零件单价 10 元,每只零件每年的持有费用为 5 元,每次订购费用为 100 元,求经济批量 Q_0。

由题意知: $A = 4\,000$ 件,$C = 5$ 元/件,$P = 100$ 元 ,$M = 10$ 元/件,则经济批量为

$$Q_0 = \sqrt{\frac{2AP}{C}} = \sqrt{\frac{2 \cdot 4\,000 \cdot 100}{5}} = 400(\text{件})$$

经济批量也可用列表法和作图法求得。现以上例的数据为例列表,如表 12-3 所示。表中第一项分别取不同的 Q 值,然后算出 $\frac{QC}{2}$、$\frac{AP}{Q}$ 和 $\left(\frac{QC}{2} + \frac{AP}{Q}\right)$。在全年总可变费用这项中可看出最小值为 2 000 元,其对应的 Q 为 400 件,这就是经济批量 Q_0。

表 12-3   用列表法求经济批量 Q_0

批量 Q	全年持有费用 $\frac{QC}{2}$	全年订购费用 $\frac{AP}{Q}$	全年总可变费用 $\frac{QC}{2} + \frac{AP}{Q}$
0	0	∞	∞
100	250	4 000	4 250
200	500	2 000	2 500
300	750	1 333	2 083
400	1 000	1 000	2 000
500	1 250	800	2 050
600	1 500	667	2 167
700	1 750	571	2 321

用作图法求经济批量,如图 12-3 所示。图中横坐标代表订购批量 Q,纵坐标代表费用。将表 12-3 中的数值在坐标系中一一作出对应点,连接相应的点得出三条曲线。从曲线中可看出,当 $Q = 400$ 件/次时,其全年总可变费用值最小,此 Q 值即为经济批量 Q_0。

.1) 对经济批量曲线图的分析

(1) 由图 12-3 可知,经济批量 Q_0 附近的曲线较平坦,因此,OQ_0 稍有偏差对可变费用影响不大。

(2) 该数学模型是理想状态,实际生产用料不可能绝对均匀,所需采购物资也不一定如

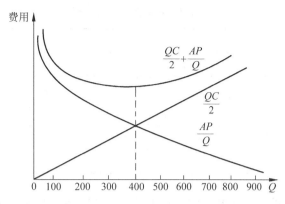

图 12-3　订购批量与费用的关系

期如量到达,因此物资实际库存总会有过多或不足情况发生。

（3）以上的模型只是考虑持有费用和订购费用,实际上还应考虑很多因素,例如,订购量大而价格有折扣的问题,供应来源有富余或紧张的情况,价格有起落的情况,物资运输是否适合车运吨位的问题,以及企业资金有宽余和紧张等问题。

2）经济批量曲线图在实际工作中的灵活运用

（1）对低廉的物品就应采用比经济批量较大的数量去采购较合适,如不要因为螺钉垫圈之类的物资短缺而使生产中断。

（2）对贵重物品应采用比经济批量较小的数量去采购较合适,宁可多采购几次,也不要积压贵重物资。

（3）遇到一次购货量大而有折扣时,就需计算比较,选择有利方案。

（4）采购数量要尽量适合车运吨位等。

2. 有保险储备的储存模型

前述模型是在每天耗用量和采购期稳定的情况下讨论的,但事实上往往会遇到采购不能准时到货或生产耗用量突增而发生缺货的情形。为了应付因这两种原因而造成的缺货,就需有一定的保险储备量。但这种储备在正常情况下实为多余,这将积压资金、增加持有费用。因此,保险储备究竟需要多少,必须慎重考虑。既然保险储备是为了应付订购期间与耗用量的变化而建立的,而这两个变量又由外界因素决定,因此就必须作概率分析。保险储备量的数值可用下列公式计算,即

$$S = \alpha \sqrt{T_L} \cdot \sigma_D + \alpha' \cdot \sqrt{\overline{D}} \cdot \sigma_T$$

式中,σ_D 为单位时间耗用量的标准差;σ_T 为采购期间的标准差;α 为应付耗用量变化而设立的安全系数;α' 为应付采购期间变化而设立的安全系数;T_L 为采购期间;$\overline{D}$ 为单位时间平均耗用量。

上式右端第一项是为耗用量变化而设立的保险储备量,第二项是为采购期间变化而设立的保险储备量。为了计算方便,通常将第二项略去不计,于是公式可简化为

$$S = \alpha \sqrt{T_L} \cdot \sigma_D$$

安全系数 α 是为了防备供应不继而确定的安全保障程度,其数值可按过去供应不继次数的统计资料进行分析,如系正态分布关系时,则可得安全系数如表 12-4 所示。

表 12-4　安全系数 α 选定表

缺料概率/%	25	20	10	5	4	3
α	0.67	0.84	1.28	1.65	1.75	1.88
缺料概率/%	2	1	0.8	0.5	0.4	0.3
α	2.05	2.33	2.40	2.57	2.65	2.75
缺料概率/%	0.2	0.1	0.01			
α	2.88	3.09	4			

根据此表,我们就可以按照某种物资缺少后对生产影响的严重程度来选择 α 值。例如,某种物资是生产关键物资,不允许发生缺货现象,则 α 可取到 4;对一般常备物资,α 可取 1.3~2.6。

单位时间耗用量的标准差 σ_D 是表示单位时间耗用的变化程度,变化越大,保险储备量应越大。这可根据历史上单位时间实耗量(X_i)与平均耗用量 $\overline{X}$ 求得,即

$$\sigma_D = \sqrt{\frac{\sum_{i=1}^{n}(X_i - \overline{X}^2)}{n-1}}$$

图 12-4 表示有保险储备时储存量随时间变化的模型。有保险储备后,全年持有费用就要增加到 $\left(\dfrac{Q}{2}+S\right)C$,因而全年总费用 T 为

$$T = \left(\frac{Q}{2}+S\right) \cdot C + \frac{AP}{Q} + AM$$

因 S 是常量,所以经济批量 Q_0 仍为

$$Q_0 = \sqrt{\frac{2AP}{C}}$$

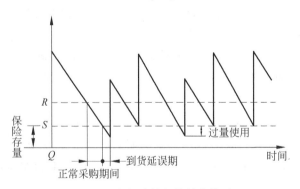

图 12-4　有保险储备的储存模型

3. 允许缺料的储存模型

物资储存过多要增加持有费用,过少则要发生缺料损失。如果因缺料而产生的缺料损失比增加储存的持有费用要小,我们就宁可降低储存量。这就需研究允许缺料情况下的经济批量问题。图 12-5 表示有缺料时库存随时间变化的模型。

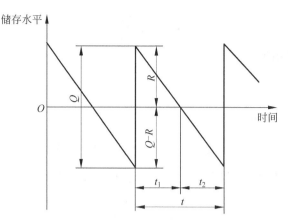

图 12-5 允许缺料的储存模型

全年总可变费用为

$$T_V = \frac{\text{全年持}}{\text{有费用}} + \frac{\text{全年缺}}{\text{料损失}} + \frac{\text{全年订}}{\text{购费用}} = \left(\frac{R}{2} C t_1 + \frac{Q-R}{2} k t_2 + P \right) \frac{A}{Q}$$

式中，R 为补足缺料后所剩的材料数量；k 为每年每单位材料的缺料损失；Q 为订购批量；P 为每次订购费用；A 为全年所需用材料总数；t 为订购周期；t_1 为材料补足后到用完的时间（用每年的比率表示）；t_2 为材料用完到再补充的时间（用每年的比率表示）；C 为单位材料年持有费用。

利用微积分中求极小值的方式，可求得

$$Q_0 = \sqrt{\frac{2AP}{C}} \cdot \sqrt{\frac{C+K}{k}}$$

$$R = \frac{k}{C+k} Q_0 = \sqrt{\frac{2AP}{C}} \cdot \sqrt{\frac{k}{C+k}}$$

$$Q_0 - R = \sqrt{\frac{2AP}{k}} \cdot \sqrt{\frac{C}{C+K}}$$

4. 经济订购批量的敏感性分析

经济订购批量的敏感性分析是研究物资全年需要量(A)、每次订购费用(P)与单位物资全年持有费用(C)数值的变化对订购批量 Q 和全年总可变费用 T_0 的影响有多大。现先研究 A 的变化对 Q 和 T_0 的影响。

从公式 $Q_0 = \sqrt{\dfrac{2AP}{C}}$ 中已知：当 A 增加 n 倍时，Q_0 只增加 $\sqrt{n}$ 倍。根据这一分析，可得出企业的平均储存水平与其全年的物资需要量（也可说是全年生产任务量）的平方根关系增减，而不是成比例增减，即生产任务增加一倍，仓库的平均储存水平应是以前的 $\sqrt{2}$ 倍，T_0 值才是最小。

现再来分析 C 和 P 的变化对 Q_0 和 T_0 的影响。由于大多数企业现行的会计与统计制度目前尚难提供管理上所需的各种费用资料，尤其是 C 和 P 值。因此，我们需要了解这两项费用估计不准确对 Q_0 和 T_0 的影响。

设正确的持有费用和订购费用为 C 和 P，则正确的经济批量为

$$Q_0 = \sqrt{\frac{2AP}{C}} \tag{12-1}$$

正确的总可变费用为

$$T_0 = \frac{Q_0 C}{2} + \frac{AP}{Q_0} \tag{12-2}$$

将式(12-1)代入式(12-2)得

$$T_0 = \sqrt{\frac{APC}{2}} + \sqrt{\frac{APC}{2}} = \sqrt{2APC} \tag{12-3}$$

若 C 与 P 估计有误差,其误差分别用百分率 k_1 与 k_2 来计算,则得实际经济批量 Q_0' 为

$$Q_0' = \sqrt{\frac{2AK_2 P}{k_1 C}} \tag{12-4}$$

实际总可变费用为

$$T_0' = \frac{Q_0' C}{2} + \frac{AP}{Q_0'} = \left[\sqrt{\frac{k_1}{k_2}} + \sqrt{\frac{k_2}{k_1}}\right]\sqrt{\frac{APC}{2}} \tag{12-5}$$

根据式(12-3)与式(12-5),即可求得其误差百分比 δ 为

$$\delta = \frac{T_0' - T_0}{T_0} = \frac{\left[\sqrt{\frac{k_1}{k_2}} + \sqrt{\frac{k_2}{k_1}}\right]\sqrt{\frac{APC}{2}} - \sqrt{2APC}}{\sqrt{2APC}}$$

$$= \frac{1}{2}\left[\sqrt{\frac{k_1}{k_2}} + \sqrt{\frac{k_2}{k_1}}\right] - 1$$

例如,某厂将 C 估高了 140%,且将 P 估高了 20%,则 $k_1 = 2.4$, $k_2 = 1.2$。代入上式得

$$\delta = \frac{1}{2}\left(\sqrt{\frac{2.4}{1.2}} + \sqrt{\frac{1.2}{2.4}}\right) - 1 = 0.06 = 6\%$$

由以上计算可知,即使 C、P 估计不太准确,造成 Q_0 的不准确,但使 T_0 受到的影响并不大。因此,经济批量模式是一种比较实用和稳妥的定量方法。

5. 考虑数量折扣的情况

所谓数量折扣,是指供货企业为了鼓励用户多购货物,而对一次购买量不小于某一数量界限者给予的一种价格上的优惠,即折扣。

对用户来说,按供货企业规定的可享受优惠价格的一次最低订购数量(即折扣数量)组织订购和控制库存,有利亦有弊。其好处是可享受较低的购价,从而降低了物资的购货费用;再者可减少订购次数,降低了年订购费用。其不足之处是随着订购数量的增大,物资的储存费用会增加。

总之,决定是否接受数量折扣的经济标准,应当是可否降低年存货总成本。当折扣限量 q 在经济批量 Q_0 以上时,就应该研究是否值得增购 $q - Q_0$ 的增加量,以便从折扣条件中获得利益。下面我们用得失比较法加以讨论。此法的基本要点是当有数量折扣时,将所产生费用的节省和增加进行比较。如果节省费用大于增加费用,则采用折扣数量 q 去采购;反之,则仍用经济批量 Q_0 去采购。

1) 按折扣数量 q 采购所节省的费用

(1) 单价降低,节省的购货费用 AMD 表示。其中,D 是折扣值,A 是年需要量,M 是物

资单价。

（2）订购批量增大，订购次数减少，而节省的订购费用为

$$\frac{AP}{Q_0} - \frac{AP}{q} = AP\left(\frac{1}{Q_0} - \frac{1}{q}\right)$$

2）按折扣数量 q 采购所增加的费用

随着订购量增大，储存费用增大。

$$\frac{qC'}{2} - \frac{Q_0C}{2} = \frac{hM'}{2}q - \frac{hM}{2}Q_0$$

式中，C' 为有折扣时单位物资的储存费；M' 是有折扣时的物资单价；h 为储存费率。

因为 $M' = M(1-D)$

所以 $\dfrac{qC'}{2} - \dfrac{Q_0C}{2} = \dfrac{hM(1-D)}{2}q - \dfrac{hM}{2}Q_0$

$$= \frac{Mh}{2}[(1-D)q - Q_0]$$

比较上述两种情况，当 $AMD + AP\left(\dfrac{1}{Q_0} - \dfrac{1}{q}\right) > \dfrac{Mh}{2}[(1-D)q - Q_0]$ 时，则按折扣订购量 q 去采购较为有利；反之，则仍按经济批量采购。

[**例 12.2**] 某种物资一年需购进 1 000 件，单价 10 元/件，年储存费率 16%，一次订购费用 8 元。若一次订购在 200 件以上（包括 200 件），可享受价格折扣 2%，问应否考虑有折扣的订购？

解：已知：$A = 1\,000$ 件，$M = 10$ 元/件，$h = 16\%$，$P = 8$ 元/次，$q = 200$ 件，$D = 2\%$。

先计算不考虑折扣时的标准经济订购量：

$$Q_0 = \sqrt{\frac{2AP}{Mh}} = \sqrt{\frac{2 \cdot 1\,000 \cdot 8}{10 \cdot 16\%}} = 100 \text{ 件}$$

当按折扣订购量 $q = 200$ 件订购时，节省的费用为

$$AMD + AP\left(\frac{1}{Q_1} - \frac{1}{q}\right) = 1\,000 \cdot 10 \cdot 2\% + 1\,000 \cdot 8\left(\frac{1}{100} - \frac{1}{200}\right)$$
$$= 200 + 40 = 240(\text{元})$$

增加的费用为

$$\frac{Mh}{2}[(1-D)q - Q_0] = \frac{10 \cdot 16\%}{2}[(1-2\%)200 - 100] = 76.8(\text{元})$$

结果节省费用 240 元大于增加费用 76.8 元，故按折扣数量 $q = 200$ 件去订购是经济合理的。

节省费用和增加费用相等时的订购量是采用折扣价格的临界量。临界量 q_0 可以由下式求得：

$$AMD + AP\left(\frac{1}{Q_0} - \frac{1}{q}\right) = \frac{hM}{2}[(1-D)q - Q_0]$$

讨论以下情况：

（Ⅰ）若 $q < Q_0$ 时，可按折扣价格订购经济批量 Q_0。

（Ⅱ）若 $Q_0 < q < q_0$ 时，则按折扣价格订购 q 数量。

（Ⅲ）若 $q > q_0 > Q_0$ 时，则应按无折扣的全价去订购经济批量 Q_0。

6. 资料不全时经济批量的应用

前已谈及持有费用和订购费用往往由于统计资料不全,很难估计正确。现在讨论怎样在资料不全的情况下,应用经济批量。我们用经济批量中最佳订购金额公式 $Q_0 M = M\sqrt{\dfrac{2AP}{C}}$ 来进行分析。先将该式右面分成两项相乘,得 $Q_0 M = \sqrt{\dfrac{2PM}{C}} \cdot \sqrt{AM}$。

由于缺乏资料,C 和 P 值很难估计,可将上式右面的第一项设为未知数 X,则上式变为 $Q_0 M = X\sqrt{AM}$,则

$$X = \frac{Q_0 M}{\sqrt{AM}} = \frac{\sqrt{AM}}{\dfrac{A}{Q_0}}$$

若某一种物品的 C 与 P 为已知,则该物品的 X 值也就已知,且为常数。我们可近似地假设对各种物品而言,其 X 值为上式各分子之和比各分母之和,即

$$X = \frac{\sum Q_0 M}{\sum \sqrt{AM}}$$

$$X = \frac{\sum \sqrt{AM}}{\sum \dfrac{A}{Q_0}}$$

现举例说明其应用如下。

[例 12.3] 设某企业有五种物品的存货,都是分四批去采购的。各种物品的全年耗用金额、每次订购金额以及平均储存水平等资料见表 12-5。现要求在总订购次数保持不变(20 次)的条件下,尽量降低平均储存水平。

表 12-5   平均储存水平计算资料表

物品名	全年耗用金额/元 AM	全年订购次数/次 $\dfrac{A}{Q}$	每批订购金额/元 QM	平均储存水平/元 $\dfrac{QM}{2}$
A	10 000	4	2 500	1 250
B	8 000	4	2 000	1 000
C	5 000	4	1 250	625
D	1 000	4	250	125
E	600	4	150	75
共计		20	6 150	3 075

解:根据以上资料可算出:

$$\sum \sqrt{AM} = \sqrt{10\,000} + \sqrt{8\,000} + \sqrt{5\,000} + \sqrt{1\,000} + \sqrt{600}$$
$$= 316.30(元)$$

$$\sum \frac{A}{Q} = 4 + 4 + 4 + 4 + 4 = 20(次)$$

将以上数值代入公式得

$$X = \frac{\sum \sqrt{AM}}{\sum \dfrac{A}{Q}} = \frac{316.3}{20} = 15.815$$

将 X 值代入公式 $Q_0M = X\sqrt{AM}$，就可估算出各种物品的经济批量 Q_0M 及平均储存 $\dfrac{Q_0M}{2}$，再根据 $\dfrac{A}{Q_0} = \dfrac{AM}{Q_0M}$ 就可求出各种物品全年订购次数，见表 12-6。

表 12-6 降低持有费用计算资料表

物品名	AM	$\sqrt{AM}$	X	$Q_0M = X\sqrt{AM}$	平均储存/元$\dfrac{Q_0M}{A}$	全年订购次数/次$\dfrac{A}{Q_0}$
A	10 000	100	15.815	1 581.50	790.75	6.32
B	8 000	89.45	15.815	1 414.65	707.33	5.66
C	5 000	70.71	15.815	1 118.28	559.14	4.47
D	1 000	31.64	15.815	500.39	250.20	2.00
E	600	24.50	15.815	378.46	193.73	1.55
共计		316.30			2 501.15	20.00

由表 12-6 知，在各项物品的 P 和 C 不知的情况下，已将原有的平均储存水平由 3 075 元降到 2 501.15 元，而此时仍保持原有的全年总订购 20 次的工作量。即在订购费用保持不变的情况下降低了原有的持有费用，因而使总费用下降。

表 12-6 中的订购次数虽然出现小数。如 A 物品每年订购 6.32 次，实际上小数的出现并没有什么问题。因一年有 365 天，$\dfrac{365}{6.32} = 57.75$（天），这就是说大约 58 天订购一次，每次买 1 581.50 元。其实，管理上的问题一般都是仅供决策者的参考。实际上不一定要每批按 1 581.50 元去采购，每次买 1 500 元或 1 600 元都可以，每隔 60 天采购一次也可。

也可采用另外的措施，即维持平均储存水平不变而设法减低订购次数，从而降低总费用。现仍用上例的数据来说明：

$$\sum Q_0M = 2\,500 + 2\,000 + 1\,250 + 250 + 150 = 6\,150\text{ 元}$$

将此值代入公式得

$$X = \frac{\sum Q_0M}{\sum \sqrt{AM}} = \frac{6\,150}{316.30} = 19.44$$

将此 X 值列表计算出新的经济批量及全年订购次数如表 12-7 所示。这时，平均储存水平仍维持 3 075 元不变，而将每年总订购次数由 20 次降到 16.27 次，减轻了订购工作量，因而降低了订购费用和总费用。

表 12-7 降低订购次数计算资料

物品名	AM	$\sqrt{AM}$	X	$Q_0M = X\sqrt{AM}$	平均储存/元$\dfrac{Q_0M}{A}$	全年订购次数/次$\dfrac{A}{Q_0}$
A	10 000	100	19.44	1 944	972	5.14
B	8 000	89.45	19.44	1 738.90	869.45	4.60
C	5 000	70.71	19.44	1 374.60	687.30	3.64
D	1 000	31.64	19.44	615.08	307.54	1.63
E	600	24.50	19.44	476.28	238.14	1.26
共计		316.30			3 074.43	16.27

以上两种降低总费用的方法,第一种是固定订购费用,降低持有费用;第二种是固定持有费用,降低订购费用,从而获得经济批量公式的应用。其实尚可根据实际情况灵活运用,即可任意增加(或减少)某种费用到某一固定值而去减少另一费用到最经济值。例如,某企业感到目前采购人员较空闲,增加采购工作将不致于增加较多的采购费用,因而决定将采购次数由 20 次增加到 40 次,则所求得的 X 值将为

$$X = \frac{316.30}{40} = 7.9$$

然后求出新的经济批量,如表 12-8。

表 12-8   调整订购次数的计算资料

物品名	AM	$\sqrt{AM}$	X	$Q_0 M = X\sqrt{AM}$	平均储存/元 $\frac{Q_0 M}{A}$	全年订购次数/次 $\frac{A}{Q_0}$
A	10 000	100	7.9	790	395	12.65
B	8 000	89.45	7.9	706.65	353.32	11.31
C	5 000	70.71	7.9	558.61	279.31	8.94
D	1 000	31.64	7.9	249.96	124.98	4.00
E	600	24.50	7.9	193.55	96.78	3.10
共计		316.30			1 249.39	40

由表 12-8 可知,若将订购次数提高到 40 次,可使平均储存降到 1 249.39 元,这可大大减轻持有费用,尤其是资金利息的负担。

同样,如资金宽裕、人员紧张时,可用提高储存水平来减少订购次数。

12.3.2   库存控制的方法

1. 定期订货控制法

订货时间一定,订购量则以当时情况算得。即

$$订购量 = 最高存量 - 订货未交量 - 现有存量$$

$$最高存量 = \left(\begin{matrix}采购\\期间\end{matrix} + \begin{matrix}订货\\周期\end{matrix}\right) \times \begin{matrix}每天平均\\耗用量\end{matrix} + \begin{matrix}保险\\储备量\end{matrix}$$

$$保险储备量 = \alpha \cdot \sqrt{T_L + T_C} \cdot \sigma_D$$

式中,T_C 为订货周期。

现用图 12-6 来说明定期订货控制过程的进行情况。

设时间为零时,存量为 Q_0。随着生产的进行,存量作线性递减。到达第一个订货期 t_1 时,存量降到 a,这时就得按订购量公式算出订购量去订货。经过采购期间,存量降到 b,这时新货已到,存量增到 C 点。到达第二个订货期 t_2 时,又需要进行存量检查,查得实有存量为 d,于是再按订购量公式算出订购量去订货。用这种订货方式控制库存量,即为定期订货控制法。此法的优点是订货期固定,可同时进行多种物品采购,减少了订购和运输费用,且容易获得数量折扣。其不足是不能采用经济批量去订购。

2. 订购点控制法

订货数量一定(按已算得的经济批量订购),订购时间则不定,即当存量降到一定水准

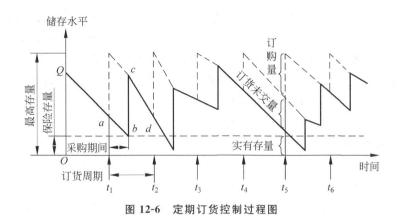

图 12-6 定期订货控制过程图

(订购点 R)时,便以已经算得的固定数量去订购。现用图 12-7 来说明。

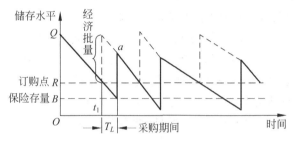

图 12-7 定量订货控制过程图

设时间为零时,存量为 Q_0。随着生产的进行,存量作线性递减。到时间 t_1 时,存量降到订购点 R 水平,便以已经算得的经济批量去采购。经过时间 T_L 后,新货运到,存量升到 a 点,以后继续提取材料,直到存量又降到 R 时,便又以经济批量去订购。这种以订购点控制库存量进行订货的方式,称为订购点控制法。此法的优点是控制库存较严格,保险存量可较小,订购能按经济批量进行,经济效益高。其缺点是订货期不定,很多物品不能同时去订货。

在运用此法时,要求账物时时相符,以便在库存账中很容易看出库存量是否已到达订购点或保险存量。在实际工作中如难以做到这点,或为了避免忘记,则可运用如下的"双仓法"或"三仓法"。

3. 分仓控制法

分仓控制法是定量订货控制法的一个分支。由于定量订货控制法要求账物随时相符,以便在账中及时看出库存量是否到达订购点或保险存量,这就须建立严密而持续的库存记录,致使管理麻烦、业务费用高。分仓控制法就避免了这些缺点。此法又有双仓法和三仓法两种。双仓法是将某种物品分成两部分堆放,第一部分是订购点存量,第二部分是其余存量。使用时先用第二部分,这部分用完,即表示物品已用到订购点,应去订购了。三仓法是将双仓法中的第一部分再分出保险存量为另一仓。此法的优点是不需要持续的库存记录,明显减少了事务工作。其适用于价格低、采购期短、耗用量稳定而又不需经常盘点的物品,如办公用品、螺钉、垫圈等。

4. 联合订货控制法

采用定量订货控制法的企业,各种物品由于到达各自订购点的时间不一,要为每种物品个别履行烦琐的订购程序,严重浪费人力、物力和财力。为了简化作业,可将同一类且向同一供应商订购的物品,并入同一张订购单内进行联合订购,以求节约。但并入同组的物品一般并不同时到达订购点。为了解决这一问题,可将经济批量分为两类:①该种物品已到达订购点而需采购的经济批量,称为自发经济批量;②这种物品尚未到达订购点,但同组中已有一种物品到达订购点,因而使它也随同一起去订购的经济批量,称为附带经济批量。由于这种物品的库存量尚有多余,所以它的批量应较自发经济批量要小,其值可由经验而定(一般为自发经济批量的80%左右)。现将此法举例说明如下。

[**例 12.4**]　某企业将性质相近,由同一供应商供应的五种物品编入同一订购单,见表 12-9,现拟向该供应商作联合订货。目前五种物品的库存量如表 12-10。由表可知,第 1 项物品的库存量已到达订购点,故应按自发经济批量 300 箱订购。这时尚需考虑其他 4 种物品如何订购。关于这个问题,并没有一定的准则,一般是以获得最高经济效益为准。例如,设该供应商是用集装箱运输的,每个集装箱可装 800 箱物品,为了节约运费,每一运货单就应以 800 箱为准。现在第一项物品已订购 300 箱,剩下的 500 箱空间,可根据各种物品的存量水平和订购点的比率来考虑,如表 12-11 所示。由表可知,第 5 项物品目前存量超过订购点最多,可暂不考虑。第 3 项物品的现有存量与订购点最接近,所以应首先考虑补充该物品,按其附带经济批量 240 箱全数并入同一订货单内,接着考虑如何利用所余空间 260 箱。再看表中第 4 项物品的现存量较接近订购点,所以应订购该物品。但它的附带经济批量为 280 箱,而集装箱只余 260 箱空间,所以就订购此数。现将分析结果列如表 12-12 中。

表 12-9　五种物品的订购单　　　　　　　　　　　　　单位:箱

物品项目	订购点	自发经济批量	附带经济批量
1	200	300	240
2	150	250	200
3	300	300	240
4	250	350	280
5	50	400	320

表 12-10　五种物品的库存量　　　　　　　　　　　　单位:箱

物品项目	1	2	3	4	5
库存量	200	200	350	300	200

表 12-11　四种物品库存量与订购点情况

物品项目	库存量超过订购点的百分数
2	$\dfrac{200-150}{150}=0.33$
3	$\dfrac{350-300}{300}=0.17$
4	$\dfrac{300-250}{250}=0.20$
5	$\dfrac{200-50}{50}=3.00$

表 12-12　订购分析结果

物品项目	订购量 Q/箱
1	300(自发订购批量)
3	240(附带订购批量)
4	260(集装箱余量)
共计	800

本章小结

　　本章主要对库存管理中的库存控制问题作了阐述。第一节提出了库存的定义、分析了库存的作用、讨论了库存控制的目标;第二节介绍了库存控制的 ABC 分析法;第三节讨论了库存控制的基本模型和方法。

复习与思考

　　1. 什么是库存? 怎样认识库存的作用?

　　2. 如何认识库存控制的目标?

　　3. ABC 分析法的基本思想是什么?

　　4. 如何根据 ABC 分析法采取不同的控制策略?

　　5. 如何运用无保险储备的定量储存模型来确定经济批量?

　　6. 考虑数量折扣的情况,如何确定购货批量?

　　7. 定期订货控制法与订购点控制法各有哪些优缺点?

王经理的新决策

案例分析

　　四方电气公司每年要用 4 000 个空气开关,市场价为每个 10 元。公司王经理历来从红光公司进货,因为该公司不管王经理每次购买多少,都给予 10% 的折扣。今年,王经理收到星光公司和万昌公司的来函。新光公司提出,只要王经理一次购买 500 个以上,可给予 15% 的折扣;万昌公司则提出,如王经理一次购买 1 000 个以上,可给予 20% 的折扣。四方公司每准备接收一次订货大约花费 300 元,每年的单位持有费用为购买价的 40%。订哪个公司的好呢? 王经理陷入思索中。

计算题

1. 上海王子乒乓球俱乐部每月约消耗乒乓球 100 盒,乒乓球的市场价格是每盒 12 元,俱乐部年保存乒乓球的费用是购入费用的 20%,每次的订购费用为 10 元。求：上海王子乒乓球俱乐部订购乒乓球的经济批量。若一次购入乒乓球 200 盒可享有 2% 的折扣优惠,上海王子乒乓球俱乐部应采用何种订购策略?

2. 海康制药厂全年需要某种原料 7 200 千克,每批订购费用为 480 元,存储费用为每千克每月 10 元。求：①该原料的经济订购批量;②该原料全年最低订储总费用;③采用定量订购方式,订购周期为 4 天,保险储备量 60 千克,则应在库存量降到何种水平提出订货?(一年以 360 天计)

3. 龙源商城文具部每年能销出某品牌鼠标垫 5 000 只,该鼠标垫的供应商根据每次订货批量的不同而提供不同的折扣。批量在 100 只以下时,价格为 5 元/只;批量大于 100 只小于 1 000 只时,价格为 4.50 元/只;批量大于 1 000 只时,价格为 3.80 元/只。订货费用是 40 元/次,仓储成本是进货价的 25%。试计算龙源商城使全年订购总成本最低的订货批量。

设备管理

第**13**章

本章关键词

设备综合工程学(terotechnology)　设备故障曲线(curve of equipment malfunction)
全员生产维修制(TPM)　　　　设备的寿命(life of equipment)
预防维修(preventive maintenance)　设备改造(equipment upgrading)
设备磨损(equipment depreciation)

互联网资料

http://www.pme.com.cn/
http://www.china-plant.com/
http://www.sdpc.gov.cn/

> 工欲善其事,必先利其器。设备是企业进行生产的主要物质技术基础,现代企业不仅要配置现代的设备,而且要具有相应的设备管理和维护水平。研究设备的磨损理论和故障率曲线,建立科学的设备维护与修理,更新与改造制度,这将直接影响企业的竞争能力和经济效益。

13.1　设备管理概述

13.1.1　设备及设备管理的概念

1. 设备

设备也称为装备或机器,通常是指在人类生产活动或其他活动中能起到工具作用的物体。在企业生产中,设备主要指除土地和建筑物以外的有形固定资产,如各种机器、机械电子装置、各种车辆等。

可以从不同角度对现代企业生产中的设备进行分类。

一般从设备在生产中的不同用途,将其分为以下几类:

(1) 生产工艺设备。是指用以改变工作对象形状或性能,使其产生物理或化学变化的各种设备,如金属切削机床、石油精馏塔等。

(2) 辅助生产设备。是指用于生产服务的各种设备,如机械制造企业中的动力设备、运输设备等。

(3) 科学研究设备。是指用于科学试验的各种设备,如计量设备、测试设备等。

(4) 管理用设备。是指用于企业管理机构中的各种设备,如计算机、复印机、电传机等。

(5) 公用福利设备。是指用于企业公用福利服务的各种设备,如企业内用于通信、医疗、餐饮等的设备。

2. 设备管理

设备管理是指依据企业的生产经营目标,通过一系列的技术、经济和组织措施,对设备寿命周期内所有设备的物资运动形态和价值运动形态进行的综合管理工作。

设备管理可分为前期管理和后期管理两部分。具体可分为以下内容:

(1) 选择和购置企业生产所需的设备。

(2) 组织安装和调试将投入运行的设备。

(3) 正确合理地使用投入运行的设备。

(4) 精心维护和及时检修设备。

(5) 适时改造和更新设备。

前两项内容属于设备的前期管理,后三项内容属于设备的后期管理。本章主要讨论设备的后期管理。

13.1.2   设备管理的发展过程

设备管理的历史发展主要体现在设备维修方式的演变上,可大致划分为以下几个发展阶段。

1. 事后修理

在这一时期,机器设备出了故障才进行修理。其显著特点是:坏了再修,不坏不修。由于事前不知道故障会在什么时候、什么部位发生,往往缺乏修理前的准备,导致设备的修理停歇时间过长,而且修理的内容和修理的时间都有很大的随机性,常会打乱生产计划,影响交货期。这种设备维修制度(即"事后修理",见图 13-1)在西方工业发达国家一直持续到 20 世纪 30 年代。

2. 预防维修

第二次世界大战期间,为了减少设备停工修理时间,美国提出了预防维修制度。这种制度强调以预防为主,也就是设备在使用时,要做好维护保养,加强检查,设备尚未发生故障就进行修理。图 13-2 表示设备预防维修的过程。根据历年设备磨损统计资料和平时检查分析,预测其发生故障的日期 P_2。P_1 点是计划修理日期,是在 P_2 前找一个较少影响生产的日期进行检查,使故障不发生,生产就不致停顿。预防维修可以有效地提高设备利用率。

在美国提出预防维修制的同时,苏联也提出了计划维修制,苏联的计划维修制对我国企业的影响很大。

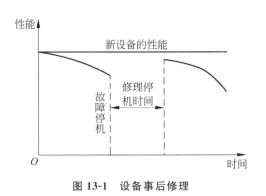

图 13-1 设备事后修理

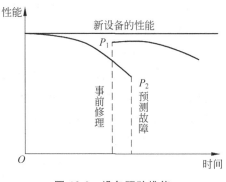

图 13-2 设备预防维修

3．生产维修

预防维修有许多优点，但因不能准确预测故障日期而造成过剩维修，增加了维修工作量和维修费用。为此，1954 年，美国提出以提高企业生产经济效益为目的来组织设备维修。将生产上重要的设备实行预防维修，次要的实行事后维修，以便集中力量做好重要设备的维修工作，并可节省维修费用。

4．维修预防

随着科学技术发展、空间开发事业的兴起，传统的设备管理已不适应时代要求。1960年，美国出现了维修预防的设想。要求在设计设备阶段就提高设备的可靠性和维修性，使它不易损坏，在报废之前不需修理，或很易修理。这是设备管理体制上的突破，认为设备管理应从维修部门扩展到设计、制造等部门。

此后不久，在维修预防的基础上，于 20 世纪 70 年代初，英国出现了设备综合工程，继而流传于欧洲，这是设备管理上的一次革命。同一时期，日本的企业在引进与学习的过程中，加入日本企业的企业文化的实践经验，创建了富有特色的全员生产维修制（TPM）。可以说，这时才开始进入现代化设备管理阶段。

13.1.3 设备综合管理

设备综合管理是在维修预防的基础上，从行为科学、系统理论的观点出发，以提高设备综合效益和实现设备寿命周期费用最小为目标的一种新型设备管理模式。

设备综合管理有两种典型的代表理论：一是设备综合工程学；二是全员生产维修制。

1．设备综合工程学

设备综合工程学在英国出现后，引起了设备管理领域的重大变革，备受各国企业界人士的关注，是设备综合管理的主要代表理论。

1974 年，英国工商部对设备综合工程学所作的解释是"为了谋求设备的最经济寿命周期费用，而把适用于有形资产的有关工程技术、管理、财务以及其他业务工作加以综合的科学"。设备综合工程学具有四个特点：

（1）把设备最经济寿命周期费用作为其研究目的。

（2）把与设备有关的工程技术、管理、财务等诸方面结合起来作综合性管理。

（3）研究提高设备可靠性、维修性设计。

（4）把设备的一生，即以包括对设备的设计、制造、使用、维修、改造、更新的整个寿命周期作为管理和研究的对象。

2. 全员生产维修制(TPM)

全员生产维修制是日本式的设备综合工程学，两者在本质上是一致的，只是设备综合工程学更侧重于理论，全员生产维修制更具有操作性。

全员生产维修制的主要内容有：

（1）以提高设备综合效率为目标。

（2）建立以设备一生为对象的生产维修总系统。

（3）涉及与设备管理有关的所有部门，包括设备规划、设备使用、设备维护等各个部门。

（4）从最高领导到第一线员工全体人员都参与。

（5）加强 TPM 教育，开展班组自主活动，推进全员生产维修。

上述两种理论的提出，推动了设备综合管理的产生和发展。与传统的设备管理模式相比，设备综合管理模式具有"三全"的特性：全过程（强调设备一生的管理）、全方位（强调设备管理工作有技术、经济、管理等多方面的内容）、全员参与（要求企业所有部门和全体员工都要参与）。

13.2 设备的维护和修理

设备投入使用后，设备管理最重要的工作就是设备的维护和修理。工作人员要掌握设备磨损和故障发生规律，应用科学的维护和修理方法，合理使用设备。

运作标杆

设备维修理论的两种基本观点

第一种观点建立在摩擦学基础之上，以研究机械磨损规律的"设备修理周期结构"理论。这种理论认为，由于摩擦磨损的原因，随着磨损时间的延续和按一定规律磨损量的增加，将会引起机器零件表层的破坏和几何形状与尺寸的改变，甚至会造成机构动作的失调与工作精度的下降，最后丧失工作能力，导致故障或事故的发生。机器设备的维修工作所采取的对策是以这种理论为基础的。

第二种观点建立在故障物理学基础上，以研究故障规律和设备可靠性的"故障分析与状态管理"理论。这种理论认为，设备的故障除了磨损的原因以外，还有外界工作条件如温度、压力、振动等原因，以及内部工作条件如内应力、变形、疲劳及老化等原因的影响。运用这种理论是要通过对设备的异常现象的数据检测，对故障频率及其发布的分析，设备可靠性的原因分析，并运用数理统计方法分析它的规律性进而得到设备劣化与维修必要性的信息。这种理论和方法对尚未掌握维修规律，以及重型、精密、电子、自动化等设备是比较适用的。

资料来源：陈荣秋、马士华编著，《生产运作管理》（第2版），机械工业出版社，2007年

13.2.1 设备的磨损理论

设备在使用过程和闲置过程中都会发生磨损，设备的磨损分有形磨损和无形磨损两种形式。

1．有形磨损

1）设备有形磨损的分类

有形磨损是指设备的实体磨损(物理磨损)。

(1)第一类有形磨损。是指设备在运行时,其零部件由于摩擦、应力或化学反应的影响,致使实体发生的磨损,也称为使用磨损。这类磨损会使设备的精度和性能下降,甚至引发事故。

(2)第二类有形磨损。是指设备由于自然力的作用引起生锈、腐蚀等所产生的磨损,也称为自然磨损。这类磨损也会使设备的精度和性能下降,使设备难以运行。

2）设备有形磨损的规律

设备的磨损大致可以分为三个阶段,如图 13-3 所示。

(1)初期磨损阶段。在这个阶段,机器零件表面上的高低不平处,以及氧化脱炭层,由于零件的

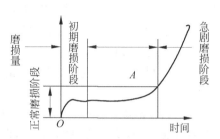

图 13-3　机器零件磨损的典型曲线

运转、互相摩擦力的作用,很快被磨损。这一阶段的磨损速度较快,但时间较短。

(2)正常磨损阶段。在这个阶段,零件的磨损基本上随时间匀速增加。在正常情况下,零件磨损非常缓慢。

(3)急剧磨损阶段。在这个阶段,零件正常磨损关系被破坏,使得磨损急剧增加。设备的精度、性能和生产效率降低。所以,一般不允许零件使用到急剧磨损阶段,当零件到正常磨损阶段后期就应修复或更换,否则,将会加大修理工作量,增加修理费用,延长设备停工修理时间。

2．设备的无形磨损

无形磨损是指由于经济发展或科技进步的原因,使设备的原有价值贬值,而造成的磨损。

(1)第一类无形磨损。是指由于设备制造部门的工艺和管理水平的提高,使生产某种设备的生产成本降低,产品的市场价格下调,因而造成原有设备的相应贬值。这类磨损不影响设备的功能。

(2)第二类无形磨损。是指由于科学技术的进步,出现性能更完善、效率更高的新型设备,而使原有设备显得陈旧落后,甚至丧失部分或全部使用价值。这类磨损也称为技术性无形磨损。

3．设备磨损的对策

设备磨损是客观必然的。针对磨损规律分别采取有效措施,就能保证设备经常处于良好的技术状态。

(1)设备的正常磨损阶段是设备处于最佳的技术状态。因此,要加强对设备的合理使用,精心维护保养,尽量延长设备的最佳技术状态的延续时间,以保证优质、高产,提高经济效益。

(2)加强设备的日常检查和定期检查,及时掌握零件磨损情况,在设备进入急剧磨损阶

段前,及时进行修理,可以防止设备故障,减少修理工作量。

(3) 根据零件磨损规律,分析计算零件的磨损率和使用期限,有计划地进行更换修理。

13.2.2　设备的故障与故障率曲线

1. 故障

设备在其寿命周期内,由于磨损或操作使用等方面的原因,而发生丧失其规定功能的状况称为故障。设备在使用过程中发生的故障会严重影响企业的正常生产。因此,研究设备故障及其发生规律,减少故障的发生,是设备管理的一个重要内容。

(1) 突发故障(损坏故障)。其一般是由偶然性、意外性原因造成的。突发故障的发生往往是随机性的,一旦发生,对设备的损坏会很大,可能会使设备完全丧失功能,必须停机修理。

(2) 渐发故障(劣化故障)。是指由于设备功能逐渐劣化而引起的故障。这类故障往往有规律可循,往往表现为局部功能的丧失。设备无论是处于运行或闲置状态,均会出现性能的劣化。

2. 故障率曲线

故障率是指设备在单位时间内的故障发生比率。在设备的不同使用时间阶段,设备的故障率是不同的。

设备典型故障率曲线其形状似浴盆,故又称为浴盆曲线。如图 13-4 的浴盆曲线可以划分为三个阶段。

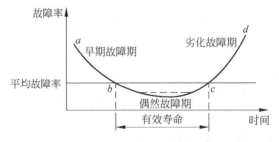

图 13-4　设备典型故障率曲线

(1) 早期故障期,即 ab 线段。这个阶段的故障主要是由于设计上的缺陷,制造质量欠佳,搬运、安装工作不细心和操作者不适应引起的,开始故障率较高,然后逐渐减少。

(2) 偶然故障期,即 bc 线段。在这个阶段,设备已进入正常运转阶段,故障很少,一般都是由于维护不好或操作失误而引起的偶然故障。

(3) 劣化故障期,即 cd 线段。在这个阶段,构成设备的某些零件已经老化,或进入急剧磨损阶段,因而故障率上升。为了降低故障率,延长设备的有效寿命,要在零件将要达到急剧磨损以前,进行更换修理。

设备管理应针对设备在不同时间出现的问题,采取相应的措施。在早期故障期,设备管理的主要任务是找出设备可靠性低的原因,进行调整和改革,保持设备故障率稳定。在偶然故障期,应注意加强工人的技术教育,提高操作工人与维修工人的技术水平。在劣化故障期,由于设备的某些零部件已达到使用寿命,应加强设备的日常维修保养,要在零部件达到使用期限前进行预防性维修。

13.2.3 设备的合理使用

设备的合理使用是设备综合管理的一个重要环节。设备寿命的长短、效率的大小、精度的高低,固然取决于设备本身的设计结构和各种参数,但在很大程度上取决于人们对设备的合理使用。正确、合理地使用设备,可以减轻磨损、保持设备的良好性能和应用精度,从而充分发挥设备应有的生产率。

合理使用设备,必须注意以下几点。

1. 要根据设备的性能、结构和其他技术特征,恰当地安排生产任务和工作负荷

恰当地安排生产任务,是要使设备物尽其用,避免"大机小用"、"精机粗用"等现象。不同的设备是依据不同的科学技术原理设计制造的,它们的性能、结构、精度、使用范围、工作条件和能力以及其他技术条件各不相同。企业如果忽视上述特点,会造成设备效率的浪费,或使设备超负荷运转,加速损坏。

2. 为设备配备具有一定熟练程度的操作者

为了充分发挥设备的性能,使机器设备在最佳状态下使用,必须配备与设备相适应的工人。要求操作者熟悉并掌握设备的性能、结构、工艺加工范围和维护保养技术。新工人上机一定要进行技术考核,合格后方允许独立操作。对于精密、复杂、稀有以及对生产带有关键性的设备,应指定具有专门技术的工人去操作。实行定人定机,凭操作证操作。

3. 要为设备创造良好的工作环境

机器设备的工作环境对机器设备的精度、性能有很大的影响,不仅高精度设备的温度、灰尘、震动、腐蚀等环境需要严格控制,对于普通精度的设备也要创造适当的条件。良好的工作环境不仅可以延长设备的有效寿命,而且对提高产品质量也有很大作用。

4. 要经常对职工进行正确使用和爱护设备的宣传教育

职工群众对机器设备的爱护程度,对于设备的使用和保养以及设备效率能否充分发挥有着重大的影响。因此,企业领导和设备管理部门一定要对职工经常进行思想教育和技术培训,使操作人员养成自觉爱护设备的风气和习惯,使设备经常保持"整齐、清洁、润滑、安全",处于最佳技术状态。

5. 制定有关设备使用和维修方面的规章制度,建立、健全设备使用的责任制

13.2.4 设备的维护和检查

1. 设备的维护保养

设备的维护保养是设备自身运动的客观要求。设备的维护保养的目的,是及时处理设备在运行过程中,由于技术状态的发展变化而引起的大量、常见的问题,随时改善设备的技术状况,保证设备正常运行,延长设备的使用寿命。

设备的维护保养,按其工作量的大小,可以分为以下几个类别:

(1) 日常保养(或例行保养)。主要内容是进行清洗、润滑、紧固松动的螺丝、检查零部件状况。这类保养项目和部位较大,大多数在设备的外部,由操作工人承担。

（2）一级保养。主要内容是普遍地进行清洗、润滑、紧固，对部分零部件进行拆卸、清洗，以及进行部分的调整。一级保养通常是在专职维修工人的指导下，由操作工人承担。

（3）二级保养。主要内容是进行内部清洗、润滑、局部解体检查和调整。二级保养由专职维修工人承担，由操作工人协助。

（4）三级保养。主要内容是对设备主体部分进行解体检查和调整工作，同时更换一些磨损零件，并对主要零件的磨损情况进行测量、鉴定。

设备的维护保养的类别和内容，应按设备的生产工艺、结构复杂程度和不同企业的习惯来规定。从我国各企业规定的设备保养制度来看，差别比较大。有些机器制造企业的金属切削机床，执行的是"日保"、"一保"、"二保"的三级保养制度，但内容又各不一样。某些石油企业的活动设备和泵站设备，规定四级保养制度；冶金企业的高炉、平炉，化工企业的各种装置，则不规定保养类别。

2. 设备的检查

设备的检查是对设备的运行情况、工作精度、磨损程度进行检查和校验。通过检查全面掌握设备的技术状况变化和磨损情况，及时查明和消除设备隐患，针对检查发现的问题，改进设备维修工作，提高修理质量和缩短修理时间。

1）设备的检查按检查的时间间隔划分：

设备的检查按检查的时间间隔可分为：

（1）日常检查。就是在交接班时，由操作工人结合日常保养进行检查，以便及时发现异常的技术状况，进行必要的维护和检修工作。

（2）定期检查。就是在操作工人的参加下，由专职维修工人按计划定期对设备进行检查，以便全面准确地掌握设备的技术状况、零部件磨损、老化情况，确定是否有进行修理的必要。

2）设备的检查按技术功能划分：

设备的检查按技术功能，可分为：

（1）机能检查。就是对设备的各项机能进行检查与测定，如是否漏油、漏水、漏气，防尘密闭性如何，以及零件耐高温、高速、高压的性能等。

（2）精度检查。是指对设备的实际加工精度进行检查和测定，以便确定设备精度的劣化程度，为设备验收、修理和更新提供依据。

13.2.5　设备的修理

设备修理是指通过修复或更换零部件，调整精度，排除故障，恢复设备原有功能而进行的技术活动。包括恢复性修理和改善性修理两种类型。

恢复性修理是指通过更换或修复已经磨损、腐蚀或老化的零部件，以恢复设备的功能，延长其物质寿命。通常所说的设备修理多是指恢复性修理。改善性修理则是结合修理，对设备中故障率高的部位进行改装或改造，使故障率减少或不再发生故障。

1. 设备修理的类别

设备修理一般可分为小修、中修和大修三类。

1) 小修

小修是对设备进行局部的修理,针对日常检查和定期检查发现的问题,拆卸部分零部件进行清洗、修正、更换和调整,恢复设备的使用性能。

2) 中修

中修是工作量较大的一类修理,一般要对设备进行部分解体、修复或更换磨损的部件,校正设备的基准,使设备的主要精度达到工艺要求。

3) 大修

大修是对设备进行全面的修理,要把设备全部解体、修复或更换全部磨损件,修理和更换电气部分以及外表翻新,全面恢复设备原有的精度、效能和效率。设备的大修一般可结合设备的技术改造来进行。

设备小修、中修、大修的具体内容因设备的不同而有所不同,企业应根据各自特点分别加以规定。

2. 计划预修制、计划保修制和全面生产维修制

1) 计划预修制

计划预修制是我国在 20 世纪 50 年代从苏联引进的一种预防性维修制度。它是根据设备结构、性能、工艺等特点和使用条件,规定设备开动若干时间后,就需有计划地进行检查和修理。其具体内容与措施如下:

(1) 确定各种类型设备的修理复杂系数。修理复杂系数 F 表示不同设备的修理复杂程度,是计算各种设备的修理劳动量、材料需用量和修理费等的假定单位。机械部分修理复杂系数用 JF 表示,电气部分用 DF 表示。

(2) 确定各类设备的修理定额。计划中的修理类别、日期、内容、工作量等都是根据修理定额计算而得的,因此在制定计划前尚需确定各种修理定额。这些定额是修理周期、修理工时、修理停机、修理费用、修理材料等。

(3) 确定维护和修理工作类别及其内容。①预防性的定期检查。内容有定期清洗、换油、精度检查和性能检查。②修理工作类别。内容有检查(O)是(指计划修理之间的检查),小修理(M),中修理(C),大修理(K)。

2) 计划保修制

计划保修制从计划预修制演变而来。由于计划预修制施行小修、中修、大修,设备的修理次数较多(俄罗斯已取消了中修),不利于生产,且经常造成过剩维修,经济效益差。我国很多企业采取加强维护保养的方法来减少修理次数,就形成了计划保修制。计划保修制就是有计划地进行设备的三级保养,加大修理。

由于设备的制造质量、工作负荷、操作和维护使用等情况不同,日后的技术状态有很大差别,这就使有些设备,尤其是大型设备的使用虽已到大修、中修期,但只有某些项目丧失精度。例如,某些企业的通用车床只用于车内、外圆,而从不用车螺纹;万能铣床只作立铣而不作卧铣。这些机床如照搬计划预修制的修理周期结构而进行大修、中修,就需将通用车床更换大丝杠,将万能铣床修理刀杆支架轴承等,这样势必产生过剩修理,造成很大浪费。因此根据实际情况,就产生了项目修理。项目修理就是根据设备的技术状态,对其中丧失精度的某些项目进行恢复性修理,甚至是提高性的改革修理,使设备达到合乎工艺要求的一种修理措施。由于采用项目修理,节约了人力、物力和修理费用,缩短了修理停机时间,因此,有些企业所执行的计划保修制的内容是三级保养加项修加大修。

3)全面生产维修制

全面生产维修制(TPM)是日本在学习美国的生产维修和英国的设备综合工程的基础上结合日本国情而创立的一套设备管理制度。其做法和内容主要有:

(1)以彻底消灭故障为目标,推行"三全",即全系统、全效率、全员参加。全系统是指以设备整个寿命为对象,贯彻生产维修制。即在设备的方案研究、设计、制造阶段要考虑维修预防。在使用阶段要做好保养和检查工作,对重要设备实行预防维修,对次要设备实行事后维修。当设备频频发生重要故障时,就采取改革维修。

全效率类似设备综合工程的综合效率。

全员是指从企业领导到工人及设备有关人员全体参加。

(2)推行"5S"(即整理、整顿、清洁、清扫、素养)管理活动。

(3)对设备进行 ABC 分类,突出重点设备的维修工作。

(4)履行日常点检查和定期点检。

(5)规定一系列技术经济指标,以此作为评价维修工作的标准,主要有

$$计划作业率 = \frac{计划维修作业次数}{全部维修作业次数} \cdot 100\%$$

$$实际开动率 = \frac{实际作业时间}{实有能力时间} \cdot 100\%$$

$$PM 维修次数率 = \frac{PM 维修次数}{全部次数} \cdot 100\%$$

$$每吨(台)产品维修费用 = \frac{全部维修费用}{产品总吨(台)数} 元/吨(台)$$

$$停机损失百分比 = \frac{设备原因停机损失}{生产总值} \cdot 100\%$$

(6)坚持以预防为主,重视润滑工作。

(7)完整维修记录,重视设备规律研究,尤其是平均故障间隔期(MTBF),指可修设备从故障起至下次故障为止的时间平均值分析,它把各项维修作业(突发故障修理、改革维修、点检、换油、调整、更换备件等)的发生时间、现象、原因、所需工时、停机时间等都记录下来制成 MTBF 分析表。通过分析,找出故障次数多、间隔时间短、维修工作量大、对生产影响大的设备和部件,以此作为减少维修保养作业研究的重点对象。

(8)重视人员培训,注意多能工的培养。

TPM 制中的很多做法已被我国修改并采用。

3. 设备 ABC 分类法

企业中的设备数量多、管理工作量大,发生故障后对生产的影响程度不一,若同等对待,将造成人力、物力的浪费。因此,有必要将设备分为 A(重点设备)、B(一般设备)、C(次要设备)三类(表 13-1)。

重点设备是指发生故障后对产量、质量、成本、交货期、安全卫生和劳动情绪(PQCDSM)这方面影响较大的设备,因此须根据对 PQCDSM 的要求来确定。但并不是一经决定就一成不变。由于设备的新增、生产计划的变动以及工艺方法的改变,重点设备也会随之改变,因此就需定期(每年)确定重点设备。确定的方法一般是用评分法。

表 13-1　重点设备和其他设备在管理上的区别

类别	重点设备标志	日常保养	点检标准	日常点检	定期点检	MTBF 分析表	设备工作状况记录
A	√	√	按特定标准	√	√	√	√
B	—	√	按一般标准	√	√	√	—
C	—	√		—	—	—	—

4．设备修理计划的编制与执行

修理工作定额是编制修理计划的重要依据，它包括以下几个方面。

1）修理周期和修理周期结构

修理周期，是指相邻两次大修理之间设备的工作时间。对新设备来说，修理周期就是从投产到第一次大修理之间的间隔时间。

（1）修理间隔期，是指相邻两次修理（包括大修理、中修理、小修理）之间的间隔时间。

（2）检查间隔期，是指相邻的检查与修理之间的间隔时间。

（3）修理周期结构，在计划预修制中是指在一个修理周期内将检查（O）、小修（M）、中修（C）和大修（K）按照规定的顺序排列。对计划保修制来说，是在一个修理周期内将一级保养、二级保养和大修按照规定的顺序排列。一般金属切削机床的修理周期结构如图 13-5所示。

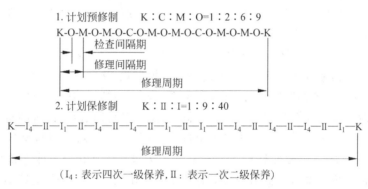

图 13-5　一般金属切削机床修理周期结构示意图

修理周期确定后，参照上期设备修理计划的完成情况以及本期的生产任务和设备完好程度，即可计算出计划期内究竟有多少设备需要修理。

2）修理工时定额

修理工时定额是完成设备修理工作所需的标准工时数，一般都用一个修理复杂系数所需的劳动时间来表示。

有了各种设备的修理复杂系数和每一修理复杂系数的工时定额后，就可计算出每台设备修理时的劳动量，同时也就可计算出计划期内为完成全部修理工作所需的总劳动量。

3）停机时间定额

停机时间是指从设备停歇修理起到修理完毕，经质量检查验收合格可投产使用所经过的全部时间。在做好修理前各项准备工作的情况下，设备停机时间的长短主要取决于修理钳工劳动时间。

停机时间也可按每一修理复杂系数的停机时间定额来计算。停机时间定额可根据各企业的具体情况自行确定。

除上述定额外,尚有设备修理材料定额和修理费用定额等。其制定方法也用每一修理复杂系数所需要的材料和费用来表示。

13.3　设备的更新与改造

13.3.1　设备的寿命

设备的寿命是指设备从投入生产开始,经过有形磨损和无形磨损,直至在技术上或经济上不宜继续使用,需要进行更新所经历的时间。从不同角度考虑,设备的寿命可以表现为以下四种形式:

(1) 设备的物理寿命。又称为自然寿命,是指设备从全新状态投入生产开始,经过有形磨损,直到在技术上不能按原有用途继续使用为止的时间。物理寿命的长短取决于设备的质量高低、使用程度和维修保养的好坏。一般来说,设备的物理寿命较长,延长设备物理寿命的措施是修理,随着设备物理寿命的延长,设备的年经营费用会逐渐增加。

(2) 设备的技术寿命。是指设备从全新状态投入生产以后,由于新技术的出现,使原有设备丧失其使用价值而被淘汰所经历的时间。通常,此时设备的物理寿命并未结束,但由于市场上已出现技术更完善、经济效益更好的新设备,继续使用旧设备会使企业的产品丧失竞争力。技术更新的速度越快,设备的技术寿命就越短。

(3) 设备的经济寿命。是指设备从全新状态投入生产开始,到经济上不宜继续使用为止的时间。在设备物理寿命的后期,由于设备的磨损老化,必须支出高额的使用费用来维持设备的寿命。这时,设备的继续运行,从经济上看已经不合适了,设备的经济寿命已经终止。设备的经济寿命是设备综合管理的一个重要概念,是设备更新、改造决策的重要内容。

(4) 设备的折旧寿命。由于设备在使用过程中不断发生各种磨损,财务部门必须把设备投资逐渐摊入成本中去,以收回设备投资。设备从购入到其在财务账上价值为零所经历的时间称为设备的折旧寿命。折旧寿命对企业是否作出淘汰旧设备的决策影响很大。

13.3.2　设备的更新

设备的合理使用和精心维护可以延长其使用寿命,但不能从根本上解决设备的有形磨损和无形磨损,因此,必须在适当的时候对设备进行更新。设备更新是指用新的设备或技术更先进的设备,更换在技术上或经济上不宜继续使用的设备。

1. 设备更新期的确定

设备更新期的确定可以从设备的物理寿命、技术寿命、经济寿命、折旧寿命等多个因素出发考虑。这里介绍根据设备的经济寿命来确定设备更新期的方法。

设备经济寿命的计算依据是设备的年均总费用,设备的年均总费用由设备的年均折旧费和年均使用费组成。当设备的残值不为零,且设备的折旧按直线折旧法计算时,设备的年均总费用的计算公式为

$$C = \frac{K - L}{T} + Q$$

式中,C 为设备的年均总费用;K 为设备的购置费;L 为设备的残值;T 为设备的使用年限;Q 为设备的年均使用费。

随着设备使用年限 T 的增长,按年分摊的设备折旧费逐渐减少,而设备的年均使用费会因设备年限的增长导致设备劣化程度的增加而增大。设备年均总费用曲线如图 13-6 所示。从图中可以看到,年均总费用 C 随着设备投入使用后逐年下降,到 T_E 年时为最低,超过 T_E 年后又逐年上升,设备的年均总费用达到最低值的年限即为设备的经济寿命期,也即设备的更新期。

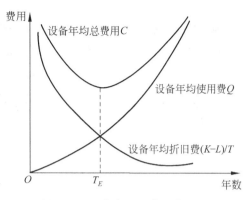

图 13-6　设备年均总费用曲线图

计算设备寿命周期的方法有公式法和列表法。

1) 公式法

假定设备的使用费随时间呈线性增长,年增长量为固定值 λ,则第 T 年的使用费为

$$Q_T = Q_1 + (T-1)\lambda$$

式中,Q_T 为第 T 年使用费;Q_1 为第 1 年使用费。

那么,T 年内的年均使用费就为

$$Q_1 + \frac{T-1}{2}\lambda$$

年均总费用计算公式为

$$C = \frac{K-L}{T} + Q_1 + \frac{T-1}{2}\lambda$$

若 K、L、Q_1 为常数,求极值,令 $\dfrac{\mathrm{d}C}{\mathrm{d}T}=0$

可得出经济寿命

$$T = \sqrt{\frac{2(K-L)}{\lambda}}$$

若不计残值或残值为零,则

$$T = \sqrt{\frac{2K}{\lambda}}$$

[例 13-1]　某厂以 15 万元购入 1 台设备,该设备的第一年使用费为 8 000 元,以后每年递增 5 000 元,预计报废时的残值为 2 万元,试求该设备的更新期。

解:购入设备的更新期,即设备的寿命周期,计算公式为

$$T = \sqrt{\frac{2(K-L)}{\lambda}} = \sqrt{\frac{2(150\,000 - 20\,000)}{5\,000}} = 7\,(\text{年})$$

即在不考虑其他因素的情况下,该设备的最佳更新期为 7 年。

2) 列表法

设备使用费的年增长量有可能不是固定值,或其设备折旧不按直线折旧法计算,则可以参考有关资料,通过列表法计算每年的年均总费用,找出其中年均总费用最低的那一年,即

设备的经济寿命周期(最佳更新期)。年均总费用的计算公式为

$$年均总费用 = \frac{累计年使用费 + 折旧费}{使用年限}$$

[例 13-2]　某厂以 42 000 元购入一台设备,已有厂内同类设备使用情况的经济统计资料如表 13-2 所示,试求该设备的最佳更新期。

表 13-2　厂内同类设备不同年限的折旧费与使用费资料

设备使用年限/年	设备折旧费/元	设备使用费/元
1	12 000	6 000
2	7 200	6 600
3	4 800	7 500
4	4 200	8 700
5	3 600	10 200
6	3 000	12 000
7	2 200	13 500
8	1 900	15 000

答:根据表 13-2 中的资料计算该设备的各年均总费用,见表 13-3。

表 13-3　厂内同类设备各年均总费用计算　　　　　　　单位:元

使用年限(1)	累计年使用费(2)	累计折旧费(3)	累计总费用(4)=(2)+(3)	年均总费用(5)=(4)/(1)
1	6 000	12 000	18 000	18 000
2	12 600	19 200	31 800	15 900
3	20 100	24 000	44 100	14 700
4	28 800	28 200	57 000	14 250
5	39 000	31 800	70 800	14 160
6	51 000	34 800	85 800	14 300
7	64 500	37 000	101 500	14 500
8	79 500	38 900	118 400	14 800

通过列表可以清楚地看到,该设备的最小年均总费用为 14 160 元,发生在第 5 年。所以,该设备的最佳更新期是 5 年。

2. 设备更新的方式

设备更新的方式分为设备的原型更新和设备的技术更新。

(1) 设备的原型更新是指用结构相同的新设备更换由于有形磨损严重,在技术、经济上不宜继续使用的旧设备。这种更新主要是解决现存设备的效能衰退问题,它不具有技术进步的性质。因此,如果大量采用这种更新方式,企业设备平均役龄虽然缩短了,但不能大幅度提高企业的经济效益,还将会影响企业的技术进步。

(2) 设备的技术更新是指用技术更先进的设备去更换技术上陈旧的设备。这种更新不仅是恢复原有设备的性能,而且使设备具有更先进的技术水平、具有技术进步的性质。在技术迅速发展的今天,设备更新应是这种更新方式,它是企业实现技术进步的重要途径。

13.3.3 设备的改造

设备改造是指应用先进的科学技术成就,改变原有设备的结构,提高原有设备的性能、效率,使之达到现代新型设备的水平。

设备改造与设备更新都是解决设备陈旧问题的一种经常性手段,但两者各有特点。设备改造对于解决设备陈旧问题来说,具有以下优点:

(1) 设备改造与设备更新相比,针对性强,对生产的适应性好。

(2) 设备改造较之全部更新投资少、时间短、人工省、收效快,具有更好的经济效益。

设备改造的方式分为局部的技术更新和增加新的技术结构。局部的技术更新是采用先进技术改变现有设备的局部结构。增加新的技术结构是指在原有设备基础上增添部件、新装置等。经过改造的设备,应达到质量性能好、生产效率高、节约能源和原材料、不污染环境等方面的要求。

新视角

哈勃望远镜的近视眼

经过 15 年的精心准备,具有多项尖端科技、耗资超过 15 亿美元、号称划时代的哈勃(Hubble)太空望远镜于 1990 年 4 月发射升空。令世人瞩目的哈勃望远镜升空后,美国国家航天管理局(NASA)发现,哈勃望远镜成像模糊,是个近视眼。经研究发现,哈勃望远镜的主镜片存在不可挽回的缺陷,导致望远镜对遥远的星体无法像预期那样清晰地聚焦。一项雄心勃勃的太空探索计划因此遭受挫折。

让人觉得可悲的是,导致哈勃望远镜变成近视眼的原因,竟是一个极其初级的技术错误。著名的镜片生产商——Perkings-Elmer 公司,在镜片初期的制造过程中,用于检验的一种无反射校正装置没有调整好,出现了 1.3 毫米的误差,导致镜片研磨、抛光错误。具有讽刺意义的是,镜片的粗磨在 1978 年就开始了,直到 1981 年才抛光完毕。但是没有人想到,在具有高科技水平的精密仪器上会发生这种初级的错误。

作为补救,1993 年 12 月,7 名宇航员搭乘"奋进"号航天飞机升空,对哈勃望远镜进行了第一次大修。这是所有人类太空维修任务中最复杂的一次,宇航员们为它戴上了纠正近视的"眼镜"——一组 10 面透镜组成的镜片组。由于哈勃的先天不足,它的"使用史"也成了一部"修理史"。

本章 小结

本章阐述了设备及设备管理的概念和设备管理发展的历史进程,介绍了设备综合管理的两种典型代表理论:英国的设备综合工程学和日本的全员生产维修制,介绍了设备的磨损理论和故障率曲线,讨论了设备维护、检查的基本方法,还讨论了计划预修制等不同维修制度的应用、设备的寿命、设备更新期的确定及设备更新与改造的策略。

复习与思考

1. 试述设备管理的意义。

2. 试述设备管理由事后修理走向综合管理的过程。

3. 试述设备综合工程学的特点。

4. 试述全员设备维修制(TPM)的要点。

5. 设备的磨损可分哪几类?

6. 试述设备的磨损规律和故障发生规律。

7. 导致新设备出现故障的主要原因有哪些?

8. 如何合理使用设备?

9. 设备的维护保养可分为哪几类?

10. 设备的维修有哪几类做法?

11. 试对不同的维修制度作比较评述。

12. 如何理解设备的寿命?

13. 设备更新与设备技术改造有何区别?

计算题

1. 浦光机器厂购入一台重型设备,购置费为 50 万元。该设备第一年的运行费用为 20 000 元,以后每年递增 16 000 元。如该设备的残值为 5 万元,试求该设备的最佳更新期。

2. 康海化工厂购入一台 A 型搅拌机,原值为 120 000 元。根据统计资料,该设备的逐年维持费和逐年实际残值如下表所示(单位:元),试求该设备的最佳更新期。

使用年限	1	2	3	4	5	6	7
维持费	5 000	6 000	7 500	10 000	15 000	17 000	22 000
实际残值	90 000	75 000	56 000	48 000	40 000	35 000	30 000

质量管理

第14章

质量(quality)

质量管理(quality management)

PDCA 循环(PDCA cycle)

抽样检验(acceptance sampling)

全面质量管理(total quality management,TQM)

零缺陷(zero defect)

六西格玛管理(6σ management)

质量改进(quality improvement)

统计质量管理(statistical quality management)

控制图(control chart)

互联网资料

http://www.quality.nist.gov

http://www.asqc.org

http://deming.eng.clemson.edu

> 企业一旦真正拥有了高质量的产品或服务,即能满足顾客要求而在市场上实现其价值。因此,正确理解产品质量、加强质量管理是企业提高竞争力的真正源泉。
>
> 本章主要阐述质量管理的基本内容和现代质量管理的理念,着重介绍全面质量管理体系的基本思想及内容、常用的统计质量控制工具、ISO9000 系列标准,并简要介绍当前热门的六西格玛管理、HACCP 和 TS16949 体系。

14.1 质量管理概述

14.1.1 质量的概念

质量是质量管理的对象,正确、全面地理解质量的概念,对开展质量管理工作十分重要。在生产发展的不同历史时期,人们对质量的理解随着科学技术的发展和社会经济的变化而有所变化。

ISO9000(2000 版)标准对质量的定义是："一组固有特性满足要求的程度"。该定义中，固有特性是指满足顾客和其他相关方要求的特性，并由其满足要求的程度加以表征。固有特征是通过产品、过程或体系设计和开发及其后的实现过程形成的属性，如物质特性（机械、电气、化学、生物特性）、感官特性（嗅觉、触觉、味觉、视觉等感觉控制的特性）、行为特性（礼貌、诚实、正直）、时间特性（准时性、可靠性、可用性）、人体工效特性（语言、生理特性、人身安全特性）、功能特性（飞机的航程、手表显示时间的准确性）等。这些固有特性的要求大多是可测量的。产品被赋予的特性（如某一产品的价格）并非是产品、体系或过程的固有特性。

满足要求就是应满足明示的（如明确规定的）、通常隐含的（如组织的惯例、一般习惯）或必须履行的（如法律法规、行业规则）的需要和期望。只有全面满足这些要求，才能评定为好的质量。顾客和其他相关方对产品、体系或过程的质量要求是动态的、发展的和相对的，是随着时间、地点、环境的变化而变化的。所以，应定期对质量进行评审，按照变化的需要和期望，相应地改进产品体系或过程的质量，才能确保持续地满足顾客和其他相关方的要求。

14.1.2　提高产品质量的意义

产品质量是任何一个企业赖以生存的基础，提高产品质量对于提高企业竞争力、促进企业的发展有着直接而重要的意义。

（1）质量是企业的生命线，是实现企业兴旺发达的杠杆。一个企业有没有生命力、在经营上有没有活力，首先是看它能否生产和及时向市场提供所需要的质量优良的产品。生产质量低劣的产品，必然要被淘汰，企业也就不能兴旺发达。

（2）质量是提高企业竞争能力的重要支柱。无论在国际市场和国内市场中，竞争都是一条普遍的规律。市场的竞争首先是质量的竞争，质量低劣的产品是无法进入市场的。可以说，质量是产品进入市场的通行证。企业也只能以质量开拓市场、以质量巩固市场。提高产品质量是企业管理中的一项重要战略。

（3）质量是提高企业经济效益的重要条件。提高产品质量大多可以在不增加消耗的条件下，向用户提供使用价值更高的产品，以优质获得优价，走质量效益型道路，使企业经济效益提高。如果粗制滥造、质量低劣，就必然导致产品滞销、无人购买，这就从根本上失去了提高经济效益的条件。经验也表明，只有高的质量，才可能有高的效益。

（4）产品质量是保持国家竞争优势和促进人们生活水平提高的基石。优质产品能给人们的生活带来方便与安乐，能给企业带来效益和发展，最终能使社会繁荣、国家富强；劣质产品则会给人们的生活带来无数的烦恼以致灾难，造成企业的亏损以致倒闭，并由此给社会带来各种不良影响，直接阻碍社会的进步，乃至造成国家的衰败。因此，优质产品可以被看成是保持国家竞争优势和促进人们生活水平提高的基石。美国著名质量管理专家朱兰博士曾形象地把"质量"比拟为人们在现代社会中赖以生存的大堤。要保证质量大堤的安全，就必须对质量问题常抓不懈。

14.1.3　质量管理发展的历程

"质量管理"这一概念产生于 20 世纪初,其伴随着企业管理与实践的发展而不断完善,随着市场竞争的变化而发展。在不同时期,质量管理的理论、技术和方法都在不断地发展和变化,并且有不同的发展特点。从一些工业发达国家经过的历程来看,质量管理的发展大致经历了三个阶段。

1. 产品质量的检验阶段(20 世纪 20—30 年代)

20 世纪初,美国企业出现了流水作业等先进生产方式,提高了对质量检验的要求,随之在企业管理队伍中出现了专职检验人员,组成了专职检验部门。从 20 世纪初到 40 年代前,美国的工业企业普遍设置了集中管理的技术检验机构。

质量检验对于工业生产来说,无疑是一个很大的进步。因为它有利于提高生产率、有利于分工的发展。但从质量管理角度看,质量检验的效能较差,因为这一阶段的特点就是按照标准规定,对成品进行检验,即从成品中挑出不合格品。这种质量管理方法的任务只是"把关",即严禁不合格品出厂或流入下一工序,而不能预防废品产生。也就是说,质量检验可以防止废品流入下道工序,但是由废品造成的损失已经存在了,这是无法消除的。

1924 年,美国贝尔电话研究所的统计学家休哈特博士提出了"预防缺陷"的概念。他认为,质量管理除了检验外,还应做到预防。解决的办法就是采用他所提出的统计质量控制方法。

与此同时,同属贝尔研究所的道奇(H. F. Dodge)和罗米格(H. G. Romig)又共同提出,在破坏性检验的场合采用"抽样检验表",并提出了第一个抽样检验方案。此时,还有瓦尔德(A. Wald)的序贯抽样检验法等统计方法。但在当时,只有少数企业,如通用电气公司、福特汽车公司等采用他们的方法,并取得了明显的效果,大多数企业却仍然搞事后检验。这是由于 20 世纪 30 年代前后,资本主义国家发生了严重的经济危机,在当时生产力发展水平不太高的情况下,对产品质量的要求也不可能高。所以,用数理统计方法进行质量管理未被普遍接受。因此第一阶段,即质量检验阶段一直延续到 40 年代。

2. 统计质量管理阶段(20 世纪 40—50 年代)

第二次世界大战中,特别是军需品的大量生产,立刻显示了质量检验工作的弱点,检验部门成了生产中最薄弱的环节。由于事先无法控制质量,以及检验工作量大,军火生产常常延误交货期,影响前线军需供应。这时,休哈特防患于未然的控制产品质量的方法以及道奇、罗米格的抽样检验方法被重新重视起来。美国政府和国防部组织数理统计学家去解决实际问题,并制定了战时国防标准,即《质量控制指南》、《数据分析用的控制图法》《生产中质量管理用的控制图》,这三个标准是质量管理中最早的标准。

在美国战时的质量管理方法的研究中,哥伦比亚大学的"统计研究组"作出了较大的贡献。该组是作为政府机关的应用数学咨询机构而成立的。在其许多的研究成果中,具有特殊意义的是瓦尔德提出的逐次抽检(序贯抽检)法。

第二次世界大战后,美国的产业界顺利地从战时生产转入到和平生产,统计方法在国民工业生产中得到了广泛的应用。随后,该方法在欧美各国企业中相继推广开来。

这一阶段的手段是利用数理统计原理,预防产生废品并检验产品的质量。在方式上是由专职检验人员转过来的专业质量控制工程师和技术人员承担。这标志着将事后检验的观念转变为预防质量事故的发生,并事先加以预防的概念,使质量管理工作前进了一大步。

但是,这个阶段曾出现了一种偏见,就是过分强调数理统计方法,忽视了组织管理工作和生产者的能动作用,使人误认为"质量管理好像就是数理统计方法"、"质量管理是少数数学家和学者的事情",因而对统计的质量管理产生了一种高不可攀、望而生畏的感觉。这种倾向阻碍了数理统计方法的推广。

3. 全面质量管理阶段(20 世纪 60 年代至今)

从 20 世纪 60 年代开始,进入全面质量管理(total quality management,TQM)阶段。20 世纪 50 年代以来,由于科学技术的迅速发展,工业生产技术手段越来越现代化,工业产品更新换代也越来越频繁。特别是出现了许多大型产品和复杂的系统工程,质量要求大大提高,特别是对安全性、可靠性的要求越来越高。此时,单纯靠统计质量控制,已无法满足要求。因为整个系统工程与试验研究、产品设计、试验鉴定、生产准备、辅助过程、使用过程等每个环节都有着密切关系,仅仅靠控制过程是无法保证质量的。这样就要求从系统的观点,全面控制产品质量形成的各个环节、各个阶段。另外,由于行为科学在质量管理中的应用,其中主要内容就是重视人的作用,认为人受心理因素、生理因素和社会环境等方面的影响,因而必须从社会学、心理学的角度去研究社会环境、人的相互关系以及个人利益对提高工效和产品质量的影响,发挥人的能动作用,调动人的积极性,加强企业管理。同时,认识到不重视人的因素,质量管理是搞不好的。因而在质量管理中,也相应地出现了"依靠工人"、"自我控制"、"运动"和"QC 小组活动"等。

此外,由于"保护消费者利益"运动的发生和发展,迫使政府制定法律,制止企业生产和销售质量低劣、影响安全、危害健康等的劣质品,要求企业对提供产品的质量承担法律责任和经济责任。制造者提供的产品不仅要求性能符合质量标准规定,而且在保证产品售后的正常使用过程中,使用效果良好,安全、可靠、经济。于是,在质量管理中提出了质量保证和质量责任问题,这就要求在企业建立全过程的质量保证系统,对企业的产品质量实行全面的管理。

基于上述理由,美国通用电气公司的费根堡姆(A. V. Feigenbaum)首先提出了全面质量管理的思想,或称"综合质量管理",并且在 1961 年出版了《全面质量管理》一书。他指,出要真正搞好质量管理,除了利用统计方法控制制造过程外,还需要组织管理工作,对生产全过程进行质量管理。他还指出,执行质量职能是企业全体人员的责任,应该使全体人员都具有质量意识和承担质量的责任。费根堡姆还同朱兰等一些著名质量管理专家建议用全面质量管理代替统计质量管理。全面质量管理的提出符合生产发展和质量管理发展的客观要求,所以很快被人们普遍接受,并在世界各地逐渐普及和推行。经过多年的实践,全面质量管理理论已比较完善,在实践上也取得了较大的成功。

14.1.4　质量管理体系的含义

根据 ISO9000—2000 标准,对质量管理体系的定义是:"在质量方面指挥和控制组织的管理体系。"体系是指相互关联或相互作用的一组要素。管理体系是指建立方针和目标并实现这些目标的体系。质量管理体系包括四大过程,即"管理职责"、"资源管理"、"产品实现"和"测量分析改进"。

　　建立质量管理体系是为了有效地实现组织规定的质量方针和质量目标。所以,组织应根据生产和提供产品的特点,识别构成质量管理体系的各个过程,识别并及时提供实现质量目标所需的资源,对质量管理体系运行的过程和结果进行测量、分析和改进,确保顾客和其他相关方满意。为了评价顾客和其他相关方的满意程度,质量管理体系还应确定测量和监视各个方面的满意与否的信息,采取改进措施,努力消除不满意因素,提高质量管理体系的有效性和效率。组织建立质量管理体系不仅要满足在经营中顾客对组织质量管理体系的要求,预防不合格品发生和提供使顾客和其他相关方满意的产品,而且应该站在更高层次,追求组织优秀的业绩来保持和不断改进、完善质量管理体系。所以,组织除了定期评价质量管理体系,开展内部质量管理体系审核和管理评审之外,还应该按质量管理体系或者优秀的管理模式进行自我评定,以评价组织的业绩,识别需要改进的领域,努力实施持续改进,使质量管理体系提高到一个新的水平。

14.1.5　质量形成过程和质量职能

1. 质量形成过程

　　产品质量有一个产生、形成、实现、使用和衰亡的过程。对于质量形成过程,质量专家朱兰称之为"质量螺旋"(图 14-1),意思是指产品质量从市场调查研究开始到形成、实现后交付使用,在使用中又产生新的想法,构成动力再开始新的质量过程,产品质量水平呈螺旋式上升。

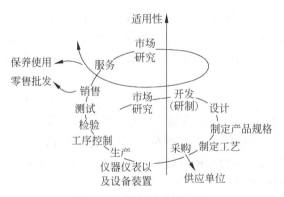

图 14-1　朱兰质量螺旋图

　　质量形成过程的另一种表达方式是"质量环"。国际标准 ISO90001—1994《质量管理和质量体系要素第一部分指南》中就采取了这种表述。质量环包括 12 个环节,如图 14-2 所示。这种质量循环不是简单的重复循环,它与质量螺旋有相同意义。

2. 质量职能

　　为了做到对质量形成过程进行有效的控制和管理,不仅要对产品的质量环列出它所包含的阶段,而且要落实各个阶段的质量职能。所谓质量职能是指为了使产品或服务具有满足顾客需要的质量而需要进行的全部活动的总和。质量有一个产生、形成和实现的过程,这一过程是由一系列的彼此联系、相互制约的活动所构成的。这些活动的大部分是由企业内

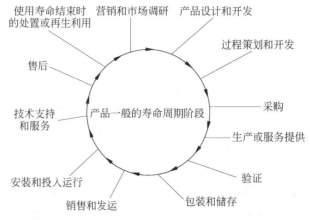

图 14-2　质量环

部的各个部门所承担,但还有许多活动涉及企业外部的供应商、零售商、批发商、顾客等,所有这些活动都是保证和提高产品质量必不可少的。因此,我们可以说,质量并非只是质量部门的事情,而是取决于企业内外的许多组织和部门的共同努力。质量职能便是对在产品质量产生、形成和实现过程中各个环节的活动所发挥的作用或承担的任务的一种概括。从某种意义上来说,质量管理就是要将这些广泛分散的活动有机地结合起来,从而确保质量目标的实现。

　　企业内的质量职能应由各职能部门分别承担,但质量职能不等于部门职能。根据不同企业的规模大小和机构设置情况的不同,质量职能及其活动的分配就不相同。有些职能部门对产品质量虽无直接关系,但有间接关系,同样承担着一定的质量职能。企业内部的主要质量职能活动一般包括市场调研、产品设计、规范的编制和产品研制、采购、工艺准备、生产制造、检验和试验、包装和储存、销售和发运、安装和运行、技术服务和维护、用后处置等环节。

　　为了使这些活动互相配合、协调一致,必须做到:①明确实现质量目标所必须进行的各项活动,将这些活动委派给企业的相应部门;②向这些部门提供完成任务所必须的技术上和管理上的工具和设施;③确保这些活动在各部门、各环节的实施;④协调各部门之间的活动,使之相互配合,指向共同的目标,以综合、系统的方式来解决质量问题,使企业的活动以及活动的成果达到最佳水平。

14.2　全面质量管理

　　全面质量管理(total quality management,TQM),是指在全社会的推动下,企业的所有组织、所有部门和全体人员都以产品质量为核心,把专业技术、管理技术和数理统计结合起来,建立起一套科学、严密、高效的质量保证体系,控制生产全过程影响质量的因素,以优质的工作、最经济的办法,提供满足用户需要的产品(服务)的全部活动。简言之,全面质量管理就是全社会推动下的、企业全体人员参加的,用全面质量去保证生产全过程的质量活动,其核心就在"全面"二字上。

14.2.1　全面质量管理的特点

全面质量管理不仅是发现质量问题、定义质量问题、寻找问题原因和制定整改方案的过程,而且还是对企业的宗旨,即"企业是干什么的,应该是干什么的"这一基本使命的一种深刻的理解和不断升华的认识。全面质量管理更是一种实践,一种从企业最高领导到每位员工主动参与的永无止境的、全面的改进活动。

全面质量管理的特点就在"全面"上,所谓"全面"有以下四方面的含义。

1. TQM 是全面质量的管理

所谓全面质量是指产品质量、过程质量和工作质量。全面质量管理不同于以前质量管理的一个特征,就是其工作对象是全面质量,而不仅仅局限于产品质量。全面质量管理认为应从抓好产品质量的保证入手,用优质的工作质量来保证产品质量,这样才能有效地改善影响产品质量的因素,达到事半功倍的效果。

2. TQM 是全过程质量的管理

所谓的全过程是相对制造过程而言的,就是要求把质量管理活动贯穿于产品质量生产、形成和实现的全过程,全面落实以预防为主的方针。逐步形成一个包括市场调研、开发设计直至销售服务全过程所有环节的质量保证体系,把不合格品消灭在质量形成过程之中,做到防患于未然。

3. TQM 是全员参加的质量管理

产品质量的优劣,取决于企业全体员工的工作质量水平,提高产品质量必须依靠企业全体人员的努力。企业中任何人的工作都会在一定范围和一定程度上影响产品的质量。显然,过去那种依靠少数人进行质量管理的方法是很不得力的。因此,全面质量管理要求不论是哪个部门的人员,也不论是厂长还是普通职员,都要具备质量意识,都要承担具体的质量职能,积极关心产品质量。

4. TQM 是全社会推动的质量管理

所谓全社会推动的质量管理指的是要使全面质量管理深入持久地开展下去,并取得好的效果,就不能把工作局限于企业内部,而需要全社会的重视。需要质量立法、认证、监督等工作,进行宏观上的控制引导,即需要全社会的推动。全面质量管理的开展要求全社会推动。这一点之所以必要,一方面是因为一个完整的产品,往往是由许多企业共同协作来完成的。例如,机器产品的制造企业要从其他企业获得原材料、各种专业化工厂生产的零部件等。因此,仅靠企业内部的质量管理无法完全保证产品的质量。另一方面来自于全社会宏观质量活动所创造的社会环境可以激发企业提高产品质量的积极性和认识到它的必要性。例如,通用电气优质优价等质量政策的制定和贯彻,以及实行质量认证、质量立法、质量监督等活动以取缔低劣产品的生产,使企业认识到,生产优质产品无论对社会和企业都有利,而质量不过关则会使企业无法生存发展,从而认真地对待产品质量和质量管理问题,使全面质量管理得以深入持久地开展下去。

14.2.2　全面质量管理的关键环节

全面质量管理是生产经营活动全过程的质量管理,要将影响产品质量的一切因素都控制起来,其中主要应抓好以下几个环节的工作。

1. 市场调查

市场调查过程要了解用户对产品质量的要求,以及对本企业产品质量的反应,为下一步工作指明方向。

2. 产品设计

产品设计是产品质量形成的起点,是影响产品质量的重要环节,设计阶段要制定产品的生产技术标准。为使产品质量水平确定得先进、合理,可利用经济分析方法,根据质量与成本及质量与售价之间的关系来确定最佳质量水平。

3. 采购

原材料、协作件、外购标准件的质量对产品质量的影响是很显然的,因此,要从供应单位的产品质量、价格和遵守合同的能力等方面来选择供应厂家。

4. 制造

制造过程是产品实体的形成过程,制造过程的质量管理主要通过控制影响产品质量的各种因素,即操作者的技术熟练水平、设备、原材料、操作方法、检测手段和生产环境来保证产品质量。

5. 检验

制造过程中同时存在着检验过程。检验在生产过程中起把关、预防和预报的作用。把关就是及时挑出不合格品,防止其流入下道工序或出厂;预防是防止不合格品的产生;预报是将产品质量状况反馈到有关部门,以此作为质量决策的依据。为了更好地起到把关和预防等作用,要考虑减少检验费用,缩短检验时间,要正确选择检验方式和方法。

6. 销售

销售是产品质量实现的重要环节。销售过程中要实事求是地向用户介绍产品的性能、用途、优点等,防止不合实际地夸大产品的质量,影响企业的信誉。

7. 服务

抓好对用户的服务工作,如提供技术培训、编制好产品说明书、开展咨询活动、解决用户的疑难问题、及时处理出现的质量事故。为用户服务的质量影响着产品的使用质量。

14.2.3　全面质量管理的工作方法

在质量管理活动中,要求把各项工作按照作出计划、计划实施、检查实施效果,然后将成功的纳入标准、不成功的留待下一循环去解决的工作方法进行,这就是质量管理的基本工作方法。这一工作方法简称 PDCA 循环。P(plan)是计划阶段,D(do)是执行阶段,C(check)是检查阶段,A(action)是处理阶段。PDCA 循环是美国质量管理专家戴明博士最先总结出来的,所以又称戴明环。

PDCA 工作方法的四个阶段如下:

第一阶段为 P 阶段。就是要适应顾客的要求,并以取得经济效果为目标,通过调查、设计、试制,制定技术经济指标、质量目标,以及达到这些目标的具体措施和方法。这就是计划阶段。

第二阶段为 D 阶段。就是要按照所制定的计划和措施去实施。这是执行阶段。

第三阶段为 C 阶段。就是对照计划,检查执行的情况和效果及时发现和总结计划实施过程中的经验和问题。这是检查阶段。

第四阶段为 A 阶段。就是根据检查的结果采取措施,巩固成绩,吸取教训,以利再干。这是总结处理阶段。

在具体工作中,PDCA 工作方法的四个阶段又进一步化为八个步骤,可以具体分为以下八个步骤:

第 1 步,调查研究,分析现状,找出存在的质量问题。

第 2 步,根据存在的问题,分析产生质量问题的各种影响因素,并逐个地加以分析。

第 3 步,找出影响质量的主要因素,并从主要影响因素中着手解决质量问题。

第 4 步,针对影响质量的主要因素,制定计划和活动措施。计划和措施应尽量做到明确、具体。

以上四个步骤就是 P 阶段的具体化。

第 5 步,按照既定计划执行。即 D 阶段。

第 6 步,根据计划的要求,检查实际执行结果。即 C 阶段。

第 7 步,根据检查结果进行总结,把成功的经验和失败的教训总结出来,对原有的制度、标准进行修正,巩固已取得的成绩,同时防止重蹈覆辙。

第 8 步,提出这一次循环尚未解决的遗留问题,并将其转到下一次 PDCA 循环中。

以上第 7、8 步是 A 阶段的具体化。

PDCA 循环有以下三个特点:

(1) 大环套小环,互相促进。PDCA 循环不仅适用于整个企业,也适用于各个车间、科室和班组以至个人。根据企业总的方针目标,各级各部门都要有自己的目标和自己的 PDCA 循环。这样就形成了大环套小环、小环里边又套有更小的环的情况。整个企业就是一个大的 PDCA 循环,各部门又都有各自的 PDCA 循环,依次又有更小的 PDCA 循环。具体落实到每一个人,上一级的 PDCA 循环是下一级 PDCA 循环的依据,下一级 PDCA 循环又是上一级 PDCA 循环的贯彻落实和具体化。通过循环把企业各项工作有机地联系起来,彼此协同,互相促进(图 14-3)。

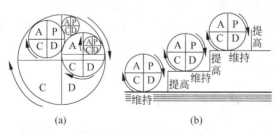

图 14-3 PDCA 循环特点图

(2) 不断循环上升。四个阶段要周而复始地循环,而每一次循环都有新的内容和目标,因而就会前进一步,解决一批问题,质量水平就会有新的提高。就如上楼梯一样,每经过一次就登上一级新台阶,这样一步一步地不断上升提高。

（3）推动 PDCA 循环的关键在于 A 阶段。所谓总结，就是总结经验，肯定成绩，纠正错误，提出新的问题以利再干。这是 PDCA 循环之所以能上升、前进的关键。如果只有前三个阶段，没有将成功经验和失败教训纳入有关标准、制度和规定中，就不能巩固成绩、吸取教训，也就不能防止同类问题的再度发生。因此，推动 PDCA 循环，一定要始终抓好总结这个阶段。

PDCA 循环实际上是有效进行任何一项工作的合乎逻辑的工作程序。在质量管理中，PDCA 循环得到了广泛的应用，并取得了很好的效果，因此有人称其为质量管理的基本方法。

14.3　统计质量管理

14.3.1　统计质量控制方法

统计质量控制方法以 1924 年美国的休哈特提出的控制图为起点，半个多世纪以来有了很大发展，现在包括很多种方法。这些方法大致可分为以下三类。

1. 常用的统计管理方法（又称为初级管理方法）

它主要包括控制图、因果分析图、相关图、排列图、直方图等。运用这些工具，可以从经常变化的生产过程中，系统地收集与产品质量有关的各种数据，并用统计方法对数据进行整理、加工和分析，进而画出各种图表，计算某些数据指标，从中找出质量变化的规律，实现对质量的控制。日本著名的质量管理专家石川馨曾说过，企业内 95% 的质量管理问题，可通过企业上上下下全体人员活动"QC 七种工具"得到解决。全面质量管理的推行，也离不开企业各级、各部门人员对这些工具的掌握。

2. 中级统计管理方法

它包括抽样调查方法、抽样检验方法、官能检查方法、实验计划法等。这些方法不一定要企业全体人员都掌握，主要是有关技术人员和质量管理部门的人使用。

3. 高级统计管理方法

它包括高级实验计划法、多变量解析法。这些方法主要用于复杂的工程解析和质量解析，而且要借助于计算机手段，通常只是专业人员使用这些方法。

由于中级统计管理方法和高级统计管理方法涉及大量的数理统计知识，而且这些数理统计在概率论与数理统计学、运筹学等相关学科中都已经有详细叙述，故本书叙述范围仅限于常用的质量管理统计方法。

14.3.2　常用的统计质量控制方法

常用的统计质量控制方法主要包括所谓的"QC 七种工具"，即排列图、因果分析图、直方图、数据分层法、控制图、散布图、统计分析表。七种方法简介如下。

1. 排列图法

1）排列图的概念

排列图是为寻找主要问题或影响质量的主要因素所使用的图。它是由两个纵坐标、一个横坐标、几个按高低顺序依次排列的长方形和一条累计百分比曲线所组成的图。它的基本图形如图 14-4 所示。

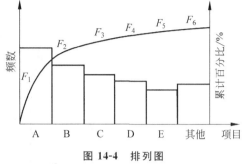

排列图又叫帕累托图，它是由意大利经济学家帕累托提出的。他在分析社会财富分布状况时，发现少数人占有绝大多数财富，而绝大多数人却只有少量财富。在资本主义社会，这种少数人占有着绝大多数财富、左右着社会经济发展的现象即所谓的"关键的少数，次要的多数"的关系。后来该方法由美国质量管理专家朱兰引入质量管理中，成为一种简单可行、一目了然的质量管理重要工具。

图 14-4 排列图

2）作图步骤

（1）将用于排列图所记录的数据进行分类。分类的方法有多种，可以按工艺过程分、按缺陷项目分、按品种分、按尺寸分、按事故灾害种类分等。

（2）确定数据记录的时间。汇总成排列图的日期，没有必要规定期限，只要能够汇总成作业排列图所必须的足够的数据即可。

（3）按分类项目进行统计。统计按确定数据记录的时间来作成汇总表，以全部项目为100％来计算各个项目的百分比，得出频率。

（4）计算累计频率 C。

（5）准备坐标纸，画出纵横坐标。注意纵、横坐标要均衡匀称。

（6）按频数大小顺序作直方图。

（7）按累计比率作排列曲线。

（8）记载排列图标题及数据简历。

填写标题后还应在空白处写清产品名称、工作项目、工序号、统计期间、各种数据的来源、生产数量、记录者及制图者等项。

【例 14.1】 某厂铸造车间生产某一铸件，质量不良项目包括气孔、未充满、偏心、形状不佳、裂纹、其他等项。记录一周内某班所生产的产品不良情况数据，并分别将不良项目归结为表 14-1①、②项 。

表 14-1 缺陷频率表

①缺陷项目	②频数	③频率/%	④累计频率%
气孔	48	50.53	50.53
未充满	28	29.47	80.00
偏心	10	10.53	90.53
形状不佳	4	4.21	94.74
裂纹	3	3.16	97.9
其他	2	2.1	100
合　计	95	100	

计算频率和累计频率见表 14-1③、④项。作排列图,如图 14-5 所示。

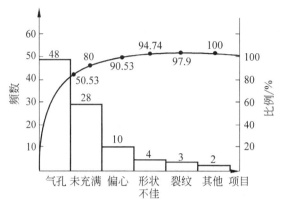

图 14-5　排列图

3)排列图分析

排列图的目的在于从诸多的问题中寻找主要问题,并以图形的方法直观地表示出来。通常把问题分成三类。A 类属于主要或关键问题,累计百分比为 80% 左右。B 类属于次要问题,累计百分比为 80%~95%。C 类属于最不重要问题,累计百分比为 95%~100%。但在实际应用中,切不可机械地按 80% 来确定主要问题,它主要是针对"关键的少数、次要的多数"的原则,给以一定的划分范围。A、B、C 三类应结合具体情况来选定。

排列图把影响产品质量的主要问题直观地表现出来,使我们明确应该从哪里着手来改进产品质量。集中力量解决主要问题,可以收效显著。上例中的主要问题是气孔和未充满,若将气孔问题解决了,就解决了问题的一半。再将第二项"未充满"的问题解决,那么 80% 的问题都得到了解决。排列图不仅解决产品质量问题,其他工作如节约能源、减少消耗、安全生产等都可以用排列图改进,提高工作质量。

2.因果分析图法

1)因果图

质量管理的目的在于减少不合格品,保证和提高产品质量,降低成本和提高效率,控制产品质量和工作质量的波动,提高经济效益。但是在实际设计、生产和各项工作中,常常出现质量问题。为了解决这些问题,就需要查找原因,考虑对策,采取措施,解决问题。然而,影响产品质量的因素是多种多样的。若能真正找到质量问题的主要原因,便可针对这种原因采取措施,使质量问题迅速解决得到。因果图就是用来分析影响产品质量各种原因的一种有效的方法,对影响产品质量的一些较为重要的因素加以分析和分类,并在同一张图上把它们的关系用箭头表示出来,以对因果关系作明确系统的整理。因果图又称鱼刺图或特性要因图。

2)因果图的构成及画法

因果图由质量问题和影响因素两部分组成。图中主干箭头所指的为质量问题,主干上的大枝表示大原因,中枝、小枝、细枝表示原因的依次展开。

因果图的画法如下:

(1)确定待分析的质量问题,将其写在右侧的方框内,画出主干,箭头指向右端,如

图 14-6 所示。

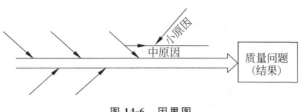

图 14-6　因果图

（2）确定该问题中影响质量原因的分类方法。一般分析工序质量问题，常按其影响因素——人、设备、原材料、方法、环境等分类，也有按加工工序分类的。作图时，依次画出大枝，箭头方向从左到右斜指向主干，在箭头尾端写上原因分类项目，如图 14-7 所示。

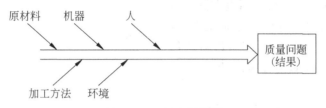

图 14-7　五因素因果图

（3）将各分类项目分别展开，每个中枝表示各项目中造成质量问题的一个原因。作图时，中枝平行于主干，箭头指向大枝，将原因记在中枝的上下方。

（4）将原因再展开，分别画小枝，小枝是造成中枝的原因，依次展开，直至细到能采取措施为止。

（5）分析图上标出的原因是否有遗漏，找出主要原因，画上方框，作为质量改进的重点。

（6）注明因果图的名称、绘图者、绘图时间、参加分析人员等。

例如，图 14-8 所示的是一个制造企业的流程中存在的某一问题的因果图。这个企业加工出的某种活塞杆出现弯曲，其原因可能有四种：操作方法、所用材料、操作者和机器。每一种原因可能又是由若干个因素造成的。与每一个因素有关的更深入的考虑因素还可以作为下一级分支。当所有可能的原因都找出来以后，就完成了第一步工作，下一步就是要从其中找出主要原因。

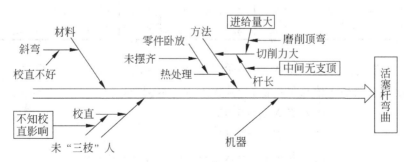

图 14-8　因果分析图

3）注意事项

（1）分析大原因时应根据具体情况,适当增减或另立名目。除人、设备、原材料、方法、环境等因素外,有时还包括其他如动力、管理、计算机软件等因素。

（2）发扬民主,集思广益,畅所欲言,结合别人的见解改进自己的想法。

（3）主要原因可用排列图、投票或试验验证等方法确定,然后加以标记。

画出因果图后,就要针对主要原因列出对策表,包括原因、改进目标、措施、负责人、进度要求、效果检查和存在问题等。排列图、因果图和对策表,人们称为“两图一表”,在质量管理中用得最普遍。

3. 直方图

直方图的形式如图 14-9 所示,它是表示数据变化情况的一种主要工具。用直方图可以比较直观地看出产品质量特性的分布状态,可以判断工序是否处于受控状态,还可以对总体进行推断,判断其总体质量的分布情况。

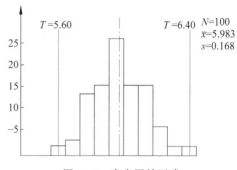

图 14-9　直方图的形式

1）直方图的画法

下面结合一个例子说明直方图的作法。

【例 14.2】　某厂测量钢板厚度,尺寸按标准要求为 6 毫米。现从生产批量中抽取 100 个样本进行测量,测出的尺寸如表 14-2 所示,试画出直方图。

表 14-2　钢板厚度测量值

组号	尺 寸					组号	尺 寸				
1	5.77	6.27	5.93	6.08	6.03	11	6.12	6.18	6.10	5.95	5.95
2	6.01	6.04	5.88	5.92	6.15	12	5.95	5.94	6.07	6.00	5.75
3	5.71	5.75	5.96	6.19	5.70	13	5.86	5.84	6.08	6.24	5.61
4	6.19	6.11	5.74	5.96	6.17	14	6.13	5.80	5.90	5.93	5.78
5	6.42	6.13	5.71	5.96	5.78	15	5.80	6.14	5.56	6.17	5.97
6	5.92	5.92	5.75	6.05	5.94	16	6.13	5.80	5.90	5.93	5.78
7	5.87	5.63	5.80	6.12	6.32	17	5.86	5.84	6.08	6.24	5.97
8	5.89	5.91	6.00	6.21	6.08	18	5.95	5.94	6.07	6.00	5.85
9	5.96	6.06	6.25	5.89	5.83	19	6.12	6.18	6.10	5.95	5.95
10	5.95	5.94	6.07	6.02	5.75	20	6.03	5.89	5.97	6.05	6.45

解:（1）收集数据。至少收集 100 个以上的数据,一般以 100 个样本为宜。

（2）找出数据的最大值与最小值,计算极差 R。本例中,

$$最大值 X_{\max}=6.45$$

$$最小值 X_{\min}=5.56$$

$$极差 R=X_{\max}-X_{\min}=6.45-5.56=0.89$$

（3）确定组数 K 与组距 h。组数 K 的确定可根据表 14-3 选择。本例中,$K=10$,组距 $h=(R/K)=(0.89/10)\approx 0.09$。

表 14-3　分组数 K 的参考值

数据个数 N	分组数 K	一般使用 K
50～100	6～10	
100～250	7～12	10
250 以上	10～20	

（4）确定组的界限值。分组的组界值要比抽取的数据多一位小数，以使边界值不致落入两个组内。因此，先取测定单位的 1/2，作为第一组的下界值；再加上组距，作为第一组的上界值，依次加到最大一组的上界值。本例中测量单位为 0.01，所以第一组的下界值为 $5.56-0.005=5.555$。

第一组上界值为 $5.555+0.09=5.645$

第二组上界值为 $5.645+0.09=5.735$

……

（5）记录各组中的数据，计算各组的中心值，整理成频数表，见表 14-4。

表 14-4　频　数　表

组号	组界值	组中值 X_i	频数核对	频数 f_i	变换后组中值 u_i	$f_i u_i$	$f_i u_i^2$
1	5.555～5.645	5.60		2	-4	-8	32
2	5.645～5.735	5.69		3	-3	-9	27
3	5.735～5.825	5.78		13	-2	-26	52
4	5.825～5.915	5.87		15	-1	-15	15
5	5.915～6.005	5.96		26	0	0	0
6	6.005～6.095	6.05		15	1	15	15
7	6.095～6.185	6.14		15	2	30	60
8	6.185～6.275	6.23		7	3	21	63
9	6.275～6.365	6.32		2	4	8	32
10	6.365～6.455	6.41		2	5	6	50
			$\sum$	100		26	346

（6）根据频数表画出直方图。在方格纸上，使横坐标取各组的组限，纵坐标取各组的频数，画出一系列直方形即直方图。如图 14-8 所示，图中每个直方形面积为数据落到这个范围内的个数（或频率），故所有直方形面积之和就是频数的总和（或频率的总和），为 1 或 100%。图中要标出平均值和标准差。

2）直方图的观察与分析

直方图是从形态的角度，通过产品质量的分布反映工序的精度状况。通常是看图形本身的形状是否正常，再与公差（标准）作对比，作出大致判断。常见的有如图 14-10 所示的几种图形。

4．数据分层法

数据分层就是把性质相同的、在同一条件下收集的数据归纳在一起，以便进行比较分析。因为在实际生产中，影响质量变动的因素很多，如果不把这些因素区分开来，将难以得出变化的规律。数据分层可根据实际情况按多种方式进行。例如，按不同时间、不同班次进

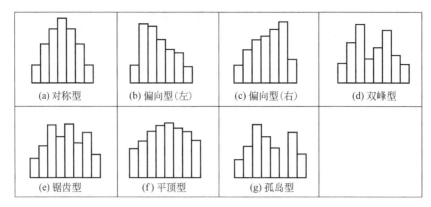

图 14-10　直方图的形状

行分层,按使用设备的种类进行分层,按原材料的进料时间、原材料成分进行分层,按检查手段、使用条件进行分层,按不同缺陷项目进行分层,等等。数据分层法经常与下述的统计分析表结合使用。

5. 控制图

控制图是一种通过控制界限及其范围内数据分布,判断生产过程是否处于受控状态的方法(图 14-11)。控制图通常以样本平均值 $\bar{x}$ 为中心线,以上下取 3 倍的标准差($\bar{x}+3\sigma$)为控制界,因此又叫做 3σ 控制图,它是休哈特最早提出的控制图。

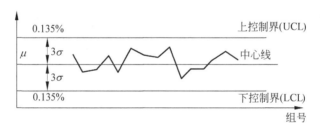

图 14-11　控制图的基本形状

控制图按其用途可分为两类:一是供分析用的控制图,用控制图分析生产过程中有关质量特性值的变化情况,看工序是否处于稳定受控状态;二是供管理用的控制图,主要用于发现生产过程是否出现了异常情况,以预防产生不合格品。

控制图根据数据的种类不同,基本上可分为两大类:计量值控制图和计数值控制图。计量值控制图一般适用于以长度、强度、纯度等为控制对象的场合,属于这类的控制图有单值控制图、平均值和极差控制图、中位数和极差控制图等。计数值控制图以计数值数据的质量特性为控制对象,属于这类的控制图有不合格品率控制图(P 控制图)和不合格品数控制图(Pn 控制图)、缺陷数控制图(c 控制图)和单位缺陷控制图(u 控制图)等。

下面结合某轧钢厂生产的 6 ± 0.4 毫米厚度的钢板为例,介绍平均值和极差控制图($\bar{x}-R$ 控制图)的作法和应用,其他类型的控制图请参考其他有关资料。

1) 控制图的作法

以表 14-5 中的数据说明 $\bar{x}-R$ 控制图的作法。

(1) 收集数据,$N=100$,见表 14-5。

表 14-5 钢板厚度数据

组号	X_1	X_2	X_3	X_4	X_5	$\bar{x}$	R
1	5.77	6.27	5.93	6.08	6.03	6.016	0.50
2	6.01	6.04	5.88	5.92	6.15	6.000	0.27
3	5.71	5.75	5.96	6.19	5.70	5.862	0.49
4	6.19	6.11	5.74	5.96	6.17	6.034	0.45
5	6.42	6.13	5.71	5.96	5.78	6.000	0.71
6	5.92	5.92	5.75	6.05	5.94	5.916	0.30
7	5.87	5.63	5.80	6.12	6.32	5.948	0.69
8	5.89	5.91	6.00	6.21	6.08	6.018	0.32
9	5.96	6.06	6.25	5.89	5.83	5.996	0.42
10	5.95	5.94	6.07	6.02	5.75	5.946	0.32
11	6.12	6.18	6.10	5.95	5.95	6.000	0.23
12	5.95	5.94	6.07	6.00	5.75	5.942	0.32
13	5.86	5.84	6.08	6.24	5.61	5.926	0.63
14	6.13	5.80	5.90	5.93	5.78	5.908	0.35
15	5.80	6.14	5.56	6.17	5.97	5.928	0.61
16	6.13	5.80	5.90	5.93	5.78	5.908	0.35
17	5.86	5.84	6.08	6.24	5.97	5.998	0.40
18	5.95	5.94	6.07	6.00	5.85	5.962	0.22
19	6.12	6.18	6.10	5.95	5.95	6.060	0.23
20	6.03	5.89	5.97	6.05	6.45	6.078	0.56

（2）将数据分组，一般取组数 $K=20$，每组样容量 n 取 $4\sim5$ 为宜，本例 $n=5$。

（3）按下式计算 $\bar{x}$ 和 R，将结果填入表中。

$$\bar{x} = \frac{1}{n} \sum_{r=1}^{R} x_i$$

$$R = x_{\max} - x_{\min}$$

（4）按下式计算 $\bar{x}$ 和 R。

$$\bar{\bar{x}} = \sum_{i=1}^{k} \frac{\bar{x}_1}{k} = \frac{6.016 + 6.000 + \cdots + 6.078}{20} = 5.975$$

$$\overline{R} = \sum_{i=1}^{l} \frac{R_i}{k} = \frac{0.50 + 0.27 + \cdots + 0.56}{20} = 0.419$$

（5）计算 $\bar{x}-R$ 控制图的控制界限。$\bar{x}$ 控制图的控制界限的计算公式为

$$\text{UCL} = \mu + 3 \frac{\sigma}{\sqrt{n}} = \bar{\bar{x}} + 3 \frac{\overline{R}}{d_2 \sqrt{n}} = \bar{\bar{x}} + A_2 \overline{R}$$

$$\text{LCL} = \mu - 3 \frac{\sigma}{\sqrt{n}} = \bar{\bar{x}} - 3 \frac{\overline{R}}{d_2 \sqrt{n}} = \bar{\bar{x}} - A_2 \overline{R}$$

$$\text{CL} = \bar{\bar{x}}$$

R 控制图的控制界限计算公式为

$$\text{UCL} = \overline{R} + 3\sigma_R = d_2 \sigma + 3 d_3 \sigma = \left(1 + \frac{3d_3}{d_2}\right)\overline{R} = D_4 \overline{R}$$

$$\text{LCL} = \overline{R} - 3\sigma_R = d_2\sigma - 3d_3\sigma = \left(1 - \frac{3d_3}{d_2}\right)\overline{R} = D_3\overline{R}$$

式中的系数 A_2、d_2、d_3、D_3、D_4 可由表 14-6 查出。

表 14-6　求控制图界限的系数表

n	A_2	D_4	D_3	E_2	m_3A_2	d_2	d_3
2	1.880	3.267	—	2.659	1.880	1.128	0.853
3	1.023	2.575	—	1.772	1.187	1.603	0.888
4	0.729	2.282	—	1.457	0.796	2.059	0.880
5	0.577	2.115	—	1.290	0.691	2.326	0.864
6	0.483	2.004	—	1.184	0.549	2.534	0.848
7	0.410	1.924	0.076	1.109	0.509	2.704	0.833
8	0.373	1.864	0.136	1.054	0.432	2.847	0.820
9	0.337	1.816	0.184	1.010	0.412	2.970	0.808
10	0.308	1.777	0.223	0.975	0.363	3.173	0.797

如本例，$\overline{x}$ 控制图的控制界限为

$$\text{UCL} = \overline{\overline{x}} + A_2\overline{R} = 5.975 + 0.577 \cdot 0.419 = 6.217$$

$$\text{LCL} = \overline{\overline{x}} - A_2\overline{R} = 5.975 - 0.577 \cdot 0.419 = 5.733$$

$$\text{CL} = \overline{\overline{x}} = 5.975$$

R 控制图的控制界限为

$$\text{UCL} = D_4\overline{R} = 2.115 \cdot 0.419 = 0.886$$

$$\text{LCL} = D_3\overline{R} = <0（不考虑）$$

$$\text{CL} = \overline{R} = 0.419$$

（6）画出控制图（图 14-12），并记入有关事项，如零件名称、件号、工序名称、操作者等。

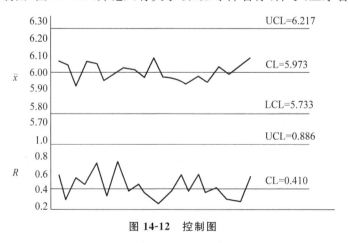

图 14-12　控制图

2）控制图的观察分析

控制图的观察分析，是指工序生产过程的质量特性数据在设计好的控制图上标点后取得工序质量状态信息，以便及时发现异常，采用有效措施，使工序处于质量受控状态的质量控制活动。

（1）工序稳定状态的判断。工序是否处于稳定状态的判断条件有二：

- 点子必须全部在控制界限之内。
- 在控制界限内的点子，排列无缺陷或者说点子无异常排列。

如果点子的排列是随机地处于下列情况，则可认为工序处于稳定状态：

- 连续 25 个点子在控制界限内。
- 连续 35 个点子中仅有 1 个点子超出控制界限。
- 连续 100 个点子中仅有 2 个点子超出控制界限。

（2）工序不稳定状态的判断。只要具有下列条件之一时，均可判断为工序不稳定：

- 点子超出控制界限（点子在控制界限上按超出界限处理）。
- 点子在警戒区内。

点子处在警戒区是指点子处在 $2\sigma \sim 3\sigma$ 范围之内。若出现下列情况之一，均判定工序不稳定：

- 连续 8 点中有 2 点在警戒区内。
- 连续 9 点中有 3 点在警戒区内。
- 连续 10 点中有 4 点在警戒区内。

点子虽在控制界限内，但排列异常。所谓异常是指点子排列出现链、倾向、周期等缺陷之一。此时，即判定工序不稳定：

- 连续链。连续链是指在中心线一侧连续出现点子。链的长度用链内所含点数的多少衡量。当链长大于 7 时，则判定为点子排列异常。
- 间断链。间断链是指多数点在中心线一侧；连续 14 点中有 12 点在中心线一侧；连续 17 点中有 13 点在中心线一侧；连续 20 点中有 16 点在中心线一侧。
- 倾向。倾向是指点子连续上升或下降，如连续上升或下降点子数超过 7 时，则判定为异常。
- 周期。周期是指点子的变动呈现明显的一定间隔。点子出现周期性，判断较复杂，应当慎重决策。通常应先弄清原因，再作判断。

对上述判断工序异常的现象，可用小概率事件作出概率论解释。本节不作定量描述，有兴趣的读者可查阅有关资料。

3）控制图的两类错误

控制图是判断异常因素是否出现的一种图形化的检验工具。由于控制图的控制限是基于 3σ 原则，从正态分布理论，有

$$P(\mu - 3\sigma < x < \mu + 3\sigma) = 0.997\,3$$

上式说明，当工序质量特性值 x 的均值 μ 和标准差 σ 在工序生产过程中并未发生变化时，仍有 $\alpha = 0.27\%$ 的点子超出控制界限，而发出工序异常的不正常信号。我们称这种不正常虚发信号为控制图的第 I 类错误，记为 α。

由第 I 类错误引起的不必要停产检查，将导致相应的经济损失。同样，当系统因素影响工序生产过程使均值 μ 和标准差 α 发生变化时，据正态分布性质，有部分点子仍在控制界限之内，而不能及时发出报警信号，视工序正常，使生产过程继续下去，从而导致大量废品产生。我们称这种不能及时发出报警信号的错误为控制图的第 II 类错误，记为 β。α 与 β 之间

关系见图 14-13。由图 14-13 可见,当控制限为 $\pm 3\alpha$ 时,α 是一个确定值。而且,α 将随控制限增大而减少。当均值由 μ_0 变为 μ_1 时,仍有 β 部分落在控制限之内。可见,β 是随着控制限的增大而增大。

6. 散布图

散布图又称相关图法、简易相关分析法,它是把两个变量之间的相关关系用直角坐标系表示的图表。它根据影响质量特性因素的各对数据,用点子填列在直角坐标图上,以观察判断两个质量特性值之间的关系,对产品或工序进行有效控制。图中所分析的两种数间的关系,可以是特性与原因、特性与特性的关系,也可以是同一特性的两个原因的关系。如在热处理时,需了解钢的淬火温度与硬度的关系;在金属机械零件加工时,需了解切削用量、操作方法与加工质量的关系等,都可用散布图来观察与分析。图 14-14 是表明了淬火温度与硬度关系的散布图。这种关系虽然存在,但又难以用精确的公式或函数关系表示,在这种情况下用相关图来分析就很方便。假定有一对变量 x 和 y,x 表示某一种影响因素,y 表示某一质量特征值,通过实验或收集到的 x 和 y 的数据,可以在坐标图上用点表示出来,根据点的分布特点,就可以判断 x 和 y 的相关情况。

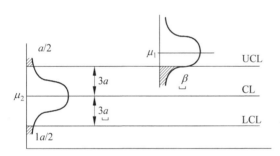

图 14-13　控制图的两类错误

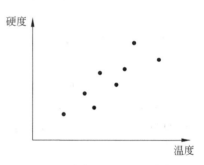

图 14-14　淬火温度与硬度的关系

7. 统计分析表

统计分析表又称调查表、检查表,是利用统计表对数据进行整理和初步分析原因的一种工具。其格式可多种多样,表 14-7 是其中的格式之一。这种方法虽然较简单,但实用有效。

表 14-7　不合格品调查表　　　　　　　　　　　　单位:个

品名:	时间:年　月　日
工序:最终检验	工厂:
不合格项目:缺陷、加工、形状等	班组:
检查总数:2 530	检查员:
备注:全部检查	批号:
	合同号:

不合格项目	小计
表面缺陷	32
砂眼	23
加工不良	48
形状不良	4
其他	8
总计	115

以上概要介绍了七种常用的质量管理统计方法,这些方法集中体现了质量管理的"以事实和数据为基础进行判断和管理"的特点。最后还需指出的是,这些方法看起来都比较简单,但在实际工作中能够正确、灵活地应用并不是一件简单的事。

14.4　质量管理体系

质量体系应是质量管理的组织保证。因此,质量体系定义中所表述的"组织机构、职责",是指影响产品质量的组织体制,是组织机构、职责、程序等的管理能力和资源能力(包括人力资源与物质资源,即体系的硬件,如人才资源与技能、设计研究设备、生产工艺设备、检验与试验设备以及计算器具等)的综合体。一般包括:领导职责与质量管理职能;质量机构的设置;各机构的质量职能、职责以及它们之间的纵向与横向关系;质量工作网络与质量信息传递与反馈等。

质量体系是由若干要素构成的。根据 ISO9000 系列标准,质量体系一般可以包括下列要素:市场调研;设计和规范;采购,工艺准备,生产过程控制;产品验证;测量和实验设备的控制;不合格控制;纠正措施;搬运和生产后的职能;质量文件和记录;人员;产品安全与责任;质量管理方法的应用等。

质量体系有两种形式:一种是用于内部管理的质量体系,一般以管理标准、工作标准、规章制度、规程等予以体现;另一种是用于外部证明的质量保证体系。前者的要求比后者宽,要确定完成某项活动所规定的方法,即规定某项活动的目的、范围、做法、时间进度、执行人员、控制方法与记录等。

质量体系作为一个有机体,还应拥有必要的体系文件,包括质量手册、程序性文件(包括管理性程序文件、技术性程序文件)、质量计划及质量记录等。

14.4.1　ISO9000 简介

为了适应国际市场竞争中统一质量规则的需要,国际标准化组织(ISO)于 1987 年发布了 ISO9000《质量管理和质量保证》系列标准,从而使世界质量管理和质量保证活动统一在 ISO9000 系列标准基础之上。它标志着质量体系走向规范化、系列化和程序化的世界高度。

经验表明,采用 ISO9000 系列标准是走向世界的通行证。积极采用 ISO9000 系列标准是对世界级企业的基本要求。ISO9000 系列标准历经 1987 版、1994 版、2000 版,目前,国际上最新的质量标准是 2008 版 ISO9000 系列标准。2008 版 ISO9000 系列标准已于 2008 年 10 月 31 日正式发布实施,2008 版证书从 2009 年 11 月 25 日开始颁发。

2008 版 ISO 系列标准,是替代 2000 版的最新标准,包括 ISO9000、ISO9001、ISO9004 和 ISO19011。

(1) ISO9000——质量管理体系基本原理和术语。该标准是在合并原 ISO8402 和 ISO9000—1 的基础上经修改后重新起草的,共 80 多条,绝大部分术语的定义都发生了变化。

(2) ISO9001——质量管理体系要求。该标准是在合并原 ISO9001、ISO9002 和 ISO9003 的基础上经修改后重新起草的。

(3) ISO9004——质量管理体系业绩改进指南。该标准是在合并原 ISO9004—1、

ISO9004—2、ISO9004—3 和 ISO9004—4 的基础上经修改后重新起草的。

（4）ISO19011——质量/环境审核指南。该标准是在合并原 ISO10011 和 ISO14010、ISO14011、ISO14012 的基础上经修改后重新起草的。它是由 ISO/TC176 和 ISO/TC207 共同起草的一项联合审核标准，考虑了与 ISO14000 的相容性。

为了实现质量目标，2008 版 ISO9000 系列国际标准突出体现了质量管理的八大原则，并作为主线贯穿始终。

原则 1：以顾客为中心。组织应理解顾客当前的和未来的需求，满足顾客要求并争取超越顾客期望。顾客是每一个组织存在的基础，顾客的要求是第一位的，组织应调查和研究顾客的需求和期望，并把它转化为质量要求，采取有效措施使其实现。这个指导思想不仅领导要明确，还要在全体职工中贯彻。

原则 2：领导作用。领导必须将本组织的宗旨、方向和内部环境统一起来，并创造使员工能够充分参与实现组织目标的环境。领导的作用，即最高管理者具有决策和领导一个组织的关键作用。为了营造一个良好的环境，最高管理者应建立质量方针和质量目标，确保关注顾客要求，确保建立和实施一个有效的质量管理体系，确保相应的资源，并随时将组织运行的结果与目标比较，根据情况决定实现质量方针、目标的措施，决定持续改进的措施。在领导作风上还要做到透明、务实和以身作则。

原则 3：全员参与。各级人员是组织之本，只有他们的充分参与，才能使他们的才干为组织带来最大的收益。全体职工是每个组织的基础。组织的质量管理不仅需要最高管理者的正确领导，还有赖于全员的参与。所以，要对职工进行质量意识、职业道德、以顾客为中心的意识和敬业精神的教育，还要激发他们的积极性和责任感。

原则 4：过程方法。将相关的资源和活动作为过程进行管理，可以更高效地得到期望的结果。过程方法的原则不仅适用于某些简单的过程，也适用于由许多过程构成的过程网络。在应用于质量管理体系时，2008 版 ISO9000 标准建立了一个过程模式。此模式把管理职责、资料管理、产品实现，以及测量、分析和改进作为体系的四大主要过程，描述其相互关系，并以顾客要求为输入，提供给顾客的产品为输出，通过信息反馈来测定顾客满意度，评价质量管理体系的业绩。

原则 5：管理的系统方法。针对设定的目标，识别、理解并管理一个由相互关联的过程所组成的体系，有助于提高组织的有效性和效率。这种建立和实施质量管理体系的方法，既可用于新建体系，也可用于现有体系的改进。此方法的实施可在三方面受益：一是提供对过程能力及产品可靠性的信任；二是为持续改进打好基础；三是使顾客满意，最终使组织获得成功。

原则 6：持续改进。持续改进是组织的一个永恒的目标。在质量管理体系中，改进指产品质量、过程及体系有效性和效率的提高，持续改进包括了解现状，建立目标，寻找、评价和实施解决办法，测量、验证和分析结果，把更改纳入文件等活动。

原则 7：基于事实的决策方法。对数据和信息的逻辑分析或知觉判断是有效决策的基础。以事实为依据作决策，可防止决策失误。在对信息和资料作科学分析时，统计技术是最重要的工具之一。统计技术可用来测量、分析和说明产品和过程的变异性，统计技术可以为持续改进的决策提供依据。

原则 8：互利的供方关系。通过互利的关系，增强组织及其供方创造价值的能力。供方提供的产品将对组织向顾客提供满意的产品产生重要影响,因此处理好与供方的关系,将会影响组织能否持续稳定地提供顾客满意的产品。对供方不能只讲控制而不讲合作互利,特别是对关键供方,更要建立互利关系,这对组织和供方都有利。

14.4.2　6σ 管理

6σ 管理因美国通用电气公司(GE)的传奇领导人物杰克·韦尔奇(Jack Welch)的介绍及实践而扬名全球企业界。作为一种持续改进质量的方法,6σ 管理帮助世界上众多公司节省了大量的成本,并使其顾客得到极大的满足。

1. 什么是 6σ 管理

1) 什么是 σ

σ(Sigma,西格玛)是一个希腊字母,在统计学中用来表达数据的离散程度,即标准差。对于任何变量 ξ,$E\xi$ 为其平均值,$\xi - E\xi$ 为其离差,离差平方的平均值为方差,方差的平方根为标准差。标准差可以通过以下公式求得

$$\sigma = E(\xi - E\xi)$$

式中,E 为平均值符号。

一般情况下,变量大多服从正态分布的规律。正态分布是一种对称的分布,靠近平均值的数据较多而远离平均值的数据较少。σ 描述的就是数据与其平均值的离散程度,σ 的值越大,表明数据越分散,越有机会超出允许的偏差范围。

通常而言,对于产品的质量或工艺过程的某项指标,企业会规定一个目标值和一个允许的偏差范围。假定有两个工厂,都生产某样型号的零件。该零件长度的目标值为 100 毫米,允许偏差的下限和上限分别为 98 毫米、102 毫米,工厂甲生产的 10 个零件长度分别为 99 毫米、98 毫米、100 毫米、101 毫米、100 毫米、102 毫米、100 毫米、99 毫米、101 毫米、100 毫米;工厂乙生产的 10 个零件长度分别为 99 毫米、98 毫米、100 毫米、101 毫米、102 毫米、100 毫米、99 毫米、97 毫米、101 毫米、103 毫米。尽管两个工厂生产的零件长度平均值都是 100 毫米,但由于工厂甲的标准差要比工厂乙小,因此工厂甲的 10 个零件全部合格,而工厂乙合格的零件只有 8 个,废品率为 20%。此时,工厂乙的标准差为 5.48 毫米,远远大于 2 毫米的允许偏差范围。可以看出,质量特性一旦偏离目标值就会造成损失,质量特性越远离目标值,造成的损失就越大。质量改善的目标之一就是要使标准差变小。

2) 什么是 6σ

为了降低废品率,工厂乙的管理者决定采用 6σ 标准。他用 6 个 σ 去分摊可以被允许的 2 毫米偏差,则每个 σ 仅为 0.33 毫米。由于 σ 的数值大大缩小,管理标准一下子严格了很多,就可以大大减少乃至消除生产废品的可能性。σ 前面的倍数越大,表明品质管理越严格。传统的公司品质已提升至 3σ,此时,产品的合格率已达到 93.32% 的水平,只有 6.68% 为废品。通过将标准提高到 6σ,进一步缩小标准差,收窄数据分布的范围,可以大大减少产品品质落在允许的偏差范围之外的概率。达到 6σ 意味着每百万机会缺陷数(defect per million opportunities,DPMO)只有 3.4 个。

可见,6σ 管理(6σ approach)是为追求同业领先地位而全面策划、持续规范化的质量改进活动。它以提升品质为主线,以顾客需求为中心,利用对事实和数据的分析,改进企业的业务流程能力。6σ 管理成功地将质量意识与企业每个员工的日常工作水乳交融在一

起,改变了传统的以检查审核为主的质量控制观念,从企业核心流程的角度保证了最终产品的质量。

3) 6σ管理在企业中的实践

Ⅰ. 摩托罗拉

摩托罗拉是6σ管理的先驱。其最早实施6σ管理。摩托罗拉公司早先因生产军用通信设备而著称。20世纪80年代初,随着移动电话的兴起,该公司开始开发移动电话机。作为高科技产品,移动电话机对可靠性的要求极高。延用常规的3σ控制标准进行产品制造过程的质量控制,使得产品质量屡屡报警。在这样的情况下,摩托罗拉公司专门组织资深质量工程师从事可靠性质量控制。通过数年的研究和实践,首创了6σ管理方法,将传统的以3σ为控制标准的质量控制方法,改革为以6σ为控制标准的过程控制方法,极大地限制了不合格产品流入下道工序,保证了装配的质量和产品的可靠性。摩托罗拉公司1987年开始导入6σ管理,仅仅用了两年的时间,公司就获得了美国马可姆·波里奇国家质量奖。三年后,公司的6σ管理战略取得了空前的成功,产品的不合格率从6210DPMO(约4σ)减少到32DPMO(5.5σ)。在此过程中,节约的成本超过20亿美元。随后,德州仪器公司(Texas Instruments)、联信公司(AlliedSignal),后与霍尼维尔 Honeywell 等在各自的制造流程中推广6σ管理,均获得成功。

Ⅱ. 通用电气

通用电气使6σ管理名声大振。6σ管理真正名声大振,是在通用电气公司全面实施6σ管理模式取得辉煌业绩之后。1995年,在公司董事长兼CEO杰克·韦尔奇的主持下,GE开始推行6σ管理方法。作为与产品服务、全球化并列的三大战略之一,6σ管理为通用电气公司的发展立下了汗马功劳。自实施6σ管理以来,公司的营业利润从1995年的66亿美元飙升为1999年的107亿美元。6σ管理的收益1997年为3亿美元,1998年达到7.5亿美元,1999年达到15亿美元。韦尔奇简直是疯狂地迷上了6σ管理,他说:"6σ管理永远地改变了GE。所有的人(从6σ的热心者到工程师、审核员、科学家以及将公司领向新世纪的高层领导)都是6σ这一公司正在运作的管理方法的忠实信徒。"6σ管理最终使GE发展成为全球最大、最成功的多元化经营的跨国公司。韦尔奇也被人们赞誉为"世界头号CEO"。

Ⅲ. 其他公司

6σ管理很快受到其他世界级大公司的关注,很多美国大公司相继实施这种先进的管理方法。一直在质量领域领先全球的日本企业也在20世纪90年代后期纷纷加入6σ管理的行列,其中包括索尼、东芝等。韩国的三星、LG也开始向6σ管理进军的旅程。目前,几乎所有的《财富》500强制造型企业都陆续实施了6σ管理战略。一些服务性企业,如花旗银行、亚马逊网站等也开始实施6σ管理,以提高服务质量、维护客户忠诚度。6σ管理不再只是一种单纯的面向制造性业务流程的质量管理方法,同时也成为有效的提高服务性业务流程的管理方法。目前,美国公司平均品质水平已从10年前的3σ~4σ提高到接近5σ的程度,而日本则已超过了5.5σ的水平。

4) 6σ管理与ISO9000的关系

作为国际标准化组织的质量认证体系,ISO9000认证为6σ管理的实施打下了坚实的基础。对于已通过ISO9000认证的企业,6σ管理提供了一条自然的不断改善的道路。由于ISO9000是一个统一的标准,必须兼顾不同行业的特点,所以不可避免地会牺牲相当多的针对性和具体性。这些都限制了对企业管理能力进行突破性提高的可能性和竞争优势的根本改善。而 6σ 管理则完全是从某个企业的特定管理环境出发,对关键业务流程进行优化和控制。一般而言,已经获得 ISO9000 认证的企业,其品质水准大多维持在 3.5σ~4σ 的水平,要达到 6σ 标准仍然需要不懈的努力。

2. 6σ 管理的特征

作为持续性的质量改进方法,6σ 管理具有如下特征:

(1) 对顾客需求的高度关注。6σ 管理以更为广泛的视角,关注影响顾客满意的所有方面。6σ 管理的绩效评估首先就是从顾客开始的,其改进的程度用对顾客满意度和价值的影响来衡量。6σ 质量代表了极高的对顾客要求的符合性和极低的缺陷率。它把顾客的期望作为目标,并且不断超越这种期望。企业从 3σ 开始,然后是 4σ、5σ,最终达到 6σ。

(2) 高度依赖统计数据统计。数据是实施 6σ 管理的重要工具,以数字来说明一切,所有的生产表现、执行能力等,都量化为具体的数据,成果一目了然。决策者及经理人可以从各种统计报表中找出问题在哪里,真实掌握产品不合格情况和顾客抱怨情况等,而改善的成果,如成本节约、利润增加等,也都以统计资料与财务数据为依据。

(3) 重视改善业务流程。传统的质量管理理论和方法往往侧重结果,通过在生产的终端加强检验以及开展售后服务来确保产品质量。然而,生产过程中已产生的废品对企业来说却已经造成损失,售后维修需要花费企业额外的成本支出。更为糟糕的是,由于容许一定比例的废品已司空见惯,人们逐渐丧失了主动改进的意识。6σ 管理将重点放在产生缺陷的根本原因上,认为质量是靠流程的优化,而不是通过严格地对最终产品的检验来实现的。企业应该把资源放在认识、改善和控制原因上,而不是放在质量检查、售后服务等活动上。质量不是企业内某个部门和某个人的事情,而是每个部门及每个人的工作,追求完美成为企业中每一个成员的行为。6σ 管理有一整套严谨的工具和方法来帮助企业推广实施流程优化工作,识别并排除那些不能给顾客带来价值的成本浪费,消除无附加值活动,缩短生产、经营循环周期。

(4) 积极开展主动改进型管理。掌握了 6σ 管理方法,就好像找到了一个重新观察企业的放大镜。人们惊讶地发现,缺陷犹如灰尘,存在于企业的各个角落。这使管理者和员工感到不安。要想变被动为主动,努力为企业做点什么。员工会不断地问自己:现在到达了几个 σ? 问题出在哪里? 能做到什么程度? 通过努力提高了吗? 这样,企业就始终处于一种不断改进的过程中。

(5) 倡导无界限合作、勤于学习的企业文化。6σ 管理扩展了合作的机会,当人们确实认识到流程改进对于提高产品品质的重要性时,就会意识到在工作流程中各个部门、各个环节的相互依赖性,加强部门之间、上下环节之间的合作和配合。由于 6σ 管理所追求的品质改进是一个永无终止的过程,而这种持续的改进必须以员工素质的不断提高为条件,因此,有助于形成勤于学习的企业氛围。事实上,导入 6σ 管理的过程,本身就是一个不断培训和学习的过程,通过组建推行 6σ 管理的骨干队伍,对全员进行分层次的培训,使大家都了解和掌握 6σ 管理的要点,充分发挥员工的积极性和创造性,在实践中不断进取。

3. 6σ 管理的作用

实施 6σ 管理的好处是显而易见的,概括而言,主要表现在以下几个方面:

(1) 能够提升企业管理的能力。6σ管理以数据和事实为驱动器。过去,企业对管理的理解和对管理理论的认识更多地停留在口头上和书面上,而6σ把这一切都转化为实际有效的行动。6σ管理法成为追求完美无瑕的管理方式的同义语。正如韦尔奇在通用电气公司2000年年报中所指出的:"6σ管理所创造的高品质,已经奇迹般地降低了通用电气公司在过去复杂管理流程中的浪费,简化了管理流程,降低了材料成本。6σ管理的实施已经成为介绍和承诺高品质创新产品的必要战略和标志之一。"

6σ管理给予了摩托罗拉公司更多的动力去追求当时看上去几乎是不可能实现的目标。20世纪80年代早期,公司的品质目标是每五年改进10倍,实施6σ管理后改为每两年改进10倍,创造了四年改进100倍的奇迹。对国外成功经验的统计显示:如果企业全力实施6σ革新,每年可提高一个σ水平,直到达到4.7σ,无须大的资本投入。这期间,利润率的提高十分显著。而当达到4.8σ以后,再提高σ水平需要对过程重新设计,资本投入增加,但此时产品、服务的竞争力提高,市场占有率也相应提高。

(2) 能够节约企业运营成本。对于企业而言,所有的不良品要么被废弃,要么需要重新返工,要么在客户现场需要维修、调换,这些都需要花费企业、成本。美国的统计资料表明,一个执行3σ管理标准的公司直接与质量问题有关的成本占其销售收入的10%～15%。在实施6σ管理的1987～1997年的10年间,摩托罗拉公司由于实施6σ管理节省下来的成本累计已达140亿美元。6σ管理的实施,使霍尼韦尔公司1999年一年就节约成本6亿美元。

(3) 能够增加顾客价值。实施6σ管理可以使企业从了解并满足顾客需求到实现最大利润之间的各个环节实现良性循环:公司首先了解、掌握顾客的需求,然后通过采用6σ管理原则减少随意性和降低差错率,从而提高顾客满意程度。通用电气的医疗设备部门在导入6σ管理之后创造了一种新的技术,带来了医疗检测技术革命。以往病人需要3分钟做一次全身检查,现在却只需要1分钟了。医院也因此提高了设备的利用率、降低了检查成本。这样,便出现了令公司、医院、病人三方面都满意的结果。

(4) 能够改进服务水平。由于6σ管理不但可以用来改善产品品质,而且可以用来改善服务流程,因此,对顾客服务的水平也得以大大提高。通用电气照明部门的一个6σ管理小组成功地改善了同其最大客户沃尔玛的支付关系,使得票据错误和双方争执减少了98%,既加快了支付速度,又融洽了双方互利互惠的合作关系。

(5) 能够形成积极向上的企业文化。在传统管理方式下,人们经常感到不知所措,不知道自己的目标,工作处于一种被动状态。通过实施6σ管理,每个人都知道自己应该做成什么样、应该怎么做,整个企业洋溢着热情和效率。员工十分重视质量以及顾客的要求,并力求做到最好,通过参加培训,掌握标准化、规范化的问题解决方法,工作效率获得明显提高。在强大的管理支持下,员工能够专心致力于工作,减少并消除工作中消防救火式的活动。

4. 6σ管理的组织结构

6σ管理需要一套合理、高效的人员组织结构来保证改进活动得以顺利实现。在过去,之所以有80%的全面质量管理(total quality management,TQM)实施者失败,最大原因就是缺少这样一个组织结构。

1）6σ 管理委员会

6σ 管理委员会是企业实施 6σ 管理的最高领导机构。该委员会的主要成员由公司领导层成员担任，其主要职责是：设立 6σ 管理初始阶段的各种职位；确定具体的改进项目及改进次序，分配资源；定期评估各项目的进展情况，并对其进行指导；当各项目小组遇到困难或障碍时，帮助他们排忧解难等。成功的 6σ 管理有一个共同的特点，就是企业领导者的全力支持。6σ 管理的成功在于从上到下均坚定不移地贯彻。企业领导者必须深入了解 6σ 管理对于企业的利益以及实施项目所要达到的目标，从而使他们对变革充满信心，并在企业内倡导一种旨在不断改进的变革氛围。

2）执行负责人

6σ 管理的执行负责人由一位副总裁以上的高层领导担任。这是一个至关重要的职位，只有具有较强的综合协调能力的人才能胜任。其具体职责是：为项目设定目标、方向和范围；协调项目所需资源；处理各项目小组之间的重叠和纠纷，加强项目小组之间的沟通等。

3）黑带

黑带（black belt）来源于军事术语，是指那些具有精湛技艺和本领的人。黑带是 6σ 变革的中坚力量。对黑带的认证通常由外部咨询公司配合公司内部有关部门来完成。黑带由企业内部选拔出来，全职实施 6σ 管理，在接受培训取得认证之后，被授予"黑带"称号，担任项目小组负责人，领导项目小组实施流程变革，同时负责培训绿带。黑带的候选人应该具备大学数学和定量分析方面的知识基础，需要具有较为丰富的工作经验。他们必须完成160 小时的理论培训，由黑带大师一对一地进行项目训练和指导。经过培训的黑带应能熟练地操作计算机，至少掌握一项先进的统计学软件。那些成功实施 6σ 管理的公司，大约只有 1% 的员工被培训为黑带。

4）黑带大师

这是 6σ 管理专家的最高级别，其一般是统计方面的专家，负责在 6σ 管理中提供技术指导。他们必须熟悉所有黑带所掌握的知识，深刻理解那些以统计学方法为基础的管理理论和数学计算方法，能够确保黑带在实施应用过程中的正确性。统计学方面的培训必须由黑带大师来主持。黑带大师的人数很少，只有黑带的 1/10。

5）绿带

绿带（green belt）的工作是兼职的，他们经过培训后，将负责一些难度较小的项目小组，或成为其他项目小组的成员。绿带培训一般要结合 6σ 具体项目进行 5 天左右的课堂专业学习，学习内容包括项目管理、质量管理工具、质量控制工具、解决问题的方法和信息数据分析等。一般情况下，由黑带负责确定绿带的培训内容，并在培训之中和之后给予协助和监督。

5. 6σ 管理的实施程序

1）辨别核心流程和关键顾客

随着企业规模的扩大，顾客细分日益加剧，产品和服务呈现出多标准化，人们对实际工作流程的了解越来越模糊。获得对现有流程的清晰认识，是实施 6σ 管理的第一步。

（1）辨别核心流程。

核心流程是为创造顾客价值最为重要的部门或者作业环节，如吸引顾客、订货管理、装货、顾客服务与支持、开发新产品或者新服务、开票收款流程等,它们直接关系到顾客的满意程度。与此相对应,诸如融资、预算、人力资源管理、信息系统等流程属于辅助流程,对核心流程起支持作用,它们与提高顾客满意度是一种间接的关系。不同的企业,核心流程各不相同,回答下列问题,有助于确定核心流程:企业通过哪些主要活动向顾客提供产品和服务?怎样确切地对这些流程进行界定或命名?用来评价这些流程绩效或性能的主要输出结果是什么?

(2) 界定业务流程的关键输出物和顾客对象。

在这一过程中,应尽可能地避免将太多的项目和工作成果堆到"输出物"栏目下,以免掩盖主要内容,抓不住工作重点。对于关键顾客,并且一定是企业外部顾客,对于某一流程来说其关键顾客可能是下一个流程,如产品开发流程的关键顾客是生产流程。

(3) 绘制核心流程图。

在辨明核心流程的主要活动的基础上,将核心流程的主要活动绘制成流程图,使整个流程一目了然。

2) 定义顾客需求

(1) 收集顾客数据,制定顾客反馈战略。缺乏对顾客需求的清晰了解,是无法成功实施 6σ 管理的。即使是内部的辅助部门,如人力资源部,也必须清楚了解其内部顾客——企业员工的需求状况。建立顾客反馈系统的关键在于:将顾客反馈系统视为一个持续进行的活动,看做是长期应优先处理的事情或中心工作;听取不同顾客的不同反映,不能以偏概全,由几个印象特别深刻的特殊案例而形成片面的看法;除市场调查、访谈、正式化的投诉系统等常规的顾客反馈方法之外,应积极采用新的顾客反馈方法,如顾客评分卡、数据库分析、顾客审计等;掌握顾客需求的发展变化趋势;对于已经收集到的顾客需求信息,要进行深入的总结和分析,并将其传达给相应的高层管理者。

(2) 制定绩效指标及需求说明。顾客的需求包括产品需求、服务需求或是两者的综合。对于不同的需求,应分别制定绩效指标,如在包装食品订货流程中,服务需求主要包括界面友好的订货程序、装运完成后的预通知服务、顾客收货后满意程度监测等,产品需求主要包括按照时间要求发货、采用规定的运输工具运输、确保产品完整等。一份需求说明,是对某一流程中产品和服务绩效标准简洁而全面的描述。

(3) 分析顾客各种不同的需求,并对其进行排序。确认哪些是顾客的基本需求,对这些需求必须予以满足,否则顾客绝对不会产生满意感;哪些是顾客的可变需求,在这类需求上做得越好,顾客的评价等级就越高;哪些是顾客的潜在需求,如果产品或服务的某些特征超出了顾客的期望值,顾客就会处于喜出望外的状态。

3) 针对顾客需求评估当前行为绩效

如果公司拥有雄厚的资源,则可以对所有的核心流程进行绩效评估。如果公司的资源相对有限,则应该从某一个或几个核心流程入手开展绩效评估活动。评估步骤如下:

(1) 选择评估指标。标准有两条,一是这些评估指标具有可得性,数据可以取得;二是这些评估指标是有价值的,为顾客所关心。

(2) 对评估指标进行可操作性的界定,以避免产生误解。

(3) 确定评估指标的资料来源。

(4) 准备收集资料。对于需要通过抽样调查来进行绩效评估的,需要制定样本抽取方案。

（5）实施绩效评估，并检测评估结果的准确性，确认其是否有价值。

（6）通过对评估结果所反映出来的误差，如次品率、次品成本等进行数量和原因方面的分析，识别可能的改进机会。

4）辨别优先次序，实施流程改进

对需要改进的流程进行区分，找到高潜力的改进机会，优先对其进行改进。如果不确定优先次序，企业多方面出手，就可能分散精力，影响 6σ 管理的实施效果。业务流程改进遵循五步循环改进法，即 DMAIC 模式：①定义（define）。定义阶段主要是明确问题、目标和流程，需要回答以下问题，即应该重点关注哪些问题或机会？应该达到什么目标？何时达到这一目标？正在调查的是什么流程？它主要服务和影响哪些顾客？②评估（measure）。评估阶段主要是分析问题的焦点是什么，借助关键数据缩小问题的范围，找出导致问题产生的关键原因，明确问题的核心所在。③分析（analyze）。通过采用逻辑分析法、观察法、访谈法等方法，对已评估出来的导致问题产生的原因进行进一步的分析，确认它们之间是否存在因果关系。④改进（improve）。拟订几个可供选择的改进方案，通过讨论并多方面征求意见，从中挑选出最理想的改进方案并付诸实施。实施 6σ 改进，可以是对原有流程进行局部的改进；在原有流程问题较多或惰性较大的情况下，也可以重新进行流程再设计，推出新的业务流程。⑤控制（control）。根据改进方案中预先确定的控制标准，在改进过程中，及时解决出现的各种问题，以使改进过程不至于偏离预先确定的轨道，发生较大的失误。

5）扩展、整合 6σ 管理系统

当某一 6σ 管理改进方案实现了减少缺陷的目标之后，如何巩固并扩大这一胜利成果就显得至关重要了。

（1）实行连续的评估，以支持改进。在企业内广泛宣传推广该改进方案，以取得企业管理层和员工的广泛认同，减少进一步改进的阻力；将改进方案落实到通俗易懂的文本资料上，以便于执行；实行连续的评估，让企业管理层和员工从评估结果中获得鼓舞和信心；任何改进方案都可能存在着需要进一步改进之处，对可能出现的问题，应提前制定应对的策略，并做好进一步改进的准备。

（2）定义流程负责人及其相应的管理责任。采用了 6σ 管理方法，就意味着打破了原有部门职能的交叉障碍。为确保各个业务流程的高效、畅通，有必要指定流程负责人，并明确其管理责任，包括维持流程文件记录、评估和监控流程绩效、确认流程可能存在的问题和机遇、启动和支持新的流程改进方案等。

（3）实施闭环管理，不断向 6σ 绩效水平推进。6σ 改进是一个反复提高的过程，五步循环改进法在实践过程中也需要反复使用，形成一个良性发展的闭环系统，不断提高品质管理水平，减少缺陷率。此外，从部分核心环节开始实施的 6σ 管理，也有一个由点到面逐步推开改进成果、扩大改进范围的过程。

14.4.3 HACCP 体系概述

HACCP 是"Hazard analysis critical control point"的英文缩写，即危害分析和关键控制点。国家标准 GB/T15091—1994《食品工业基本术语》对 HACCP 的定义为：生产（加工）安全食品的一种控制手段；对原料、关键生产工序及影响产品安全的人为因素进行分析，确

定加工过程中的关键环节,建立、完善监控程序和监控标准,采取规范的纠正措施。国际标准 CAC/RCP—1《食品卫生通则 1997 修订 3 版》对 HACCP 的定义为:鉴别、评价和控制对食品安全至关重要的危害的一种体系。

近 30 年来,HACCP 已经成为国际上共同认可和接受的食品安全保证体系,主要是对食品中微生物、化学和物理危害的安全进行控制。HACCP 体系被认为是控制食品安全和风味品质的最好、最有效的管理体系。

HACCP 作为科学的预防性食品安全体系,具有以下特点:

(1) HACCP 是预防性的食品安全保证体系,但它不是一个孤立的体系,必须建筑在良好的操作规范(GMP)和卫生标准操作程序(SSOP)的基础上。

(2) 每个 HACCP 计划都反映了某种食品加工方法的专一特性,其重点在于预防,设计上防止危害进入食品。

(3) HACCP 不是零风险体系,但使食品生产最大限度趋近于"零缺陷",可用于尽量减少食品安全危害的风险。

(4) 恰如其分地将食品安全的责任首先归于食品生产商和食品销售商。

(5) HACCP 强调加工过程,需要工厂与政府的交流沟通。政府检验员通过确定危害是否正确地得到控制来验证工厂 HACCP 的实施情况。

(6) 克服传统食品安全控制方法(现场检查和成品测试)的缺陷,当政府将力量集中于 HACCP 计划制定和执行时,对食品安全的控制更加有效。

(7) HACCP 可使政府检验员将精力集中到食品生产加工过程中最易发生安全危害的环节上。

(8) HACCP 概念可推广延伸应用到食品质量的其他方面,控制各种食品缺陷。

(9) HACCP 有助于改善企业与政府、消费者的关系,树立食品安全的信心。

上述诸多特点的根本在于 HACCP 是使食品生产厂或供应商从以最终产品检验为主要基础的控制观念转变为建立从收获到消费、鉴别并控制潜在危害、保证食品安全的全面控制系统。

新观察
HACCP 发展历史

HACCP 系统是 20 世纪 60 年代由美国 Pillsbury 公司 H. Bauman 博士等与宇航局和美国陆军 Natick 研究所共同开发的,主要用于航天食品中。1971 年美国第一次国家食品保护会议上 HACCP 原理被提出,随后立即被食品药物管理局(FDA)接受,并决定在低酸罐头食品的 GMP 中采用。FDA 于 1974 年公布了将 HACCP 原理引入低酸罐头食品的 GMP。1985 年美国科学院(NAS)就食品法规中 HACCP 的有效性发表了评价结果。随后由美国农业部食品安全检验署(FSIS)、美国陆军 Natick 研究所、食品药物管理局(FDA)、美国海洋渔业局(NMFS)四家政府机构及大学和民间机构的专家组成的美国食品微生物学基准咨询委员会(NACMCF)于 1992 年采纳了食品生产的 HACCP 七项原则。1993 年 FAO/WHO 食品法典委员会批准了《HACCP 体系应用准则》,1997 年颁发了新版法典指南《HACCP 体系及其应用准则》,该指南已被广泛接受并得到了国际上的普遍采纳。HACCP 概念已被认可为世界范围内的生产安全食品准则。

近年来,HACCP 体系已在世界各国得到了广泛的应用和发展。联合国粮农组织(FAO)和世界卫生组织(WHO)在 20 世纪 80 年代后期就大力推荐,至今不懈。1993 年 6 月食品法典委员会(FAO/WHO CAC)考虑修改《食品卫生的一般性原则》,把 HACCP 纳入该原则内。1994 北美和西南太平洋食品法典协调委员会强调了加快 HACCP 发展的必要性,将其作为食品法典在 GATT/WTO SPS 和 TBT(贸易技术壁垒)应用协议框架下取得成功的关键。FAO/WHO CAC 积极倡导各国食品工业界实施食品安全的 HACCP 体系。根据世界贸易组织(WTO)协议,FAO/WHO 食品法典委员会制定的法典规范或准则被视为衡量各国食品是否符合卫生、安全要求的尺度。另外,有关食品卫生的欧共体理事会指令 93/43/EEC 要求食品工厂建立 HACCP 体系以确保食品安全的要求。在美国,FDA 在 1995 年 12 月颁布了强制性水产品 HACCP 法规,又宣布自 1997 年 12 月 18 日起所有对美出口的水产品企业必须建立 HACCP 体系,否则其产品不得进入美国市场。FDA 鼓励并最终要求所有食品工厂实行 HACCP 体系。此外,加拿大、澳大利亚、英国、日本等国也都在推广和采纳 HACCP 体系,并分别颁发了相应的法规,针对不同种类的食品分别提出了 HACCP 模式。

目前 HACCP 推广应用较好的国家有加拿大、泰国、越南、印度、澳大利亚、新西兰、冰岛、丹麦、巴西等,这些国家大部分是强制性推行采用 HACCP。开展 HACCP 体系的领域包括饮用牛乳、奶油、发酵乳、乳酸菌饮料、奶酪、冰淇淋、生面条类、豆腐、鱼肉火腿、炸肉、蛋制品、沙拉类、脱水菜、调味品、蛋黄酱、盒饭、冻虾、罐头、牛肉食品、糕点类、清凉饮料、腊肠、机械分割肉、盐干肉、冻蔬菜、蜂蜜、高酸食品、肉禽类、水果汁、蔬菜汁、动物饲料等。

14.4.4 ISO/TS16949 体系概述

ISO/TS16949 体系是国际标准化组织(ISO)于 2002 年 3 月公布的一项行业性的质量体系要求,它的全名是"质量管理体系——汽车行业生产件与相关服务件的组织实施 ISO9001:2000 的特殊要求"。

1. ISO/TS16949 发展状况

为了协调国际汽车质量系统规范,世界上主要的汽车制造商及协会于 1996 年成立了一个专门机构,称为国际汽车工作组(International Automotive Task Force,IATF)。IATF 的成员包括国际标准化组织质量管理与质量保证技术委员会(ISO/TC176),意大利汽车工业协会(ANFIA),法国汽车制造商委员会(CCFA)和汽车装备工业联盟(FIEV),德国汽车工业协会(VDA),汽车制造商如宝马(BMW)、克莱斯勒(Daimler Chrysler)、菲亚特(Fiat)、福特(Ford)、通用(General Motors)、雷诺(Renault)和大众(Voldswagen)等。

为切实可行、有效地贯彻 ISO/TS16949 规范,IATF 在全球建立了五个地区性的国际汽车监督署(Internation Automotive Oversight Bureau,IAOB)。这五个监督署采用相同的程序方法来监督 ISO/TS16949 规范的管理、操作和实施。每个监督署的职责包括:

(1) 代表 IATF,通过相同的程序,贯彻和管理 ISO/TS16949 的注册全过程。包括见证审核活动、注册审核员的资格培训和考试、监督认证公司和注册审核员的工作质量。

(2) 与其他监督署协调,以确保 ISO/TS16949 注册计划的全球一致性。

(3) 贯彻和实施 IATF 的政策和决定。

(4) 负责 IATF 与全球汽车制造商之间有关标准的协调事宜。

(5) 建立和维持 IATF 的信息数据库,以便于注册管理。

这五个国际汽车监督署分别为 ANFIA、IATF-France、SMMT、VDA-QMC 和 IAOB。负责亚太地区的汽车监督署 IAOB 位于美国密歇根州南费尔德市,只有与其签约的认证机构才可以颁发受 IATF 承认的 ISO/TS16949 证书。

2. ISO/TS16949 特点

ISO/TS16949 是国际汽车行业的技术规范,是基于 ISO9001 的基础,加进了汽车行业的技术规范。此规范完全与 ISO9000:2000 保持一致,但更着重于缺陷防范、减少在汽车零部件供应链中容易产生的质量波动和浪费。

ISO/TS16949:2002 质量管理体系标准有五大关注点,通过这五大关注点的运行实施,改进企业运营业绩。关注点包括顾客要求和期望、缺陷预防、过程方法、持续改进、建立指标体系。

ISO/TS16949 规范只适用于汽车整车厂和其直接的零备件制造商。这些厂家必须是直接与生产汽车有关的,能开展加工制造活动,并通过这种活动使产品能够增值。对所认证的公司厂家资格,有着严格的限定。那些只具备支持功能的单位,如设计中心、公司总部和配送中心等,不能独立获得 ISO/TS16949:2002 认证。对那些为整车厂家或汽车零备件厂家制造设备和工具的厂家,也不能获得 ISO/TS16949:2002 的认证。因此,ISO/TS16949:2002 的实施,对整车公司和它们的零备件制造供应商将有直接的影响。

ISO/TS16949 特别注重厂家的完成品及实现这个完成品的质量系统能力。它认为这是整个制造过程活动的基础。另一个特点是,它特别注重一个机构的质量管理系统的有效性。

ISO/TS16949:2002 的审核,由从单一要素的审核转变成一个过程的审核。一个过程的审核将把重点放在以用户为中心。它是根据用户的要求来评估厂家的活动,围绕用户的满意度来衡量厂家的表现。

ISO/TS16949 把用户的要求和技术规范放在同等重要的位置。因此,认证公司对厂家的认证审核,很多地方类似于第二方的审核。

ISO/TS16949:2002 的主要特点之一是,它是受 IATF 承认的一个单一的全球质量系统标准和注册程序。相对于文件审核,TS16949 更注重过程的审核。

由于 ISO/TS16949:2002 已包含 ISO9001:2000 的所有内容,所以获得 ISO/TS16949:2002 的认证,也标志着符合 ISO9001:2000 标准。

本章小结

本章主要讲述了质量管理及 ISO9000 质量认证体系等有关内容。首先介绍了质量的含义,而后比较详细地讨论了质量管理的内涵,分别阐述了质量管理的意义、质量职能、全面质量管理的特点、质量体系的内容。介绍了从事后检验到全面质量管理的整个发展过程,讲解了 PDCA 循环的主要内容。还着重讲述了统计质量控制的常用方法,重点介绍了常用的质量控制七种工具,即直方图、数据分层法、控制图、排列图、因果分析图、散布图和统计分析表。除此之外,本章对当前应用较广的 ISO9000 质量认证体系作了介绍,描述了 ISO9000 质量认证的主要内容、ISO9000 系列标准的组成原则等。最后,本章对于当前最为热门的 6σ 管理、HACCP 和 TS16949 体系作了简要介绍。

复习与思考

1. 提高产品质量的意义是什么?
2. 什么是全面质量管理? 它有哪些特点?
3. 什么是 PDCA 循环? 它有哪些特点? PDCA 循环的应用的步骤有哪些?
4. 质量管理发展的各个阶段都有哪些特点?
5. 散布图的主要用法是什么?
6. 为什么说全面质量管理是一场深刻的变革?
7. ISO9000 系列标准的意义及其重要作用如何? 它与 TQM 有何联系?
8. 简述 6σ 管理的特征和实施程序。

质量争先　永无止境——海尔的全面质量管理

海尔公司的全面质量管理主要包括以下几个方面。

1. "全面质量管理"的观念

1985 年,海尔的员工亲眼目睹了张瑞敏流泪砸 76 台质量不合格的冰箱的情景。"全面质量管理"观念树立后,员工的质量责任心迅速增强,从而使企业有了坚实的质量管理基础。"精细化,零缺陷"成为全体员工的心愿和行动指南。

2. 质量零缺陷

海尔认为,企业努力的目标是第一次就把事情完全做好,也就是达到"零缺陷"的目标。如果第一次就能把事情做好,那些浪费在补救工作上的时间、金钱和精力就可以避免,生产成本也会大大降低。这是质量管理的一个全新境界,它将质量管理的重点由事后检查转向生产过程中的控制。同时,海尔不认同"人难免会犯错误"这种根深蒂固的看法,主张任何缺陷都不能接受,不论缺陷大小。只有完美无缺,即顾客的完全满意,才是企业应全力追求的标准。

建立零缺陷的质量平台,首先是零缺陷的设计,即保证设计在工艺过程中干不坏,在使用过程中也用不坏。其次是零缺陷的模块化制造网络和零缺陷的质量保证系统。海尔在全球共有 13 个工业园,每个工业园和制造单位都有各自的模块功能。这些模块的零缺陷要靠每个人" 第一次就做对"、"绝不从我手中放过一个缺陷"的意识来实现。国际标准质量保证系统的平台是倍速发展的有力保证,ISO9001 的 2000 年版本中"顾客满意度"条款的有关要求,海尔早在 10 年前就提出并实施。

为了提高产品质量,海尔对零部件严格执行国际标准,宁可停产也不降低标准。张瑞敏提出"下道工序是用户",依靠"三检制"(自检、互检、专检)对生产过程进行质量控制。同时,在员工中开展质量控制小组活动,强化员工的自主管理意识,对症下药,随时解决已出现或可能出现的问题。为正确处理产量和质量的关系,海尔实行了严格的质量否决制度,根据每道工序的质量责任大小,编制质量责任价值券,上下工序之间出现质量问题均可当场撕券,奖优罚劣。

为保证每个部件质量水平的稳定与提高,海尔在供应商的选择上制定了非常苛刻的条件,如规定重要零部件的供应商必须是国内或国际同行业前三名的企业,每月对供应商的产品质量、价格、服务水平进行综合评比,以促使供应商无论在产品质量控制、生产管理还是在新产品开发方面都产生了一种无形的压力,从而相对保证了零部件质量的稳定与提高。

3. 严格的质量审核工作

海尔实行严格的质量控制,在内部实行了五级 HR 质量认证制度,通过这种制度决定是否允许新加入海尔的公司使用海尔商标。在国际上,海尔为自己制定的方针是:"要在国际市场竞争中取胜,第一是质量,第二是质量,第三还是质量。"在家电质量方面要参加国际比赛,必须取得三项资格:一是质保体系——取得 ISO9001 认证;二是产品国际认证——取得德国 VDE、GS、TUV,美国 UL,加拿大 CSA 等认证;三是检测水平必须达到国际认可,如加拿大 EEV、CSA 等能效认证,美国 UL 用户测试数据认可。这三项资格海尔都拿到了。

海尔的质量管理严格按照 ISO9001 体系的要求,建立全面的内部质量审核体系。

质量保证工作不仅是质管处、质检处的责任,而且贯穿整个生产过程,需要各部门通力合作才能实现。

这种严格按照 ISO9001 建立的内部质量审核制度使海尔产品的质量进一步向"零缺陷"的目标靠拢。

4. 没有终点的质量改进工作

海尔认为,质量改进是个没有终点的连续性活动,停止就意味着倒退。而改进也不是单靠一道命令或一次宣传即可达到的。它是一项系统工程,涉及思维方法、行为方式和最终的结果。

在此观念的指导下,海尔的各个事业部都设立了具有国际先进水平的质量分析室。该分析室集"信息中心"、"案例中心"、"培训中心"于一身,对社会反馈的质量信息及工序不良品信息进行有效跟踪和改进。利用典型案例的示范作用对员工进行培训,以杜绝类似质量问题的再度发生。该分析室每天把海尔分布在全国的 33 个电话服务中心 24 小时得到的用户意见整理出来,定期理出全部意见,然后从意见最大的那一条开始进行改进。

海尔的质量改进工作主要是以 OEC 管理为依托,即"日事日毕,日清日高",就是要求今天的质量工作的内容和目标必须完成,而且今天完成的事要比昨天有所提高,明天的目标也必须比今天高。OEC 管理给"精细化,零缺陷"的质量标准增加了新的内涵,并把全面质量管理推向了一个新的境界。

(资料来源:方正,《企业生产与运作国际化管理案例》,中国财政经济出版社,2002 年 10 月 18 日,第 129~132 页)

思考题：

1. 海尔全面质量管理的特征是什么？

2. 海尔全面质量管理能实现零缺陷吗？

3. 海尔全面质量管理的理念起到了什么作用？

 ## 计算题

1. 已知每组样本量为 4，$\overline{\overline{X}} = 12$，$\overline{R} = 1$，请依据下表，求解 $\overline{X} - R$ 图的控制限。

$\bar{x}$ -R 图的系数表

样本大小	A_2	d_2	D_3	D_4
2	1.880	1.128	—	3.267
3	1.023	1.693	—	2.575
4	0.729	2.059	—	2.282
5	0.579	2.326	—	2.115
6	0.483	2.534	—	2.004
7	0.419	2.704	0.076	1.924
8	0.373	2.847	0.136	1.864
9	0.337	2.970	0.184	1.816
10	0.308	3.038	0.223	1.777

2. 某化工机械厂为从事尿素合成的公司生产尿素合成塔，尿素合成塔在生产过程中需要承受一定的压力，上面共有成千上万个焊缝和焊点。由于该厂所生产的 15 台尿素合成塔均不同程度地出现了焊缝缺陷，由此对返修所需工时的数据统计如下表所示。请使用排列图法计算控制合成塔质量的因素。

序号	项　目	返修工时 f_i	频率 p_i/%	累计频率 f_i/%	类别
1	焊缝气孔	148	60.4	60.4	A
2	夹渣	51	20.8	81.2	A
3	焊缝成型差	20	8.2	89.4	B
4	焊道凹陷	15	6.1	95.5	B
5	其他	11	4.5	100	C
	合　计	245	100		

3. 某厂生产某零件，技术标准要求公差范围为 22.220±0.021 毫米，经随机抽样得到 100 个数据如下表并要求：

①做出直方图；②对直方图进行分析。（注：表中数字为小数点后的数值，为作图方便，均已放大 100 倍。）

202	204	205	206	206	207	207	208	208	209
209	210	210	210	211	211	211	211	212	212
212	213	213	213	214	214	214	214	215	215
215	216	216	216	216	217	217	217	217	217
217	218	218	218	218	218	218	218	218	219
219	219	219	220	220	220	220	220	220	220
220	220	220	220	221	221	221	221	221	221
221	222	222	222	223	223	223	223	224	224
224	225	225	225	226	226	227	227	228	228
229	229	230	231	231	232	233	234	235	237

供应链管理

第15章

供应链管理(supply chain management)　　物流(logistics)

合作伙伴(cooperation partnership)　　配送体系(distribution system)

http://www.e-works.net.cn

http://www.mmrc.net

> 供应链管理是一种系统的管理思想和方法,它执行供应链中从供应商到最终用户的物流的计划和控制等职能。供应链管理对于企业降低成本、提升客户满意度、最优化企业整体"流程品质"有着重要的影响。
>
> 本章主要阐述供应链管理的基本内容、应用模式和实施步骤,着重介绍了供应链合作伙伴的选择与评价、供应链中的采购管理和物流管理,并简要介绍了物联网时代的智能物流。

15.1　供应链管理概述

15.1.1　供应链管理的产生背景

供应链管理的产生是传统利润源枯竭、经济组织寻找新的利润源的结果。

20世纪80年代以前,由于新的制造技术和战略(如精益制造、全面质量管理等)的产生,企业的生产成本有了大幅度的降低,竞争优势有了明显的提升。这些新的制造技术和战略在当时成为企业的重要利润源泉。于是,企业纷纷将大量的资源投资于实施这些战略。然而,在过去的几年中,许多企业已经尽可能地降低了制造成本。这一传统的利润源泉给企业带来的利润越来越少,并逐渐枯竭。这一现象引起了企业界和学术界的共同关注,人们认识到企业要想进一步增加利润和市场占有率就必须寻找新的利润源。

20 世纪 90 年代以来,随着传统利润源的萎缩,为了进一步挖掘降低产品成本和满足客户需要的潜力从而寻找到新的利润源,人们开始将目光从管理企业内部生产过程转向产品的供应环节和整个供应链系统。供应链管理这一新的管理理念应运而生,并逐步得到发展和完善。加拿大不列颠哥伦比亚大学商学院的迈克尔·特里西韦教授研究认为,对企业来说,库存费用约为销售额的 3%,运输费用约为销售额的 3%,采购成本占销售收入的 40%~60%。

一些企业通过有效的供应链管理已经能够大幅度地增加收益或降低成本。惠普、爱立信、数学仪器公司、宝洁公司等世界著名大公司都已采用了这种管理新方法,并因此增强了国际竞争力。据宝洁公司透露,它们能够使其零售客户在一定时期内节约数千万美元,其方法的实质在于制造商和供应商紧密合作。实践表明,供应链管理这一新的管理模式,可以使企业在最短的时间内找到最好的合作伙伴,用最低的成本、最快的速度、最好的质量赢得市场,受益的不只是一家企业,而是一个企业群体。供应链管理可以被认为是 21 世纪企业利润增长的新源泉。

15.1.2　供应链管理的发展环境

1. 宏观环境

(1) 科学技术的进步。进入 20 世纪 90 年代以来,飞速发展的科学技术为供应链管理营造了良好的发展环境。近年来,电子数据交换技术、条码技术的应用增强了信息传递的准确性、及时性和可靠性,使信息代替库存成为可能,极大地推动了供应链管理的发展。电子商务与供应链管理集成软件的开发,也给供应链管理的发展带来了新的机遇,可以通过电子数据交换与供应链成员共享信息。零售商与卖主之间直接进行信息交换,提高了物流效率和对日益增长的客户服务的支持水平,同时降低了企业的运行成本。

(2) 经济一体化趋势的加强。经济一体化是当前世界经济发展的基本趋势,它的本质是以投资、贸易、金融、技术、人才的自由流动与合理配置推动生产力的快速发展。经济一体化趋势的加强也要求企业在更大的范围和更高的层次上进行竞争。传统的大而全、小而全的"纵向一体化"生产方式的竞争力已渐趋弱化,取而代之的是跨行业、跨地区的"横向一体化"协作生产模式。通过非核心业务的外包建立一个良好的供应链体系,使每一个结点上的企业都能轻装上阵,提供其业务范围内质量和价格方面都最有竞争力的产品和服务。这样既可使产品的质量达到最优,价格最低;又可把有限的精力和财力投入到核心业务领域,达到降低管理成本、提高资源配置效率、赢得竞争优势的目的。另外,经济一体化趋势的加强也为企业在全球范围内寻找最优秀的合作伙伴提供了保障。

2. 中观环境

(1) 市场类型的转变。在人类社会跨入 21 世纪之际,随着社会产品的极大丰富和买卖双方的信息趋于对称,市场类型由卖方市场转变为买方市场。买方市场是供应链成长的理想环境,有利于企业和关键的供应商实施长期合作战略。在谈判成本、质量、工艺过程的授权、获取、分享新技术和产品能力等方面,买方能发挥主导作用。处于供应链结点的企业从战略的高度重视用户(下游企业及其最终消费者)的需要使用户满意。

（2）消费需求的变化。在以全球经济一体化、网络化、信息化为特征的新经济时代,消费者的需求越来越呈现出个性化、及时化和便利化等特点,并且消费者的个性化需求成为推动企业发展与创新的核心力量,经济的大批量生产转向大规模定制。在这种新的消费需求形势下,所有的企业都将面临更严峻的挑战——它们在提高服务水平的同时必须降低成本,必须在提高市场反应速度的同时给消费者以更多的选择。在提高服务水平和降低企业成本的矛盾统一体中找到一个平衡点。这也正是供应链管理要解决的问题。

（3）市场竞争的日益激烈。与传统的竞争环境相比,21 世纪企业所面临的竞争环境具有了新的特点。主要表现在为产品品种趋于多样化、产品生命周期缩短和用户对交货期的要求不断提高这三个方面。

3. 微观环境

（1）企业组织结构变化。随着知识经济和信息化时代的到来,许多企业为了适应形势的转变,自觉地对其组织结构进行调整。企业组织结构的调整,一方面消除了原来的组织机构重叠、中层臃肿、信息传递速度慢及决策效率低的传统的金字塔式的组织结构,建立起了以信息技术和网络技术为支撑的扁平化和网络化的组织结构;另一方面越来越多的企业将非核心业务外包,本企业只保留一个业务接口,出现了"虚拟企业"、"虚拟团队"。这种现象表明,企业的资源配置已从企业内走向企业外,打破了企业之间的"围墙"。企业越来越注重培养其自身的核心能力,企业的内外边界日益模糊。

（2）企业运营规则改变。国际上 1960—1975 年是典型的"推式"时代,从原材料推到成品,直至客户一端。1975—1990 年企业为了提升在日益激烈的竞争环境中的竞争力,开始集成自身内部的资源,企业的运营规则也从"推式"转变为以客户需求为源动力的"拉式"。随着企业运营规则的改变,管理变得日趋复杂,企业迫切需要一种新的管理模式。以信息技术为支撑体系、以合作竞争为指导思想的供应链管理能够以较低的成本对客户需求作出快速反应。供应链管理在这一趋势中得到广泛的应用和发展。

15.1.3　供应链管理的特点

供应链管理是一种系统的管理思想和方法,它执行供应链中从供应商到最终用户的物流的计划和控制等职能。美国物流管理协会对供应链管理作出的最新定义为:供应链管理是以提高企业个体和供应链整体的长期绩效为目标,对传统的商务活动进行总体的战略协调,对特定公司内部跨职能部门边界的运作和在供应链成员中跨公司边界的运作进行战术控制的过程。

供应链管理环境下的生产计划与控制,是一个建立在信息共享、技术合作基础上的开放性的系统,因此它具有以下一些特点。

1. 开放性

经济全球化使企业进入全球市场,不管是基于虚拟企业的供应链还是基于供应链的虚拟企业,开放性是当今企业组织发展的趋势。供应链是一种网络化组织,供应链管理环境下的企业生产计划信息已经跨越了组织的界限,形成开放性的信息系统。决策的信息资源来自企业的内部和外部,并与其他组织共享。

2．动态性

供应链环境下的生产计划信息具有动态的特性,这是市场经济发展的必然。为了适应不断变化的顾客需求,使企业具有敏捷性和柔性,生产计划的信息随着市场需求的更新而变化,模糊的提前期和模糊的需求量要求生产计划具有更多的柔性和敏捷性。

3．集成性

供应链是集成的企业、是扩展的企业模型。因此,供应链环境下的企业生产计划信息是不同信息源的信息集成,它集成了供应商、生产商、分销商的信息,甚至集成了消费者和竞争对手的信息。

4．群体性

供应链环境下的生产计划决策过程具有群体特征。这是因为供应链是分布式的网络化组织,具有网络化管理的特征。供应链企业的生产计划决策过程是一种集体协商过程,企业在制定生产计划时不但要考虑企业本身的能力和利益,还要考虑合作企业的需求与利益,是群体协商决策过程。

5．分布性

供应链企业的信息来源从地理上看具有分布性。信息资源跨越部门和企业,甚至全球化。通过 Internet/Intranet/Extranet、EDI 等信息通信和交流工具,企业能够把分布在不同区域和不同组织的信息进行有机的集成与协调,使供应链上的活动同步进行。因此,在供应链环境下,资源优化的空间由企业内部扩展到企业外部,必须从供应链整体系统的角度进行各种资源的优化。

15.1.4　供应链管理的应用

供应链管理主要涉及四个主要领域:供应、生产计划、物流和需求。它是以同步化、集成化生产计划为指导,以各种技术为支持,尤其是以 Internet/Intranet/Extranet 为依托,围绕供应、生产作业、物流(主要指制造过程)、满足需求来实施的,如图 15-1 所示。

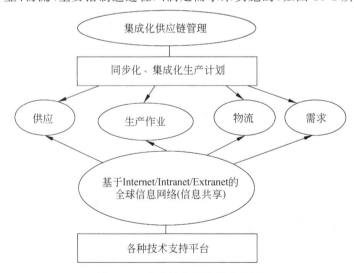

图 15-1　供应链管理涉及的领域

（1）物流管理。即材料和产品的移动策略的管理，是从供应商通过企业分配系统向零售店和客户的运动管理。

（2）实物分配管理。通过计划和调整，控制货物的实际运动。

（3）分配需求计划。涉及仓库、码头、运输和发货管理等计划。

（4）实物库存管理。决定库存的水平和重新进货的频率，它取决于经营的水平、业务管理的服务水平。

（5）仓库管理。包括存货地点、产品存放、挑选、接受、分配的管理，以及这些过程的质量监督。

（6）劳务管理。包括劳务、工作量计划、劳务质量监督以及时间和出勤率、个人信息和员工薪资总额信息的管理。

（7）商品的运输管理。包括选择运输方式、运输计划、船队管理、装载量计划、运输工具时刻表、路径计划和时刻表、交付时刻表、运输工具的跟踪和监督等。

（8）单元化。决定分配渠道每个阶段产品的最合适的数量管理。

（9）沟通。对供应链中向上传递和向下传递的所有信息的管理，包括需求预测、销售记录、追加订货等。

一般来说，供应链管理有三种应用模式：以制造企业为主导的供应链模式，如图 15-2 所示；以零售企业（连锁超市）为主导的供应链模式，如图 15-3 所示；以 3PL（集成物流供应商）为主导的物流服务供应链模式，如图 15-4 所示。

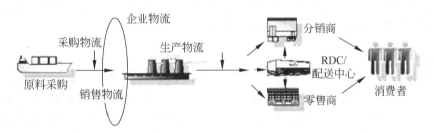

图 15-2　以制造企业为主导的供应链模式

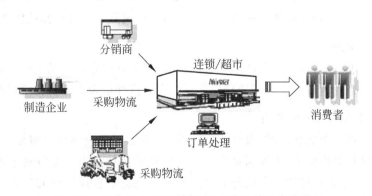

图 15-3　以零售企业（连锁超市）为主导的供应链模式

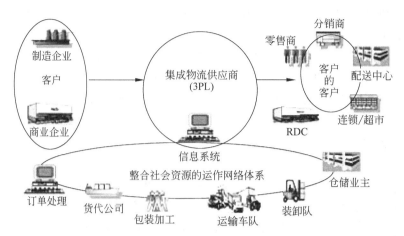

图 15-4 以集成物流供应商为主导的供应链模式

15.1.5 供应链管理的实施步骤

1. 分析市场竞争环境,识别市场机会

竞争环境分析是为了识别企业所面对的市场特征和市场机会。要完成这一过程,可以根据波特模型提供的原理和方法,通过调查、访问、分析等手段,对供应商、用户、现有竞争者及潜在竞争者进行深入研究,掌握第一手准确的数据、资料。要做好这项工作,一方面取决于企业经营管理人员的素质和对市场的敏感性;另一方面企业应该建立一种市场信息采集监控系统,并开发对复杂信息的分析和决策技术。

2. 分析顾客价值

顾客价值是指顾客从给定产品或服务中所期望得到的所有利益,包括产品价值、服务价值、人员价值和形象价值。供应链管理的目标就在于提高顾客价值和降低总的交易成本。要从顾客价值的角度来定义产品或服务,并在不断提高顾客价值的情况下,寻求最低的交易成本。一般来说,发现了市场机会并不意味着真正了解某种产品或服务在顾客心目中的价值,只有不断为顾客提供超值的产品,才能满足顾客的需求,而顾客的需求拉动是驱动整个供应链运作的源头。因此,必须真正从顾客价值的角度出发来定义产品或服务的具体特征。

3. 确定竞争战略

从顾客价值出发,在定位企业产品或服务之后,就应该确定相应的竞争战略。竞争战略形式的确定可使企业清楚认识到要选择什么样的合作伙伴以及合作伙伴的联盟方式。

4. 分析本企业的核心竞争力

核心竞争力是指企业在研发、设计、制造、营销、服务等某一环节上明显优于其他企业、并且不易被竞争对手模仿的、能够满足客户价值需要的独特能力。竞争对手难以模仿的资源和能力,才是企业获得持续竞争优势的关键所在。供应链管理注重的就是企业的核心竞争力,企业把内部的智能和资源集中在有核心竞争优势的活动上,将剩余的其他业务活动移交给在该业务上有优势的专业公司,以弥补自身的不足,从而使整个供应链具有竞争优势。在分析本企业核心竞争力的基础上,重建企业的业务流程和组织结构。

5．评估、选择合作伙伴

合作伙伴一旦选定,则应建立战略合作关系。

15.2　供应链合作伙伴选择与评价

供应链管理强调供应链上的结点企业及其活动的整体集成。

供应链的实质就是合作,而随着合作的进一步深入,合作形式也从收集信息到制定决策不断提升。合作程度与信息共享程度的增加,所产生的经济价值也将以非线性的方式快速增加。供应链上的信息透明和合作,是管理好供应链的重要保证。提高供应链整体的透明度,可以加强贸易伙伴合作的联盟关系,提高对流入物流的监控,加强订单实现过程的监控,更好地履行订货承诺,提高管理整个渠道库存的水平。

有专家研究表明:合作对供应链进步的贡献率为 40％；合作性计划可以使库存减少15％；合作性预测的准确性可提高 15％；开支减少 20％～30％；可节约运输成本 3％～5％。

15.2.1　评估、选择合作伙伴的原则和内容

供应链的建立过程实际上是一个供货商的评估、选择过程,选择适当的合作伙伴就是选择合适的企业作为供应链中的合作伙伴,这也是加强供应链管理中最重要的一环。企业需要从产品的交货时间、供货质量、售后服务、产品价格等方面全面考核合作伙伴。如果企业选择合作伙伴不当,就会使企业失去与其他企业合作的机会,减少获得利润的机会,从而无形中抑制了企业竞争力的提高。

1．选择原则

对于供应链中合作伙伴的选择,可以遵循以下原则:

(1) 合作伙伴必须拥有各自的可资利用的核心竞争力。唯有合作企业拥有各自的核心竞争力,并使各自的核心竞争力相结合,才能提高整条供应链的运作效率,从而为参与合作的企业带来可观的贡献,包括及时、准确的市场信息,快速高效的物流,快速的新产品研制,高质量的消费者服务,成本的降低等。

(2) 拥有相同的企业价值观及战略思想。企业价值观的差异表现在是否存在官僚作风、是否强调投资的快速回收、是否采取长期的观点等。战略思想的差异表现在市场策略是否一致、注重质量还是注重价格等。若企业之间价值观及战略思想差距过大,合作必定以失败而告终。

(3) 合作伙伴必须少而精。若选择合作伙伴的目的性和针对性不强,合作过于泛滥,可能导致过多的资源、机会与成本的浪费。

2．考察内容

在具体的选择过程中,一定要慎重考察如下内容:

(1) 协作态度,包括良好的业务联系、提供信息的态度、对意外事件的处理态度和措施。

(2) 质量保证,包括事故的发生情况、质量问题处理等。

(3) 社会信誉,主要指其他进货商对被考察对象的评价。

(4) 交货保证,按期交货的保证情况。

（5）生产保证情况，主要指安全生产。

（6）地理位置，从运输、联络等方面来考察供应商所处的地理条件。

15.2.2　面向供应链的合作计划、预测与补给

1．CPFR 的概念

为了实现对供应链的有效运作和管理，以及对市场变化的科学预测和快速反应，一种面向供应链的策略——合作计划（collaborative planning）、预测与补给（forecasting and replenishment，CPFR）应运而生。

CPFR 应用一系列处理和技术模型，提供覆盖整个供应链的合作过程，通过共同管理业务过程和共享信息来改善零售商和供应商的伙伴关系、提高预测的准确度，最终达到提高供应链效率、减少库存和提高消费者满意程度的目的。CPFR 有三条指导性原则：

（1）贸易伙伴框架结构和运作过程以消费者为中心，并且面向价值链的成功运作。

（2）贸易伙伴共同负责开发单一、共享的消费者需求预测系统，这个系统驱动整个价值链计划。

（3）贸易伙伴均承诺共享预测并在消除供应过程约束上共担风险。

在 CPFR 提出之前，关于供应链伙伴的合作模式主要有合计预测与补给（aggregate forecasting and replenishment，AFR）和共同管理库存（jointly managed inventory，JMI）、供应商管理库存（vendor managed inventory，VMI）等。AFR 是商业贸易伙伴交互作用中应用最广泛的方法，用于预测的核心数据来自于辛迪加数据和销售历史数据，采用制造者推动供应链的方法。VMI 的一个关键技术是应用供应链的能力管理库存，这样需求和供应就能结合在一起，使制造者能够得到零售分销中心仓库返回数据和 POS（point of sale，销售点）数据，利用这些信息规划整个供应链的库存配置。CPFR 建立在 JMI 和 VMI 的实践基础上，同时摒弃了 JMI 和 VMI 中的主要缺点。例如，没有一个适合所有贸易伙伴的业务过程，未实现供应链的集成等。针对贸易伙伴的战略和投资能力不同、市场信息来源不同的特点，将 CPFR 构建成一个方案组，方案组通过确认贸易伙伴从事关键业务的能力来决定哪家公司主持核心业务活动，贸易伙伴可选用多种方案来实现其业务过程。零售和制造商从不同的角度收集不同层次的数据，通过反复交换数据和业务情报的改善制定需求计划的能力，最后得到基于 POS 的消费者需求的单一共享预测。这个单一共享需求计划可以作为零售商和制造商的与产品有关的所有内部计划活动的基础，从而使价值链集成得以实现。以单一共享需求计划为基础能够发现和利用许多商业机会，优化供应链库存和改善客户服务，最终为供应链伙伴带来丰厚的收益。

2．CPFR 的业务流程

CPFR 的业务活动可划分为计划、预测和补给三个阶段，包括九个主要流程活动。第一个阶段为计划，包括第一、二步；第二个阶段为预测，包括第三至第八步；第三个阶段为补给，包括第 9 步。具体如下：

（1）供应链伙伴达成协议。

（2）创建联合业务计划。

（3）创建销售预测。

（4）识别销售预测的例外情况。

（5）销售预测例外项目的解决/合作。

（6）创建订单预测。

（7）识别订单预测的例外情况。

（8）订单预测例外项目的解决/合作。

（9）订单产生。

戴尔的命根：超级供应链

强森在一家中型企业担任经理一职。他最近想要购买一台新的个人计算机,但他很忙,所以决定到网上找找看。

他一开始先造访了自己最喜爱的网站之一——科技信息网。这个网站在与科技相关的项目上可以为强森提供许多专业的建议。在个人计算机这一类,网站最终向他推荐了戴尔、东芝和康柏这三家品牌。

于是,强森接下来先造访了戴尔的网站。他一方面想要配有平面显示器和重复读写式光驱的计算机,另一方面又想把价钱尽量压低。于是,他用戴尔的规格设定精灵选择了自己想要的东西,结果价钱低于 2 000 美元。若加上运费和税金则是 2 175 美元。

接着,他又来到了康柏的网站。强森惊讶地发现,这里看起来跟戴尔几乎一模一样——同样的明细表、同样增加配备的价格、同样的目录,甚至连辅助键都一样(这与他在六个月前见到的截然不同)。他设定好想要的配置,整个流程还算顺畅,可事后的金额却比戴尔贵了 200 美元。

然后,他又继续造访了东芝的网站。本以为会获得类似的经验,但事实却出乎他的意料。东芝的网站让人无从下手,而且该网站也无法自行设定想要的计算机,甚至无法直接销售给他。因此,强森很快离开了。

“除了品牌声誉外,我要的是可以自行设定自己需要的产品。”于是,强森最后又回到了戴尔的网站。

就一个 PC 营销企业的经营策略而言,从上面这个实例,我们可以得到什么启示?

(资料来源:ttp://www.e-works.net.cn/ewk2004/ewkArticles/460/Article28272.htm)

15.2.3　供应链企业合作对策与委托实现理论模型

在供应链管理实施过程中,当企业探知某项新的需求时,首先会进行“自制-外包”的决策分析。如果需要外包给其他企业,委托代理企业完成该项订单(全部或者一部分)时,就必须根据合作伙伴的信誉、业绩等条件,选择一个或几个合作伙伴承担代理活动,并在一定的合作对策理论、战略合作理论、协商机制的指导下,与代理企业进行协商,在法律约束的条件下,制定出有利于委托-代理各方利益的合同模型,再考虑设定相应的激励条件,达成正式的委托-代理关系,将业务委托该企业完成。

在合同的执行过程(也就是企业委托代理关系的实现过程)中,会遇到许多在制定委托-代理决策时所预想不到的实际问题,包括逆向选择、信任危机、紧急例外情况等,供应链上合作企业之间必须在一定的协商机制的指导下,通过协商解决好冲突和利润分配等问题。

为此,必须建立起一定的供应链运行状况-绩效评价机制、预警-应急机制、风险防范机制、激励-约束机制等机制,以更好地控制合同履行过程,更有效地实现供应链企业之间的委托-代理关系。这是供应链企业之间的合作与委托实现的基本过程。供应链企业合作对策与委托实现的理论模型框架如图 15-5 所示。

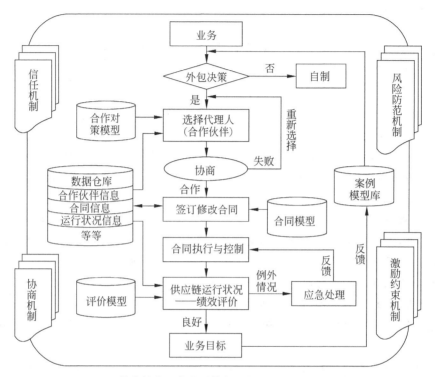

图 15-5　供应链企业合作对策与委托实现的理论模型框架

在这个模型中,激励-约束机制、风险防范机制、信任机制、协商机制是供应链企业合作对策与委托实现的四个核心机制。正是这四个机制的协同作用,才能保证供应链企业之间的合作与委托实现的正常运行,才能保证供应链合作达到最大的经济效益,才能保证供应链获得整体优化,获得供应链与供应链之间竞争的最大优势。

15.3　供应链中的采购管理和物流管理

15.3.1　供应链中的采购管理

一般地,对于高新技术产业企业来说,其采购成本比例一般为 10%～30%;对于技术含量较低的企业来说,其物流采购成本比例为 30%～80%;而对于技术过于简单的企业来说,其采购成本比例可能高达 90%。由此可见,如何使企业在白热化的竞争中求得生存、谋取发展,不仅要在研发、销售、制造上寻找改进点,而且要在物流采购供应链上挖掘潜力。

物流采购管理,一般由以下七部分组成。

1. 采购计划与预算

采购预算是采购部门为配合公司年度销售预测或生产计划,对所需的原料、物料、零件等数量及成本所作的估计。采购计划与预算是企业年度预算的重要组成部分,它的建立要以年度生产计划、物资消耗定额和存量管制卡为依据,应该有利于整个企业目标的实现。其内容包括设定物料标准成本指标体系、监控价格涨跌变化规律、针对现实状况进行必要的调整、实行动态滚动管理方法等。

2. 供应商开发管理

供应商的开发是采购工作顺利进行的基础。正确考察、评估、认证和选择适当的供应商,是物流采购工作成功的关键。为此,必须成立评选小组,确定科学、合理和系统的评审项目、(一般包括经营状况、企业资信、制造能力、技术水平、品质性能、管理绩效等指标进行评审);根据评审结果,把合格厂商按 A(最好)、B(良好)、C(较好)分级建立档案;并定期重审评估;根据《供应商评估制度》,从品质、成本、价格、服务水平、交货周期、履行合约的承诺与能力等得分高低重新划分调整,进行动态管理,从而把供应商开发与管理有机结合起来,实现采购环境的最佳选择。

3. 采购物流管理

采购物流管理是指任何物品从卖方(供应商)到买方场所(公司)进行的转移活动,包括包装、装卸、运输、存储、配送、信息、管理等方面。其主要由包装运输、暂存检验和物料入库三部分组成。如何设计一个有效的采购物流子系统,并且使之运作富有成效,是现代企业迫切需要解决的战略问题之一。优化采购物流子系统必须把握好以下几个环节:送货计划性强,批量规模采购合理,协作配送效率高,物流路径最优,信息电子网络化管理,最终建立企业的采购供应链模式,从而使之快捷、高效地运作。

4. 采购绩效评估

采购绩效评估包括采购部门目标绩效考评制度、采购人员绩效考评制度、供应商绩效考评制度。进行采购绩效评估时,要正确、重点地设定与选择最能反映和代表采购绩效的指标体系,明确绩效考评的目的、原则、程序与方法,合理选定考评人员和设置考评机构,正确、及时地反馈考评结果和认真搞好考评工作总结,保证考评内容重点化、考评指标定量化、考评手段科学化、考评结果客观化。一般来说,采购组织绩效指标体系包括采购(计划完成及时率)、物料质量(来料合格率)、采购成本(价格差额比率)、采购周期、供应(供应准确率)、库存(库存周转率)、服务满意度等,其与供应商绩效指标体系和采购人员绩效指标体系是有所不同的。

5. 采购(资讯)信息

为了迎接全球电子化的挑战,企业界导入或引用电子商务已是大势所趋,更是提升其竞争力的有效手段。采购信息的全面导入不仅可以提升采购效能,更为重要的是可以采购部门及整个组织管理带来明显的收益。比如,ERP 的使用能使企业获得更多、更新、更全面、更精确、更及时的资讯,利用这些资讯拓宽采购视野,帮助在与供应商谈判时掌握主动权,提高工作效率和改善作业流程,从而可以把更多的时间投入在采购策略和绩效提升等重要工作中。

6. 采购管理制度、工作标准、动作程序与作用流程

为了全面、准时、有效地完成物流采购工作,实现生产计划、物料需求计划同物料采购三

者之间的同步运作与均衡,达成整个组织的目标,必须要有完善的管理制度、明确的工作标准、适用的运作程序和合理的作业流程为前提。采购管理组织分成四个层次:一是管理制度,主要是制定解决采购组织部门的方向、关键与重大的管理问题;二是工作标准和按工作岗位拟订、衡量工作优劣的基准,是用于检验考评工作人员是否称职的依据;三是运作程序,规定物流采购工作层面各接口环节的运作程序;四是作业流程,更为详细地制定出各项具体业务的作业流程图,明确指导采购人员按作业流程正确执行工作指令,及时完成本职工作任务。

7. 采购策略规划

采购策略规划包括采购政策策略规划、成本价格策略规划、采购品质策略规划、支持供应策略规划、环境变动策略规划和存储策略规划等。全球经济竞争日趋白热化,促使企业经营的策略规划与管理也越来越受到重视。如何制定企业未来发展的最佳策略,并付诸实施,无疑是企业决策者必须面对的重大问题。正因如此,实施采购策略规划的目的是通过策略性的规划管理,从企业长期经营目标出发,结合外部采购环境的变动,并分析企业所处的内外环境优劣因素,以求利用自己的长处和抓住外部的机遇,克服自身的弱点和规避外部的风险,采取积极的对策迎接挑战,使企业采购活动由被动变主动、化劣势为优势,从而实现企业在未来的发展中获得良好的采购收益的目的。

15.3.2 供应链中的物流管理

1. 供应链中的物流管理与传统的物流管理的区别

物流是指物质实体从供应者向需求者的物理移动。它由一系列创造时间价值和空间价值的经济活动组成,包括运输、保管、配送、包装、流通加工及信息处理等多项活动的统一,是实现原材料市场到消费市场价值增值的重要环节。一个企业的物流是企业内部进行定位的核心能力。

传统的物流管理是指按照市场的要求,将产品从供应地向需要地转移的过程。它强调的是单个企业物流系统的优化,即对运输、仓库、包装、装卸搬运、流通加工、配送和物流信息实施一体化管理。

而供应链管理则超越个别企业,对整个供应链中所有企业的物流实施一体化管理。也就是说,由供应链中的企业共同对供应链的物流活动进行管理和优化。除此之外,供应链管理所创造的效益也不是单个企业的物流管理所能比拟的。

因此,传统物流一般指产品出厂后的包装、运输、装卸、仓储,而现代物流提出了物流系统化或叫总体物流、综合物流管理的概念,并付诸实施。具体地说,使物流向两头延伸并加进了新的内容,使社会物流与企业物流有机结合在一起,从采购物流开始,经过生产物流,再进入销售物流,与此同时,要经过包装、运输、仓储、装卸、加工配送到达用户(消费者)手中,最后还有回收物流。可以这样讲,现代物流包含了产品整个物理性的流通全过程。现代物流又是货物流、信息流、资金流和人才流的统一,在现代物流条件下,商品运输由单一的传统运输方式变成多种运输方式的最佳组合,提高了运输效率,缩短了中间储存的中转时间,加速了商品流动,大大降低了运输成本,加快了商品使用价值的实现。以现代电子网络为平台的信息流,极大地加快了物流信息的传递速度,为客户赢得最宝贵的时间,使货物运输环节和方式科学化、最佳化。以快节奏的商流和先进的信息为基础的现代物流,能够有效地减少流动资金的占压、加速资金周转、充分发挥资本的增值作用。

2. 物流管理目标

物流作业可分成三个领域：配送、制造和采购。这三个领域的结合使在特定位置和地点、供应源和客户之间进行材料、半成品和成品等运输的综合管理成为可能。企业通过存货的移动(存货流)使物流过程增值。

在企业运作中,物流被看成是企业与其供应商和客户相联系的能力。一个企业的物流,其目的在于帮助按最低的总成本创造客户价值。因此,物流管理的目标主要包括快速反应、最小变异、最低库存、整合运输、产品质量以及生命周期支持等。

3. 现代物流如何迎合供应链管理发展

供应链管理正在不断发展,而供应链管理包含了物流,因而物流必须迎合其趋势,才能促使物流自身以及供应链更好地发展。具体来说,应该做到以下几点:

(1) 明确物流只是供应链过程的一部分,去主动适应供应链管理的发展。供应链管理的目标是提高整个供应链运行的速度、效益及附加值,为整个供应链上的所有贸易伙伴带来巨大的经济效益。只有明确物流只是供应链过程的一部分,才能从整体看问题,去发展现代物流,适应供应链管理的新发展。

(2) 应用现代物流技术,融合信息流,使供应链管理更加科学。物流技术中综合了许多现代技术,如条码技术、EDI、全球卫星定位系统(global positioning system,GPS)、地理信息系统(geographical information system,GIS)、射频技术(radio frequency,RF)。应用这些技术使物流与信息流结合而发挥更大的作用,就能使供应链更加科学。

(3) 选择最优秀的公司合作。在供应链的每一个阶段,都应选择最优秀的公司并与之合作,建立新的商业系统和流程,以使产品、信息和资金的流动更为有效。

(4) 大力发展第三方物流。第三方物流的发展使现代物流和供应链管理更好实现。20 世纪90 年代中后期,据国外对一些重要的制造商利用第三方物流情况的调查,3PL 公司为《财富》500 强企业提供的服务有 2/3 是基本的运输服务,还有近一半的是仓储服务。厂商从 3PL 公司提供商那里获得的关键增值利益应是供应链的创新,这种创新必将带来竞争力与盈利性的提高。

15.4 供应链中的配送体系

物流配送是按用户的订货要求,在物流据点进行分货、配货工作,并将配好的货物送交收货人的活动。它是流通加工、整理、拣选、分类、配货、配装、运送等一系列活动的集合,即在集货配货的基础上,按用户在种类、品种搭配、数量、时间等方面的要求所进行的送运,是"配"和"送"的有机结合形式。

物流配送是物流中一种特殊的、综合的活动形式,是商流、物流的紧密结合,包含了商流活动和物流活动。通过配送,最终使物流活动得以实现,并实现物流活动的合理化以及资源的合理配置,从而降低物流成本,增加产品价值,提高企业的竞争力。

但完成配送活动需要付出配送成本。对配送的管理就是在配送的目标即满足一定的顾客服务水平与配送成本之间寻求平衡:在一定的配送成本下尽量提高顾客服务水平;或在一定的顾客服务水平下使配送成本最小。在一定的顾客服务水平下使配送成本最小一般包括混合策略、差异化策略、合并策略、延迟策略等策略。

案例 利丰公司不断创新的供应链管理

香港利丰公司(Li&Fung)创建于1906年,直到20世纪70年代一直属于采购代理商,其主要业务是通过联系买者和卖者从中收取佣金。但是,随着信息技术的飞速发展、企业管理水平的不断提高,越来越多的客户可以管理好自己的货源,因此代理商的业务在不断减少,佣金比例也在不断下降,企业的生存空间越来越小,很多人认为像利丰公司这样的采购代理商在几年内将会消失。自维克多·冯和弟弟被其父亲召回以振兴家族公司起,利丰公司经历了一系列的变革,逐步由采购代理商转变为供应链管理者,由传统的家族式企业发展为不断创新的上市公司。目前,利丰公司作为香港最大的出口贸易公司,与全球数千家零售商、供应商构建了供应链网络,并致力于成为集中核心业务,在产品开发、组织货源、金融服务、运输和后勤等方面具有强大的信息服务功能的新型企业。

利丰公司由采购代理商转变为供应链管理者的过程,就是对供应链管理进行不断创新的过程。其发展主要经历了以下三个阶段:

第一阶段,由地方性代理商拓展为地区性代理商。随着形势的发展,很多客户之间建立起了直接的业务联系,使地方性代理商的业务空间不断被压缩。于是该公司将业务范围向外拓展,先后在中国台湾、韩国和新加坡等地开设了办事处,为客户提供更高质量的服务。因为对一般的客户而言,如果仅在中国香港开展业务,他们能够管理好自己的货源;但要跨出中国香港,往往无法应付。比如,纺织业的配额很重要,如果了解到中国香港哪种配额已用完,公司能帮助客户决定何时从何地购买该种配额产品。另外,公司从很多国家进货可以装配各种部件,即进行分类包装。比如,要向一家主要的批发商销售一套工具,可以从一个国家买入扳手,从另外一个国家买入螺丝刀,然后组成一个产品包,并从中收取费用,但价值比较低。

第二阶段,由地区性代理商转变为生产的组织者。公司不再仅仅局限于采购代理,而是按新的模式来运作。首先,公司根据客户提出的产品要求及设计草案进行市场调研,找到与之匹配的原材料;然后,根据产品构思生产出样品,客户对样品满意之后,公司再提出具体的产品调配方案及完整的生产计划,并与客户签订合同;最后,公司开始组织生产,对工厂的生产进行计划和控制,以确保产品质量和及时交付。

第三阶段,通过分解优化价值链,进行分散生产,加强对供应链各个环节的管理与控制,从而降低整个供应链的成本,缩短产品交付周期,提高供应链的效益。这一阶段,利丰公司的做法主要有如下特点:

(1) 分解优化价值链,进行分散生产。利丰公司的分散生产就是对价值链的分解与优化。公司对接到的每笔订单,都要进行价值链(生产过程)分解和优化组合,使生产向低成本方向转移。比如,当接到来自欧洲的一个服装零售商的订单时,公司并不是简单地要求韩国或新加坡的分支机构直接从韩国或新加坡采购,而是对生产过程进行分解:由于中国内地的劳动力成本最低,所以将劳动密集型的纺织过程安排在中国内地进行;由于中国台湾地区的染色技术高,所以染色工作是在中国台湾地区完成的;考虑到配额和劳动力条件,再把布运到泰国去生产服装;又由于客户要求迅速交货,因而会在泰国的五个工厂里同时生产。总之,在考虑成本的前提下,哪里做得最好,就在哪里生产,进而在全球范围内进行分散生产。这样定制的价值链可以最大限度地满足客户的要求,使公司生产出高质量的产品并快捷地交货,而且高的附加值增加了公司的利润。

(2) 制造过程外包。利丰公司通过比较,选择具有竞争优势的企业,将制造过程全部外包。尽管业务量很大,但利丰公司根本没有设立自己的制造工厂,这样不仅使企业能够集中于自己的核心业务,节省大量投资,又缩短了产品交付周期,因为可以提前与供应商和生产商联系,让他们预留生产能力,在公司接到正式订单后,进行快速生产。随着市场变化的日益加剧,零售商也不必过早地预测市场的发展趋势,而可以通过利丰公司对供应商进行管理,甚至对供应商的供应商进行管理,从而大大降低了由于市场变化带来的存货损失。

(3) 加强对物流环节的控制。利丰公司把运输配送业务外包给专业的物流公司,充分利用第三方物流公司的优势,不仅节约了配送网络建设的投资,而且将更多时间和精力放在核心业务上。公司从降低整个供应链系统的总成本出发,加强对物流配送环节的控制。一般来讲,如果只考虑运输成本,装货商总是希望将集装箱装满,但这样做不一定是最优方案。比如,要把不同工厂生产的 10 种产品分发到 10 个分销中心去,可要求每个工厂只装满集装箱的 1/10,那么当最后一个工厂装满后,不需重新装箱就可直接运到分销中心,并能够满足消费者的要求。虽然运输成本可能高一些,但这样能够把商品准确堆放而不需对商品进行重新混装,总成本反而会降低。

(4) 加强与供应商的合作。利丰公司从某种意义上说是一个"无烟工厂",所做的工作主要是产品设计、购买原材料、提出生产计划并对整条价值链进行协调。该公司和世界上 26 个国家和地区的大约 7 500 家供应商打交道,因此需要与供应网络建立相互信任,如让供应商预留原材料、让生产环节的厂家预留生产能力等,但也不能让他们过分依赖公司,使公司失去灵活性和协调能力。利丰公司一般只要求各家工厂提供各自产量的 30%～70%,并参与供应商的产品质量控制过程,促进供应商的质量改善和质量保证;而且逐步减少供应商的数量,协调供应商的计划,建立一种新型的、有不同层次的供应商网络。

总之,要真正成为供应链的管理者,必须对整条价值链进行优化与协调。利丰公司在供应链管理方面不断创新的经验,对当今世界上众多的中介性服务公司具有普遍的借鉴意义。

(资料来源:http://www.lifung.com/eng/global/home.php)

15.5　物联网时代的智能物流

15.5.1　物联网概述

物联网的概念是在 1999 年提出的。随着互联网的不断发展,互联网的泛在化成为其新的发展趋势。物联网(the Internet of things,IOT)即"物物相连的互联网"。这有两层意思:第一,物联网的核心和基础仍然是互联网,是在互联网基础之上的延伸和扩展的一种网络;第二,其用户端延伸和扩展到了任何物品与物品之间,进行信息交换和通信。因此,可以把物联网定义为:通过射频识别(RFID)装置、红外感应器、全球定位系统、激光扫描器等信息传感设备,按约定的协议,把任何物品与互联网相连接,进行信息交换和通信,以实现智能化识别、定位、跟踪、监控和管理的一种网络。

"物联网"概念的问世,打破了之前的传统思维。过去的思路一直是将物理基础设施和IT基础设施分开:一方面是机场、公路、建筑物;另一方面是数据中心、个人计算机、宽带等。而在"物联网"时代,钢筋混凝土、电缆将与芯片、宽带整合为统一的基础设施。在此意义上,基础设施更像是一块新的地球工地,世界的运转就在它上面进行,其中包括经济管理、生产运行、社会管理乃至个人生活。

国际电信联盟(International Telecommunication Union, ITU)在其名为"物联网"的2005年年终报告中指出,利用RFID和互联网可以构造一个覆盖世界万物的网络,从而实现物品的自动识别和物品信息的互联与共享。该报告描绘出物联网时代的场景,例如,当司机出现操作失误时汽车能够自动报警,公文包能够提醒主人忘带了什么东西,衣服能够告诉洗衣机对水温的要求,等等。如果说RFID为物品提供了自我表达的能力,那么这个新型的物联网将为物品提供交流的平台。根据ITU的预测,尚处于萌芽之中的物联网已经不再遥不可及,它将给人类的生活带来巨大的变革。

物联网不用于互联网,其具有以下特点:

(1)对物品实现唯一的标识。传统的条码编码体系,是对每一种商品项目进行编码,对传统的商品包装和物流管理产生了巨大的作用。但由于条形码的非唯一标识的属性,使对物品的自动化管理只能停留在类级别的层面。而物联网的EPC技术,则是能够对单个而不是一类物品进行编码,它通过对物品的唯一标识,并借助计算机网络系统,完成对单个物体的访问,突破了条形码所不能完成的对单品的跟踪和管理任务。

(2)对物品快速分级进行处理。EPC结构中,沿袭了原有的按不同类型的容器进行编码特点,将物流过程中不同的货品、集装箱、托盘和仓库等进行分层级编码,解决在同一时间进行多种标签识别的问题。如一辆满载贴有EPC标签物品的集装箱通过读写器的扫描区时,读写器将会得到大量的不同层级的EPC标签信息。此时,EPC系统可以明确地辨认出货物、包装箱和集装箱的信息,并根据需要对有关信息进行处理,达到快速分级处理的效果,大大提高了工作效率。

(3)对物品物流信息的实时监控。物联网是在互联网的基础上对物流信息进行跟踪、监控的实时网络,任何一个安装有读写器的终端,都可以通过射频扫描技术读取物品的相关信息,并通过互联网的信息传输作用,实现对物品物流信息的实时监控。

(4)对信息实现自动非接触式处理。EPC系统的一个核心元素就是RFID技术,它是利用射频信号和传输特性进行非接触双向通信,实现对静止或移动物品的自动识别,并进行数据交换的一项自动识别技术。这种自动非接触式处理的特点,可以实现对动态供应链信息进行高效管理,有效地降低物流成本。

(5)可以实现供应链各个环节的信息共享。供应链中的任何一个物品都被贴上唯一标识自己的电子标签,通过互联网和射频技术,可以在供应链中任何一个环节将该物品的信息自动记录下来并实现共享。

15.5.2　物联网在物流中的应用

物联网用途广泛,遍及智能交通、公共安全、平安家居、工业监测、食品溯源和情报搜集等多个领域。美国权威咨询机构 FORRESTER 预测,到 2020 年,世界上物物互联的业务,跟人与人通信的业务相比,将达到 30∶1,因此,"物联网"被称为下一个万亿级的通信业务。

要真正建立一个有效的物联网,有两个重要因素:一是规模性。即只有具备了规模,才能使物品的智能发挥作用。例如,一个城市有 100 万辆汽车,如果我们只在 1 万辆汽车上装上智能系统,就不可能形成一个智能交通系统。二是流动性。即物品通常都不是静止的,而是处于运动的状态,必须保持物品在运动状态,甚至在高速运动状态下都能随时实现对话。

物联网中非常重要的技术是射频识别(RFID)技术。在"物联网"的构想中,RFID 标签中存储着规范而具有互用性的信息,通过无线数据通信网络把它们自动采集到中央信息系统,实现物品(商品)的识别,进而通过开放性的计算机网络实现信息交换和共享,实现对物品的"透明"管理。

物联网在实际应用上的开展需要各行各业的参与,并且需要政府的主导以及相关法规政策上的扶助。物联网的开展具有规模性、广泛参与性、管理性、技术性、物的属性等特征,其中,技术上的问题是物联网最为关键的问题,物联网技术是一项综合性的技术,是一项系统,目前理论上的研究已经在各行各业展开,而实际应用还仅局限于行业内部。关于物联网的规划和设计以及研发关键在于 RFID、传感器、嵌入式软件以及传输数据计算等领域的研究。

目前已经开发的物联网应用产品,涵盖了物联网的主要应用领域,如智能物流。

智能物流打造了集信息展现、电子商务、物流配载、仓储管理、金融质押、园区安保、海关保税等功能于一体的物流园区综合信息服务平台。信息服务平台以功能集成、效能综合为主要开发理念,以电子商务、网上交易为主要交易形式,建设了高标准、高品位的综合信息服务平台,并为金融质押、园区安保、海关保税等功能预留了接口,可以为园区客户及管理人员提供一站式综合信息服务。

物联网作为新兴的物品信息网络,为实现供应链中物品自动化的跟踪和追溯提供了基础平台。在物流供应链中对物品进行跟踪和追溯对于实现高效的物流管理和商业运作具有重要意义,对物品相关历史信息的分析有助于库存管理、销售计划以及生产控制的有效决策。在物联网构想中,分布于世界各地的商品生产商可以实时获取其商品的销售和使用情况,从而及时调整其生产量和供应量。如果这一构想得以实现,那么所有商品的生产、仓储、采购、运输、销售以及消费的全过程将发生根本性的变化,全球供应链的性能将获得极大的提高。

本章小结

供应链管理已经成为一种历史发展的趋势,是今天的制造业面对全球一体化的激烈竞争压力和横向产业模式要求快速自我发展动力推动下的必然选择。供应链管理系统又是一项战略性的项目,关系到企业未来的发展和远景目标的实现。同时,供应链管理系统也是一项非常复杂的系统工程,其实施需要围绕供应链管理的实质、按照循序渐进的原则进行,而且需要和上下游合作伙伴、物流服务提供商等同步实施。

本章首先介绍了供应链管理产生的背景以及发展过程,阐述了供应链管理的含义、特点、应用领域和应用模式;而后论述了供应链管理的实施原则和实施步骤;总结了供应链合作伙伴选择与评价的原则、内容,重点介绍了供应链企业合作对策与委托实现理论模型;介绍了供应链中的采购管理和物流管理;最后介绍了物联网时代的智能物流。

 复习与思考

----

1. 供应链管理产生的背景是什么? 供应链管理是在怎样的环境下发展的?

2. 供应链管理应用有哪些模式?

3. 供应链伙伴的合作模式是什么?

4. 供应链下物流管理与传统的物流管理有什么区别?

5. 现代物流如何迎合供应链管理的发展?

6. 在物联网时代,物流会有哪些新的发展?

物料需求计划、制造资源计划、企业资源计划

第16章

物料需求计划(material requirements planning,MRP)

企业资源计划(enterprise resource planning,ERP)

制造资源计划(manufacturing resource planning,MRPⅡ)

独立需求(independent demand)

相关需求(dependent demand)

 互联网资料

http://www.fairkong.com

http://www.e-works.net.cn

http://www.chinabbc.com.cn

> MRPⅡ系统能为企业生产经营提供一个完整而详尽的计划,可使企业内各部门的活动协调一致,形成一个整体,从而提高企业的整体效率和效益。MRPⅡ系统在国内外20多年后应用中,给企业带来了巨大的直接与间接的经济效益。到了20世纪90年代,又出现了 ERP 的概念,进一步发展了 MRPⅡ的理论和方法。
>
> 　本章阐述了 MRP、MRPⅡ和 ERP 的基本概况,着重介绍了 MRP 的主要输入信息、关键变量、低层码和 MRP 的运算逻辑等,并简要介绍了最优化生产技术在 ERP 中的应用情况。

16.1　MRP 和 MRPⅡ发展概述

初期的 MRP,是以库存管理为核心的计算机辅助管理工具。而 20 世纪 80 年代发展起来的 MRPⅡ,已经延伸为制造资源计划,它进一步从市场预测、生产计划、物料需求、库存控制、车间控制延伸到产品销售的整个生产经营过程

以及有关的所有财务活动中,从而为制造业提供了科学的管理思想、处理逻辑和有效的信息处理手段。到了90年代,又出现了ERP的概念,进一步发展了MRPⅡ的理论和方法。总的来说,MRPⅡ/ERP的发展经历了以下五个阶段:

(1) 20世纪40年代的库存控制订货点法。

(2) 20世纪60年代的时段式MRP。

(3) 20世纪70年代的闭环MRP。

(4) 20世纪80年代的MRPⅡ。

(5) 20世纪90年代的ERP。

16.1.1 订货点法

早在20世纪40年代初期,西方经济学家就提出了订货点法的理论,并将其用于企业的库存管理。订货点法的理论基础比较简单,它是以以下条件为假设的:

(1) 对各种物料的需求是相互独立的。

(2) 物料的需求是连续发生的。

(3) 订货提前期是已知的和固定的。

(4) 库存被消耗后,应被重新填满。

订货点法是根据历史记录和经验来估测未来的物料需求,比较适用于物料需求量稳定均衡情况。其局限性和缺点是不能按照各种物料真正需要的时间来订货,因此对需求的判断常常发生失误,从而造成库存积压、物料短缺、库存不平衡等后果。此外,订货点法也无法预测未来需求的发生。

依据订货点法的理论,又派生出许多方法,如"固定订货法"、"双箱法"、"固定期间法"等,这些方法尽管形式不同,但实质都是基于"库存补充原则"。

16.1.2 时段式MRP

1. 时段式MRP与订货点法的区别

尽管订货点法有上述严重不足和局限,但直到20世纪60年代中期还一直被广泛使用,直至MRP方法的出现。时段式MRP是在解决订货点法缺陷的基础上发展起来的,它与订货点法的区别在于下列三个方面。

(1) 通过产品结构将所有物料需求联系起来。引入反映产品结构的物料清单(BOM),较好解决了库存管理和生产控制中的难题,即按时按量得到所需的物料。

(2) 将物料需求区分为独立需求和非独立需求,并分别加以处理。

(3) 对物料的库存状态数据引入了时间分段的概念,使所有的库存状态数据都与具体时间联系起来。

2. 时段式MRP的前提和假设

时段式MRP的前提和假设是:

(1) 有一个主生产计划。

(2) 每项物料有独立的物料代码。

(3) 通过物料代码表示的BOM。

(4) 完整、准确、统一的库存记录。

（5）需确定每一种参与 MRP 运算的物料的订货提前期。

（6）所有参与 MRP 的物料都应进行监控（在仓库中）。

（7）子项的需求都要在父项的订货下达时发生。

（8）物料消耗过程是间断的。

（9）每个物料的加工过程是相对独立的。

3．时段式 MRP 的基本思路

时段式 MRP 的基本思路是：按照产品结构所确定的物料间的层次与相互从属关系，以完工日期为计划基准，按制造或采购提前期不同倒排计划，确定物料清单上所有物料的需求时间和订货时间（即对制造件来说是确定开始生产时间，对采购件来说是确定开始采购时间）。

4．时段式 MRP 的基本任务

时段式 MRP 的基本任务是：从最终产品的生产计划（独立需求）导出相关物料（原材料、零部件等）的需求量和需求时间（相关需求）；根据物料需求时间和生产（订货）周期确定其开始生产（订货）的时间。

5．时段式 MRP 的基本内容

时段式 MRP 的基本内容是：编制零件的生产计划和采购计划。然而，要正确编制零件计划，首先必须落实产品的出产进度计划，用 MRP Ⅱ 的术语就是主生产计划（master production schedule，MPS），这是 MRP 展开的依据。MRP 还需要知道产品的零件结构，即物料清单（bill of material，BOM），才能把主生产计划展开成零件计划；同时，必须知道库存数量，才能准确计算出零件的采购数量。

6．时段式 MRP 的依据

时段式 MRP 的依据是：

（1）主生产计划（MPS）。

（2）物料清单（BOM）。

（3）库存信息。

它们之间的逻辑流程关系见图 16-1。

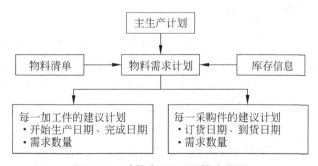

图 16-1　时段式 MRP 逻辑流程图

从上述 MRP 的基本概念可以看出，MRP 解决了制造业普遍存在的难题，即：

（1）生产什么？←由 MPS 决定。

(2) 需要什么？←由 MPS 和 BOM 决定。

(3) 需要多少？←由 MPS 和 BOM 及库存量决定。

(4) 何时需要？←由提前期决定。

(5) 何时开始采购和生产？←由提前期决定。

16.1.3　闭环 MRP

要使 MRP 真正实用和有效，就必须考虑企业的能力和资源的制约与支持，对企业内、外部环境和条件变化的信息及时加以沟通、反馈，对计划作出符合实际情况的调整和修整。因此，虽然时段式 MRP 20 世纪 60 年代中期已出现，直到 70 年代中期才深受经济发达国家的企业重视和广泛使用，但人们在使用时段式 MRP 的过程中也发现了时段式 MRP 的明显不足之处：一是时段式 MRP 仅考虑物料的需求，而且是按需求的优先顺序作计划的，由于只考虑了需求，没有考虑实际生产能力，没有考虑车间作业和采购作业，计划作出后是否能够顺利执行是一个未知数，致使计划的现实性和可执行性存在着许多问题。二是 MRP 计划在执行过程中，对千变万化的现实情况没有作出相应的反应和反馈。因此，面对 MRP 的不足和局限，20 世纪 70 年代中、后期很多专家在 MRP 基础上对其功能又作了进一步的扩充，提出了闭环 MRP 的概念。它有两层含义：

(1) 把生产能力计划、车间作业计划和采购计划纳入 MRP，形成一个封闭系统。

(2) 在计划执行过程中，必须有来自车间、供应商和计划人员的反馈信息，并利用这些反馈信息进行计划平衡调整，从而使生产计划方面的各个子系统得到协调统一。

闭环 MRP 的工作原理是：MRP 系统的正常运行，需要有一个现实可行的主生产计划。它除了要反映市场需求与合同订单外，还必须满足企业的生产能力约束条件。因此，除了编制资源需求计划外，企业还需要制定能力需求计划(CRP)，同各个工作中心的能力进行平衡。只有在采取了措施做到能力与资源均满足负荷需求时，才能开始执行计划。而要保证实现计划就要控制计划，执行 MRP 时要用派工单来控制加工的优先级，用采购单来控制采购的优先级。这样，基本 MRP 系统进一步发展，把能力需求计划和执行及控制计划的功能也包括进来，形成一个环形回路，故称为闭环 MRP，见图 16-2。

其工作过程是：计划—实施—评价—反馈—计划。

16.1.4　制造资源计划(MRPⅡ)

闭环 MRP 系统的出现，使生产活动方面的各个子系统得到统一，但还远未完善。因为在企业的管理中，生产管理只是一个方面，闭环 MRP 系统所涉及的仅仅是物流，而与物流密切相关的还有资金流等。另外，在闭环 MRP 系统中，财务数据往往是由财会人员另行管理，这就造成了数据的重复录入与存储，甚至造成数据的不一致。为了消除冗余、减少冲突、提高效率，人们设想把工程技术管理与生产管理、销售管理、财务管理等有机地结合起来，把生产制造计划、财务计划等各种有关的计划合理衔接起来。这种把生产、财务、销售、采购、工程技术等各个子系统结合为一个一体化的系统，称为制造资源计划(MRPⅡ)。

MRPⅡ的基本思想是把企业作为一个有机整体，从整体最优的角度出发，通过运用科学方法对企业各种制造资源以及产、供、销、财各个环节进行有效的计划、组织和控制，使其得以协调发展，并充分发挥作用。MRPⅡ逻辑流程图见图 16-3。

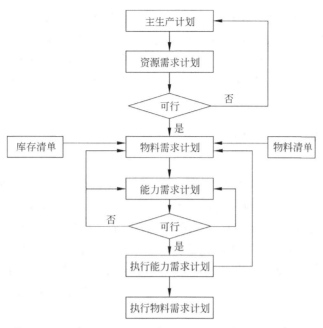

图 16-2　闭环 MRP 逻辑流程图

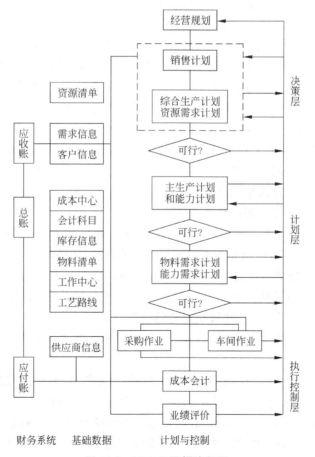

图 16-3　MRP Ⅱ 逻辑流程图

在流程图的右侧是计划与控制的流程,它包括决策层、计划层和控制执行层,可以理解为经营计划管理的流程。中间是基础数据,要储存在计算机系统的数据库中,并且反复调用。这些数据信息的集成,把企业各个部门的业务沟通起来,可以理解为计算机数据库系统。左侧是主要的财务系统,这里只列出应收账、总账和应付账。各个连线表明信息的流向及相互之间的集成关系。

16.1.5 企业资源计划(ERP)

1. ERP 的核心思想

20世纪90年代以来,由于经济全球化和市场国际化的发展趋势,制造业所面临的竞争更趋激烈。以客户为中心,基于时间,面向整个供应链,成为新的形势下制造业发展的基本动向。传统的企业竞争战略是以企业自身为中心,企业的组织形式是按职能划分的层次结构;企业的管理方式着眼于纵向的控制和优化;企业的生产过程是由产品驱动,并按批准产品组织生产流程。客户对于企业的大部分职能部门而言是外部对象,在影响客户购买的因素中,价格是第一位的,其次才是质量和交货期,所以企业的生产目标是成本、质量、交货期。

以客户为中心的经营战略则要求企业的组织是可组织的、动态的弹性结构;企业的管理着眼于按客户需求形成的增值链的横向优化,客户和供应商被集成在增值链中,成为企业受控对象的一部分,企业的生产目标也转为交货期、质量、成本。

实施以客户为中心的经营战略就要对客户需求迅速作出响应,并在最短的时间内向客户交付高质量和低成本的产品,这就要求企业能根据客户需求迅速重组业务流程,这是对传统管理观念的重大变革。在这种观念下,产品不再是定型的,而是根据客户需求选配的;业务流程和生产流程也不再是一成不变的,而是针对客户需求,以减少非增值的无效活动为原则而重新组合的,特别是企业的组织也必须是灵活、动态可变的。显然,这种需求变化是传统的 MRP II 难以满足的,就必须转向以客户为中心、基于时间、面向整个供应链为基本特点的 ERP 系统。ERP 在 MRP II 的基础上扩展了管理范围,给出了新的结构。

ERP 的核心管理思想就是实现对整个供应链的有效管理。

1) 体现对整个供应链资源进行管理的思想

现代企业的竞争已经不是单一企业与单一企业间的竞争,而是一个企业供应链与另一个企业供应链之间的竞争,即企业不但要依靠自己的资源,还必须把经营过程中的有关各方如供应商、制造工厂、分销网络、客户等纳入一个紧密的供应链中,才能在市场上获得竞争优势。ERP 系统正是适应了这一市场竞争的需要,实现了对整个企业供应链的管理。

2) 体现精益生产、同步工程和敏捷制造的思想

ERP 系统支持混合型生产方式的管理,其管理思想表现在两个方面:精益生产和敏捷制造。

(1) 精益生产(lean production,LP)的思想。即企业把客户、销售代理商、供应商、协作单位纳入生产体系,同它们建立起利益共享的合作伙伴关系,进而组成一个企业供应链。

(2) 敏捷制造(agile manufacturing)的思想。当市场上出现新的机会,而企业的基本合作伙伴不能满足新产品开发生产的要求时,企业组织由特定的供应商和销售渠道组成的短期或一次性供应链,形成"虚拟工厂",把供应和协作单位看成是企业的一个组成部分,运用

"同步工程"(SE),组织生产,用最短的时间将新产品打入市场,时刻保持产品的高质量、多样化和灵活性,这就是"敏捷制造"的核心思想。

3）体现事先计划与事中控制的思想

ERP 系统中的计划体系主要包括主生产计划、物流需求计划、能力计划、采购计划、销售执行计划、利润计划、财务预算和人力资源计划等,而且这些计划功能与价值控制功能已完全集成到整个供应链系统中。另外,ERP 系统通过定义事务处理(transaction)相关的会计核算科目与核算方式,在事务处理发生的同时自动生成会计核算分录,保证了资金流与物流的同步记录和数据的一致性,从而实现了根据财务资金现状可以追溯资金的来龙去脉,并进一步追溯所发生的相关业务活动,便于实现事中控制和实时作出决策。ERP 系统逻辑流程如图 16-4 所示。

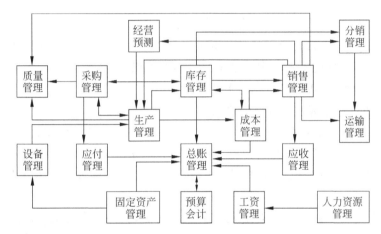

图 16-4 ERP 系统逻辑流程

2. ERP 与 MRPⅡ的区别

ERP 与 MRPⅡ的区别主要表现如下。

1）在资源管理范围方面的差别

MRPⅡ主要侧重于对企业内部人、财、物等资源的管理,ERP 系统在 MRPⅡ的基础上扩展了管理范围,它把客户需求和企业内部的制造活动以及供应商的制造资源整合在一起,形成企业中一个完整的供应链,并对供应链上所有环节如订单、采购、库存、计划、生产制造、质量控制、运输、分销、服务与维护、财务管理、人事管理、实验室管理、项目管理、配方管理等进行有效管理。

2）在生产方式管理方面的差别

MRPⅡ系统把企业归类为几种典型的生产方式,如重复制造、批量生产、按订单生产、按订单装配、按库存生产等进行管理,对每一种类型都有一套管理标准。而在 20 世纪 80 年代末 90 年代初,为了紧跟市场的变化,多品种、小批量生产以及看板式生产等则是企业主要采用的生产方式,在由单一的生产方式向混合型生产方式发展的过程中,ERP 则能很好地支持和管理混合型制造环境,满足了企业这种多角化经营的需求。

3）在管理功能方面的差别

ERP 除 MRPⅡ系统的制造、分销、财务管理功能外,还增加了支持整个供应链上物料流通体系中供、产、需各个环节之间的运输管理和仓库管理;支持生产保障体系的质量管理、实验室管理、设备维修和备品备件管理;支持对工作流(业务处理流程)的管理。

4) 在事务处理控制方面的差别

MRPⅡ是通过计划的及时滚动来控制整个生产过程,它的实时性较差,一般只能实现事中控制。而 ERP 系统支持在线分析处理(online analytical processing,OAP)、售后服务(即质量反馈),强调企业的事前控制能力,它可以将设计、制造、销售、运输等通过集成来并行地进行各种相关的作业,为企业提供对质量、适应变化、客户满意、绩效等关键问题的实时分析能力。此外,在 MRPⅡ中,财务系统只是一个信息的归结者,它的功能是将供、产、销中的数量信息转变为价值信息,是物流的价值反映。而 ERP 系统则将财务计划和价值控制功能集成到整个供应链上。

5) 在跨国(或地区)经营事务处理方面的差别

现在企业的发展,使得企业内部各个组织单元之间、企业与外部的业务单元之间的协调变得越来越多和越来越重要。ERP 系统应用完整的组织架构,可以支持跨国经营的多国家地区、多工厂、多语种、多币制等应用需求。

6) 在计算机信息处理技术方面的差别

随着 IT 技术的飞速发展和网络通信技术的应用,ERP 系统得以实现对整个供应链信息进行集成管理。ERP 系统采用客户机/服务器(C/S)体系结构和分布式数据处理技术,支持互联网/内部网/外部网、电子商务、电子数据交换。此外,还能实现在不同平台上的互操作。

因而可看出,ERP 超越了 MRPⅡ范围的集成功能,支持混合方式的制造环境,支持能动的监控能力,支持开放的客户机/服务器计算环境,从而可以更好地提高企业业务绩效。

康佳实施 ERP 之路

康佳集团股份有限公司(简称康佳)是中国首家中外合资电子企业,现有员工近万人,是中国最大的视听设备制造商之一。康佳以雄厚的实力跻身中国 500 家最大规模工业企业,在中国彩电行业首家获得 ISO9001 国际国内双重质量认证,其产品远销南北美洲、欧洲和东南亚等国家和地区,成为目前国内最大的彩电出口企业。

1. 项目背景:管理至上

作为上市股份制公司,采用现代化管理思想管理企业、提高企业竞争力,是康佳领导最关心的问题。早在 1992 年初,康佳集团就引进了先进的 ERPⅡ管理思想来管理企业。原有的 ERPⅡ管理系统是在王安小型机上自行开发的,主要包括财务管理、库存管理、工艺管理等几大模块,其在康佳集团的发展过程中起了相当重要的作用。在其应用的六年时间里,康佳集团的产值从不到 10 亿元增长到 1997 年的 72 亿元。但随着计算机技术的日益发展和企业经营规模的日益壮大,康佳自行开发的原有系统无论是硬件环境还是软件功能(包括系统集成度和系统功能)均已不能满足企业迅速发展的要求。所以,引进具有世界先进水平的企业管理软件,以满足康佳今后十年二次创业发展的需要,已经成为康佳人的共识。

2. 系统选型:名牌路线

(1) ERP 软件及合作伙伴的选择。目前国际上比较著名的 ERP 软件有 SAP、SSA 等。考虑到 ERP 项目的实施不是一个普通软件的实施,其涉及面广,实施人员的素质和水平及对业务的了解程度将直接影响项目的实施成败。因此在选择 ERP 软件时,公司非常重视各家软件公司所能提供的服务,以及对实施过程中出现的问题开发商所能提供的技术支持。为此,公司在综合比较了几家软件公司后,最终选择了 SAP 公司,并选择 SAP 在全球久负盛誉的合作伙伴 SBS 公司作为该项目的实施顾问咨询。作为电子制造业,各种生产模式并存,物流种类多达 30 万种,数据量庞大,业务相当复杂,这就要求 ERP 软件系统功能强大,而这恰恰是 SAP 的强项。SBS 作为 SAP 公司长期的合作伙伴,非常熟悉 SAP 的 ERP 软件,在中国境内完成的 ERP 项目已超过 20 个,具有在制造业成功实施 ERP 管理的丰富经验。

(2) 数据库的选择。作为企业的关键应用平台,数据库选型至关重要。康佳在选择数据库时主要基于以下几个方面:

- 技术成熟,拥有大量稳定的关键应用客户,有很好的声誉。
- 技术先进,能充分利用最新硬件的新功能,如多 CPU 大内存、高速硬盘、高速网络等,扩展能力强,能随硬件的升级而相应地提高性能。
- 持大容量数据,不会因为数据的快速增长而降低性能。
- 在线事务处理能力强,支持大量的在线用户、大量的并发查询和大量的并发数据更新。
- 数据安全机制完善,如日志、备份等。
- 快速的数据恢复能力。在综合比较了多家数据库后,康佳集团最终选择了 Informix Dynamic 7.2 数据库,充分利用其稳定性、可靠性、可伸缩性和先进性。此外,Informix 及时、周到的服务,以及良好的性能价格比也让用户买得可心,用得放心。

(3) 硬件配置。康佳在选择硬件的过程中,没有盲目追随流行平台,而是倾向于选择稳定、开放的系统,并最终在众多硬件厂商中选择了 IBM 的产品。系统服务器采用 IBM PC Server RS/600 系列,使用双机热备份,并与 Raid520GB 磁盘阵列相连,不仅保证了数据的安全性和可靠性,而且满足了数据存储的需求。主要的网络连接设备包括 IBM8271 交换集线器及 IBM8224 堆叠式集线器。交换机选用 IBM8260、BM8210,服务器接 155MB 端口,客户端接 10MB 端口,有效地防止了访问高峰时出现服务器瓶颈等问题。为什么整个网络设备选用的都是 IBM 产品? 康佳认为,一方面 IBM 有着良好的性能价格比及有口皆碑的即时、优秀的服务;另一方面也可避免选择多家产品后,系统一旦出现问题各方互相推卸责任所引发的麻烦。

3. 系统实施:兵贵神速,胆大心细

康佳集团 ERP 项目于 1998 年初正式启动,在经历了系统培训、业务分析、实施分析、实施设计、模拟测试和试运行等重要阶段后,于 1998 年 6 月按计划实现了第一阶段实施的重要切换。目前已经完成了 ERP 系统的 FI(财务会计模块)、MM(物料管理模块)模块的全部功能以及成本管理中控制模块、销售和分发模块、生产计划管理模块部分功能的实施,使康

佳集团的财务管理和物料管理进入真正意义的实施管理和控制阶段,有效支持了康佳集团业务的快速增长,并为下阶段的实施开了一个好头。

当然,康佳集团ERP项目的实施也并非一帆风顺。系统功能强大,使得在系统设置、参数调整上变得相当复杂。系统数据量大、数据增长迅速、缺乏系统性能优化及合理管理的经验等,都给项目的实施带来困难。此外,康佳集团多年来延用的MRPⅡ系统,因为是自己开发的,不太符合严格意义上的MRPⅡ管理思想,而实施ERP项目就必须严格按照MRPⅡ思想,重组企业业务流程,改变企业一些不合理的习惯做法,提高员工对ERP系统的认识。ERP的实施依赖于信息与通信技术以及物流、资金流、信息流的集成,企业管理模式应当严格依照ERP的规范进行改造。

(资料来源:http://www.chinabbc.com.cn)

16.2　MRP参数的确定

16.2.1　MRP的主要输入信息

物料需求计划是将主生产计划中完成品的需求转换为零件和原材料的需求,因此,主生产计划是其最直接的输入信息。其他输入资料主要有独立需求、材料主文件、材料表、库存状态、工厂日历等。

1. 主生产计划

主生产计划(master production scheduling,MPS)是完成品的计划表,描述一个特定完成品的生产时间和生产数量。依据MPS,MRP得以计算在完成品需求之下,所有零部件和原材料的需求量。

MRP系统计划真正运行从主生产计划开始。企业的物料需求计划、采购计划、车间作业计划等均来自主生产计划,即先由主生产计划驱动物料需求计划,再由物料需求计划生成车间作业计划与采购计划,所以主生产计划在MRP系统中起着承上启下的作用,实现从宏观计划到微观计划的过渡和连接,同时主生产计划也是联系客户与企业销售部门的桥梁。

主生产计划必须是可以执行的、可以实现的,其制定和执行应该符合企业的实际情况。主生产计划项目还应该确定其在计划期内各个时间段上的需求数量,同时,要定期按生产规划对主生产计划进行汇总,以保证主生产计划的各项数据与生产规划相吻合。

主生产计划主要来源于销售计划(客户订单、预测、备件备品、厂际间需求、客户选择件急附加件、计划维修件等),其制定的过程是一个不断反复的过程,制定中不断平衡关键能力(粗能力计划的运算),最后确认审批,进入物料需求计划的制定过程。

2. 独立需求

独立需求和相关需求是由美国管理专家约瑟夫·奥利佛博士20世纪60年代中期首先提出的。独立需求是不需要其他任何模块的数据来源而单独直接下达的需求,通常是根据预测或者企业客户的独立需求下达。独立需求的物料包括成品、半成品、样品、备件和备品等,可任意下达,下达后可参与MRP运算。

虽然MRP是由处理相关需求发展而来的,但由于某些MRP处理的下阶物料可能除具有相关需求外,还有部分独立需求。此时,MRP 应该可以合并处理。例如,某汽车集团下属的轮胎厂,其轮胎除主要用于配套汽车外,可能还有一小部分作为售后服务性质的零件提供给特约维修点。后者基于独立需求性质,应纳入毛需求中一并处理。特别需注意的是,此独立需求是分时段的输入信息。

3．材料主文件

产品中的每一项材料,其属性都必须记录在材料主文件(item master,IM)中,如件号、提前期、安全库存、批量法则、批量大小、良品率等。

(1)件号(item number,IN):物料的唯一识别码,即材料主文件的主关键字。

(2)批量法则(lot sizing rule,LSR):为达到某种目标函数(如最低总成本)而设的订单数量计算标准,即决定订单数量大小的规则及程序。

(3)批量大小(lot size,LS):应用某些批量法则时生产、采购一批物料的基准或平均数量。若在最小订购量法则中,LS 即为最小订购量。

(4)提前期(lead time,LT):进行一个生产或采购作业所需的时间。特别需要指出的是,对生产而言,该提前期是针对平均批量 LS 的提前期,即 LT=排队时间+准备时间+加工时间+等待时间+传送时间。其中,加工时间=LS·单件加工时间。对采购而言,该提前期是从确认订购需求到取得材料或产品的时间,包括准备订单、签核、通知、制作、运输、收货、检验等时间。

(5)安全库存(safety stock,SS):为应对需求或供给波动须保持的最低库存。

(6)良品率(yield):生产某一产品时,良品数量与投入数量的比值。某材料的良品率表示该材料在制程中生产出良品的成功几率。

4．物料清单

物料清单(bill of material,BOM),描述了一个父件和其多个直接子件间的关系。一个产品的材料结构由多个相关材料表构成,称为产品结构(product structure)。材料表及产品结构以阶层式的方式描述组成一个产品的材料。合理方式是只建立单阶 BOM,多阶 BOM 通过单阶 BOM 层层关联得出。单阶 BOM 中的几个主要属性,如父件件号、子件件号、单位用量、损耗率等,都是 MRP 所需的资料。

(1)单位用量(quantity-per,QP):生产一个单位父件所需消耗的子件数量。

(2)损耗率(scrap rate,SR):一个子件在制造某个父件的过程中,变成不良品的几率。同一子件用来生产不同父件时可能有不同的损耗率,因此定义在材料表 BOM 中。比如,铁棒加工为圆轴时,因工艺简单而损耗小;但加工为方轴时,因工艺复杂可能导致损耗率较大。

物料清单具有以下作用:

(1)是生成 MRP 的基本信息。

(2)是联系 MPS 与 MRP 的桥梁。

(3)可以根据物料清单来生成产品的总工艺路线。

(4)在 JIT 管理中反冲物料库存。

(5)为采购外协加工提供依据。

(6)为生产配料提供依据。

（7）根据物料清单来计算成本数据。

（8）提供制定销售价格的依据。

5. 库存状态

库存状态(inventory status)是指材料的在库量、在途量和保留量。在 MRP 的计算过程中，通过 BOM 展开算出任意一个材料的需求时，我们所得到的是总需求。当该材料有库存时，总需求并非真正的需求，将总需求减掉库存才会得到净需求。

（1）在库量(on-hand inventory，OH)：执行 MRP 时正在仓库中的库存量。

（2）在途量(on-order inventory，OO)：在未来某一时间将会取得的量，又称为"已开订单量"或"已订未交量"，是一种未来的库存，在该交货期的期末视为可用量。

（3）保留量(allocated inventory，AI)：是用来表示已被指定用于某个已发出的制令单、外包单或调拨单，或预定从仓库领出但实际尚未领出的数量。虽然在库量中包括该保留量，但此 AI 不能再用于其他用途，故在执行某处 MRP 时应该将其从可用数量中去除。

6. 工厂日历

工厂日历(shop calendar)是用于生产与库存管理的日历，它将工作天数编以连续序号，以便排程时只考虑到工作日。MRP 采用分期间的规划方式，它将连续的时间分成不连续的区段单位，称为时段(time bucket)。时段长度依据行业特性而定，通常为周或日，如编号周历(numbered-week calendar)、编号日历(numbered-day calender)。在 MRP 系统中，一般以日为系统内部计算的时段长度，报表中则以周为期长(period length)呈现。计划期间(planning horizon)是 MPS 或 MRP 所涵盖的总时间，至少要包括所有完成品所需的采购、制造等的累计提前期，其长短与行业相关，依实际确定。

16.2.2　MRP 的关键变量

1. 毛需求/总需求

MRP 中由一个或多个直接上阶物料(父件)引发的相关需求以及该物料本身可能另有的独立需求的总和称为该物料的毛需求/总需求(gross requirement，GR)。

2. 在途量

在途量(SR)是指在未来某期期末将会取得的量，即一种未来的库存，在交货期末视为可用量。

3. 预计在库量

预计在库量(projected on-hand，POH)是指在某期还未考虑是否有计划订单收料补充的情况，该期期末预计的在库量。MRP 程序利用 POH 这个中间变量来决定在某期是否有净需求。

4. 净需求

所拥有的库存数量不足以满足所需的需求时，就会产生净需求(net requirement，NR)。更精确地说，在 MRP 逻辑中，若预计在库量 POH 小于安全库存 SS，其考虑良品率后的差额即为净需求。

5. 计划订单收料

如果某物料某期有净需求,就要求通过生产或采购来补充。计划订单收料(planned order receipts,PORC)是指依据一定批量法则对净需求进行调整后在某期期末计划补充到位的物料数量。这个量在生产或采购订单发出前是 PORC,发出后变为 SR,收料后即转入 OH。

6. 预计可用量

预计可用量(projected available balance,PAB)是指在预计某期期末计划订单收料(PORC)正常接收的情况下该期期末预计的在库量,即某期原有的预计在库量 POH 加上该期可能的计划订单收料(PORC)之和。

7. 计划订单发出

由于准备完成一个订单需要一定的时间,为按时补充某物料,需将该物料某期 PORC 向前推移一个提前期,从而得出该物料相应期别的计划订单发出(planned order releases,POR)。父件的 POR 会通过 BOM 展开为其所有子件的总需求(GR)。

16.2.3　MRP 中的逾期量

MRP 定期执行,每次执行后即会产生新的物料需求文档,同时计划期间所涵盖的时段往后平移一期,如上次 MRP 的计划期间涵盖 1~12 期,下次 MRP 涵盖的计划期间实际为 2~13 期,此即为"滚动式排程"(rolling scheduling,RS)。执行 MRP 时,上一期末被冲销的数量会被"滚入"逾期的时段里,称为逾期量。在三个关键变量 GR、SR 和 POR 涉及逾期量问题。

1. 毛需求的逾期量

毛需求 GR 的逾期量可以有两种来源。若来源于独立需求部分,则属于操作层的反馈信息。此种情况表示生产效率差,客户需求无法被满足。因为,当客户订单出货时,该订单会从客户订单文件中删除或注明已出货;若交期已过而仍然有顾客订单需要去满足,则该数量就会落入毛需求的逾期时段。如果来源于相关需求部分,则属于逻辑运算的第一步,应由父件 POR 计算得出子件逾期 GR。如某物料某一直接父件在其 MRP 计算结果中 POR 出现正值,则该 POR 引发此子件物料的相关需求通过 MRP 逻辑第一步的运算大多也将落入 GR。

2. 在途量的逾期量

在途量的逾期量表示供应商供货延迟或车间生产延迟。MRP 处理时假定该逾期量能在当期补足,若确定不能在当期补足,则应依实际情况修改订单的未来交期。

3. 计划订单发出的逾期量

计划订单发出 POR 的计算属于 MRP 逻辑运算的最后一步,其逾期量也不例外,只是计算公式有所不同。这种情况表示 MRP 建议采购或制造的发单日期已过,可用时间少于预定的前置时间,管理者若不迅速发单、紧急采购或加班赶工,订单交期大多注定要延误。

16.2.4   MRP 中的低层码

物料的低层码(LLC)是系统分配给物料清单上每个物品的一个从 0 到 N 的数字码。在产品结构(树)中,最上层的层级码为 0,下一层的层级码为 1,依次类推。

一个物品只能有一个 MRP 低层码,当一个物品在多个产品中所处的产品结构层次不同或处于同一个产品结构中但却处于不同的产品结构层次时,则取处于最低层的层级码作为该物品的低层码。这样,低层码决定了 MRP 的计算顺序,保证了物料需求时间的优先性,从而不会造成库存积压。

16.3   MRP 系统运算逻辑

从工作逻辑上讲,MRP 要解决以下五个问题:

(1) 要生产什么?生产多少?(主生产计划)。

(2) 要用到什么?(物料需求计划)。

(3) 已经有了什么?(物料清单)。

(4) 还需要什么?(能力需求计划、采购计划)。

(5) 何时安排?(作业计划)。

一般时段式 MRP 能根据主生产计划的有关数据计算出相关物料需求的准确时间与数量,但不够完善,其主要缺陷是没有考虑到生产企业现有的生产能力和采购的有关条件的约束。因此,计算出来的物料需求的日期有可能因设备和工时的不足而没有能力生产,或者因原料的不足而无法生产。同时,它也缺乏根据计划实施情况的反馈信息对计划进行调整的功能。正是为了解决以上问题,才产生了闭环 MRP 系统。

1. 闭环 MRP 的运算逻辑

闭环 MRP 的运算逻辑图见图 16-5。

闭环 MRP 系统的运算循环是在计算机的辅助下,遵循分层处理原则(系统是从 MPS 开始计算,然后按照 BOM 一层层地往下进行,逐层展开相关需求件的计算,直至低层)完成的。应该说,这种借助于先进的计算机技术和管理软件而进行的物料需求量的计算,与传统的手工方式相比,计算的时间大大缩短,计算的准确度也相应地大幅度地提高。

MRP 系统从本质上讲是一个逐层式的物料管理过程。什么时候要生产,就什么时候进料。所以,将生产的内容详细排定时序,是掌握用料的首要因素。因此,系统是就时间来展开,称作"时序划分"(time-phasing)。任何计划,只处理"数量"是不够的,还应该同时处理"时间"上的连动关系。

MRP 对时间的安排,是依照完工和制作过程的顺序,反向地逐一计算各料品的最晚开始日和完成日,这种方法称作"反向排程"。

2. 应用举例

已知部件 E 低层代码为 1,当前库存量为 10 台,提前期为 2 周,经济生产批量为 25 台,每个时间周期(一周)的需求量依次为 10 台、15 台、25 台、25 台、30 台、45 台、20 台、30 台。第一、二周期的计划到货分别为 10 台、25 台。试进行 MRP 计算。

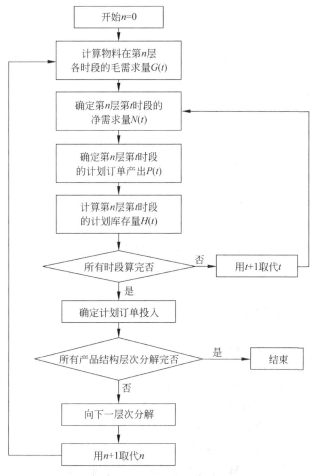

图 16-5　闭环 MRP 运算逻辑图

解：计算如表 16-1 所示。

表 16-1　MRP 逻辑运算表

批量	提前期	当前库存	安全库存	已分配的数量	低层代码	件号		期初	1	2	3	4	5	6	7	8
											周期(t)					
25	2	10	0	0	1	E	毛需求量 $G(t)$		10	15	25	25	30	45	20	30
							计划入库(在途)$S(t)$		10	25						
							计划库存 $H(t)$	10	10	20	20	20	15	0	5	
							净需求量 $N(t)$				5	5	10	30	20	25
							计划订单入库 $P(t)$				25	25	25	30	25	25
							计划订单下达 $R(t)$		25	25	25	30	25	25		

计算步骤如下:

第一周期:

$$净需求量 \ N(1) = G(t) - S(t) - H(T-1) = 10 - 10 - 10 = -10$$

由于 $N(1) \leqslant 0$,取 $N(1) = 0$。

计划订单入库,$P(1) = 0$。

　　计划库存 $H(1) = S(t) + P(t) + H(t-1) - G(t) = 10 + 0 + 10 - 10 = 10$

第二周期:计算与第一周期类似。

第三周期: $N(3) = 25 - 0 - 20 = 5$

由于 $0 < N(3) < Q, P(3) = Q = 25$。

计划订单下达 $R(t-L) = P(t)$

$$R(3-2) = P(3), \quad R(1) = 25$$

其余周期计算与第三周期相类似。在第六周期,由于计算出 $N(6) = 30, N(6) > Q$,所以 $P(6)$ 应等于 $N(6)$,即 $P(6) = N(6)$,即 $P(6) = N(6) = 30$。

16.4　最优化生产技术在 ERP 中的应用

16.4.1　动态企业建模 DEM

在长期的实践中,ERP 逐渐显现其不足之处,而 DEM 的出现适时克服了传统 ERP 系统的一些局限性。例如,ERP 软件太复杂,不灵活,实施费用昂贵且实施周期太长,实施成功率低;ERP 的业务模型僵化,无法灵活地满足新的业务需求。

目前企业管理软件的标准化提供了一些标准接口,如 BAPI(business application programming interface)等。DEM 的基本思想就是在企业实施自己的 ERP 系统时,利用这些模块和接口,根据企业的实际情况,用现有模块搭建自己的 ERP 系统。而当企业发展、壮大,需要扩展业务时,又可以很方便地加进新的功能模块。DEM 是一个概念、一种方法。它是把企业的工作流程,在标准企业参考模型的基础上,进行业务流程的映射,灵活地构建适应的管理信息系统。

动态企业建模的目标是让用户用自己熟悉的方式,根据公司内部和外界环境的变化,最快、最好地建立公司的业务控制模型、业务功能模型和业务过程模型,或对它们进行调整,达到节约时间、消除浪费、降低成本和提高效率的目的,从而保证企业在无法预测的持续、快速变化的市场竞争环境中求得生存和发展。

因此,DEM 实质上是以业务过程模型为驱动,为企业提供一个可连续变化的框架结构,使得当企业业务过程发生变化时,相应的企业模型也发生变化,触发有关应用自动重新配置。由于在建模过程中,新的应用和软件元素也可以添加进来,从而使企业模型及应用和企业最新业务操作快速匹配,达到减少系统复杂性、增加系统应用柔性的目的。

在 DEM 中体现了两个思想:一是在生成企业特定的模型时,充分利用最好的实例知识和实践经验,表现在基于企业参考模型来建立特定的企业模型;二是在适应市场而不断进行动态重组的企业中,企业的信息模型能快速适应应用环境、业务流程的变化。这表现为 DEM 的基于企业模型的快速信息系统实施方式。

从软件工程的角度来讲,DEM 采用了一种革命性的软件设计方法,其本质特征是用动态的管理模型来建立一个新的管理信息系统。每个模型都是动态的,因为它允许而且便于企业规划和记录其业务系统的发展和演变的经历,因而支持业务过程的持续优化。

16.4.2　先进生产排程 APS

1. APS 功能

APS 的主要功能是:可以自动给出满足多种约束条件、手工排程无法找到的、优化的排产方案。其实关键就是“可行”和“优化”这两个概念。它的出现,给传统 ERP 带来了以下几个关键的变化:

(1) 对企业来说,在不增加生产资源的情况下,通过最大限度地发挥当前资源能力的方式实现了提高企业生产能力的目标。

(2) APS 排程的结果给出了精确的物料使用和产出的时间、品种、数量信息,用这些信息可以把很多相关企业或者分厂、车间联合在一起组成一个“SCM 供应链”系统,最大限度地减少每个企业的库存量。

(3) APS 可以用来作为生产决策的依据,它的排程计算结果不光可以作为生产计划,还可以通过不断“what if”的“试算”的方式为企业提供生产决策依据。

(4) 根据自动生成的作业计划,还可以自动生成质检、成本、库存、采购、设备维护、销售、运输等计划。带动企业各个不同管理模块围绕生产运转,改进这些模块的运转方式,大大提高这些模块的运转效率,提升企业的整体管理水平。

2. APS 技术瓶颈

APS 的技术瓶颈同样突出,主要有如下两点:

(1) 运算时间问题。

(2) 提升次优解的优化程度问题。

ERP 与 APS 的结合是 ERP 未来发展的必然方向。与当前简单的 BOM-MRP 运算和进销存财务功能相比,APS 占据了 ERP 的核心功能,更是未来 SCM 系统的基础功能。

16.4.3　企业绩效管理系统 BPM

1. BPM 的产生背景

ERP 系统的主要作用在于梳理生产流程,但对于企业高层的支持非常有限。随着市场竞争的加剧,ERP 不仅在内部不能满足企业个性化生产、准确的成本控制、决策支持、对潜在问题的预警等要求,在外部,随着生产的社会化,企业更加需要供需链、客户关系管理和内部管理形成一体,以适应经济全球化的发展趋势。

作为一种更完善的解决方案,BI(商业智能)正是在这个背景下应运而生的。它既能够充分理解和利用 ERP 等信息系统积累的庞大数据,解决生产、供应、销售等多套系统间的“信息孤岛”问题,又能保障各分支机构间数据传递的及时性、准确性,还可以通过挖掘数据中蕴涵的信息,为企业的科学决策提供支持。在 BI 工具平台的基础上,又诞生了结合先进管理模型和方法论的企业绩效管理系统——BPM。它通过将财务指标和非财务指标结合,衡量企业的真实绩效,从整体上反映现有系统的执行力;通过与运营挂钩,实时分析运营情况,可以使企业制定的战略目标得到有效实施。

2. BPM 的含义

BPM 是一个企业内部的各种企业管理软件、业务流程和业务成功的衡量方法(如标尺、主要运作指标)的集合,并通过构建于其上的小型系统进行有机的整合,从而使组织内部的每个成员都能够更好地理解运营目标、实施运营规划正向影响企业运作的优化进程。

作为一种全新的商业解决方案,BPM 就是将战略转换为计划并监控执行过程,进而洞察并提升绩效。也就是说,BPM 将企业战略转化为可执行的语言,并将战略分解为员工的日常工作,落实相应的行动计划,在执行的过程中进行有效的监控,并协助企业恰当地优化战略,帮助管理者有效、及时地掌握企业完整信息,并确保企业及各子系统的绩效成果能够与企业的战略目标保持一致,让管理者更好地驾驭企业,促进企业战略目标的实现,从而大大提升企业绩效。

BPM 对于决策层的支持是其他任何信息系统都无法比拟的。在制定战略的时候,它能自动收集并整合企业人力、财力、物力等各方面的信息,利用该行业成功企业的业务模型,为领导提供有力的决策支持。在拟定计划时,利用平衡计分卡综合考虑财务因素和非财务因素,将所有资源调配到一个统一的方向上来,帮助决策层将战略转化、分解到每一个部门及员工的日常工作当中,并明确关键绩效指标等。

总的来讲,应用 BPM 可以使企业更好地制定决策、提高计划和报告的效率、更好地进行资源配置、提高企业的透明度、强化责任管理、提高运营成本或收入的可预见性。

3. BPM 与一般流程软件的关系

对于供应、生产、销售等一线部门来说,由于品种增加、批量减少、交货期变短,企业面临着三个难题:一是反应速度。二是产品质量。一方面,企业为了加快生产进度,往往会在加工工艺要求、来料检验、过程检验、完工检验等方面放宽要求,从而埋下了质量隐患;另一方面,在质量统计、分析方面也因赶货而不能及时完成,影响质量决策,从而导致产品质量问题频繁发生,不良品、退货增加,库存也随之增加。三是产品成本。由于大量加班导致人工费用增加;不良的材料、不规范的加工方式,导致废品的增加,直接影响材料成本增加;不恰当的采购计划和生产计划导致库存呆滞料增加、库存占用资金增加等各方面因素直接抬高了成本。

要解决上述三个难题,最快速、最有效的方法就是利用 BPM,在原有信息系统的基础上建立一个贯穿设计、采购、生产、物流环节的开放式信息平台,通过平台信息系统所蕴涵的管理思想提升管理水平,从而把生产模式从大批量转变到小批量,再转变成定制模式、按单生产,进而可以做到零库存,减少资金积压。在快速调整生产计划的同时,供应链、生产信息透明化、缩短交货期等方面也必定会有所改善。

虽然,BPM 与 ERP 等业务流程软件的构建过程和管理方式有着明显的区别,但同时也有相互补充和作用的有机联系。首先,BPM 虽被定义为连接多系统的完整套件,但它一般从一个领域实施,通常作为企业运营起点的预算规划最容易成为 BPM 实施的基础和逻辑出发点。也就是说,BPM 的实施从最开始就可以设定清晰的目标,从而循序渐进地检测整个组织是否达到这些目标。而其他的流程型软件往往是整体咨询在前,随后进行流程重组,再进行整个新业务流程的僵化和优化,企业运营目标反倒需要在后面的步骤设定。其次,BPM 一开始的侧重点是针对企业的总部和高层主管。当然,在已经成功实施 BPM 的企业案例中,可以看到组织内的每个人、每个部门甚至是跨部门的协同商务都采用 BPM 来衡量营运目标的实现。可以说,重点优先、广泛采用是成功实施 BPM 的要点。

通过 BPM,企业可以重新评估自己在 ERP、CRM、SCM 等系统方面的投入;另外,一套合适的 BPM 系统可能会盘活这些基础性投资,通过充分整合现有的信息工具,为企业的发展提供最真实可见的决策级支持。因此,随着信息化已经迈入后 ERP 时代,BPM 将在企业信息化中担当主角。

16.4.4　条码/RFID 技术

1. 条码/RFID 技术产生的背景

ERP 或企业其他应用系统建成运行后,数据输入和信息采集就成为系统既重要又繁重的工作。设计合理的 ERP/SCM 内部数据的流转,就不需要大量数据的重复输入。但是,有两种情况是系统本身无法解决的:一是原始数据录入系统;二是物流状态的采集。由于 ERP 本身没有办法将识别作业自动化,识别成为 ERP 系统物流和信息流之间的间隙。所以,彻底解决物流和信息流的集成,最好的方法是条码和 RFID 等先进数字识别技术的应用。

另外,ERP 是一个实时的联机事务处理系统,ERP 数据高度共享和数据在不同子系统中的共享使用,使得 ERP 系统对数据及时性和准确性的要求很高,信息的不及时必然影响系统的效率,而数据的不准确将降低系统的可信度,甚至误导生产和经营的指挥。测试表明,一般情况下,熟练打字员用手工键盘输入平均 300 次击键出现 1 次错误,而一般管理人员或库存保管员的出错率将会高许多。加上繁重的人工识别,工作响应速度低和差错是在所难免的。而一般的条码扫描设备识别的准确率在 99.999 9%以上,条码数据采集的速度也是手工作业无法比拟的,效率远远高于手工输入。

2. 条码/RFID 技术

目前应用最广泛的是线性的一维条码。由于一维条码的容量有限,所以,一维条码往往用于标识数据库中的关键字段,如关键字或关键字组合。大量数据存储在数据库中,因此,在制造企业中的条码系统必须与 ERP/SCM 系统集成,不与 ERP 系统集成的条码应用即使成功,也会形成"孤岛式的成功"。

条码/RFID 本身就相当于一个便携的数据库或数据文件,真正实现了用条码对物料进行描述。此外,条码/RFID 技术还具有可引入加密机制、高可靠性、具有纠错功能、可表示图像数据和表示多种语言文字信息等特点,为条码开辟了更广阔的应用。在制造业中,条码可以应用于供应链或 ERP 的全过程。例如,到货接收、原材料和半成品库存、现场和在制品管理、质量控制等。

本章小结

ERP 的管理理念,是从企业人、财、物、产、供、销等管理的实践中总结出来的,又反过来指导企业管理实践。从 ERP 发展的历史可以清楚地看到,IT 技术的快速发展带动了管理的巨大变革。

在电子商务模式下,对于新一代的 ERP 系统来说,是面向供需链管理的管理信息集成。从功能上,需要增加与 PDA、EDI、CRM、DSS 等应用系统的集成;从信息利用和管理深度上,需要从原先的生产计划与控制的联机事务处理 OLTP 向下扩展到覆盖办公自动化、无纸化处理,向上扩展到决策支持的联机分析处理 OLAP,横向扩展到设计和工程领域;从 ERP 系统设计上,需要 ERP 的计算机环境从传统 Client/Server 环境过渡到以 Web 和 Internet/Intranet 的网络计算环境为支撑;从 ERP 软件结构上,需要更趋于模块化、灵活、实际和面向具体用户;从 ERP 软件的应用范围上,需要覆盖制造业以外的许多领域。

先进技术能为企业 ERP 系统提供所必须的实时的和精确的数据,带来新的概念和功能,能极大地简化 ERP 原来的复杂结构和过程。它们的结合将给制造业、物流业、供应链管理带来新的概念、新的功能和新的增长。

 ## 复习与思考

1. 何谓独立需求和相关需求?两者的区别有哪些?
2. 物料清单的作用是什么?
3. MRP 的主要输入信息有哪些?
4. ERP 的核心管理思想是什么?
5. 从 20 世纪 40 年代的库存控制订货点法,到 90 年代的 ERP,这些体现了哪些科学的管理思想?

 ## 计算题

已知 E 低层代码为 1,当前库存为 40 件,安全库存为 10 件,已分配数量为 8 件,经济批量为 40 件,提前期 1 周,第 1～6 周的需求量依次为 40、40、45、45、50、50 件,第 1 周期的计划到货为 40 件,试进行 MRP 计算。要求:把计算结果填入下表中:

(提示:期初计划库存 H_0 =当前库存－安全库存－已分配数)

	期初	周期(t)					
		1	2	3	4	5	6
毛需求量 $G(t)$		40	40	45	45	50	50
计划入库 $S(t)$							
计划库存 $H(t)$							
净需求量 $N(t)$							
计划订单入库 $P(t)$							
计划订单下达 $R(t)$							

第**17**章 　新型生产方式

准时生产(just-in-time，JIT)　　　　精益生产(lean production)
看板(kanban)　　　　　　　　　　敏捷制造(agile manufacturing)

 互联网资料

http://www.e-works.net.cn
http://www.cim.co.uk

> 随着科学技术的迅速提升，生产能力取得了巨大的进步，制造业的生产方式也经过了从手工生产方式、大量生产方式、精益生产方式到敏捷制造的演变过程。
> 本章主要阐述生产方式的演变过程，回顾大量生产方式，着重介绍 JIT 生产方式的目标和方法体系、生产计划与控制、生产同步化的实现过程和看板管理。此外，对精益生产和敏捷制造进行简要介绍。

17.1　生产方式的演变过程

生产方式是指生产者对所投入资源要素、生产过程以及产出物的有机、有效组合和运营方式的一种通盘概括，是对生产运作管理中的战略决策、系统设计和系统运行管理问题的全面综合。到目前为止，制造业的生产方式经历了一个手工生产方式、大量生产方式、精益生产方式这样一个演变过程。随着信息技术的迅速发展和普及，一种面向未来的，信息含量更高，知识、技术密集程度更高的新型的生产方式——敏捷制造的概念和思想也已经出现。

17.1.1　大量生产的发展背景

制造业的生产方式经历了一个手工生产方式→大量生产方式→JIT 生产

方式→精益生产方式的过程。

20 世纪初,美国福特汽车公司的创始人亨利·福特创立了以零部件互换原理、作业单纯化原理以及移动装配法为代表的大量生产方式,把单件制造的手工作业方式带进一个全新的时代,引起了制造业的一个根本变革,由此揭开了现代化大生产的序幕。

大量生产方式的特征可以概括为:①在产品开发阶段,由市场调研人员提供某种新产品的设想,由分工不同的设计人员分别设计并绘制图纸,再由制造工程师考虑制造工艺。②在生产阶段,将设备专用化、作业细分化,每道工序的工人只完成自己分内的任务。保持原料、零部件和在制品的充足库存,以保证生产的连续性。③在完成阶段,由检验人员检查产品的质量,将不合格产品退回生产部门修理或重做,成品在仓库大量堆积。

这种生产方式的主要优点是实现了产品的大量、快速生产,并且成本随着生产量的扩大而降低。但在这种生产方式下,生产工人缺乏主动性和积极性,不关心产品质量,劳动生产率难以提高,不能迅速适应市场变化,缺乏柔性。

17.1.2　JIT 生产的发展背景

20 世纪后半期,兼备手工生产和大量生产二者的优点,又能克服二者缺点的一种高质量、低成本,并富有柔性的新的生产方式在战后崛起的日本应运而生,即准时生产方式,又称为 JIT(just-in-time)生产方式。

在 JIT 生产方式倡导以前,世界汽车生产企业包括丰田公司均采取福特式的"总动员生产方式",即一半时间人员和设备、流水线等待零件;另一半时间等零件一运到,全体人员总动员,紧急生产产品。这种方式造成了生产过程中的物流不合理现象,尤其以库存积压和短缺为特征,生产线或者不开机,或者开机后就大量生产,从而导致严重的资源浪费。丰田公司的 JIT 采取的是多品种少批量、短周期的生产方式,实现了库存最小化,达到了优化生产物流、减少浪费的目的。

准时生产方式的核心是追求一种零库存的生产系统,或使库存达到最小的生产系统。其基本思想可概括为"在需要的时候,按需要的量生产所需的产品",然后对设备、人员等进行淘汰、调整,达到降低成本、简化计划和提高控制的目的。因此,JIT 的基本思路就是用最准时、最经济的生产资料采购、配送,以满足制造需求。

17.1.3　精益生产的发展背景

精益生产(lean production)方式是美国在全面研究以 JIT 生产方式为代表的日本式生产方式在西方发达国家以及发展中国家应用的基础上,于 1990 年提出的一种较完整的生产经营管理理论。

精益生产是对 JIT 生产方式的进一步提炼和理论总结,其内容范围不仅是生产系统内部的运营、管理方法,而且包括从市场预测、产品开发、生产制造管理(其中包括生产计划与控制、生产组织、质量管理、设备管理、库存管理、成本控制等多项内容)、零部件供应系统直至营销与售后服务等企业的一系列活动。这种扩大了的生产管理、生产方式的概念和理论,是在当今世界生产与经营一体化、制造与管理一体化的趋势越来越强的背景下应运而生的,其目的旨在使制造企业在当今的环境下能够自适应、自发展地取得新的、更有力的竞争武器。

17.1.4　敏捷制造

20世纪90年代,信息技术突飞猛进,信息化的浪潮汹涌而来,许多国家制定了旨在提高自己国家在未来世界中的竞争地位、培养竞争优势的先进的制造计划。在这一浪潮中,美国走在了世界的前列,给美国制造业改变生产方式提供了强有力的支持,美国想凭借这一优势重塑在制造领域的领先地位。在这种背景下,一种面向新世纪的新型生产方式——敏捷制造(agile manufacturing)的设想诞生了。

敏捷制造的创立者认为,随着生活水平的不断提高,人们对产品的需求和评价标准将从质量、功能和价格转为最短交货周期、最大客户满意、资源保护、污染控制等。市场是由顾客需求的产品和服务驱动的,而顾客的需求是多样的和多变的,因此企业需要具备敏捷性(agility)的特质,即必须能在无法预测、不断变化的市场环境中保持并不断提高企业的竞争能力。具备敏捷性的生产方式即敏捷制造。

17.2　JIT生产

17.2.1　JIT生产方式的目标和方法

1. JIT生产方式的目标

JIT将"获取最大利润"作为企业经营的最终目标,将"降低成本"作为实现最大利润的基本目标。在福特时代,降低成本主要是依靠单一品种的规模生产来实现的。但是,在多品种、中批量生产、小批量生产的情况下,这一方法是行不通的。因此,JIT生产方式力图通过"彻底消除浪费"来达到这一目标。所谓浪费,最主要的有生产过剩(即库存)所引起的浪费。重复的动作、机器设备的等待、存货、不良品的重新加工等也都被看做是浪费。在JIT生产方式下,浪费的产生通常被认为是由不良的管理造成的。比如,大量原材料的存在可能是由于供应商管理不良所造成的。因此,JIT的目标是彻底消除无效劳动和浪费。为了排除这些浪费,也就相应地产生了质量目标、生产目标、时间目标三个子目标。

(1) 质量目标。在这种目标下,废品量最低。JIT生产方式要求消除各种产生不合格品的原因,在加工过程中每一工序都要求达到最好水平。

(2) 生产目标。在这种目标下,库存量最低。在JIT生产方式下,库存是生产系统设计不合理、生产过程不协调、生产操作不良的证明;批量应尽量小。

(3) 时间目标。在这种目标下,准备时间最短。准备时间的长短与批量选择相关。如果准备时间趋于零,准备成本也趋于零,就有可能采用极小批量;生产提前期应尽可能短。短的生产提前期与小批量相结合的系统,应变能力强,弹性好。

2. JIT生产方式的基本方法

对应于上述基本目标的三个子目标,JIT的基本方法也可以概括为下述三个方面。

1) 生产流程化

生产流程化是指按生产产品所需的工序从最后一个工序开始往前推,确定前面一个工序的类别,并依次地恰当安排生产流程;根据流程与每个环节所需库存数量和时间的先后,安排库存和组织物;尽量减少物资在生产现场的停滞与搬运,让物资在生产流程上毫无阻碍地流动。

　　"在需要的时候,按需要的量生产所需的产品"。

　　为了实现适时适量生产,首先需要致力于生产的同步化。

　　2）生产均衡化

　　生产均衡化是实现适时适量生产的前提条件。所谓生产的均衡化,是指总装配线在向前工序领取零部件时应均衡地使用各种零部件,生产各种产品。为此,在制定生产计划时就应该加以考虑,然后将其体现在产品生产顺序计划之中。在制造阶段,均衡化通过专用设备通用化和制定标准作业来实现。其中,设备通用化是指通过在专用设备上增加一些工夹具的方法使之能够加工多种不同的产品。标准作业是指将作业节拍内一个作业人员所应担当的一系列作业内容标准化。

　　标准化作业是实现均衡化生产和单件生产单件传送的又一重要前提。丰田公司的标准化作业主要包括三个方面的内容:标准周期时间、标准作业顺序、标准在制品存量,它们均用"标准作业组合表"来表示。

　　3）资源配置合理化

　　资源配置的合理化是实现降低成本目标的最终途径,具体指在生产线内外,所有的设备、人员和零部件都得到最合理的调配和分派,在最需要的时候最及时地到位。

17.2.2　JIT 生产方式中的生产计划与控制

　　对于 JIT 生产方式,有这样一种误解,即认为既然是"只在需要的时候,按需要的量生产所需的产品",那生产计划就无足轻重。但实际上恰恰相反,以看板为其主要管理工具的JIT 生产方式,从生产管理理论的角度来看,是一种计划主导型的管理方式,但它又在很多方面打破了历来生产管理中被认为是常识的观念。

　　在 JIT 生产方式中,同样根据企业的经营方针和市场预测制定年度计划、季度计划与月度计划。然后再以此为基础制定出日程计划,并根据日程计划制定投产顺序计划。但是,其最独特的特点是,只向最后一道工序以外的各个工序出示每月大致的生产品种和数量计划,作为其安排作业的一个参考基准。而真正作为生产指令的投产顺序计划只下达到最后一道工序,具体到汽车生产中,就是只下达到总装配线。其余所有的机械加工工序以及粗加工工序等的作业现场,没有任何生产计划表或生产指令书这样的东西,而是在需要的时候通过"看板"由后工序顺次向前工序传递生产指令。这就使得:第一,各工序只生产后工序所需要的产品,避免了生产不必要的产品;第二,因为只在后工序需要时才生产,避免和减少非不急需品的库存量;第三,因为生产指令只下达给最后一道工序,最后的生产成品数量与生产指令所指示的数量是一致的,而在传统的生产计划下,最后这二者往往不同。并且该生产顺序指令是以天为单位,可以做到在生产开始的前一两天才下达,从而能够反映最新的订货和最新的市场需求,大大缩短了从订货或市场预测到产品投放市场的距离,这对于提高产品的市场竞争力无疑是大有益处的。总而言之,既然是适时适量生产,那么生产指令发出的时间就变得格外重要。因此,生产指令也应该"只在需要的时候发出"。这就是 JIT 生产方式中关于生产计划的基本思想。

17.2.3　生产同步化的实现过程

生产同步化是实现JIT生产的一个基本原则。它与历来的各个作业工序之间相互独立,各工序的作业人员在加工出来的产品积累到一定数量后一次运送到下工序的做法完全不同,是使装配线盒机加工的生产几乎同步进行,使产品实行单件生产、单件流动的一种方法。为了实现这一点,JIT生产方式在设备布置、缩短作业更换时间和生产节拍的制定等方面采取了新的方法。

1. 设备布置

从JIT生产的角度来看,后工序所需要的产品在前工序其他产品的批量加工尚未结束之前就不可能开始,这必定造成等待,致使生产周期拉长。因此,在JIT生产方式下,设备不是按机床类型来布置,而是根据加工工件的工序顺序来布置,即形成相互衔接的生产线。

采取这种设备布置时很重要的一点是注意工序间的平衡,否则同样会出现某些工序在制品堆积、某些工序等待的问题。这些问题可以通过开发小型简易设备、缩短作业更换时间、使集中工序分散化等方法来解决。

若从作业人员的角度来考虑,由于实行一人多机、多工序操作,布置设备时还应该考虑到使作业人员的步行时间合理。此外,还应注意场地的合理性。

2. 缩短作业更换时间

生产同步化的理想状态是单件生产单件运送。这在装配线以及机加工工序是比较容易实现的,但在铸造、锻造、冲压等工序就不得不以批量进行。为了实现全部生产过程的JIT化,需要根据这些工序的特点,使批量尽量缩小。但这样一来,作业更换就会变得很频繁。因此,在这些工序中,作业更换时间的缩短就成了实现生产同步化的关键问题。

作业更换时间的缩短可以主要依靠改善作业方法、改善工夹具、提高作业人员的作业更换速度以及开发小型、简单设备等方法。以下具体做法可供参考:模具、工夹具的准备工作预先全部完成,集中进行只有停机时才能进行的工作;把需要使用的工具和材料按照使用顺序预先准备妥当,使更换作业简单化;制定标准的作业更换表,按照标准的作业更换方法反复训练作业人员,以逐步加快作业速度,等等。在丰田汽车公司,仅通过这样的方法,在过去的几十年间把作业更换时间缩短到了原来的十分之一到十五分之一左右。

作业更换时间的缩短所带来的生产批量的缩小,不仅可以使工序间的在制品库存量减少、生产周期缩短,而且对降低资金占用率、节省保管空间、降低成本、减少次品都有很大的作用。

3. 生产节拍的制定

以往在生产管理中有一种观念,即由于机器设备的造价越高,成本折旧费也越高,所以为了避免损失,应尽量使设备的开工率接近100%,即想方设法使生产量去适应生产能力。而在JIT生产方式中则认为,如果为了提高机器利用率而生产现在并不需要的产品,这些过剩产品所带来的损失更大。所以,重要的是"只生产必要的产品",机器设备的利用率应以必要的生产量为基准,这与上述的传统观念相反,应使生产能力适应生产量的要求。为此,生产节拍不是固定不变的,而总是随着生产量的变化而变化。在装配流水线上,生产节拍是与传送带的速度相一致的,所以可以很容易地随着生产量的改变而改变。在机械加工工序,主要通过作业人员所看管的设备台数或操作的工序数来改变生产节拍。一般来说,由于设备能力、作业人数以及作业能力的限制,生产节拍的变动范围在±(10%～20%),而且需要从生产能力的弹性以及有效利用两方面来适应这种变动。这种变动的控制,通过"看板"就可以实现。

17.2.4　弹性作业人数的实现方法

在市场需求变化多变的今天,生产量的变化也很频繁,人工费用越来越高。因此,在劳动集约型的产业,通过削减人员来提高生产率、降低成本是一个重要的课题。JIT 生产方式就是基于这样的基本思想打破了历来的"定员制"观念,创出了一种全新的"少人化"技术,以实现随生产量而变化的弹性作业人数。

少人化技术作为降低成本的手段之一,具有两个意义:一是按照每月生产量的变动弹性增减各生产线以及作业工序的作业人数,保持合理的作业人数,从而通过排除多余人员来实现成本的降低;二是通过不断地减少原有的作业人数来实现成本降低。

为了实现少人化,需要以下三个前提条件:

(1) 要有适当的设备布置。

(2) 要有训练有素、具有多种技艺的作业人员,即"多面手"。

(3) 要经常审核和定期修改标准作业组合。

三个前提条件之间的相互关系如图 17-1 所示。

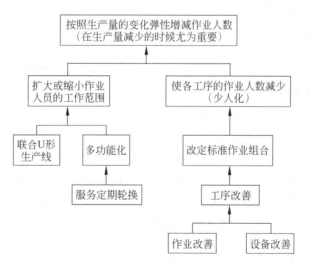

图 17-1　实现"少人化"的前提条件

上述设备布置是指联合 U 形布置。U 形布置的模型如图 17-2 所示。U 形布置的本质在于生产线的入口和出口在同一个位置,灵活增减作业现场的作业人员主要靠此来实现。

JIT 生产方式的基本思想之一,即按后工序领取的数量进行生产的基本思想,也可以通过这种设备布置得到实现。因为在这种布置中,当一个加工完了的产品从出口出来时,一个单位的原材料也被从入口投入,两方的作业是由同一作业人员按同一生产节拍进行的,既实现了生产线的平衡,也使生产线内待加工产品数保持了恒定。而且,通过明确规定各工序可

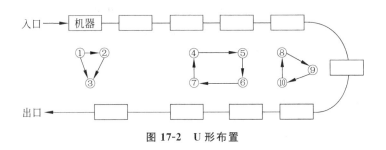

图 17-2　U 形布置

持有的标准待加工产品数,即使出现了不平衡现象,也能很快发现,有利于对各工序进行改善。

在利用 U 形布置增减作业人员时,遇到的最主要的问题是,在按照生产量重新分配各作业人员的工作时,如何处理节省出来的非整数工时。例如,即使可能减少半个人的工时,因实际上不可能抽调 1 人,所以在某个工序就会产生等待时间或生产过剩。这种问题在生产增加的情况下也同样会发生。解决这个问题的方法是把几条 U 形生产线作为一条统一的生产线连接起来,使原先各条生产线的非整数工时互相吸收或化整为零,以实现以整数形式增减作业人员。这就是所谓的联合 U 形布置。

培养多面手的方法很多,"职务定期轮换"是其中之一。标准作业组合的改变可以通过不断改善作业方法和设备来进行。这种改善活动的目的在于,即使生产量不变或增加,也要尽可能地使作业人数保持最少。

17.2.5　看板管理

JIT 生产中最重要的管理工具是看板。看板是用来控制生产现场的生产排程工具,是 JIT 生产现场控制技术的核心。具体而言,它是一张卡片,卡品的形式随不同的企业而有差别。看板上的信息通常包括零件号码、产品名称、制造编号、容器形式、容器容量、看板编号、移送地点和零件外观等。

使用看板工具,应该遵循以下四大原则:

(1) 后工序只有在必要的时候,才向前工序领取必要数量的零部件。

(2) 前工序应该只生产足够的数量,以补充被后工序领取的零件。

(3) 不良品不送往后工序。即后工序没有库存,后工序一旦发现次品必须停止生产,找到此品送回前工序。

(4) 看板的使用数目应该尽量减小。看板的数量,代表零件的最大库存量,为达到 JIT 目标,应该尽量减少看板使用数量。

在 JIT 生产方式下,看板具有以下功能:

(1) 传送生产以及运送的工作指令。看板中记载着生产量、时间、方法、顺序以及运送量、运送时间、运送目的地、放置场所、搬运工具等信息,从装配工序逐次向前工序追溯,在装配线将所使用的零部件上所带的看板取下,以此再去前工序领取。"后工序领取"以及"JIT 生产"就是这样通过看板来实现的。

(2) 防止过量生产和过量运送。看板必须按照既定的运用规则来使用。其中一条规则是:"没有看板不能生产,也不能运送"。根据这一规则,看板数量减少,生产量也相应减少。

由于看板所表示的只是必要的量,因此通过看板的运用能够做到自动防止过量生产以及适量运送。

（3）进行"目视管理"。看板的另一条运用规则是："看板必须在实物上存放","前工序按照看板取下的顺序进行生产"。根据这一规则,作业现场的管理人员对生产的优先顺序能够一目了然,易于管理。通过看板就可知道后工序的作业进展情况、库存情况等。

（4）改善存在的问题。在一般情况下,如果在制品库存较高,即使设备出现故障、不良品数目增加,也不会影响后道工序的生产,容易把这些问题掩盖起来。而且,即使有人员过剩,也不易被察觉。根据看板的运用规则之一,"不能把不良品送往后工序",后工序所需得不到满足,就会造成全线停工,由此可立即使问题暴露,从而必须立即采取改善措施来解决问题。在 JIT 生产方式中,通过不断减少看板数量来减少在制品的中间储存。这样通过改善活动不仅使问题得到解决,也使生产线的"体质"不断增强,带来了生产率的提高。

根据功能和应用对象的不同,看板可进行不同的分类。各类看板的功能、内容分述如下：

（1）生产看板。指在一个工厂内,指示某工序加工制造规定数量工件所用的看板,它又有两种类型：

一是一般的生产看板。它指出需加工件的件号、件名、类型、工件存放位置、工件背面编号、加工设备等。

二是三角看板。它指出待加工工件件号、名称、存放位置、批量及货盘数、再订购点及货盘数、加工设备等。

（2）取货看板。后工序的操作者按看板上所列的件号、数量等信息,到前工序（协作厂）领取零部件的看板。取货看板又可分为两种类型：工序间取货看板和外协取货看板。

除上述主要看板类型外,有的工厂还使用信号看板、临时看板等不同用途的看板。信号看板是指在总装生产线上（或其他固定生产线上）作为生产指令的看板,它是用信号灯或不同颜色的小球,表示不同的生产状态和指令,在日本称为 ANDON 板。临时看板是在生产中出现次品、临时任务或临时加班时的看板,只用一次,用毕及时收回。

17.3　精益生产

17.3.1　精益生产的架构

1. 精益生产的基本观念

1）价值观

精益思想认为,企业产品/服务的价值只能由最终用户来确定,价值也只有在满足特定用户需求的情况下才有存在的意义。精益思想重新定义了价值观与现代企业原则,即"主观、高效率地大量制造现成产品向用户推销是完全错误的"。

2）价值流

价值流是指从原材料到成品赋予价值的全部活动。精益生产要求首先识别价值流,并按照最终用户的立场寻求全过程的整体最佳。

3）流动

精益思想要求创造价值的各个活动流动起来,强调的是"动",所有的停滞均为企业的浪费。根深蒂固的传统观念是"分工和大批量才具有高效率",这曾经是毋庸置疑的"常识"。而精益思想认为,大批量生产经常意味着等待和停滞。

4)拉动

拉动的本质含义是让用户按需要来拉动生产,而不是把用户不太想要的产品设法推销给用户。实现拉动的方法是实行 JIT、单件流及设备全面维护等。

5)尽善尽美

精益思想定义企业的基本目标是:"通过尽善尽美的价值创造过程(包括设计、制造和对产品或服务整个生命周期的支持),为用户提供尽善尽美的价值。"精益生产的"尽善尽美"有三个含义:用户满意、无差错生产和企业自身的持续改进。

2.精益生产的核心——杜绝浪费

用精益思想的五个基本观念重新审视传统的现代工业体制,就会发现:企业中到处存在着不以顾客需求为目标的生产,原材料、在制品和产品停滞和积压,管理业务重复、消极等待等。精益思想将这一切都视为浪费。精益思想认为改进生产系统的途径是杜绝浪费。企业的浪费总体可归纳为八类:①无增值过程或活动;②停滞、等待;③搬运;④废品、缺陷和返修;⑤过量生产;⑥过量库存;⑦人力资源运用不足;⑧过量动作。

精益思想用"浪费"将传统的现代企业的弊病表面化、通俗化,更易于企业理解和接受。

3.精益生产的工具架构

精益生产的概念,需要通过多项有效改善工具的应用方能实现。这些工具包括最基本的方法和手段,如"5S",以及需要一定基础的如"拉动"系统等。其工具架构如图 17-3 所示。

图 17-3   精益生产的工具架构

实行精益生产的第一个步骤,最好是应用价值流示意图,将生产从开始至完成的所有活动的物流及信息流绘制出来,再绘制出价值流的未来状态,从而确认浪费,并制定推行精益生产所需的工具及计划。

17.3.2   精益生产的特征

精益生产方式具有如下几个方面的特征:

(1)在生产制造程中,实行拉动式的准时化生产。

(2)在生产组织结构和协作关系上,精益生产方式一反大量生产方式追求纵向一体化的做法,把 70% 左右的零部件设计和制造委托给协作厂进行,主机厂只完成约占 30% 的设计和制造任务,主机厂与协作厂在开发产品、提高质量、改善物流、降低成本等方面密切合作,确保双方共同获得利益。

(3) 在劳动力使用上强调一专多能、多机操作、多任务序管理,而且参与企业管理,从事各种改善活动。

(4) 在产品开发和生产准备工作上,精益生产方式克服了大量生产方式中由于分工过细而造成的信息传递慢、协调工作难、开发周期长等缺陷,采用"主查制"和并行工程(CE)的方法。

17.3.3 精益生产的内容

精益生产是对 JIT 生产方式的进一步提炼和理论总结,是一种扩大了的生产管理、生产方式的概念和理论。其主要内容可概括如下。

在生产系统方面,精益生产一反大量生产方式下的作业组织方法,以作业现场具有高度工作热情的多技能工人和独特的设备配置为基础,将质量控制融入每一生产工序中;生产起步迅速,能够灵活、敏捷地适应产品的设计变更、产品变换以及多品种混合生产的要求。

在零部件供应系统方面,与零部件供应厂家保持长期、稳定的全面合作关系,包括资金合作、技术合作以及人员合作,形成一种"命运共同体",并注重培养和提高零部件供应厂家的技术能力和技术开发能力,使零部件供应系统也能够灵活、敏捷地适应产品的设计变更以及产品变换。进一步地,通过管理信息系统的支持,使零部件供应厂家也共享企业的生产管理信息,从而保证及时、准确地交货。

在产品的研究与开发方面,以并行工程和团队工作方式为研究开发队伍的主要组织形式和工作方式,以"主查"负责制为领导方式。在一系列开发过程中,强调产品开发、设计、工艺、制造等不同部门之间的信息沟通和同时并行开发。这种并行开发还扩大至零部件供应厂家,充分利用它们的开发能力,促使它们从早期开始参与开发,由此大大缩短开发周期和降低成本。

在流通方面,与顾客以及零售商、批发商建立一种长期的关系,使来自顾客和零售商或批发商的订货与工厂的生产系统直接挂钩,销售成为生产活动的起点;极力减少流通环节的库存,并使销售和服务机能紧密结合,以迅速、周到的服务来最大限度地满足顾客的需要。

在人力资源的利用上,通过 QC 小组、提案制度、团队工作方式、目标管理等一系列具体方法,调动和鼓励员工进行"创造性思考"的积极性,并注重培养和训练工人以及各级管理人员的多方面技能,最大限度地发挥和利用企业组织中每一个人的潜在能力,提高员工的工作热情和工作兴趣。

从管理理念上说,总是把现有的生产方式、管理方式看做是改善的对象,不断地追求进一步降低成本、降低费用、质量完美、缺陷为零、产品多样化等目标。

17.4 敏捷制造

敏捷性反映的是企业驾驭变化的能力,企业要实现的任何战略转移都可以从它具有的善于转变的能力中获益。敏捷制造强调通过联合来赢得竞争,通过产品制造、信息处理和现代通信技术的集成来实现人、知识、资金和设备(包括企业内部的和分布在全球各地合作企业的)的集中管理和优化利用。制造系统是一个复合系统,敏捷性概念的提出为制造系统赋予了新的概念和特征。

从系统工程的角度,可以把敏捷制造系统定义为:敏捷制造过程及其所涉及的硬件(包括人员、生产设备、材料、能源和各种辅助装置)以及有关软件(包括敏捷制造理论、敏捷制造技术和信息技术等)组成的可以有效实现制造业敏捷性的一个有机整体。

17.4.1 敏捷制造系统的体系结构

以 AMS 的实施为最终目标,以技术基础和社会环境为保障,组织管理、功能设计、资源配置和信息系统为子系统的敏捷制造系统结构参考模型可以完整地实施敏捷化工程。图 17-4 为敏捷制造系统结构的参考模型。

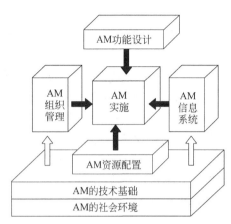

图 17-4 敏捷制造系统结构的参考模型

设计敏捷系统时,无论针对一个企业或只是其中的核心模块,都意味着设计一个具有变化特征的系统。应有一个 RRS 设计标准,即可重构性(reconfigurability)、可重用性(reusability)和规模可调性(scalability)。

1. AM 的社会环境

提高系统的敏捷性,除了要在内部加强改革,还必须有一个良好的社会环境,包括政府的政策法律、市场环境和社会基础设施等几个方面,政策法律的制定要有助于提高企业的积极性,有助于企业直接、平等地参与国际竞争。企业外部市场环境要保证系统的物流、能量流、信息流和人才流等畅通无阻。通信、交通、环保等社会基础设施对企业敏捷化的发展有很大的作用。

2. AM 的技术基础

成功地实施敏捷化,技术基础是关键,也是有力的保障。AM 的关键技术可以归纳为信息服务技术、敏捷管理技术、敏捷设计技术、敏捷制造技术四类。信息服务技术主要包括信息技术、计算机网络与通信技术、数据库技术等。敏捷管理技术主要包括集成的产品与过程管理、决策支持系统、经营业务过程重组等。敏捷设计技术主要是指集成化产品设计与过程开发技术,它是一系列技术的综合。敏捷制造技术是指可重组和可重用的制造技术,主要包括拟实制造技术、快速原型技术、数控技术与柔性制造技术等。

3. AM 功能设计

AM 功能设计旨在设计和开发敏捷制造系统的各部分功能,推行敏捷管理思想、敏捷设计方法和敏捷制造技术。①敏捷管理思想:制定符合全球竞争机制的企业经营战略,组建敏捷捕捉市场机遇的快速响应体系,构建企业间优势互补的动态联盟体系,建立敏捷供应链等。②敏捷设计方法:使用集成化产品设计与过程开发方法开发产品,采用动态仿真技术实现产品性能仿真分析,引入智能知识推理机制提高设计过程的敏捷性等。③敏捷制造技术:按车间作业分布自治要求进行企业资源重组,按可选工艺方案的协同决策要求进行工艺过程重组,采用相似工程原理和即插即用总线接口技术实现现场的成组插件互连等。

4．AM 组织管理

敏捷制造系统以动态联盟作为主要组织形式,采用以团队为核心的扁平化网络结构作为管理方式。

5．AM 信息系统

敏捷制造信息系统是面向敏捷制造模式、由分布于若干个成员结点且具有独立自治和相互协同能力的信息子系统优化组合而成的信息系统。它应具备四方面的能力:快速构建能力、快速运作能力、快速重组能力和快速适应能力。

6．AM 资源配置

在敏捷制造环境下,制造资源不再由单一企业的资源组成,而是由不同地域、不同企业的资源组成,针对敏捷制造系统资源所呈现的分布、异构、不确定等特征,进行资源的配置,将制造系统中的资源重新组织。

7．AM 实施

敏捷制造是一个系统工程,在找到了它所存在的环境和所需的基础技术,并构造好了实施 AM 的各部分框架后,就可以采用一定的步骤,运用系统化的方法逐步进行。

步骤一,AM 总体规划:AM 目标选择、制定 AM 战略计划、选择 AM 实施方案。

步骤二,AM 系统构建:针对具体目标,准备敏捷化所需的相关技术,转变企业经营策略,利用构建好的 AM 功能设计系统、AM 信息系统和 AM 资源配置系统等构建 AMS。

步骤三,AMS 运行与管理:在系统内部建立面向任务的多功能团队,在企业之间进行跨企业的动态联盟,从而实现组织协调、过程协调、资源协调和能力协调。

步骤四,建立敏捷评价体系:对敏捷制造系统的运行进行评价,必要时进行动态调整。

17.4.2 敏捷企业的组织和管理

1．敏捷制造的组织方式

敏捷制造认为,新产品投放市场的速度是当今最重要的竞争优势。推出新产品最快的办法是利用不同公司的资源和公司内部的各种资源。这就需要企业内部组织的柔性化和企业间组织的动态联盟。虚拟公司是最为理想的一种形式。虚拟公司就像专门完成特定计划的一家公司一样,只要市场机会存在,虚拟公司就存在;市场机会消失了,虚拟公司也随之解体。能够经常形成虚拟公司的能力将成为企业一种强有力的竞争武器。

只要能把分布在不同地方的企业资源集中起来,敏捷制造企业就能随时构成虚拟公司。在美国,虚拟公司将运用国家的工业网络——全美工业网络,把综合性工业数据库与服务结合起来,以便能够使公司集团创建并运作虚拟公司。

敏捷制造企业必须具有高度柔性的动态组织结构。根据产品不同,采取内部团队、外部团队(供应商、用户均可参与)与其他企业合作或虚拟公司等不同形式,既保证企业内部信息达到瞬时沟通,又能保证迅速抓住企业外部的市场,而进一步作出灵敏反应。

2．敏捷制造的管理手段

以灵活的管理方式达到组织、人员与技术的有效集成,尤其是强调人的作用。敏捷制造在人力资源上的基本思想是,在动态竞争环境中,最关键的因素是人员,柔性生产技术和柔性管理要使敏捷制造企业的人员能够实现他们自己提出的发明和合理化建议,这就需要提供必要的物质资源和组织资源,支持人们的行动,充分发挥各级人员的积极性和创造性。有知识的人是敏捷制造企业最宝贵的财富。不断对人员进行培训,是企业管理层的一项长期任务。

在管理理念上要求具有创新和合作的突出意识,不断追求创新。除内部资源的充分利用外,还要利用外部资源和管理理念。在管理方法上要求重视全过程的管理,运用先进的科学管理方法和计算机管理技术以及 BRP 等。

17.4.3   企业敏捷性的评价体系

企业敏捷性的度量可看成是下面四个方面的综合度量:时间、成本、健壮性和自适应范围。但在不同的行业、不同的企业,针对不同的产品和生产过程,具体的评价指标和内容可能都不一样。这其中有许多不确定的和综合性的因素。敏捷意味着善于把握各种变化的挑战。敏捷赋予企业适时抓住各种机遇以及不断通过技术创新来领导潮流的能力。因此可以讲,一个企业的敏捷性取决于它对机遇和创新的管理能力。企业在不同时刻对这两种能力的把握决定了它对市场和竞争环境变化的反应能力。对每一个具体的系统(企业或者企业的某核心机构)都要针对它在不同方面的优劣,如企业运行、供应链策略、特定的车间层控制、群组工作策略、产品开发策略等,找到它们在敏捷制造系统中的当前位置和目标位置,并按此来进行系统的设计和改造。

本章小结

JIT 具有普遍意义,既可适用于任何类型的制造业,也可适用于服务业中的各种组织。JIT 原理虽简单,但内涵却很丰富。在实施 JIT 技术的过程中,必须不断地改进,即降低物品库存—暴露物品采购问题—采取措施解决问题—降低库存,如此循环往复,直至达到最佳效果。

本章介绍了 JIT 生产方式、精益生产、看板管理及其相关概念,着重阐述了这几种被普遍采用的管理手段之间的异同,同时对上述方式如何融合进行了探讨。

复习与思考

1. 看板管理就是 JIT 吗? 为什么?
2. 什么是 JIT 生产方式的精髓?
3. 精益生产管理的主要原理是什么?
4. 敏捷制造企业应采取怎样的组织和管理方式?

安徽江淮汽车集团有限公司（江汽）经历的转变

案例分析 --

讨论

前几年,安徽江淮汽车集团有限公司(简称江汽)和其他汽车生产厂家一样,与供应商之间改为"上线"结算模式,并从中尝到了减少库存的甜头。2002 年,江汽瑞风商务车分公司上 ERP 之初,在设计系统方案时,有人提出把结算方式进一步改为"下线"结算,并希望得到信息系统的支持。

对此提议,时任江汽 EPR 项目实施顾问的梯升资讯公司执行总监唐明却提出了不同的思路。他指出:"在企业没有练好内功时,进行下线结算并不是降低库存的先进方式,而是慢性毒药——它在给供应链上游加大负担的同时,将给江汽的管理带来严重的负面后果,最终会导致整个供应链和产品的竞争力下降。"

唐明的看法在当时显然不合潮流,但江汽的管理层居然接受了他的意见。江汽集团董事长左延安一直非常看中供应链的整体竞争力。结果 ERP 系统在江汽上线后,瑞风商务车分公司"倒退"回去,与供应商重新采用入库结算模式。"这样,我们的库存压力又回来了。ERP 系统的实时成本数据每天都在敲打着我们。"江汽集团物流经理龙凯峰感慨地说:"我们就不得不每天都琢磨如何降低成本。从前可不是这样,那时的浪费惊人,因为总觉得浪费的不是自己的东西。"

分析

其实,龙凯峰每天在琢磨着如何减少库存的门道就是精益生产的一部分内容。精益生产的精髓就是减少浪费以降低成本、降低偏差以提高质量、提高效率以最终满足客户。通过精益生产,企业可以实现产品质量优质、成本低、送货及时。显然,JIT 只是精益生产的自然结果之一,并不是降低库存的手段。

"这是危险之举,不仅害人,更重要的是最终会害自己。"一位曾在福特公司从事过多年管理工作的专家痛心地说。他认为:"国内某些企业在学习先进经验时,只学了形式,而没抓住本质,甚至走到了反面。"

这位专家的"害己"之说,并非危言耸听。

从目前国内的一些 JIT 的"得意"案例中可以很明显地看出,在那些供应链上,库存并没有减少,反而增多了,且由总装厂向零配件企业转移。这样的转移也许令总装厂感到满意——"反正库存不在我这儿,我的成本降低了"。但是一个产品是供应链的集体结晶,其价值和价格是由供应链的整体价值决定的。如果供应链的整体库存没有降低反而增加,产品的整体成本就不可能降低,只不过由于成本转移,使得利润砝码向总装厂倾斜,给它们造成了成本降低的假象。

供应链的本质是相互配合、共生共赢,如果总装厂执迷不悟地继续榨取供应链上游的利润,那么零配件厂商要么选择退出,要么被压死,或者选择偷工减料。到那时,总装厂还能高枕无忧吗?

扭曲的 JIT 带给总装厂的长远灾难还不止于此。如此一个原材料库存为"零"的"温水池",会让躺在其中的总装企业变成毫无警觉的"青蛙",这种貌似降低的成本会让它因为没有库存压力而变得忘乎所以。在缺少成本约束的情况下,它很难自发地产生改善内部管理的动力。可以想象出一个具有十足优越感、巨大惯性、死水一潭的企业的最终结局——与被它压榨干的供应商们一起死去。在我国的手机和家电市场,这样的例子并不罕见。

值得庆幸的是,国内一些总装厂已经意识到了这种危险,开始"逆流"而动,把库存压力从供应商那里"拿"回来。

(资料来源：http://www.e-works.net.cn)

思考题：

对供应链企业来说,只是减少自己的库存,就有利于今后的发展吗?

其他先进制造模式简介 第**18**章

制造执行系统(manufacturing execution system，MES)

并行工程(concurrent engineering，CE)

逆向工程(reverse engineering)

计算机集成制造系统(computer integrated manufacturing system，CIMS)

虚拟制造(virtual manufacturing，VM)

绿色制造(environmentally conscious manufacturing)

 互联网资料

http：//www.e-works.net.cn

http：//www.cim.co.uk

> 在传统制造技术逐步向现代高新技术发展、渗透、交汇和演变的过程中,形成先进制造技术的同时,也出现了一系列先进制造模式。这些制造模式对制造企业提高产品质量和市场竞争力有着重要作用。
>
> 本章主要介绍制造执行系统 MES、并行工程、逆向工程、计算机集成制造系统 CIMS、网络化制造、虚拟制造、绿色制造等先进制造模式。

18.1 制造执行系统 MES

18.1.1 MES 的背景

21 世纪的制造企业面临着日益激烈的国际竞争,要想赢得市场和用户就必须全面提高企业的 S、Q、T、C、E(服务、质量、时间、成本、环境)。因此,很多企业希望通过实施 MRPⅡ/ERP 来加强管理。然而,面对客户对交货期的苛刻要求、产品的改型、订单的不断调整等情况,计划已经跟不上变化,上层生产计划管理受市场的影响越来越大,因而上层生产计划管理并不能充分发挥应有的作用。究其原因在于以下两点:

(1) MRP Ⅱ/ERP 软件主要是针对资源计划,这些系统虽然通常能处理以前发生的事情并作历史分析,也可以预测并处理未来将要发生的事件,但对今天正在发生的事件却往往留下了不规范的缺口。

(2) ERP 系统需要实时的生产信息辅助进行经营决策和订单管理,但是传统生产现场管理是黑箱作业,来自生产现场的状态信息和生产数据并不能直接反映经营者所关心的生产进度和质量变化等信息。因此,如何适应复杂多变的竞争需要;如何将黑箱作业透明化,找出任何影响产品品质和成本的问题,改善生产线的运行效率;如何提高计划的实时性和灵活性;这些已成为每个企业所关心并亟待解决的问题。

制造执行系统(MES)恰好能填补这一空白。MES 是处于计划层和车间层操作控制系统 SFC 之间的执行层,主要负责生产管理和调度执行。它通过控制包括物料、设备、人员、流程指令和设施在内的所有工厂资源来提高制造竞争力,提供了一种系统地在统一平台上集成诸如质量控制、文档管理、生产调度等功能的方式,从而实现企业实时化的 ERP/MES/SFC 系统。

由于 MES 强调控制和协调,使现代制造业信息系统不仅有很好的计划系统,而且能使计划落实到实处的执行系统通过连续信息流来实现企业信息的全面集成。因此,短短几年间 MES 在国外的企业中迅速推广开来,并给企业带来了巨大的经济效益。

18.1.2　MES 的内涵

MES 能通过信息传递,对从订单下达到产品完成的整个生产过程进行优化管理。当工厂发生实时事件时,MES 能对此及时作出反应、报告,并用当前的准确数据对它们进行指导和处理。这种对状态变化的迅速响应使 MES 能够减少企业内部没有附加值的活动,有效地指导工厂的生产运作过程,从而使其既能提高工厂及时交货能力,改善物料的流通性能,又能提高生产回报率。MES 还通过双向的直接通信在企业内部和整个产品供应链中提供有关产品行为的关键任务信息。

MES 的关键是强调整个生产过程的优化,它需要收集生产过程中大量的实时数据,并对实时事件及时处理。同时,又与计划层和控制层保持双向通信能力,从上下两层接收相应数据并反馈处理结果和生产指令。因此,MES 不同于以派工单形式为主的生产管理和以辅助的物料流为特征的传统车间控制器,也不同于偏重于以作业与设备调度为主的单元控制器。作为一种生产模式,MES 把制造系统的计划和进度安排、追踪、监视和控制、物料流动、质量管理、设备的控制和计算机集成制造接口(CIM)等一体化去考虑,以最终实施制造自动化战略。

20 世纪 90 年代初期,美国先进制造研究机构(AMR)通过对大量企业的调查发现,完善的企业生产管理系统普遍由以下三种软件构成:以 ERP/MRP Ⅱ 为代表的企业管理软件,以 SCADA(数据采集与监视)、HMI(human machine interface)为代表的生产过程监控软件,以及实现操作过程自动化、支持企业全面集成的 MES 软件。根据调查结果,AMR 于

1992 年提出了三层企业集成模型,见图 18-1。

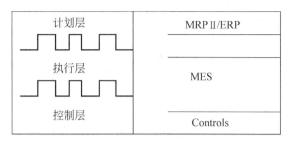

图 18-1　AMR 三层企业集成模型

（1）计划层。计划层也是决策层使用的管理工具,主要应用系统是 ERP、CRM、SCM、BPM(企业绩效管理)等。

（2）执行层。企业中层使用的工具是 MES,其在计划管理层与底层控制之间架起了一座桥梁。

（3）控制层。一线操作人员使用的,是以 SCADA、HMI 为代表的生产过程监控软件。

18.1.3　MES 的功能

MES 是利用现场实时的数据提供从可以最佳化产品的订货到生产完成的生产活动的信息。通过减少没有价值的活动,有效的工厂运营成为可能。具体来讲,MES 具有如图 18-2 所示的功能。

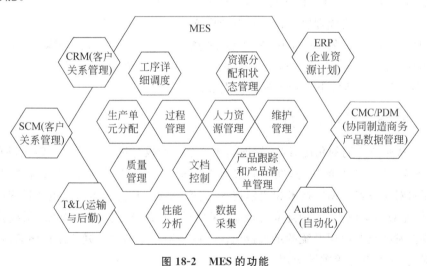

图 18-2　MES 的功能

18.1.4　MES 的体系结构

体系结构的好坏直接关系到整个系统的敏捷性能。目前比较有影响的包括基于 CORBA 的 NIIIP-SMART 体系结构和基于 COM/DCOM 的面向制造业的 Windows DNA。两者各有优势,前者在跨平台及实时任务处理上具有优势,后者则有着广泛的应用基础。基于 CORBA 的 MES 的体系结构见图 18-3。

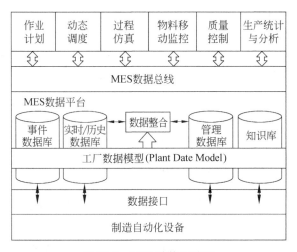

图 18-3   MES 的体系结构

无论采用哪种体系结构，MES 都需要解决以下关键问题：

（1）设计面向对象的 MES 模型以支持应用集成。

（2）设计分布式 MES 对象网络以支持实时活动。

（3）设计 MES 工作流模型以支持各种控制策略，加强过程管理。

（4）设计基于知识的规则以支持管理基于 MES 的产品。

（5）集成 CORBA/STEP 以实现与 PDM 的无缝集成。

（6）设计 MES 智能代理以支持虚拟企业中 MES 应用。

随着信息技术的发展和制造企业的竞争需求，将带动 MES 向可集成性（integratability）、可配置性（configurability）、可适应性（adaptability）、可扩展性（extensibility）和可靠性（reliability）的方向发展。

18.1.5   MES 的技术支撑

MES 是从企业全局的角度，统一规划面向整个生产执行过程的数据。因此，MES 数据集成平台作为 MES 系统的核心，在开放式体系结构下，以大型商业数据库为基础，采用构件技术、面向对象技术 XML 技术和建模技术，研究、分析、开发和实施以生产过程模型为驱动的流程行业数据集成平台，为建立开放的、灵活的、敏捷的流程行业 MES 系统提供基础的数据环境，发挥企业应用系统的最大价值。并围绕数据平台系统建立了质量管理、物料移动、生产调度、生产统计等关键应用。

但由于不同企业可能会从不同的软件供应商处购买适合自己的 MES 模块，或将现有遗留系统（legacy system）集成为 MES 功能的一部分，其结果导致许多企业的 MES 系统实际上是往往具有各自的处理逻辑、数据库、数据模型和通信机制。又因为 MES 应用常常是要满足关键任务的系统，系统就很难随技术的更新而进行升级。为了实现与外部系统的集成，往往采用 API 技术、OLAP 技术和相应的通信机制，这些技术在某种意义上说，也是 MES 功能的核心部分。其中，外部应用系统的调用和插入使用 API 的方式，而应用 EDI 技术和外部环境进行数据交换。

宁波卷烟厂制造执行系统（MES）实践

1．实施背景

宁波卷烟厂制造执行系统（MES）的实践是在国家级"863"项目专家总体组的指导下进行和完成的。

该系统是根据多年的烟草行业经验设计，根据实际情况，重点突出了生产、质量、设备管理的三条主线，围绕它们进行设计、开发，以适应宁波卷烟厂生产的实际情况，满足宁波卷烟厂现场生产管理的需要。MES是建立在完善的制丝储丝数据采集系统、卷接包数据采集系统、质量检测器具等各类数据采集系统上的，把数据采集用于生产的实时指挥、质量的在线控制、设备的预防维修上，由此为烟草企业提供一种全新的生产管理模式，使烟草企业的生产管理水平上升到全新的高度。具体实施要求如下：

（1）利用数据采集系统所获取的实时数据实现生产过程、产品质量的在线监控，提高快速反应能力，促进生产管理由被动指挥型向以预防为主、在线控制的主动实时指挥型管理体系发展。

（2）利用数据采集所获取的实时质量数据实现对在制品质量的在线监控，建立对质量参数变化的预防报警机制，预防质量问题的发生，并尽可能地通过对质量检测器具的质量检测数据自动采集，加快检测结果的反馈速度，把质量问题的影响降到最小。

（3）利用数据采集所获取的设备状态及相关数据，使对设备的应急维修逐步过渡到有针对性的预防维修，建立设备故障报警机制，提高技术人员对设备故障的反应速度，建立维修专家支持系统，促使维修工作标准化，提高维修工作效率，提高设备的运行效率和对质量的保证能力。

2．MES 功能结构

卷烟厂生产管理信息系统是建立在完善的制丝（储丝）数据采集系统、卷接包数据采集系统、质量检测器具等各类数据采集系统上的。对于数据采集系统，在烟草行业的应用一直有一个误区，过去大家把数据采集系统的应用定位于重点采集生产的消耗数据，为机台考核及成本核算服务。这种定位实际上是错误的。因为再精确的采集也无法做到将生产过程中的边角余料（如每个卷烟盘纸的剩余部分）以及人为的浪费采集出来，机台考核及成本核算只能以仓库发出的领料数为准，错误的认识极大地阻碍了数据采集系统在烟草企业的应用。因此，尽管很多企业纷纷建立了数据采集系统，但真正发挥实际效益的极少。应该把数据采集用于生产的实时指挥、质量的在线控制、设备的预防维修上，由此为烟草企业提供一种全新的生产管理模式，使烟草企业的生产管理水平上升到全新的高度。

3．关键技术

由于卷烟企业制造集成系统是面向卷烟生产全过程，为实时生产管理服务的。因此，设计和实施宁波卷烟厂制造执行系统（MES）必须根据该厂的实际，结合制造执行系统（MES）发展趋势，采用以下关键技术：

（1）通用性的综合集成技术。

- 建立高通用性的构架。
- 提高可集成性。
- 提高互操作性。

综上所述,该系统集成了多个厂家的数据采集系统、管理系统的数据,并进行实时数据传递,将数据集成到厂服务器,构成统一的数据平台,并在此基础上开发出多种实时应用。

(2) 基于微软的.NET 平台开发技术。之所以选择在微软的.NET 平台上进行开发,是因为.NET 是一个软件平台,可以连接信息、用户、不同的系统和设备,它简化了在高度分布式 Internet 环境中的应用程序开发。

(3) 品质管理技术。为保证系统实施的质量,专门制定并发布了品质管理制度,并在品质管理制度下开展品质管理工作。具体包括以下三点:统一规范、配置管理、检查与测试。

(4) 项目管理技术。为保证项目进展顺利,在实施过程中采用项目管理,具体措施如下:

① 明确项目目标与范围。

② 建立项目组织。

③ 制定项目计划。

④ 进行项目检查与考核。建立项目过程检查和评价制度,确保过程活动的质量和进度,同时对项目实施人员和部门的工作进行正确和有效的评价。

18.2   并行工程

18.2.1   并行工程的背景

传统的制造工业中,产品的开发过程沿用从设计到制造的串行生产模式,即需求分析、方案设计、产品设计(详细设计)、加工计划控制、加工、装配、检测、实验验证、修改的流程,但在这种生产模式中,各个工作环节彼此分离,仅从本环节的需要和优化出发,彼此间缺乏沟通和相关信息交流,很少也很难考虑产品整个生命周期中的各种因素,如可制造性、结构工艺性等,只有在制造后期才能发现所制造的产品存在种种缺陷,这必然要求对原设计进行修改,从而构成了从概念设计到设计修改的大循环,而且可能在不同的环节,多次重复这一过程,造成设计改动大、物力消耗大、成本高、质量不易保证。更重要的是,产品开发周期长,失去了宝贵的时间,难以适应激烈的市场竞争的需求。

近几年来,并行工程在美国及许多西方国家十分盛行,是目前国际机械工程领域中重要的研究方向,引起各国工程界和学术界的高度重视,发展极为迅速,一些实用性的 CE 系统和 CE 环境相继推出,并取得了良好的效果。

18.2.2   并行工程的含义

并行工程(concurrent engineering,CE)又称同步工程或周期工程,是针对传统的产品串行生产模式而提出的一个概念、一种哲理和方法。至今关于并行工程的定义国际上尚未统一。目前普遍采用 R. I. Winner 在国际分析研究所(IDA)《R-388 研究报告》中的定义:并行工程是对产品及其相关过程(包括制造过程和支持过程)进行并行、一体化设计的一种系统化的工作模式。这种工作模式力图使产品开发人员从设计一开始就考虑产品整个生命周期中从概念形成到产品报废的所有因素,包括质量、成本、进度与用户需求。产品并行生产模式如图 18-4 所示。

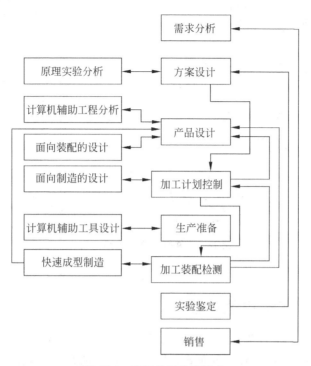

图 18-4　产品并行生产模式

18.2.3　并行工程的特点

一般而言,并行工程是集成地(指新集成概念)、并行地设计产品及其相关的各种过程系统论,它要求产品开发人员在设计一开始就考虑产品整个生命周期中从概念形成到产品报废处理的所有因素,即包括质量、成本、进度计划和用户要求。因此,并行工程具有以下五个方面特点:

(1)基于集成制造的并行性。

(2)并行有序。

(3)群组协同。

(4)面向工程的设计。

(5)计算机仿真技术。

18.2.4　并行工程的体系结构

并行工程通常由过程管理、工程设计、质量管理、生产制造、支持环境等五个分系统组成。其体系结构如图 18-5 所示。

由图 18-5 可见,各分系统中其主要工作也都逐层分解,分工明确,这样就可以使不同地区、不同工厂、不同车间生产通过人用计算机手段有机地联结起来(与过去的 CIMS 不同),

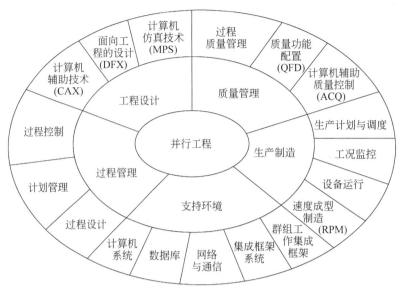

图18-5　并行工程的体系结构

形成了"闭环"工程。

18.2.5　并行工程实施的途径

并行工程的成功实施需要集成框架软件的支持,产品数据管理(product data management,PDM)系统由于具有分布式数据管理、良好的系统开放性、应用集成与过程管理等功能,是实施并行工程不可缺少的框架系统。

并行工程的具体实施,可以按照以下的途径进行。

1. 沿着"全寿命工程"推进并行工程

全寿命工程强调产品设计早期阶段各种需求的考虑,它包括三种并行活动:

(1) 设计的考虑和产品/系统的需求。

(2) 制造活动和工艺过程。

(3) 产品/系统支持和后勤支持。

2. 沿着可制造设计和可装配设计路径,推进并行工程

3. 重视组织和文化改变的实施路径

快 运 棚 车 开 发 过 程

- -

某型号的铁路快运棚车产品原有的产品开发过程是串行过程。串行的产品开发过程形成了产品设计、生产准备、样机试制、实验、运行考验大循环,从而导致产品开发周期长,影响产品设计的质量和开发成本。采用并行工程的方法可以有效地克服这些缺陷,缩短产品开发周期30%~40%,大大减少设计错误,提高设计质量。该案例亦可验证上述任务分解的几个结论。

快运棚车产品的方案设计是确定棚车的性能指标,形成方案图、关键零部件图,在厂内

进行评审。方案设计做完后细化产品的大组成,经主管校对以后与工艺人员进行会签。任务分解以后的产品设计由侧墙、端墙、底架、车顶、衣架属、风制动、手制动、标记和车钩等部分组成。

管理者在进行快运棚车产品的开发过程的建模时,根据设计主管对任务的分解结果,采用任务的分解者和执行者的分类,划分多学科开发团队的成员的角色,并对任务按照活动的属性来规定其开始时间、结束时间,明确启动活动的输入条件和文本条件。

建模工具中设置活动的分解者与执行者是在"组织视图"页内进行的。当选择"执行者"按钮时,就会进入为过程分配过程执行角色的对话框,如图 18-6 所示;当选择"分解者"按钮时,就会进入为过程分配角色的对话框,如图 18-7 所示。其中,待分配角色是指从组织视图得到的可以为过程分配的角色;已分配角色是指已经为该过程分配的角色;增加是指将待分配角色分配到该过程中;删除是指将已经分配的角色从该过程中删除;重新申请是指当过程需要重新执行时,为过程已占用的角色重新申请占用;申请是指对待分配的一个角色得到他所能分配的角色。

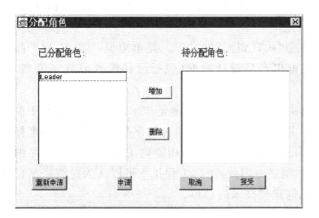
图 18-6　任务的分配角色

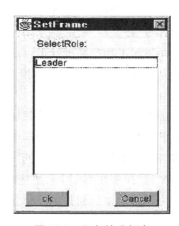
图 18-7　任务的分解者

在图 18-7 的列表框中选择一个角色,然后按"OK"按钮,即可为过程分配一个分解者。

18.3　逆向工程

在计算机高度发展的今天,三维立体的几何造型技术已被制造业广泛应用于工业模具的设计、方案评审、自动化加工制造及管理维护等各方面。但生产中,也往往会遇到这样的难题,即客户给你的只有一个实物样品或手工模型,没有图纸 CAD 数据档案,工程人员没法得到准确的尺寸,制造模具就更为困难。传统的方法,时间长而且效果不佳。这时,需要采用各种测量手段及三维几何建模方法,将原有实物转化为计算机上的三维数字模型。这就是所谓的逆向工程。

18.3.1　逆向工程产生的背景

逆向工程(reverse engineering)是在 20 世纪 80 年代末至 90 年代初被提出的。当时福特汽车公司倡导的汽车"2 毫米工程"对传统的制造业提出了前所未有的挑战。它要求将质量控制从最终产品的检验和检测,提前到产品的开发设计阶段,以减小开发风险、降低开发成本,加快产品成功开发的周期。

在激烈竞争的全球化市场中,制造企业必须提高产品质量和快速响应周期。而逆向工程技术可以有效地实现这一目标,利用这一技术可以缩短产品从设计到制造的时间。

很多制造企业其产品开发过程的起始阶段往往都要生成 CAD 模型,但这在某种程度上常常并不切实可行。在许多领域往往是先构造出一个产品的原型,然后对其从产品的性能、美学以及其他准则进行评价,在证实其设计的可行性后才能进行 CAD 建模来完成设计的后续阶段。逆向工程技术恰好可以用于完成这样一个从产品原型到 CAD 模型建立的过程,因而得到广泛应用。

18.3.2　逆向工程的含义

一般来说,产品设计过程是一个"从无到有"的过程,即设计人员首先在大脑中构思产品的外形、性能和大致的技术参数等,然后通过绘制图纸建立产品的三维数字化模型,最终将这个模型转入到制造流程中,完成产品的整个设计制造周期。这样的产品设计过程称为"正向设计"过程。

而逆向工程产品设计可以认为是一个"从有到无"的过程。简单地说,逆向工程产品设计就是根据已经存在的产品模型,反向推出产品设计数据(包括设计图纸或数字模型)的过程。

随着计算机技术在制造领域的广泛应用,特别是数字化测量技术的迅猛发展,基于测量数据的产品造型技术成为逆向工程技术关注的主要对象。通过数字化测量设备(如坐标测量机、激光测量设备等)获取的物体表面的空间数据,需要利用逆向工程技术建立产品的三维模型,进而利用 CAM 系统完成产品的制造。因此,逆向工程技术可以认为是将产品样件转化为三维模型的相关数字化技术和几何建模技术的总称。

18.3.3　逆向工程的应用与实施

逆向工程的应用领域大致可分为以下几种情况:

(1) 新零件的设计。在工业领域,设计者经常基于功能和分析来创造一些实体模型,这就需要设计一些复杂零件,然后通过逆向工程的方法构造它们的 CAD 模型。

(2) 已有零件的复制。有时,拟制作的产品没有原始的设计图档,这时复制就可通过逆向工程的方法来进行。

(3) 损坏或磨损零件的还原。如果被测零件表面损坏或磨损,相对于表面完好的零件而言,其 CAD 模型的重构可能就不太精确。因此,逆向工程系统应该能根据如对称性、平行或垂直等特性来推断出一些零件特性。

(4) 提高模型精度。设计者能够根据功能和美观的需要来完成产品的设计,然后使用一些较柔软的材料,如木材、塑料等来制造模型。在这个过程中,设计者不需要花费大量的时间来制造很高精度的模型,而是通过逆向工程方法来改进它的精度。

(5) 数字化模型的检测。通过逆向工程方法,扫描机器零件和重建的 CAD 模型,工程师就能进行这个模型和原始扫描模型之间的对比。这样利用相同的检测仪器就使检测精度得到提高。

　　逆向工程的实施过程是多领域、多学科的协同过程。从图 18-8 中我们可以看出，逆向工程的整个实施过程包括了从测量数据采集、处理到常规 CAD/CAM 系统，最终与产品数据管理系统(PDM 系统)融合的过程。工程的实施需要人员和技术的高度协同、融合。

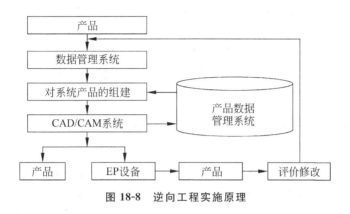

图 18-8　逆向工程实施原理

18.3.4　逆向工程的关键技术

1．三维数据采集技术

　　物体三维表面测量及重建再现技术是随着近年来逆向工程、现代制造技术以及多媒体技术、人体修复技术、文物复制技术的发展需求应运而生并发展的。目前，先进的快速成型技术进行的前提就是有成型对象的三维模型数据。三维数据的获取方法基本上可分为两大类：接触式测量方法与非接触式测量方法。

　　1) 接触式测量方法

　　接触式测量方法通过传感测量头与样件的接触而记录样件表面的坐标位置，可以细分为点触发式数据采集方法和连续式数据采集方法。

　　2) 非接触式测量方法

　　非接触式测量方法主要是基于光学、声学、磁学等领域中的基本原理，将一定的物理模拟量通过适当的算法转化为样件表面的坐标点。根据测量原理的不同，大致有光学测量、超声波测量、电磁测量等方式。

2．三维模型重构技术

　　逆向工程是在基于已有实物模型或零件的测量数据的情况下，进行物体 CAD 模型重建的过程。在重建过程中存在许多干扰和不确定性因素，如表格误差、测量精度和方式、数据处理方式、表面重构方式等。通常，需要进行人工干预来调整重构模型的表面参数。因此，整个逆向工程过程是一个推理和判断的过程。从曲面的三维采样点集恢复出曲面的几何模型称为曲面重建。曲面重建是许多研究领域如逆向工程、医学图像可视化中的重要问题，也是研究中的热点。

　　目前，在逆向工程中，主要有三种曲面构造方案：①以 B-Spline 或 NURBS 曲面为基础的曲面构造方案；②以三角 Bezier 曲面为基础的曲面构造方案；③以多面体方式来描述曲面物体。

曲面重构的关键技术,包括数据采集、数据筛选、曲线拟合、曲面拟合等。在曲面重构过程中,既要保证曲面质量,又要保证设计精度。

18.3.5　逆向工程的发展趋势

逆向工程是一项开拓性、实用性和综合性很强的技术,已经被广泛应用到新产品的开发、旧零件的还原以及产品的检测中。它不仅消化和吸收实物原型,并且能修改再设计,以制造出新的产品。但逆向工程的过程系统集成化程度比较低、人工干预的比重大,将来有望形成集成化逆向工程系统,以软件的智能化来弥补人工干预的不足。

案例

逆向工程包括快速反求、快速成型、快速模具以及多自由度数控加工等多个环节。其中快速反求的发展则是由传统的接触式测量向快速非接触式测量逐步发展,特别是随着"光机电一体化"技术的发展,结合了计算机、图像处理、激光技术以及精密机械的三维激光扫描机逐渐成为反求工程的主流。而三维激光扫描从形式上又是从点扫描测量向线扫描测量、场测量发展的,其中线扫描测量与点扫描同样基于"三角法测量原理",同时借助于高精度、高分辨率的面阵 CCD 图像采集系统,从而使其具有了与点扫描形式类似的高测量精度以及可与场测量方式媲美的高效率。另外,采用步进电机带动旋转平台,可以获取被测物体的全轮廓数据信息,能真正做到采用三维扫描方式获取物体三维形状信息。

在 Laser-RE 推出后的短短两年时间内,仅珠江三角洲地区,Laser-RE 就已销售近百余台,国内一些大型的企事业单位,如浙江大学、哈尔滨理工大学、重庆工学院、五邑大学、东莞理工学院、江苏金鼎集团等均先后购买了该设备,其销售量在国内名列前茅。所以说,三维激光扫描机这个"旧时王谢堂前燕",到今天才真正"飞入寻常百姓家"。在深圳、广州、东莞、顺德、宁波、温州、义乌、泉州、重庆等地涌现出很多以 Laser-RE 为基本设备的专业对外进行逆向工程反求处理的国有、个体设计服务中心。"对外激光抄数"、"对外激光三维测绘"在国内制造业内达到前所未有的热度,极大地推动了当地企业产品开发、设计的水平,减少了开发周期,取得了很好的经济效益和社会效益。

18.4　计算机集成制造系统 CIMS

18.4.1　CIMS 的背景

20 世纪 70 年代,美国约瑟夫·哈林顿(Joseph Harrington)博士首次提出 CIM (computer integrated manufacturing)理念。它的内涵是借助计算机,将企业中各种与制造有关的技术系统集成起来,进而提高企业适应市场竞争的能力。虽然 CIM 理念产生较早,但是基于 CIM 理念的计算机集成制造系统(computer integrated manufacturing system, CIMS)在 80 年代中期才得到重视并大规模实施,其原因是 70 年代的美国产业政策中过分夸大了第三产业的作用,而将制造业,特别是传统产业,贬低为"夕阳工业",这导致美国制造业优势的急剧衰退,并在 80 年代初开始的世界性的石油危机中暴露无遗,此时,美国才开始重视并决心用其信息技术的优势夺回制造业的霸主地位，认为"CIMS, No Longer A Choice!"。于是美国及其他各国纷纷制定并执行发展计划。自此，CIMS 的理念、技术也随之有了很大的发展。

CIM 应用的发展主要表现在以下方面：①已遍及发达国家及一些发展中国家；②从机械制造业扩展到各类制造业；③从多品种、小批量生产方式发展到多种生产方式；④从简单产品扩展到复杂产品；⑤系统开发与实施技术更为成熟，成功率大大提高；⑥有力地促进了 CIM 技术和产业的发展。美国未来学家认为：在 2030 年 80% 的美国企业实现 CIM。

自 1989 年以来，"863"/CIMS 主题已在我国机械、家电、航空、航天、汽车、石油、纺织、轻工、冶金、煤炭、化工、邮电、服装等行业中的 210 家企业实施各种类型的 CIMS 应用示范工程。CIMS 的内涵如下：

CIMS 是随着计算机辅助设计与制造的发展而产生的。它是在信息技术自动化技术与制造的基础上，通过计算机技术把分散在产品设计制造过程中各种孤立的自动化子系统有机地集成起来，形成适用于多品种、小批量生产，实现整体效益的集成化和智能化制造系统。集成化反映了自动化的广度，它把系统的范围扩展到了市场预测、产品设计、加工制造、检验、销售及售后服务等全过程。智能化则体现了自动化的深度，它不仅涉及物资流控制的传统体力劳动的自动化，还包括信息流控制的脑力劳动的自动化。

因此，CIMS 的实质就是借助于计算机的硬件、软件技术，综合运用现代管理技术、制造技术、信息技术、自动化技术、系统工程技术，将企业生产全部过程中有关人、技术、经营管理三要素及其信息流、物流有机地集成并优化运行，以改进企业产品开发的时间(T)、Q(质量)、C(成本)、S(服务)、E(环境)，从而提高企业的市场应变能力和竞争能力。

当前，CIMS 已经发展为"现代集成制造(contemporary integrated manufacturing)与现代集成制造系统(contemporary integrated manufacturing system)"，已在广度与深度上拓展了原 CIM/CIMS 的内涵。

18.4.2　CIMS 的系统构成

CIMS 一般包括四个应用分系统和两个支持分系统：

（1）管理信息应用分系统(MIS)。具有生产计划与控制、经营管理、销售管理、采购管理、财会管理等功能，处理生产任务方面的信息。

（2）技术信息应用分系统(CAD&CAPP)。由计算机辅助设计、计算机辅助工艺规程编制和数控程序编制等功能组成，用以支持产品的设计和工艺准备，处理有关产品结构方面的信息。

（3）制造自动化应用分系统(CAM)。也可称为计算机辅助制造分系统，包括各种不同自动化程度的制造设备和子系统，用来实现信息流对物流的控制和完成物流的转换。它是信息流和物流的接合部，用来支持企业的制造功能。

（4）计算机辅助质量管理应用分系统(CAQ)。具有制定质量管理计划、实施质量管理、处理质量方面信息、支持质量保证等功能。

（5）数据管理支持分系统。用以管理整个 CIMS 的数据，实现数据的集成与共享。

（6）网络支持分系统。用以传递 CIMS 各分系统之间和分系统内部的信息，实现 CIMS 的数据传递和系统通信功能。

18.4.4　CIMS 的实施

实施 CIMS 的生命周期可分为五个阶段。

(1) 项目准备:这个阶段要对是否要投资开发 CIMS 进行决策。其主要任务是要在理解企业战略目标和了解内部外部现实环境的基础上,确定本企业实施 CIMS 的总体目标和主要功能,拟定集成的方案,比较选定实施的技术路线,并从技术、经济和社会条件等方面论证集成方案的可行性,制定投资规划和开发计划,编写可行性论证报告。

(2) 需求分析:调查分析企业的内部环境和外部环境、企业现状、业务模式及现行的信息系统,结合企业的发展战略,分析企业发展过程中的瓶颈问题,并对企业现状模型进行分析、优化和重组,建立企业未来业务过程模型,明确技术、市场、软件产品、信息技术的支撑环境和应用需求。

(3) 总体解决方案设计:根据企业 CIMS 的需求、目标和发展模式,设计总体集成方案和各分系统方案,建立目标系统的功能模型,确定信息模型的实体和联系,提出 CIMS 系统实施的主要技术方案,形成支持企业业务流程的基础技术体系、应用系统和集成平台解决方案,确定实施 CIMS 的集成与共性支撑关键技术问题,为开发与实施 CIMS 系统打下基础。

(4) 系统开发与实施:根据总体设计对分系统的划分,对分系统进行详细设计,并将详细设计的内容进行物理实现,产生一个可运行的系统。该阶段各项工作最终都要达到可运行的程度,在实施过程中可能会发现很多设计中的错误与漏洞,必须及时修正,其最后衡量标准就是用户接受。

(5) 运行及维护:运行及维护阶段的主要任务就是对系统进行改正性的、完善性的、适应性的和发展性的维护与升级。系统运行及维护工作是一个长期的过程,不仅需要业务人员的参与,还需要建立专门的机构,对于中小企业也可以外包给专业公司。

18.4.5　CIMS 的发展趋势

(1) 集成化——从当前的企业内部的信息集成和功能集成发展到过程集成(以并行工程为代表),并正在步入实现企业间集成的阶段(以敏捷制造为代表)。

(2) 数字化/虚拟化——从产品的数字化设计开始,发展到产品全生命周期中各类活动、设备及实体的数字化。

(3) 网络化——从基于局域网发展到基于 Intranet/Internet/Extranet 的分布网络制造,以支持全球制造策略的实现。

(4) 柔性化——正积极研究发展企业间的动态联盟技术、敏捷设计生产技术、柔性可重组机器技术等,以实现敏捷制造。

(5) 智能化——智能化是制造系统在柔性化和集成化的基础上进一步的发展与延伸,引入各类人工智能技术和智能控制技术,实现具有自律、分布、智能、仿生、敏捷、分形等特点的新一代制造系统。

(6) 绿色化——包括绿色制造、环境意识的设计与制造、生态工厂、清洁化生产等。它是全球可持续发展战略在制造业中的体现,是摆在现代制造业面前的一个崭新课题。

案例

实施 CIMS 工程提高竞争力——长征电器一厂信息化建设

　　贵州遵义长征电器一厂是我国生产低压塑壳断路器的主导厂和高压分接开关的定点骨干企业。该厂十分重视科技投入，拥有国内外 25 台先进数控设备和具有国际一流水平的 CAD/CAM 系统，先后建立了检测中心、计算中心、模具中心和试验中心。工厂制定了"以科技为本、推动技术进步、加速新产品开发进程、上质量、降成本、创名优产品"的长期发展战略方针，积极、稳妥地开展 CAD/CAM 技术，有效地促进了企业的技术进步，为 CIMS 工程的实施打下了坚实的基础。

1. 向 CIMS 发展的需求

　　面临 21 世纪知识经济的挑战、信息时代的来临以及全球化市场的形成，市场经济的竞争更加激烈，过去相对稳定的市场已经变成了动态多变的市场，企业在参与激烈的市场竞争中谋生存、求发展，面临着不可避免的严峻挑战。根据目前该厂的实际情况，从 CAD/CAM 向 CIMS 发展的需求主要表现在以下几个方面：

　　(1) 虽然采用 CAD/CAM 技术后，获得了较好的经济效益，但从整体而言，它只涉及工程技术领域，只是一种单元技术。此外，由于工程技术信息和生产经营管理信息不能共享，从而限制了 CAD/CAM 的发展，也造成了信息资源以及软、硬件资源不能合理利用。

　　(2) 许多零部件及模具在设计过程中需要进行机构运动学与动力学分析，因此迫切需要引入 CAE 技术。同时，由于工艺设计工作量大、工艺文件管理难度较大，还需引入 CAPP 技术，以提高工艺设计的质量和效率，缩短生产准备时间。

　　(3) 必须将 CAD、CAE、CAE、CAM 等各"自动化孤岛"实现有机集成，实现信息的共享，从而进一步提高生产力，因此有必要引入 PDM，对工程信息实施有效的管理和监控，使各系统的运行更加优化，并为 ERP 系统提供必要的工程信息。此外，通过 PDM 的工作流与过程管理技术，推行并行设计，以进一步缩短产品设计周期，提高设计质量。

　　(4) 为了解决模具车间现有 DNC 网络可靠性差、通信速度慢、通信距离短、所连设备台数有限等问题，需采用新型现场总线网络，并实现 MAS 分系统与其他分系统的信息集成，以提高生产率，保证产品质量，缩短生产准备时间。

　　由于企业各部门如设计部门、生产部门、供应部门、财务部门、销售部门各自封闭，信息不能共享，现行系统的管理方式及管理手段落后，从而导致生产计划、物资供应计划、库存得不到合理的控制。在市场竞争下必须采用先进的管理思想和技术来指导和改进企业的行为，引入 ERP 技术实现系统间信息的集成，保证企业战略目标的实现。

　　综上所述，要根本解决企业的"瓶颈"问题，必须以先进的信息技术为手段，以信息集成为核心，来改造传统制造业的生产经营管理模式，提高企业的产品开发能力，以解决企业的 T、Q、C、S 为目的，提高企业的市场竞争能力，达到企业的战略目标。计算机集成制造系统（简称 CIMS）为实现这一战略目标提供了一条有效的解决途径。

2. 应用示范工程的目标

　　以该厂的近期发展战略目标和长期发展战略目标为基点，针对企业实际生产的多品种、中小批量的特点，基于"效益驱动，总体规划，重点突破，分布实施"的总原则，逐步建成一个经营管理科学化、工程设计/制造现代化、总体优越、效益显著的计算机集成制造系统,其中包括要建成覆盖全厂的各类信息管理的计算机辅助管理系统(MIS)、先进适用的基于 PDM 技术的工程设计系统(EDS)、能充分发挥数控设备的制造能力的制造自动化系统(MAS)。所有这些系统,均在计算机网络和数据库管理分系统(NES/DBS)的支撑下统一运行,以实现对各大分系统的功能和信息集成。

3. 效益分析

(1) 直接效益。

一是减少库存资金占用。现有标准件、零部件、外协件、原材料等库存资金 2 700 万元,仅此一项就可减少资金占用 540 万元,实施 CY-CIMS 的效益是很明显的。

二是减少流动资金占用。采用计算机进行生产计划编制和物料控制后,可使高、低压产品的加工周期缩短 25%。以现行每月流动资金 500 万元计算,就可减少流动资金 125 万元。

三是提高产品开发能力,增强产品市场竞争力。通过 CAX 技术,可明显提高产品质量,缩短产品设计周期和生产准备周期,从而缩短整个产品的交货期,增强产品的市场竞争能力。同时,通过 PDM 技术实现产品开发各阶段工程信息的集成管理,使产品开发过程所涉及的大量复杂的工程信息处于稳定的受控状态。通过信息的高度集成,使企业在 CAD/CAM 方面前期投入的 800 万元资金充分发挥了效益。

(2) 间接效益。有效提高员工的业务素质和计算机应用水平,提高企业的决策能力和管理水平,减轻管理人员的劳动强度及提高工作用率,提高制造水平,改善企业的客户形象,增强企业的市场竞争能力,有利于企业参与市场竞争。

(3) 社会效益。应用不仅注重企业自身的效益,也注重由此产生的社会效益。社会效益有时也称为不可量化的效益,主要体现在以下几个方面:

一是指导作用。CY-CIMS 是贵州省首家 CIMS 应用示范工程。CY-CIMS 的实现具有一定的示范作用,为 CIMS 应用工程在我国电器制造企业及贵州省工业企业的企业信息化提供了一种成功的应用模式,其设计思想和方法可以推广,具有较好的推广应用价值。

二是示范作用。长征电器一厂实施 CIMS 后,在管理水平、综合竞争能力方面的提高,可以为同行企业树立一个科技兴厂的榜样,使它们认识到"科学技术是第一生产力"的重要性和必要性。

可以看出,CIMS 工程的实施,将会给企业带来巨大的综合效益,给企业的发展带来深远的影响。在三种效益中,直接效益是有形的、可计算的,间接效益和社会效益是无法量化的,但是它们最终会以经济效益的形式体现出来。不可量化效益虽然具有一定的滞后性,但它产生效益的时间更长,效果更加显著,意义更加深远。

18.5　网络化制造

18.5.1　网络化制造的背景

随着信息技术和计算机网络技术的迅速发展,世界经济正经历着一场深刻的革命。这场革命极大地改变了世界经济面貌,塑造了一种"新经济",即"网络经济"。由于互联网上信息传递的快捷性,制造环境变化的激烈性,企业间的合作越来越频繁,企业内的信息和知识将高度集成和共享,企业的管理模式将发生很大变化。因此,面对网络经济时代制造环境的变化,需要建立一种按市场需求驱动的、具有快速响应机制的网络化制造系统模式。网络化制造是传统制造业在网络经济中必然采取的行动,制造企业将利用互联网进行产品的协同设计和制造。通过互联网,企业将与顾客直接接触,顾客将参与产品设计,或直接下订单给企业进行定制生产,企业将产品直接销售给顾客。网络化制造将成为制造企业在 21 世纪的重要制造战略。

18.5.2　网络化制造的含义

网络化制造指的是,面对市场机遇,针对某一市场需要,利用以互联网为标志的"信息高速公路",灵活而迅速地组织社会制造资源,把分散在不同地区的现有生产设备资源、智力资源和各种核心能力,按资源优势互补的原则,迅速地组合成一种没有围墙的、超越空间约束的、靠电子手段联系的、统一指挥的经营实体——网络联盟企业,以便快速推出高质量、低成本的新产品。

网络化制造技术是将网络技术和制造技术(重点是先进制造技术)相结合的所有相关技术和研究领域的总称,是经济全球化和信息革命时代的必然产物。网络化制造技术不是一项具体技术,也不是一个一成不变的单项技术,而是一个不断发展的动态技术群和动态技术系统,是在计算机网络,特别是在 Internet/Intranet/Extranet 和数据库基础上的所有先进制造技术的总称。网络化制造技术涉及制造业的各种制造经营活动和产品生产周期全过程,因此其技术构成涉及内容多,学科交叉范围大。但一般来说,"基于网络"是其相对其他制造技术的主要特征,该特征表明了网络的基础作用和支撑作用。网络化制造技术既是重要的高新技术,又是信息技术与制造技术的结合,是用信息化带动工业化的重要有效技术。

实施网络化制造技术的行为主体是网络联盟,因此需从网络联盟的全生命周期来考察研究与网络联盟相关的一系列问题。网络联盟的生命周期按时间大致划分为面对市场机遇时的市场分析、资源重组分析、网络联盟组建设计、网络联盟组建实施、网络联盟运营、网络联盟终止等。

18.5.3　网络化制造系统的构成

从功能上分析,网络化制造涉及协同、设计、服务、销售和装配等,具体包括网络化企业动态联盟和虚拟企业组建的优化系统、网络化制造环境下项目管理系统、网络化协同产品开发支持系统、网络化制造环境下产品数据管理及设计制造集成支持系统、网络化制造环境下敏捷供应链管理系统、产品网络化销售与定制的开发与运行支持系统、相应的网络和数据库支撑分系统。这些功能分系统既能集成运行,又能单独应用。从层次上分析,由下往上包括基本的网络传输层、数据库管理系统、搜索和分析的基础通信平台、项目管理和 PDM、面向用户的应用系统和服务等。

18.5.4　网络化制造系统的特点

(1) 层次结构的相似性。分布式网络化制造系统具有一定的层次性,从下至上一般可分为单元级、车间级、系统/企业级等不同的层次,而且在不同层次上都具有相似的体系结构,即同一层次中各结点都通过其 Agent 利用计算机网络相互连接,而处于低层次的系统,作为一个整体通过其在上一网络层次中的代理连接到上一层次的网络中。

(2) 分布式、开放的体系结构。在分布式网络化制造系统中,处于同一网络层次中的各个结点在逻辑结构上或地理位置上是分布的,无主从之分,能独立地、自主地完成各自的子任务,但为完成系统的整体任务,彼此间还需进行大量的交互活动,包括信息、数据的交流与共享,相互协商、协调与合作,以协同完成任务。

(3) 良好的容错能力、可扩展和可重组性。

(4) 互联性。各结点通过计算机网络,以一定逻辑互联方式实现连接和通信。

(5) 互操作性。各结点或应用系统间能够交互作用、相互协调与合作,以协同完成共同的任务。

(6) 数据、知识和信息的分布性。各个结点都有各自的以各种形式(如文件、数据库、知识库和电子表格等)存在的数据、知识和信息资源。

(7) 多样化。硬件平台、操作系统和应用平台的多样化。

18.5.5　网络化制造的关键技术

网络化制造涉及的实施技术涵盖了以下几方面:组织管理与运营管理技术;资源重组技术;网络与通信技术;信息传输、处理与转换技术等。同时,由于网络化制造是建立在以互联网为标志的信息高速公路的基础上,因此还必须建立和完善相应的法律、法规框架与电子商务环境,建立国家制造资源信息网,形成信息支持环境。

1. 制造系统的敏捷基础设施网络(AIMS Net)

AIMS Net 包括预成员和预资格论证、供应商信息、资源和伙伴选择、合同与协议服务、虚拟企业运作支持和工作小组合作支持等。AIMS Net 是一个开放网络,任何企业都可在其上提供服务,从而实现了服务的无缝化和透明化。通过 AIMS Net,可以减少生产准备时间,使当前的生产更加流畅,并可开辟企业从事生产活动的新途径。

2. CAM 网络(CAM Net)

CAM Net 通过 Internet 提供多种制造支撑服务,如产品设计的可制造性、加工过程仿真及产品的试验等,使得集成企业的成员能够快速连接和共享制造信息。建立敏捷制造的支撑环境在网络上协调工作,将企业中各种以数据库文本图形和数据文件存储的分布信息集成起来以供合作伙伴共享,为各合作企业的过程集成提供支持。

3. 网络化制造模式下的 CAPP 技术

CAPP 是联系设计和制造的桥梁和纽带,所以网络化制造系统的实施必须获得工艺设计理论及其应用系统的支持。因此,在继承传统的 CAPP 系统研究成果的基础上,进一步探索网络化制造模式下的集成化、工具化 CAPP 系统是当前网络化制造系统研究和开发的前沿领域。它包括基于 Internet 的工具化零件信息输入机制建立、基于 Internet 的派生式工艺设计方法、基于 Internet 的创成式工艺设计方法等。

4. 企业集成网络(Enterprise Integration Net)

Enterprise Integration Net 提供各种增值的服务,包括目录服务、安全性服务和电子汇款服务等。目录服务帮助用户在电子市场或企业内部寻找信息、服务和人员。安全性服务通过用户权限为网络安全提供保障。电子汇款服务支持在整个网络上进行商业往来。通过这些服务,用户能够快速地确定所需要的信息,安全地进行各种业务以及方便地处理财务事务。

18.6　虚拟制造

18.6.1　虚拟制造的背景

在当今经济全球化、贸易自由化和社会信息化的形势下,制造业的经营战略发生了很大变化。在 20 世纪 30—60 年代企业追求的是规模效益,如美国福特汽车公司、通用汽车公司相继采用刚性流水线进行大批量生产;70 年代更加重视降低生产成本,如日本丰田公司采用准时生产;80 年代提高产品质量成为主要目标;进入 90 年代,新产品开发及交货期成为竞争的焦点。由此产生了多种多样的制造哲理,如精益生产、并行工程、敏捷制造和虚拟制造等,它们各有侧重,从不同角度研究如何增强企业的竞争力。而虚拟制造技术是制造技术与仿真技术相结合的产物。

18.6.2　虚拟制造的含义

虚拟现实(virtual reality,VR)技术是使用感官组织仿真设备和真实或虚幻环境的动态模型生成或创造出人能够感知的环境或现实,使人能够凭借直觉作用于计算机产生的三维仿真模型的虚拟环境。

基于虚拟现实技术的虚拟制造(virtual manufacturing,VM)技术是在一个统一模型之下对设计和制造等过程进行集成,它将与产品制造相关的各种过程与技术集成在三维的、动态的仿真真实过程的实体数字模型之上。其目的是在产品设计阶段,借助建模与仿真技术及时地、并行地模拟出产品未来制造过程乃至产品全生命周期的各种活动对产品设计的影响,预测、检测、评价产品性能和产品的可制造性等,从而更加有效地、经济地、柔性地组织生产,增强决策与控制水平,有力地降低由于前期设计给后期制造带来的回溯更改,达到产品的开发周期和成本最小化、产品设计质量的最优化、生产效率的最大化。

18.6.3　虚拟制造的特点

(1) 产品与制造环境是虚拟模型,在计算机上对虚拟模型进行产品设计、制造、测试,甚至设计人员或用户可"进入"虚拟的制造环境检验其设计、加工、装配和操作,而不依赖于传统的原型样机的反复修改;还可将已开发的产品(部件)存放在计算机里,不但大大节省仓储费用,更能根据用户需求或市场变化快速改变设计,快速投入批量生产,从而能大幅度压缩新产品的开发时间,提高质量,降低成本。

(2) 可使分布在不同地点、不同部门的不同专业人员在同一个产品模型上同时工作,相互交流,信息共享,减少大量的文档生成及其传递的时间和误差,从而使产品开发可以快捷、优质、低耗地响应市场变化。

18.6.4　虚拟制造的关键技术

VM 的关键技术可以分为两个方面:一是偏重于计算机科学以及 VR 装置的技术;二

是偏重于制造应用的技术。

1. VR 装置技术

(1) 人机接口。VR 系统的人机接口是指向操作者显示信息,并接受操作者控制机器的行动与反应的所有设备。由于操作者沉浸于虚拟环境之中,因而接口覆盖了人类感知世界的多重信息通道,包括视觉、听觉、触觉等。另外,接口还包括位置跟踪、运动接口、语言交流以及生理反应等多种系统。

(2) 软件技术。软件技术是创建高度交互的、实时的、逼真的虚拟环境所需的关键技术。在进行软件开发时,要考虑虚拟环境的建模以及所建环境的可交互性、可漫游性等。虚拟环境建模是指对要创建的虚拟环境及其中的虚拟物体的外观、形状、物理特性进行描述,并将相应的接口设备映射到仿真环境之中。要实现与虚拟环境的交互性,VR 软件应能利用人机控制设备(如位置跟踪器、鼠标、键盘、操纵杆与语音识别等系统)的输出来修改虚拟环境。漫游功能指的是当用户在虚拟环境中行走或转动头部时,所见到的场景应随之发生变化。

(3) 虚拟现实计算平台。计算平台是指在 VR 系统中综合处理各种输入信息并产生作用于用户的交互性输出结果的计算机系统。由于 VR 系统的信息加工是实时的,虚拟环境的建模、I/O 工具的快速存取以及真实的视觉动态效果等需要大量的计算开销。在虚拟环境的创建过程中,虚拟物体的物理、运动学等性能建模以及 I/O 工具的快速存取一般由 CPU 进行处理,而真实的视觉动态效果则需要由专门的图形加速设备来实现。

2. VM 应用技术

1) 建模

虚拟制造系统应当建立一个包容生产模型、产品模型、工艺模型(又称 3P 模型)的、健壮的信息体系结构。

(1) 生产模型。生产系统模型可以归纳为两个重要方面:一是静态描述,即系统生产能力和生产特性的描述;二是动态描述,即系统动态行为和状态的描述。静态描述的重要性在于它能描述特定制造系统下特定产品设计方案的可行性;对于系统生产能力和特性(包括生产周期、存储水平)的了解,有助于将这些能力和设计方案下的生产需求以及与制造系统有关的工艺制造能力进行比较。动态描述能在已知系统状态和需求特性的基础上预测产品生产的全过程。

(2) 产品模型。目前产品模型描述的信息有产品结构明细表(BOM)、产品外形几何与拓扑、产品形状特征等静态信息,无法达到在产品设计、制造的各个相应的阶段抽象出产品在不同层次上的完备信息,不能动态跟踪或解释产品在全制造过程中变换准则或变换属性。而对虚拟制造系统来说,要使产品实施过程中的全部活动融于一体,它就必须具有完备的产品模型,以支持上述活动的全集成。所以,VM 下产品模型不再是单一的静态特征模型,它能通过映射、抽象等方法提取产品实施中各活动所需的模型。在支持全制造过程的产品模型中的形位公差模型和功能模型的描述也是极其重要的。

(3) 工艺模型。工艺模型是将工艺参数与影响制造功能的产品设计属性联系起来,以反映生产模型与产品模型间的交互作用。工艺模型必须包括以下功能:物理和数学模型、统计模型、计算机工艺仿真、制造数据表和制造规则。工艺模型在 CIMS 的研究领域已取得共识,但在并行工程领域和虚拟制造领域未能引起足够重视。其中一个很重要的原因就是,上述系统中缺乏对统一规范的工艺模型的支持,尤其是在特定制造环境下,缺乏产品方案对应的工艺计划的制造性能评价。

2）仿真

虚拟制造系统中的产品开发涉及产品建模仿真、设计过程规划仿真、设计思维过程和设计交互行为等仿真,对设计结果进行评价,实现设计过程的早期反馈,减少或避免实物加工出来后所产生的修改、返工。

产品制造过程的仿真可归纳为制造系统仿真和具体的加工过程仿真。制造系统仿真是离散事件仿真的一个分支,其功能为首先构造车间的静态模型,然后通过输入生产计划和工艺路线,自动生成离散事件仿真模型并对该模型进行仿真,最后产生调度方案及性能分析报告。但是,这样的仿真工具不能满足虚拟制造系统对仿真的需求,这是因为:①现有制造系统仿真工具不支持对产品设计、工艺设计以及生产计划与调度的动态反馈;②现有制造系统仿真工具不支持对下一层次的加工制造过程仿真的实时调用与控制,从而不能支持产品制造全过程的建模与仿真。具体的加工制造过程仿真包括加工过程仿真、装配过程仿真和检测过程仿真等,加工过程仿真又包括切削过程仿真、焊接过程仿真、冲压过程仿真和浇注过程仿真等。产品制造过程的这两个仿真是各自独立发展起来的,无法直接集成,而 VM 中应建立面向制造全过程的统一仿真。

3）可制造性评价

VM 中可制造性评价的定义为,在给定的设计信息和制造资源等环境信息的计算机描述下,确定设计特性（如形状、尺寸、公差、表面精度等）是否是可制造的:如果设计方案是可制造的,确定可制造性等级,即确定为达到设计要求所需加工的难易程度;如果设计方案是不可制造的,判断引起制造问题的设计原因,如果可能,则给出修改方案。

18.7　绿色制造

18.7.1　绿色制造的背景

1996 年,美国制造工程师学会（SME）发表了关于绿色制造的专门蓝皮书 *Green Manufacturing*,提出了"绿色制造"的概念,并对其内涵和作用等问题进行了较系统的介绍。1998 年,SME 又在国际互联网上发表了《绿色制造的发展趋势》的网上主题报告。美国加州大学伯克利分校不仅设立了关于环境意识设计和制造的研究机构,而且还在国际互联网上建立了可系统查询的绿色制造专门网页——Greenmfg。国际生产工程学会（CIRP）近年发表了不少关于环境意识制造和多生命周期工程的研究论文。美国 AT&T 和许多企业也以企业行为投入大量研究。特别是近年来,国际标准化组织（ISO）提出了关于环境管理的 14000 系列标准后,推动了绿色制造研究的发展。可以毫不夸张地说,绿色制造研究的强大绿色浪潮,正在全球兴起。

18.7.2　绿色制造的含义

绿色制造,又称环境意识制造（environmentally conscious manufacturing,ECM）、面向

环境的制造(manufacturing for environment,MFE)和清洁制造等。

绿色制造是一个综合考虑环境影响和资源效率的现代制造模式,其目标是使产品从设计、制造、包装、运输、使用到报废处理的整个产品生命周期中,对环境的影响（负作用)最小,资源效率最高。

18.7.3 绿色制造的关键技术

1.绿色制造的专题技术

(1)绿色设计技术。绿色设计是指在产品及其生命周期全过程的设计中,充分考虑对资源和环境的影响,在充分考虑产品的功能、质量、开发周期和成本的同时,优化各有关设计因素,使得产品及其制造过程对环境的总体影响和资源消耗减到最小。

(2)绿色材料选择技术。绿色材料选择技术是一个系统性和综合性很强的复杂问题。一是绿色材料尚无明确界限,实际中选用很难处理。二是选用材料,不能仅考虑其绿色性,还必须考虑产品的功能、质量、成本等多方面的要求,这些更增添了面向环境的产品材料选择的复杂性。

(3)绿色工艺规划技术。绿色工艺规划就是要根据制造系统的实际,尽量研究和采用物料和能源消耗少、废弃物少、对环境污染小的工艺方案和工艺路线。

(4)绿色包装技术。绿色包装技术就是从环境保护的角度,优化产品包装方案,使得资源消耗和废弃物产生最少。目前这方面的研究很广泛,但大致可以分为包装材料、包装结构和包装废弃物回收处理三个方面。当今世界主要工业国要求包装应做到“3R1D”(reduce——减量化、reuse——回收重用、recycle——循环再生、degradable——可降解)原则。

(5)绿色处理技术。面向环境的产品回收处理是个系统工程,从产品设计开始就要充分考虑这个问题,并作系统分类处理。绿色产品回收处理方案设计主要考察三方面:效益最大化、重新利用的零部件尽可能多、废弃部分尽可能少。

2.绿色制造的支撑技术

(1)绿色制造的数据库和知识库。研究绿色制造的数据库和知识库,为绿色设计、绿色材料选择、绿色工艺规划和回收处理方案设计提供数据支撑和知识支撑。

(2)制造系统环境影响评估系统。环境影响评估系统要对产品生命周期中的资源消耗和环境影响的情况进行评估。评估的主要内容有制造过程物料的消耗状况、制造过程能源的消耗状况、制造过程对环境的污染状况、产品使用过程对环境的污染状况、产品寿命终结后对环境的污染状况等。

(3)绿色 ERP 管理模式和绿色供应链。在绿色制造的企业中,企业的经营和生产管理必须考虑资源消耗和环境影响及其相应的资源成本和环境处理成本,以提高企业的经济效益和环境效益。其中,面向绿色制造的整个(多个)产品生命周期的绿色 MRP II/ ERP 管理模式及其绿色供应链是重要研究内容。

(4)绿色制造的实施工具和产品。研究绿色制造的支撑软件,包括计算机辅助绿色设计、绿色工艺规划系统、绿色制造的决策支持系统,以及 ISO14000 国际认证的支撑系统等。

18.7.4　绿色制造的发展趋势

1. 全球化——绿色制造的研究和应用中将越来越体现全球化的特征和趋势

绿色制造的全球化特征体现在许多方面：①制造业对环境的影响往往是超越空间的，人类需要团结起来，保护我们共同拥有的唯一的地球。②ISO14000 系列标准的陆续出台为绿色制造的全球化研究和应用奠定了很好的基础，但一些标准尚需进一步完善，许多标准还有待于研究和制定。③随着近年来全球化市场的形成，绿色产品的市场竞争将是全球化的。

2. 社会化——绿色制造的社会支撑系统需要形成

绿色制造的研究和实施需要全社会的共同努力和参与，以建立绿色制造所必需的社会支撑系统。无论是绿色制造涉及的立法和行政规定以及需要制定的经济政策，还是绿色制造所需要建立的企业、产品、用户三者之间新型的集成关系，均是十分复杂的问题，其中又包含大量的相关技术问题，均有待于深入研究，以形成绿色制造所需要的社会支撑系统。

3. 集成化——将更加注重系统技术和集成技术的研究

绿色制造的集成功能目标体系、产品和工艺设计与材料选择系统的集成、用户需求与产品使用的集成、绿色制造的问题领域集成、绿色制造系统中的信息集成、绿色制造的过程集成等集成技术的研究将成为绿色制造的重要研究内容。

4. 并行化——绿色并行工程将可能成为绿色产品开发的有效模式

绿色设计今后的一个重要趋势就是与并行工程的结合，从而形成一种新的产品设计和开发模式——绿色并行工程。它是一个系统方法，以集成的、并行的方式设计产品及其生命周期全过程，力求使产品开发人员在设计一开始就考虑到产品整个生命周期中从概念形成到产品报废处理的所有因素，包括质量、成本、进度计划、用户要求、环境影响、资源消耗状况等。

5. 智能化——人工智能和智能制造技术将在绿色制造研究中发挥重要作用

绿色制造的决策目标体系是现有制造系统 TQCS(即产品上市时间 T、产品质量 Q、产品成本 C 和为用户提供的服务 S)目标体系与环境影响 E 和资源消耗 R 的集成，即形成了 TQCSRE 的决策目标体系。要优化这些目标，是一个难以用一般数学方法处理的十分复杂的多目标优化问题，需要用人工智能方法来支撑处理。另外，绿色产品评估指标体系及评估专家系统，均需要人工智能和智能制造技术。

6. 产业化——绿色制造的实施将导致一批新兴产业的形成

除大家已注意到的废弃物回收处理装备制造业和废弃物回收处理的服务产业外，另有两大类产业值得特别注意：

(1) 绿色产品制造业。制造业不断研究、设计和开发各种绿色产品，以取代传统的资源消耗较多和对环境负面影响较大的产品，将使这方面的产业持续兴旺发展。

(2) 实施绿色制造的软件产业。企业实施绿色制造，需要大量实施工具和软件产品，如计算机辅助绿色产品设计系统、绿色工艺规划系统、绿色制造决策系统、产品生命周期评估系统、ISO14000 国际认证支撑系统等，将会推动新兴软件产业的形成。

本章小结

MES强调控制和协调,使现代制造业信息系统不仅有很好的计划系统,而且能使计划落实到实处,并且通过连续信息流来实现企业信息的全面集成,从而给企业带来巨大的经济效益。

建立和实现基于计算机网络的分布式制造系统模式,是对传统制造模式的扬弃与创新。近年来,在实践中取得成效的先进制造生产模式主要有柔性生产、智能制造、精益生产和敏捷制造等,为真正实现制造企业研究与开发、生产、营销、组织管理及服务的全球化开辟了道路。

 复习与思考

1. MES在企业集成模型中的作用是什么?

2. 何谓并行工程?如何加以实施?

3. 何谓逆向工程?其主要作用是什么?

4. 在CIMS实施中可以仅仅关注技术因素吗?为什么?

5. 什么是网络化制造?实施网络化制造技术的行为主体是什么?

6. 虚拟制造的作用是什么?

7. 绿色制造的关键技术是什么?

《生产运营管理(第2版)》
计算题答案汇总

第 3 章计算题答案

1. 因为 $K=0.686>0.5$，所以该工序为大量生产类型。

2. A 工序的大量系数值 $K=1.54$。

3. 其生产均衡能力指数 $C_{pi}=0.004\ 43<0.67$，即完成月计划，但不够均衡。

4. 三种产品的生产均衡率分别为 97%、98.3%、98.75%。

第 5 章计算题答案

1. (1)该车间以 A 产品为代表产品的生产能力和负荷系数分别为 $M_0=1\ 250$ 吨，$L=72\%$。

(2) 该车间以假定产品为计量单位的年生产能力和负荷系数分别为 $M_0=763.83$ 吨，$L=72\%$。

2. (1) 该车间以 A 为代表产品的月度装配面积生产能力为 $M_0=3\ 520$ 台。

(2) 装配车间的装配面积负荷率为 $L=102\%$。

3. (1) 以假定产品为计量单位计算设备组的生产能力为 $M_0=625$ 台。

(2) 该设备组的负荷率为 $L=80\%$。

(3) 若将完成计划产量后剩余的加工能力用来生产 B 产品，则能够多生产 156 台 B 产品。

4. 机器 I 生产 D，机器 II 生产 B，机器 III 生产 A，机器 IV 生产 C，总成本 $=4+4+5+11=24$(单位)。

5. (1)年末在制品价值(按不变价计算)为 30 032 元。

(2)该产品以现行价格与不变价计算的商品产值和工业总产值如下表所示(单位：元)：

	现行价格	不变价格
商品产值	550 000	600 000
工业总产值	550 029.3	600 032

6. 该车床组的月生产能力和负荷系数分别为 $M_0=731.08$ 台，$L=95.75\%$。

7. 最优的生产安排及相应的总成本如下表所示(单位：元)：

月份	正常生产	加班生产	外包生产
1	80	20	0
2	80	20	0
3	80	20	0

1 月份生产成本为 9 280 元;2 月份生产成本为 9 220 元;3 月份生产成本为 9 200 元。
总成本为 27 700 元。

8. 收录机生产的最优计划及总成本如下(单位:元):

季度	正常生产	加班生产	外协生产
1	1 500	400	0
2	1 600	400	100
3	750	200	550
4	1 600	400	500

第一季度生产成本为 150 600 元;第二季度生产成本为 168 000 元;

第三季度生产成本为 140 500 元;第四季度生产成本为 216 000 元。

总成本为 675 100 元。

第 6 章计算题答案

1. 图中有 36 个相互关系数,经计算各部门关系的积分后得出生产车间在生产活动中最重要。

2. (1)、(2)疏漏 B→E,1 次。

(3) 交接 14 条路线,传送 34 次,总运输量为 82。

(4) 交接 14 条路线,传送 34 次,总运输量为 50,方案有优化。

3. (1) 总距离=顺流距离+逆流距离=59+10=69(标准单位);

(2) 零件在设备间的移动总距离为 35 标准单位。

第 7 章计算题答案

1. 辅助生产时间所占比例为 83.8%。

2. 平均生产周期 $T_i = 13$(天)。

3. 辅助生产时间=69.99 小时;生产周期=99.99 小时。

4. (1) 生产周期为 5 小时;辅助生产时间宽放系数为 1.5。

(2) 属于工艺流程图;因为它用了五种符号表示全部流程的四要素。

第 8 章计算题答案

1. (1) 最小工作地数是 5 个。

(2) 按同期化要求组织工作地,共有三个方案,其中方案一如下表所示:

工作地	Ⅰ	Ⅱ	Ⅲ	Ⅳ	Ⅴ
方案一(原工序号)	①②⑤	⑥⑦	③⑨	④⑧	⑩⑪

(3) 装配线的平衡损失率为 8%;装配线的负荷系数为 92%。

2. (1) 最小工作地数目是 4 个。

(2) 每个工作地的工序号和负荷率如下表所示:

工作地	I	II	III	IV
原工序号	①②④	③⑤⑥	⑦⑨	⑧⑩⑪
工序负荷率 K_i	85.45%	96.36%	94.55%	81.82%

(3) 流水线的时间损失为 2.3 分；负荷率为 89.54%；

(4) 流水线的时间损失率为 10.45%。

3. (1) 该流水线的节拍 $r=8$(分)。

(2)(3)各道工序工作地数目和负荷率见下表：

	工序 1	工序 2	工序 3	工序 4	工序 5
各工序工作地数	2	2	2	2	1
各工序负荷率	93.75%	87.5%	56.25%	100%	62.5%

(4) 整条流水线的总负荷率为 81.94%。

(5) 流水线的时间损失率为 18.06%。

4. (1) 该混合流水线的节拍 $r=3$(分/辆)。

(2) 该混合流水线的最少工作地数 $S_{min}=11$(个)。

(3) 该混合流水线的负荷率 $K_a=93.75\%$。

(4) 该混合流水线的总的时间损失为 9 900 分,损失率为 6.25%。

(5) 三种车型的投产顺序为 ABACABABACABAAABC。

5. 投产顺序为 BABDABBADC。

6. (图表法略)分析计算法确定的看管周期工序间在制品储备量如下：

$Z_{max}(1\sim2)=-14$,或 $=14$；

$Z_{max}(2\sim3)=20$,或 $=0$ 及 $=-20$

$Z_{max}(3\sim4)=-6$,或 $=-6$。

7. 各车间的投入量、产出量的任务表见下表：

装配车间	出产量	7 500
	投入量	7 526
中间仓库	半成品外销量	800
	期初预计结存量	153
加工车间	出产量	8 373
	投入量	8 273

8. (图表法略)分析计算法确定的看管周期工序间在制品储备量如下：

$Z_{max}(1\sim2)=4$,或 $=-4$

$Z_{max}(2\sim3)=6$,或 $=-1$ 及 $=-5$

$Z_{max}(3\sim4)=-13$,或 $=3$ 及 $=10$

$Z_{\max}(4\sim5)=20$,或$=-20$

$Z_{\max}(5\sim6)=-11$,或$=8$及$=3$

第 9 章计算题答案

1. 最小批量 $n=600$ 件/批。

2. 不合理,最小批量 $n=30$,4 批,应该是季批。

3. 经济批量$=100$ 件。

4. 经济批量 $Q^{*}=1\,000$(只/批),相应的总成本 $T_c^{*}=4\,800$(元)。

5. 三种移动方式的生产周期分别为 $T_{顺}=140$ 分、$T_{平}=80$ 分、$T_{平顺}=86$ 分(横道图略)。

6. 经计算后的成批生产的期量标准见下表(期量标准关系图略):

	批量/件	生产周期/天	生产间隔期/天	投入提前期/天	产出提前期/天	车间在制品量/件
毛坯车间	120	40	60	135	95	80
机加工车间	60	30	30	65	35	60
装配车间	30	20	15	20	0	40

7.(1)先用最小批量法计算加工车间的批量 $n=40$ 件/批,即得出平均日产量为 2 件,然后通过计算得到如下表所示的期量标准:

	批量	生产周期	生产间隔期	投入提前期	产出提前期
装配	20	20	10	20	0
加工	40	30	20	60	30
毛坯	80	20	40	100	80

(2)按上述结果用"累计编号法"编制该产品在各道车间的生产任务表(具体计算略)。

第 10 章计算题答案

1. 先绘出该网络图,然后把各项作业的最早开始时间、最早结束时间、最迟开始时间、最迟结束时间和总时差填入表中(略);用时差法确定该网络图的关键路线为 A→C→D→F→G。

2. 先绘出该网络图(略)。

该网络图的关键路线为 B→E→F→I,总工期为 15。

3.(1)在网络图下方的时间轴上画出人力资源消费曲线(略);

(2)通过优先系数 K_{ij} 分别为 $K_{25}=-1$、$K_{24}=0$、$K_{13}=-4$;在 $t_1\sim t_4$ 时间段内应优先移动②→⑤。

(3)如将工序②~⑤后移 1 天,$\Delta W=-16$,$\Delta\sigma^2=-1.6$。

4. 该工程的最佳工期是 18 天,即 D 工序压缩 6 天,B 工序压缩 2 天,总费用为 10.3万元。

第 11 章计算题答案

1.(1)按先到先做原则安排,有 3、4、5、6、7 和 8 等六项任务脱期,总的脱期时间是184 天。

（2）按最小加工时间顺序原则安排，有 5、8、6 和 1 等四项任务脱期，总的脱期时间是 54 天。

（3）按紧迫性优先原则安排，有 8、4、3、6、7 和 1 等六项任务脱期，总的脱期时间是 54 天。

（4）按 Moore 法则安排，有 8、7 等两项任务脱期，总的脱期时间是 92 天。

2.（1）按先到先做原则安排，有四个作业（CDEF）脱期，总的脱期时间是 106 小时。

（2）按最小加工时间顺序原则安排，有四个作业（FBAD）脱期，总的脱期时间是 64 小时。

（3）按紧迫性优先原则安排，有五个作业（EFDCB）脱期，总的脱期时间是 87 小时。

（4）按 Moore 法则安排，有三个作业（BAD）脱期，总的脱期时间是 60 小时。

3. 加工顺序是 CBDFEA，总加工时间是 74 小时。

4. 加工顺序是 $J_2 J_3 J_1 J_4$，生产周期 400 小时。

5. 加工顺序是 CBDEA，总加工时间是 13.7 小时。

6. 用图解法计算其加工顺序有两条路线，总时间分别为 $S_1 = 15$ 小时、$S_2 = 14$ 小时，因此选择第二条路线。

7.（1）经判断可以用约翰逊法。

（2）约翰逊法则排序为 5、3、1、4、2。

（3）排序后，总的加工时间缩减了 2 小时。

（4）排序前，在 B 机床加工过程中，零件等待加工时间是 4 小时，机床空闲时间为 11 小时。

8. 最优的排序计划是 CAEGDFB 或者 CAEGDBF，完成所有零件的加工总时间是 64 小时。

9.（1）关键零件法，较优零件加工顺序为 $J_1 J_4 J_2 J_3$，加工总工时为 33 小时。

（2）CDS 法，较优零件加工顺序为 $J_1 J_4 J_2 J_3$，加工总工时为 33 小时。

（3）Palmer 法，较优零件加工顺序为 $J_1 J_4 J_2 J_3$，加工总工时为 33 小时。

第 12 章计算题答案

1.（1）经济批量 $Q_0 = 100$ 盒。

（2）当按有折扣订购量时，经计算可知，因节约的费用大于增加的费用，所以可采用一次购入 200 盒的订购策略。

2.（1）经济批量 $Q_0 = 240$ 千克。

（2）全年最低订储总费用 $T = 748\ 800$ 元。

（3）最低库存量应为 140 千克。

3. 龙源商城文具部应采取的订货批量应为 1 000 只/批。

第 13 章计算题答案

1. 在不考虑其他因素的情况下，该设备的最佳更新期为 7.5 年。

2. 该设备的最佳更新期为 6 年。

第 14 章计算题答案

1. $n = 4$，$A_2 = 0.729$，$D_3 = 0$，$D_4 = 2.282$。

	$\bar{x}$ 图	R 图
中心线 CL	$\bar{x}$	$\bar{R}$
上控制线 UCL	$\bar{x}+A_2\bar{R}=12+0.729 \cdot 1=12.729$	$D_4\bar{R}=2.282$
下控制线 LCL	$\bar{x}-A_2\bar{R}=12-0.729 \cdot 1=11.271$	$D_3\bar{R}=0$

2. 经计算形成的排列图如下：

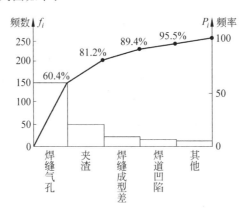

因此，控制合成塔质量的因素为：A 类因素是焊接气孔和夹渣；B 类因素是焊接成型差和焊道凹陷；其他因素为 C 类因素。

3. 其一，找出数据中的最大值 237、最小值 202 和极差 35；其二，确定组数，$k=1+3.31 \lg n \approx 9$（k 建议为奇数）；其三，确定组距 $h=35/9\approx4$；其四，确定各组边界；其五，统计各组频数。

（1）画直方图。

（2）经过对该图形的分析，该生产属于非正常形态。

第 16 章计算题答案

1. 计算结果见下表：

	期初	周期(t)					
		1	2	3	4	5	6
毛需求量 $G(t)$		40	40	45	45	50	50
计划入库 $S(t)$		40					
计划库存 $H(t)$	22	22	22	17	12	2	0
净需求量 $N(t)$		0	18	23	28	38	48
计划订单入库 $P(t)$		0	40	40	40	40	48
计划订单下达 $R(t)$		40	40	40	40	48	

参 考 文 献

[1] 刘丽文.生产与运作管理[M].北京:清华大学出版社,1999.

[2] 季建华.运营管理[M].上海:上海交通大学出版社,2003.

[3] 陈心德.现代生产管理学[M].上海:世界图书出版公司,2002.

[4] 蒋善贵.生产与运营管理[M].大连:大连理工大学出版社,2001.

[5] 韩之俊.生产与运营管理咨询[M].北京:华夏出版社,2005.

[6] 龚国华,王国才.生产与运营管理——制造业与服务业(第2版)[M].上海:复旦大学出版社,2003.

[7] 理查德 B 查斯.运营管理[M].任建标,等,译.北京:机械工业出版社,2003.

[8] 陈荣秋,马士华.生产与运作管理[M].北京 高等教育出版社,1999.

[9] 潘家轺,曹德弼.现代生产管理学(第2版)[M].北京:清华大学出版社,2003.

[10] 厄斯金.生产与运作管理案例[M].张金成,等,译.北京:机械工业出版社,1999.

[11] 刘丽文.运营管理新概念与案例[M].北京:清华大学出版社,2003.

[12] 包雅茹.运营管理1001法[M].北京:中国国际广播出版社,2004.

[13] 方正.企业生产与运作国际化管理案例[M].北京:中国财政经济出版社,2004.

[14] 龚国华.生产与运营管理案例精选[M].上海:复旦大学出版社,2003.

[15] 张海成.供应链管理技术与方法[M].北京:清华大学出版社,2002.

[16] 理查德 B 查斯,等.生产与运作管理:制造与服务(第8版)[M].宋国防,等,译.北京:机械工业出版社,1999.

[17] 王槐林.采购管理与库存技术[M].北京:中国物资出版社,2002.

[18] van Weele A J.采购与供应链管理——分析、规划及其实践[M].梅绍祖,等,译.北京:清华大学出版社,2002.

[19] 金光熙.生产管理[M].上海:上海人民出版社,2002.

[20] 孙维琦.生产与运作管理[M].北京:机械工业出版社,2004.

[21] 伍爱.质量管理学[M].广州:暨南大学出版社,2003.

[22] 龚益鸣.质量管理学[M].上海:复旦大学出版社,2000.

[23] 许兆祥,汪证.生产与运作管理(第2版)[M].北京:机械工业出版社,2011.

[24] 张建林.现代生产运作管理:理念、理论与模型[M].北京:机械工业出版社,2010.

[25] 陈志祥.生产与运作管理[M].北京:机械工业出版社,2010.

[26] 张群.生产与运作管理(第2版)[M].北京:机械工业出版社,2010.

[27] 陈荣秋,马士华.生产运作管理.(第2版)[M].北京:机械工业出版社,2008.

[28] 威廉·史蒂文森.运营管理[M].张群,张杰翻译.北京:机械工业出版社,2008.

[29] 陶亦亦,黄炜,姜左.虚拟制造的研究与发展[J].机械制造与自动化,2006(1).

[30] 刘飞,曹华军,何乃军.绿色制造的研究现状与发展趋势[J].中国机械工程,2000 (z1).

[31] 黄辉.现代管理新策略:精益生产(LP)[J].世界标准化与质量管理,2004(2).

[32] 田军.企业资源计划(ERP)[M].北京:机械工业出版社,2007.

[33] Schmenner R W.服务运作管理[M].刘丽文,译.北京:清华大学出版社,2001.

[34] 严隽琪,范秀敏,姚健.虚拟制造系统的体系结构及其关键技术[J].中国机械工程,1998(11).

教师服务

感谢您选用清华大学出版社的教材！为了更好地服务教学，我们为授课教师提供本书的教学辅助资源，以及本学科重点教材信息。请您扫码获取。

>> 教辅获取

本书教辅资源，授课教师扫码获取

>> 样书赠送

企业管理类重点教材，教师扫码获取样书

 清华大学出版社

E-mail: tupfuwu@163.com
电话：010-83470332 / 83470142
地址：北京市海淀区双清路学研大厦 B 座 509

网址：https://www.tup.com.cn/
传真：8610-83470107
邮编：100084